aufbau taschenbuch

AUFBAU VERLAGSGRUPPE

WOLFGANG ENGLER, geb. 1952 in Dresden, Soziologe, Lehrtätigkeit an der Schauspielschule »Ernst Busch« in Berlin, seit Oktober 2005 dort Rektor. Er publizierte zahlreiche Studien über Lebensformen in Ost und West, kritische Analysen über die Moderne, Demokratie sowie den Wandel des Politischen und der Öffentlichkeit in den industriellen Massengesellschaften. Veröffentlicht in Zeitschriften und Zeitungen (Blätter für deutsche und internationale Politik, Süddeutsche Zeitung, Berliner Zeitung, taz). Beiträge in Sammelbänden, zuletzt: Der nächste Schritt – ein neues Projekt für Deutschland. In: Busse, Tanja/Dürr, Tobias: Das neue Deutschland. Die Zukunft als Chance; Aufbau 2003.

Bücher: Die zivilisatorische Lücke. Versuche über den Staatssozialismus; Die ungewollte Moderne. Ost-West-Passagen; Die Ostdeutschen. Kunde von einem verlorenen Land, Die Ostdeutschen als Avantgarde.


Mit Mut zur intellektuellen Gesamtschau diskutiert Wolfgang Engler Grundfragen von Wirtschaft, Politik und Gesellschaft. Im Zeitalter der dritten industriellen Revolution ist die Vorstellung, jeder könne ein Leben auf berufsmäßigem Erwerb aufbauen, anachronistisch geworden. Die Rezepte neoliberaler Ökonomen und Politiker – Einfrieren der Löhne und Gehälter, expandierende Arbeitszeit, Mobilmachung der arbeitsfähigen Bevölkerung, geringere Sozialleistungen bei Teilprivatisierung der Sozialsysteme – weisen keinen Ausweg aus der Krise der Erwerbsgesellschaft. Im Gegenteil, solche Dogmen vertiefen die Diskrepanz zwischen Produktivität, Wachstum und Beschäftigung und zehren Zukunftsorientierung, Gemeinsinn, Arbeitsethos über die Klassenschranken hinweg auf. Auch ohne einkömmlichen und sicheren Arbeitsplatz oder weiterführende Ausbildung dem eigenen Dasein Sinn zu geben, das Recht auf Teilhabe an gesellschaftlichen Gütern und die persönliche Würde zu wahren, wird für immer mehr Menschen zur wichtigsten individuellen Überlebenstechnik.

»Richtige« Reformen, so Engler, müssen die soziale Integration möglichst vieler sichern, Bürgerrechte dürfen nicht an Erwerbsarbeit gebunden sein. Der Umsturz der vom Staat sanktionierten Wirtschaftsgesellschaft beginnt mit der Wiederentdeckung der eigenen Urteilskraft als Keimzelle des Politischen; die Kritik der Arbeitsreligion schafft die Voraussetzungen dafür.

Wolfgang Engler

# Bürger, ohne Arbeit

Für eine radikale Neugestaltung
der Gesellschaft

Aufbau Taschenbuch Verlag

Mit einem Photo von Stefan Moses

ISBN-10: 3-7466-7057-8
ISBN-13: 978-3-7466-7057-7

Aufbau Taschenbuch ist eine Marke
der Aufbau Verlagsgruppe GmbH.

1. Auflage 2006
© Aufbau Verlagsgruppe GmbH, Berlin
© Aufbau-Verlag GmbH, Berlin 2005
Umschlaggestaltung Originalcover Harald Braun,
grafische Adaption Preuße & Hülpüsch Grafik Design
unter Verwendung einer Illustration von Harald Braun
Druck und Binden CPI Moravia Books, Pohorelice
Printed in Czech Republic

www.aufbau-taschenbuch.de

Für Anna, wie immer

# Inhalt

# Vorwort

In einem Gedicht von Goethe aus dem Jahr 1797, *Der Schatzgräber*, schleppt sich ein alter Mann durch seine langen Tage. »Arm am Beutel, krank am Herzen«, sehnt er sich wie viele seinesgleichen danach, Reichtum ohne Mühe zu erwerben und frei von Sorgen zu genießen. Seine Schmerzen zu beenden, bricht er auf, einen alten Schatz zu heben, von dem die Erzählungen der Altvordern seit Generationen berichten. Am magischen Ort eingetroffen, schlägt er Kreise, trägt Kraut und Knochenwerk zusammen und entzündet Flammen. Sollte sich unter den Geistern, die er beschwört, just der Teufel einfinden, er ist bereit, ihm seine Seele zu verkaufen. Doch dann erscheint ein schöner Knabe, bekränzt mit Blumen, und in den Händen hält er einen Himmelstrank. Den reicht er dem Alten und knüpft an diese Geste eine kleine Rede an:

> *Trinke Mut des reinen Lebens!*
> *Dann verstehst du die Belehrung,*
> *Kommst mit ängstlicher Beschwörung*
> *Nicht zurück an diesen Ort.*
> *Grabe hier nicht mehr vergebens!*
> *Tages Arbeit, abends Gäste!*
> *Saure Wochen, frohe Feste!*
> *Sei dein künftig Zauberwort.*

Der Zauber, der hier auf der Arbeit liegt, ist sichtlich von dem, was nach ihr kommt, geborgt: von der Arbeitsruhe, der Geselligkeit, dem Feiern mit Freunden und Vertrauten. Wie alles Geborgte, verlangen auch diese kostbaren Momente des entspannten Lebens nach Rückerstattung, nach erneuter Anspannung der Kräfte, nach werktätigem Dasein.

Arbeit ist nicht das ganze Leben, aber ein Leben ohne Arbeit, das ist nicht feierlich.

»Tages Arbeit, abends Gäste! / Saure Wochen, frohe Feste!« – für einen vom Schicksal gebeugten Mann an der Schwelle zum Greisenalter sind das in unseren Ohren nicht die passenden Worte. Die Arbeit, der man selbst enthoben ist, zu preisen hat immer etwas Schiefes, Herablassendes, da fügt sich Goethe nahtlos in die Tradition der gebildeten, sozial gehobenen Stände ein. Auch zeigt er sich um ausreichende Gelegenheit zur Arbeit unbesorgt. Wer Arbeit sucht, der wird auch Arbeit finden, das war wohl seine Ansicht. Und nur wer Arbeit leistet, gewinnt sein Leben auf die rechte Art, stellt sich ernsthaft in die Welt hinein, auf festen Grund; da folgen wir ihm wieder.

Den Schmerz begreiflich zu machen, der dem Verlust der Arbeit noch immer innewohnt, bildet den Ausgangspunkt dieser Untersuchung. In Arbeitsgesellschaften wie den unseren büßen Menschen, die ihre Arbeit verlieren oder keine Arbeit finden, die Kontrolle über ihr Leben ein, mögen sich ihre materiellen Lebensumstände, äußerlich gesehen, auch erträglich gestalten. »Abends Gäste, frohe Feste« – nach des Tages erlittenem Müßiggang? Wie gliedert sich ein Leben, dem der Ernst versagt bleibt? Wie schafft es aus sich selbst heraus Zäsuren, Antriebe, Weltbezüge? Wie unterscheidet es zwischen »wichtig« und »unwichtig«, »zuerst« und »später«, wenn das, was jetzt geschehen könnte, weder Not noch Eile hat? Leben ist Strebung, Richtung, Richtungslosigkeit bedeutet Tod. Oft genug ist »arbeitslos« nur die Kurzform für die richtungslose Drift des Lebens. Und für ein Leben ohne Selbstrespekt und Anerkennung.

»Bürger ohne Arbeit«, das wäre eine bloße Tatsachenfeststellung, die, so betrüblich sie auch klingt, dem Denken wenig Nahrung gibt. So ist es, leider, in allzu vielen Fällen. »Bürger, ohne Arbeit« setzt eine kurze Pause, lang genug, um einzuhalten. Bezweifelt, was auf das Komma folgt, nicht das, was vor ihm steht? Ist der Bürger ohne Arbeit ein vollwertiger Bürger? Liest er in den Augen anderer nicht einen Vorwurf, den er notgedrungen teilt? Den Hinweis auf sich selbst als Mängelwesen, als Torso eines ordentlichen Menschen? »Bürger, ohne Arbeit«, das ist ein strenges Urteil, ist Leben in Gefahr und unter Vorbehalt. Das Ansehen und die Rechte, die der Bürger genießt, genießt er ungeschmälert nur als arbeitsames Wesen.

Es gibt einen Satz, der die Weltanschauung der Lohnarbeitsgesellschaft wie kein anderer zusammenfaßt: »Jede Arbeit ist besser als keine Arbeit!« Diesen Satz anzugreifen, die Ideologie, die auf ihm aufbaut, zum Einsturz zu bringen bildete das Motiv zu diesem Buch. Es hat seinen Zweck erfüllt, wenn die besinnungslose Rede, die den Bürger und den Menschen, mir nichts, dir nichts, unter den Arbeiter knechtet, künftig zumindest öffentlich stockt.

Ratschläge zur Lektüre wüßte ich dem mündigen Leser nicht zu geben, einen vielleicht ausgenommen. Das erste Kapitel rückt eine Köchin aus dem Osten Deutschlands, aus Cottbus, in den Blickpunkt. Dieser Lebensumstand färbt auf die Haltung, die sie vermittelt, merklich ab. Im essentiellen Sinn ist das, was sie zu »sagen« hat, so wenig ostdeutsch wie ihre Profession. Das gilt für sämtliche Passagen, die auf diesen Landstrich und seine Bewohner Rücksicht nehmen. Von einem Ostdeutschen geschrieben, versteht sich diese Darstellung ausdrücklich nicht als Beitrag zur »Völkerkunde«.

Abschließend ist es mir ein Bedürfnis, meiner nun schon langjährigen Lektorin im Aufbau-Verlag, Maria Matschuk, für ihre in jeder Beziehung umsichtige Mitarbeit an diesem Buch zu danken. Mehr als jedes andere Vorhaben zuvor bedurfte dieses der Ausdauer auf beiden Seiten, ermutigender Kritik, und beides habe ich reichlich erfahren.

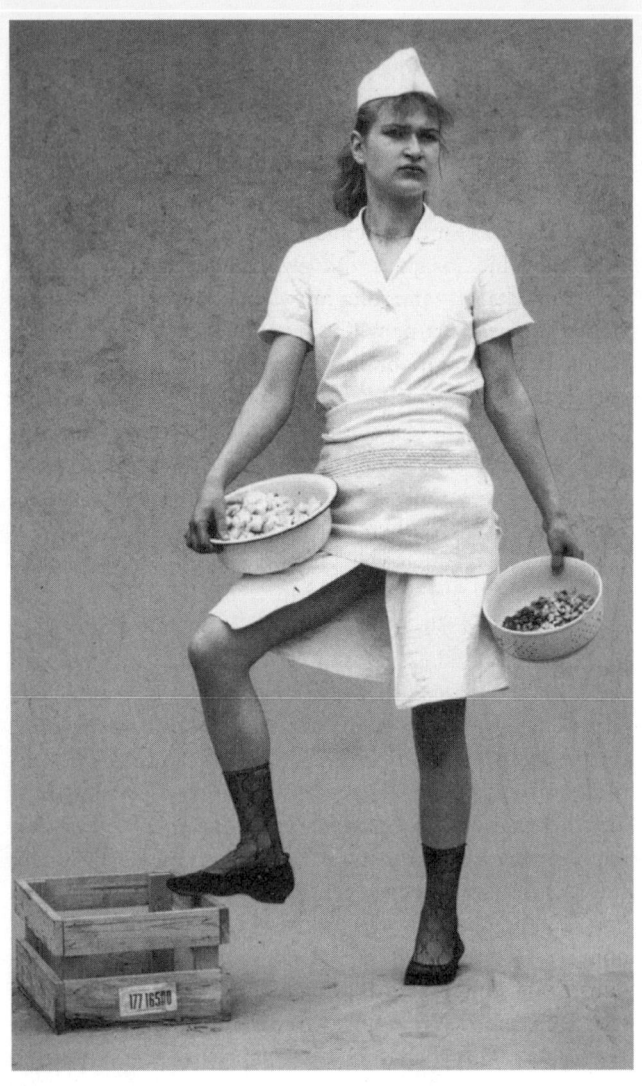

Die Köchin (Photo: Stefan Moses)

# Die Köchin

1. Wäre da nur das Gesicht – man könnte den Ausdruck der jungen Frau mißmutig nennen, eine Mischung aus Unbehagen und Lustlosigkeit. Die gesamte Erscheinung verrät, daß sie an der Inszenierung mitwirkte, deren Hauptperson sie ist. Sie gewährt dem Photographen einen freizügigen Einblick nicht nur in ihr Tagesgeschäft, und ihre herausfordernde Pose erwartet auch den späteren Betrachter. Die ganze Art, in der sie sich gibt, formuliert eine Mitteilung ohne Worte und liefert den Schlüssel zu ihrer Entzifferung gleich mit. Sie spricht zu uns durch Kontraste. Kontrast zunächst zwischen oben und unten. Bis zum Ende ihrer Schürze gewissermaßen im Dienst (als Küchenhilfe oder Köchin, wer wollte das auf Anhieb sagen?), lockt sie den herabgleitenden Blick auf eine andere Fährte. Die eleganten Schuhe, die kurzen gemusterten Strümpfe widerrufen die bis dahin dienstbereite Aufmachung. Der rechte Fuß, leicht eingedreht, flirtet mit der groben Kiste, die er sanft touchiert, und schickt das Auge wieder aufwärts. Die erotisch aufgelöste Körperspannung zitiert ein Darstellungsideal der griechischen Plastik zu Myrons und Phidias' Zeiten, die Ponderation, löst das Zitat aber umgehend wieder auf. Der Körper ruht einzig auf dem linken Bein, das rechte, vorgeschoben, SPIELT nur Stütze, streicht die zurückgenommene, reservierte Haltung oberhalb des Körperschwerpunkts zusätzlich heraus. Die beiden Schüsseln in ihren Händen durchkreuzen diesen Grundkontrast und transformieren ihn zugleich. Sie erzählen vom Beruf auch unterhalb der Schürze, gehören aber kompositionell gesehen gar nicht in diese Vertikale. Sie bilden ein spannungsvolles Dreieck mit dem Gesichtsausdruck der Frau. Die präsentiert das Zubehör, als wäre es ihr fremd, fast peinlich; wie

ein Beweisstück, das sie überführt, als Köchin oder Küchen-hilfe. Sie würdigt diese unwiderruflichen Zeugnisse ihres Be-rufsstands keines Blickes, sieht über sie hinweg, ins Ferne. Sie legt sich sozial fest, gezwungenermaßen, doch ihre Mi-mik, ihre Haltung erheben überdeutlich Einspruch gegen alles Feste, Festgefahrene.

Womöglich ging der erste Eindruck nicht gänzlich in die Irre. Ein wenig unbehaglich, lustlos scheint sich die Abge-bildete durchaus zu fühlen. Nur war die Ursache dafür nicht gut bestimmt, zu oberflächlich. Es ist nicht die Situa-tion des Abgebildetwerdens, die das Unbehagen auslöst. Die Frau hat keine Scheu davor. Alles in dem Bild unter-streicht ihren subjektiven Anspruch auf öffentliche Wahr-nehmung. Was ihr Sorge bereitet, ist das Mißverständnis, als Person völlig mit der sozialen Rolle identifiziert zu wer-den, die sie darstellt. Nicht Mißmut – MISSTRAUEN ist das angemessene Wort. Mißtrauen sich selbst gegenüber; Zwei-fel, ob es ihr gelang, den Abstand zwischen Person und Rolle unübersehbar genug zu gestalten; Mißtrauen gegen-über dem Betrachter, seiner Fähigkeit, aus der Haltung her-auszulesen, was in sie hineingelegt wurde; Mißtrauen wohl auch gegenüber dem Photographen, seiner Geistesgegen-wart, den Moment der höchsten Sichtbarkeit der Botschaft einzufangen.

Mimik, Gestik, Körpersprache – in jeder Hinsicht insze-niert sich die Köchin (folgen wir ruhig der Bildunterschrift) als eine Person mit Erwartungen an ihr Leben, die über das hinausgehen, was sie augenblicklich vorführt. Ein feiner Zug von Ironie spricht aus dem Abbild, innere Erhabenheit über sozialen Stand, Funktion und Stelle. Die Abgebildete agiert wie ein idealer Brechtscher Schauspieler, der mit seiner Rolle nicht verschmilzt, sie vielmehr vorzeigt – als eine von vielen Möglichkeiten, zu sein und sich zu wandeln. Sie beherrscht die Methode der Verfremdung intuitiv: Seht her und er-kennt in mir eine Köchin (für den einfachen Geschmack, nicht für den feinen Gaumen)! Nun schaut ein zweites Mal –

auf mich in dieser Rolle! Habt ihr bemerkt, daß ich mich darin nicht erschöpfe? Daß ich mich von mir selbst unterscheide und mein Beruf nur eine ungefähre Ahnung meines Wesens gibt? Müßte man den sozialen Gestus des Bildes mit einem Wort umfassen, dann wäre es die »Selbst-Abständigkeit«.

2. Eine kurze Recherche zum Entstehungszusammenhang der Photographie enthüllt den sozialen Gestus zugleich als einen historischen, historisch-besonderen. Sie entstand im geschichtlichen Transit, zwischen Umbruch und Auflösung der DDR, als Teil des Projekts »Abschied und Anfang. Ostdeutsche Porträts 1989–1990«. Mit diesem Wissen ausgestattet, ist das Selbstbewußte, Fordernde, Mißtrauische im Ausdrucksverhalten der Köchin, ihr souveränes Spiel mit Situation, Kamera und Photograph, noch klarer zu entschlüsseln. Die Köchin hat soeben einen Staat zerbrochen, einige andere waren dabei, zugestandenermaßen, aber sie war dazu nötig, und zwar nicht als Köchin. Diese Erfahrung jemals wieder zu vergessen, scheint sie nicht gewillt. Koautorin eines epochalen Ereignisses, duldet sie keine Autoritäten über sich. Daß sich ein namhafter westdeutscher Photograph für sie interessiert, erscheint ihr folgerichtig. Nur hat die Köchin, die sie auch ist, in dieser Begegnung im Grunde nichts verloren – DAS zeigt sie ihm. Und er gibt ihrer Inszenierung Raum.

»Er«, Stefan Moses, Bewahrer und Fortsetzer jener Tradition typologischer Photographie, die in Deutschland ihren ersten großen Höhepunkt im Werk von August Sander fand. Sein Kunstgriff – der neutralisierende Hintergrund eines grauen Filztuches, das die Einheit von Person und Umgebung unterbricht, die Porträtierten zur Stellungnahme gegenüber ihrer vertrauten sozialen Umwelt motiviert; eine Stellungnahme, die weit mehr einschließt als nur die Arbeit, die der- oder diejenige momentan verrichtet. Die Methode, den Wanderphotographen verpflichtet, aber auch Brechts theatraler Verfremdungstechnik, entwickelte Moses schon in den frühen sechziger Jahren, als er begann, seine, die westdeutsche Gesellschaft in der ganzen Vielfalt ihrer beruflichen und sozialen Charaktere einzufangen. In der Umbruchszeit der DDR kam dieses Verfahren ganz zu sich. Menschen, die zwischen sich und ihre gesellschaftlichen Verhältnisse einen Trennungsstrich gezogen hatten, waren die berufenen Protagonisten für Moses' technisch verfremdete Abbildungen. Historische Erfahrung und Darstellungsmethode ergänzten einander; eine Sternstunde der Geschichte zeugte eine Sternstunde der sozialen Photographie. Der glückliche politische Augenblick erhellte wie ein Blitzlicht zweierlei: das brüchig gewordene Verhältnis mündiger Menschen zu angemaßter Autorität sowie ihr sich lockerndes Verhältnis zur Arbeit, zum berufsmäßigen Erwerb.

3. »Beruf« – das Wort steht für die umfassendste und elementarste Verortung der Menschen im sozialen Raum. In Gesellschaften der uns vertrauten Art üben fast alle Menschen einen Beruf aus, und fast alle begründen dadurch ihr Leben. Der Beruf ist soziale Gerinnungsform der Arbeit, Ausdruck ihres »ernsthaften« Charakters und zugleich Leitmedium der gesellschaftlichen Anerkennung. Als indirekter Beweis für diese Behauptung kann die erste Kontaktaufnahme einander unbekannter Personen in nichtssagenden Situationen dienen. Die das Gespräch in Gang setzende Frage lautet typischerweise nicht: »Wer bist du?« oder »Wofür interessierst du dich?«, sondern: »Was arbeitest du?«, abgeschwächter: »Was machst'n du so?« Die Eigenart des Gegenüber, seine Vorlieben, Begabungen werden über die Stelle abgetastet, die er oder sie im System der gesellschaftlichen Arbeits- und Funktionsteilung innehat. Liefert die Frage die erhofften Anknüpfungspunkte für einen näheren Austausch nicht, lautet die Antwort: »Ich habe derzeit keine Arbeit« oder »Ich tue gar nichts« – und das ist zunehmend häufiger der Fall –, zeigt das verblüffte Schweigen auf eine im Grunde erwartbare Reaktion noch immer

die Macht einer alten Gewohnheit. Vielleicht wird man, um Enttäuschungen, unbeabsichtigte Kränkungen gleich am Anfang zu vermeiden, für die Frage nach dem »Sein« der anderen bald neue Konventionen finden, finden müssen. Noch ist es nicht soweit. Noch behauptet sich der Beruf als Grundform der sozialen Charakterisierung eines Menschen ziemlich unangefochten, den wachsenden Ausnahmen von der Regel zum Trotz. – Dennoch unterscheidet sich der Beruf heute in vielem vom Beruf schon unserer Großeltern. Mag die Berufsbezeichnung über die Jahrzehnte hinweg unverändert geblieben sein, die BERUFSBILDER, mithin die konkreten Anforderungen an die Arbeit wandelten sich im Verlauf dieser Zeit oftmals fundamental, und selbst wenn die Veränderungen weniger einschneidend waren, gab es für die jeweils später in denselben Beruf Eintretenden an Neuem immer noch genug zu lernen. Manche jener Berufe, die man vor sechzig Jahren wählte, sind verschwunden oder in anderen aufgegangen; viele der heute geläufigen Professionen existierten damals entweder noch gar nicht oder nicht in dieser Form. Möglicherweise noch gravierender sind die Veränderungen, die das subjektive VERHÄLTNIS zum Beruf betreffen, die EINSTELLUNG zur Arbeit. Hier kommt wieder die Köchin ins Spiel; nur dient sie diesmal selbst als Kontrast.

4. Das Entscheidende hat sie uns in dieser Eigenschaft schon mitgeteilt: Sie geht nicht restlos auf in ihrer Arbeit. Die demonstrative Art, in der sie den Abstand zwischen Person und sozialer Rolle markiert, erklärt sich unmittelbar aus den Verhältnissen der Zeit. Aus der Weltgeschichte ohne Umschweife in den Alltag zurückzufinden, die erhebenden Gefühle einer umstürzenden Tat gegen »Kleinkram« und Routine einzutauschen fällt naturgemäß nicht leicht. Man hat sich selbst übertroffen, überrascht, bewiesen, wozu man fähig ist – nun soll es weitergehen wie bisher? Kann die Arbeit das große Versprechen erfüllen, daß man sich und anderen soeben gab? Die Frau hat politisch

etwas »angerichtet«, die Köchin bereitet nur die nächste Mahlzeit zu; daher das Trotzige im Blick, der Widerwille gegen Schematismus und Gewohnheit.

Aber das ist nicht alles. Die Zeitumstände schraffieren gleichsam das Unbehagen am beruflichen Alltag, erzeugen es indessen nicht. Arbeit und Beruf sehen sich heute mit subjektiven Ansprüchen konfrontiert, die noch vor wenigen Jahrzehnten gehobenen Professionen vorbehalten waren. Die Arbeit soll den Menschen befriedigen, seine Fähigkeiten herausfordern und entwickeln, seine Eigenart zur Geltung kommen lassen. Arbeit soll nicht beliebige Verrichtung eines Individuums, sondern SEINE Arbeit sein. Damit der Mensch in der Arbeit »aufgehen« kann, muß die Arbeit wenn schon nicht IM Menschen, dann doch FÜR ihn aufgehen, Sinn stiften. Sachbindung und Sachverhaftung allein tragen kein zeitgemäßes Verhältnis zum Beruf. Das Verlangen nach Authentizität hat auf die Arbeitswelt übergegriffen, sich in ihr ausgebreitet; das mag man wie Richard Sennett beklagen[1] oder wie Charles Taylor schlicht als Grundzug unserer Kultur ansehen[2].

5. Der Beruf als sozialer Stand, als kollektives Gut, als eine Art Legat, dessen der einzelne sich würdig erweisen muß und würdig erweist, indem er sich als Glied in einer langen Kette, als Teil eines umfassenderen Ganzen aufführt, eingebettet in verbindliche Traditionen, Praktiken, Ehrbegriffe – das war die Welt, die August Sander festhielt, vielleicht zum letzten Mal. Sein Konditormeister aus dem Jahr 1928 liefert einen klassischen Ausdruck des noch organischen Berufsverständnisses. Daß der Photograph die Person im vertrauten Dekor ihrer gewohnheitsmäßigen Beschäftigung zeigt, auf die Situation verfremdende Kunstgriffe verzichtet, untermauert die Aussage: Dieser Mann ist eins mit seiner Arbeit, er repräsentiert seinen Beruf für seine Zeitgenossen wie für seine Nachwelt; SO soll ein Konditormeister sein. Sein Habitus ist durchwirkt von einer ehrwürdigen Vorgeschichte, in deren Abglanz er sich sicht-

lich sonnt, und die innere Zufriedenheit, mit der er sein Handwerk vorführt, gibt sich gefaßt, zurückgenommen, als wäre sie in Stolz und Würde eingerahmt; kein Hauch von Ironie liegt auf dem Bild. Person und Rolle sind noch ungeschieden; die Person geht in der Rolle auf, die Rolle füllt und erfüllt die Person; ohne das Gefühl, sich zu verleugnen, hüllt sich das Individuum in Konventionen und ritualisierte Gesten ein. – Nicht immer sind es der Beruf, das funktionelle Schema, die die individuellen Besonderheiten der Person einfangen und typologisierend überblenden. Arbeiter der untersten Kategorie, Lackierer, Kohlenträger, Handlanger oder Schauerleute, die Sander in jenen Jahren porträtierte, kurz vor dem »Großen Krach« von 1929, wirken gleichfalls wie Exempel aus dem Garten der sozialen Arten. Nur ist es in ihrem Fall das kollektive Lageschicksal und nicht der Berufsstand, der das expressive Spiel von Minen und Gebärden streng normiert. In der Normierung als solcher, der weitgehenden Verwandlung sozialer Fremdzwänge in Selbstzwänge des Ausdrucksverhaltens, traf sich die traditionelle Mitte der Gesellschaft mit der Arbeiterschaft. Die persönliche Eigenart, individuelle Stimmungen, Gefühle und Wünsche zwangloser artikulieren zu können, war zu Sanders Zeiten das Vorrecht von Minderheiten, von Künstlern und Intellektuellen, großstädtischen Angestellten oder weltläufigen Unternehmern. Die Rundfunksekretärin aus dem Jahr 1931 spricht zu uns wie eine gute Bekannte; in ihrer Epoche kühn, beinahe avantgardistisch, formuliert ihr Gestus eine inzwischen allgemeine Forderung an das Leben wie an den Beruf: Sie sollen UNS gehören, das Leben ganz, die Arbeit soweit es irgend geht.

6. Einheit von Arbeit und Leben, von Sein und Tun für jede und für jeden – das ist die Forderung der Gegenwart. Wo sie enttäuscht wird, meldet sich ein unglückliches Erhabensein über die soziale Rolle zu Wort. Auch davon legt die Köchin bildlich Zeugnis ab. Für den ganzen Umfang dessen, was sie in ihrem bisherigen Leben an Sachkenntnis

erworben, sozial mit anderen erfahren hat, bietet die Arbeit in einer Großküche ein allzu eingeschränktes Betätigungsfeld. Sie weiß mehr zu geben, als man von ihr verlangt, und dieses Gefühl, im Beruf nicht wirklich aus sich herausgehen zu können, teilt sie mit ungezählten anderen. Die Unzufriedenheit, mitten im Aktivitätszentrum der Gesellschaft zu verkümmern, seine besten Jahre zu verlieren, nur dahinzuleben, gab den Anlaß zur vorläufig letzten Revolutionierung der Arbeitsverhältnisse. Sie griff die Forderung auf, proklamierte die Einheit von Arbeit und Leben – und »arbeitete« das Leben in die Arbeit ein.

# Vom Arbeiter, vom Bürger
# und vom Menschen

*§ 1 Arbeit als kulturelles Phänomen*

1. Beklagenswert der Mensch, der keine Arbeit findet:
»Die Arbeit ist der Eckstein, auf dem die Welt ruht, sie ist die Wurzel unserer Selbstachtung.«[3]

»Wenn sich eine Ware nicht verkauft, mag das ärgerlich sein; ein Mensch ohne Arbeit aber, das ist eine Tragödie.«[4]

Beklagenswert der Mensch, der Arbeit leistet:

»Von Belang für die Gesellschaftsordnung, in der wir leben, ist nicht so sehr, daß zum ersten Mal in der Geschichte die arbeitende Bevölkerung mit gleichen Rechten in den öffentlichen Bereich zugelassen ist, als daß in diesem Bereich alle Tätigkeiten als Arbeiten verstanden werden, daß also, was immer wir tun, auf das unterste Niveau menschlichen Tätigseins überhaupt, die Sicherung der Lebensnotwendigkeiten und eines ausreichenden Lebensstandards, heruntergedrückt ist.«[5]

Der Mensch am Ende aller Arbeit – am Ende seiner selbst?

»Ich denke mit Schrecken daran, welche Umstellung der Gewohnheiten und Instinkte das vom Durchschnittsmenschen erfordern würde, Gewohnheiten, die sich über zahllose Generationen eingenistet haben und nun womöglich binnen einiger weniger Jahrzehnte abgelegt werden sollen ...« Käme es so, sähe »sich der Mensch erstmals seit seiner Erschaffung seinem wahren und beständigen Problem konfrontiert – mit der Frage, was er mit seiner Freiheit, seiner Befreiung von drängenden wirtschaftlichen Sorgen, mit einem Wort, mit seiner Freizeit, die ihm Wissenschaft und Zinseszins beschert haben, anfangen soll, um ein gleichermaßen vernünftiges, angenehmes und gutes Leben zu führen«.[6] – Auszüge aus dem verwirrenden Rollenspiel der Arbeit, die mehr über die Kunst ihrer intellektuellen Maskenbildner als über ihr Wesen verraten. Oder sollte gerade das ihr Wesen sein – den Blick gewandt zu spiegeln, der sie trifft? Sollte sie, die die menschliche Natur, den sozialen Charakter des Menschen wie keine andere Praxis formte, um- und neu schuf, selbst ohne Charakter sein?

2. Was ist Arbeit? Die Frage, ohne weitere Umstände als solche aufgeworfen, liegt auf derselben rätselhaft-vertrauten Ebene wie die nach dem Menschen oder nach der Zeit. Man weiß die Antwort, solange man nicht ausdrücklich gefragt wird; wird man gefragt, weiß man sie nicht. Der Beantwortung weit zugänglicher ist die Frage, was Menschen in verschiedenen Epochen jeweils »Arbeit« nannten, wie sie darüber dachten und urteilten, welchen Rang sie denen zuwiesen, die Arbeit verrichteten; die historische Frage also anstatt der Wesensfrage. Die Literatur darüber ist so unerschöpflich wie der Gegenstand selbst; ein Referat verbietet sich allein aus Platz- und im speziellen aus Interessegründen. Die Perspektive würde durch die Last des Materials erdrückt, flach wie ein Bürgersteig. Lohnend in der Sache wie für uns, die wir nach Überblick verlangen, erscheint ein geschichtlicher Aufriß, der die hauptsächlichen Stationen und markanten Wandlungen des Arbeitsverständnisses aus dem geschichtlichen Strom heraushebt. Erst wenn der Begriff der Arbeit durch diese historische Bemühung geschärft ist, können wir mit einiger Bestimmtheit sagen, nicht, was Arbeit »ist«, wohl aber, was sie uns bedeutet, noch immer oder eigentümlich, und ob wir, alles in allem genommen, zu der Aussage berechtigt sind, daß Arbeit im Sinne dieses, unseres kulturellen Selbstverständnisses unwiderruflich an Bedeutung verliert, daß wir den Horizont der Arbeitsgesellschaft überschreiten oder schon überschritten haben.

3. Die folgenden Erkundungen sammeln Bausteine für eine Phänomenologie der Arbeit; was Arbeit »an sich«, unab-

hängig und getrennt vom dem sein kann oder soll, was Menschen kulturell mit ihr verbinden, liegt jenseits ihres Gesichtskreises, jenseits sinnvoller theoretischer Problematisierung überhaupt. Das vermeintliche »Sein der Arbeit«, ihr zeitloses Wesen werden sich bei eingehender Prüfung stets als ärmliche Abstraktion entpuppen, als Produkt einer allzu eiligen Soziologie, die einige mehr oder weniger zufällige Bestimmungen aus dem Bestimmungskranz herausgreift und mit der angemaßten Kompetenz eines Gesetzgebers zum Eigentlichen stilisiert. So erhaben sich solch geistige Hohlformen über die Wirklichkeit dünken, so regelmäßig verstricken sie sich in dieselbe oder werden in sie verstrickt, begegnet man ihnen dort, wo es am seichtesten zugeht, inmitten interessen-, ja oft genug tagespolitischer Rangeleien.

Der Diskurs über Arbeit ist umstritten[7] und dieser Streit selbst Teil umfassenderer Auseinandersetzungen, in denen Arbeit als Praxis unter anderen Praxisformen erscheint, die mit- und gegeneinander um Rang und Anerkennung ringen. In diesem Kampf ist jede geistige Handreichung willkommen, und bequemt sich eine Theorie zum Handlanger oder läßt sie sich dazu bequemen, hat sie ihre Autonomie verwirkt und ihren Zweck verfehlt. Statt Reflexionsform der Praxis zu sein, wird sie zu deren Kommis. Ob sie in diese mißliche Lage dadurch gerät, daß sie die Arbeit vergöttert oder verteufelt, jegliche Aktivität zur Arbeit erklärt oder Arbeit umgekehrt den Passiva der menschlichen Existenz zuschlägt, ist demgegenüber schon fast belanglos. Der Theoretiker handelt, indem er denkt, und wenn aus seinem Denken praktisch etwas »folgt«, dann ist es Abstand von der Praxis, Übersicht statt Ansicht.

4. »Krise, Ende der Arbeitsgesellschaft – was kommt danach?« Die Frage so zu stellen (und so wird sie heute oft gestellt) heißt, allzuforsch zu Werke zu gehen, vorauszusetzen, was herauszufinden ist. Das Fragezeichen gehört vor den Gedankenstrich. »Ist die Arbeitsgesellschaft am Ende, ihr Zustand wirklich kritisch?« »Woran zeigt sich das

für alle nachvollziehbar?« »Kann es einen neutralen Maßstab zur Beantwortung dieser Frage überhaupt geben?« Das Problem in dieser Weise aufzuwerfen bedeutet, dem Verdacht Gehör zu schenken. Könnte es nicht sein, daß all jene, die vom Ende oder von der finalen Krise der Arbeitsgesellschaft reden, mit einem Arbeitsbegriff operieren, der unzulässig verabsolutiert, was »Arbeit« in einem kleinen Teil der Welt während einer kurzen geschichtlichen Zeitspanne bedeutete: sichere, auskömmliche Beschäftigung, die annähernd jeder und jedem ein eigenes Leben ermöglichte? Legt man diesen exklusiven Maßstab an, wird Arbeit rar und kostbar wie Wasser in der Wüste. Aber schließt der Begriff der Arbeit zwingend den des gut gegründeten Lebens ein, verwechselt, wer so denkt, nicht Ausnahme und Regel? Arbeitet nicht auch, sogar im eigentlichen Sinne, wer seine Kräfte am Objekt verzehrt, sich aufreibt und dennoch kaum die nackte Existenz gewinnt? Wäre die Krise der Arbeitsgesellschaft (von deren Ende ganz zu schweigen) nicht bald behoben, wenn Arbeit wieder zum geschichtlichen Normaltarif geleistet würde? Der Streit um Arbeit ist keine akademische Veranstaltung; die Affinität bestimmter theoretischer Vorstellungen zu bestimmten (wirtschafts-)politischen Strategien ist eng, für die Autonomie des Denkens bedrohlich eng.

Diese Verquickung tritt noch deutlicher hervor, wenn die Perspektive wechselt. Die Frage lautet dann nicht, ob Arbeit das respektable Dasein in sich einbegreift, sondern umgekehrt, ob und inwiefern der Begriff des Menschen den der Arbeit einschließt (gleichgültig in welcher Form und Güte). Bildet Arbeit den humanen Wesenskern, so daß wahrhaft Mensch nur ist, wer sich in den sozialen Schraubstock fügt? Was bleibt vom »Menschen«, wenn man die »Arbeit« von ihm abzieht? Eine Kultur, die in der Überzeugung lebt, daß Arbeiten und Menschsein ineinandergreifen wie die Glieder einer logischen Figur, wie Schluß und Rückschluß, wird die Arbeitsgesellschaft mit allen nur erdenklichen Methoden verteidigen und kein Zwangsmittel verschmähen, das ihre Annahme sicherstellt. Sofern und solange sich soziale Ordnung und Arbeit wechselseitig vertreten, steht das Leben ohne Arbeit für Regellosigkeit, Schmarotzertum; es bedarf schon gehöriger Anstrengungen, sich diesem Urteil innerlich zu widersetzen. Bislang hat die Arbeitsgesellschaft noch jede Herausforderung gemeistert, vor die sie sich gestellt sah. Das große Gefäß, das alles für Menschen Wertvolle und Unverzichtbare in sich birgt, ARBEIT, trug Risse davon, aber es ging nicht entzwei. Zerbrechen kann es erst, wenn es als das erkannt wird, was es in Wahrheit ist: eine kulturelle Projektion des menschlichen Gehirns.

5. Wie sich im Verlauf der weiteren Darstellung noch wiederholt erweisen wird, wäre es viel zu einfach, den Streit der Konzeptionen allein im Oben-unten-Schema anzusiedeln, so zu tun, als würden nur die Regierenden verbissen verteidigen, was die Mehrheit der Regierten im Prinzip aufzugeben bereit ist: ein auf Arbeit aufgebautes Leben. Die Kontroverse geht mitten durch die Gesellschaft, und die Befürworter arbeitsfreier Daseinsgarantien wissen die Mehrheitsmeinung gegen sich. Verbreitet ist die Präferenz für »gute« und die Abneigung gegen »schlechte« Arbeit, gegen den »Arbeitsverschnitt«, den Politiker und Unternehmer in Umlauf setzen. Als Reaktion auf das Dahinschwinden wertgeschätzter Arbeit erheben sich seit längerem Versuche, der Arbeitsgesellschaft, dem modernen Arbeitsglauben allgemein, ganz neue Quellen zu erschließen. Sie brechen bewußt mit der unter Regierenden wie Regierten geläufigen Identifizierung von Arbeit mit Lohn- bzw. Erwerbsarbeit. Das Streben geht dahin, Handlungen und Tätigkeiten unterhalb der formellen Erwerbsschwelle so aufzuwerten, daß sie dieser moralisch gleich geachtet und materiell annähernd gleich geschätzt werden. Da sie regelmäßiges und kontinuierliches Erwerbsleben überhaupt erst ermöglichen, nicht zuletzt durch die Produktion und Aufzucht immer neuer Erwerbsgenerationen, sollen sie als Arbeiten gelten wie andere Arbeiten auch.

Sollte dieses reformierte, »erweiterte« Arbeitsverständnis triumphieren, muß uns um die Zukunft der Arbeitsgesellschaft nicht bange sein, steuern wir auf Gesellschaften zu, die von »Arbeit« geradezu überschwemmt werden. Aber vielleicht geht es gar nicht um Sieg oder Niederlage, um Alles oder Nichts; vielleicht sollten wir uns auf Kompromisse einstellen, auf »unsaubere« Allianzen zwischen Verfechtern, Reformern und Kritikern der Arbeitsgesellschaft? Gewiß ist auf diesem ungewissen Feld nur eines: Arbeit und Arbeitsgesellschaft sind, wie alle kulturellen Phänomene, in hohem Maße das kollektive Produkt von »Wille und Vorstellung«.

6. Die Art, wie hier auf die Arbeit, den Arbeiter als Grundfigur des Sozialen geblickt wird, erstreckt sich im folgenden auch auf den Bürger und den Menschen. Konsequent zu Ende gedacht, führt diese Betrachtungsweise zum methodologischen Nominalismus. Anders als sein dogmatischer Vorläufer leugnet dieser das Wesen der Dinge nicht; er zeigt sich am Zeitlos-Allgemeinen nur nicht interessiert. Arbeiter, Bürger, Mensch sind für ihn das, was Wahrnehmung und Diskurs bestimmter Epochen über sie ERMITTELN, FESTSTELLEN. Gleich einem Gerichtsverfahren, das Appellation und Wiederaufnahme der Verhandlung zuläßt, geht er von der Vorläufigkeit dieser Ermittlungen und Feststellungen aus. In beständigem geschichtlichem Fluß begriffen, unterliegen diese Bestimmungen der Revision, die das momentan für wahr Gehaltene zweifelnd auflöst und neue Gewißheiten fixiert. – Ob z. B. der Mensch als Bürger Anspruch auf Subsistenz auch ohne Erwerbsarbeit besitzt, läßt sich weder aus dem Bürger- noch aus dem Menschsein folgern. Der Anspruch besteht, sofern der Diskurs die beiden Komponenten »Bürger« und »arbeitsfreie Subsistenz« auf eine für schlüssig gehaltene Weise zusammenfügt. Der Anspruch verfällt oder kann nicht erhoben werden, wenn eine solche Synthese im Raum des Denkbaren keine Überzeugungskraft entfalten oder in ihm als Möglichkeit gar nicht erst auftauchen kann. Daß der historische Stafetten-

lauf der Gewißheiten in sich selbst geordnet verläuft, fort-schrittlich, ist trotz aller zum Teil einschneidender Brüche eine sinnvolle Annahme. Jeweils spätere Feststellungen des Bürgers und seiner Rechte heben, langfristig gesehen, frühere Ansprüche in sich auf und erweisen sich ihnen da-durch als überlegen. Nur sorgt dafür kein Automatismus. Es sind immer konkrete soziale Kräfteverhältnisse, die den Ausschlag zugunsten dieser oder jener Konzeption des Ar-beiters, Bürgers oder Menschen geben, die deren spezifisches kulturelles Gewicht ermitteln. Diese Kräfte aufzuspüren, ins Diskursgeschehen einzuführen ist Teil des Programms des methodologischen Nominalismus; davon abzusehen hieße in bloße Ideengeschichte zurückzufallen.

§ 2 *Die Arbeitenden:*
*notwendig, aber nicht dazugehörig*

1. Die erste systematische Klassifikation der »Arbeitswelt« in unserem Kulturkreis, dem abendländischen, findet sich bei Platon, in seiner »Politeia«. Dort ordnet er die unter dem Diktat der Notwendigkeit, der sozialen Notdurft ste-henden Beschäftigungen, zerteilt er den untersten gesell-schaftlichen Stand, den »Nährstand«, nochmals in Stände, in wahlverwandte Berufsgruppen. Voran die Bauern und Handwerker, die greifbare Dinge, verkäufliche Waren her-vorbringen, gefolgt von Krämern und Handelsleuten, »schwächlichen Naturen«, die das daheim oder auswärts schon Hervorgebrachte nur vermitteln, zu den Märkten weiterleiten. Ganz unten in dieser Hierarchie der Notge-beugten stehen die Tagelöhner. Ohne spezielle Fähigkeiten, nur auf ihre Körperkraft verwiesen, sind sie es, die im ei-gentlichen und engeren Sinne »arbeiten« und nichts als das. Inbegriff des Elends und des Ausgeliefertseins, definiert das antike Proletariat zugleich den gesamten Nährstand als einen minderwertigen, dem Begehren unterworfenen, weder

tapfer wie die Wächter noch weise wie die Regierenden. Damit dieser Bodensatz nicht »aufschwemme«, die Herrschaft über das Ganze an sich reiße, müssen Vernunft und Mut ein festes Bündnis gegen den Erwerb und alle niederen Instinkte schließen.

Die »Politeia« ist kein Abbild der griechischen Zustände zu Platons Zeit, der im Niedergang begriffenen Stadtstaaten, sondern der Entwurf eines Idealstaates, eines guten, gerechten Gemeinwesens, das diese Krise durch Gemeinsinn überwindet. Das Ganze genießt Vorrang und Vorrecht gegenüber seinen Teilen, gegenüber Ständen und Individuen; niemand steht über ihm und niemand außerhalb. An der Spitze der Pyramide emanzipiert kommunistische Gütergemeinschaft die Regierenden von allzu irdischen Interessen, beugt sie der oligarchischen Versuchung vor. Der Gott des Reichtums, Pluto, wird aus der politischen Sphäre verbannt. Am Sockel bannt die Aufhebung der Sklaverei als ökonomischer Basis des Gesellschaftsbaus die Gefahr des Umschlags sozialer Erniedrigung in Unruhen oder Aufruhr. Nur eine soziale Gruppe findet in dieser Konstruktion keinen rechten Halt – die Proletarier. »Ein ergänzender Teil der Stadt«, das scheinen sie zu sein, aber welche Gewißheit, welche Sicherheit können Menschen daraus schöpfen, »die von seiten des Verstandes wohl nicht sehr in die Gemeinschaft gezogen zu werden verdienen«?[8] Ohne definitiv ausgeschlossen zu sein, gehören sie doch nicht richtig dazu, stehen und bewegen sie sich gleichsam auf der Grenze zwischen innen und außen. Ihr soziales Sein ist diffus, uneindeutig, fragwürdig, die Fragwürdigkeit selbst aber nicht schlummernde Potenz, sondern vorherbestimmtes Schicksal; Existenz im Weder-Noch statt im Sowohl-als-Auch.

2. Aristoteles nimmt diese Klassifikationen in realistischer Absicht auf; ihm schwebt kein Idealstaat vor, sondern die legitime Ordnung empirisch vorfindbarer Gesellschaften. Daß sie wirtschaftlich auf der Arbeit Unfreier beruhen, ist für ihn kein Problem, sondern eine Erfahrungstatsache, von der er

mit derselben Selbstverständlichkeit ausgeht, mit der er die Sklaven, diese »lebendigen Werkzeuge«, aus dem Gemeinwesen aussiebt; sie kommen als Bürger und Staatsbürger nicht in Betracht. Und die anderen Bewohner des Reichs der Notwendigkeit, die Bauern, Handwerker, Händler, Tagelöhner, wie verhält es sich mit ihnen? Anders als Platon, der die ersten drei sozialen Gestalten deutlich von der vierten abhob und der bürgerlichen Gesellschaft zuschlug, zu deren »Untergrund« bestimmte, betont Aristoteles ihren bürgerlichen Makel, ihren nur graduellen Abstand vom Proletarierdasein. Die Unterordnung des Lebens unter den Naturzwang, unter das Kreatürliche, entehrt für ihn den Menschen im Bürger und daher letztlich den Bürger selbst. Ein »im Handwerk oder Tagelöhnerdienst verbrachtes Leben kann die der Tugend zugehörenden Eigenschaften nicht herbeiführen«. Weil die Tugend des Bürgers weder dem Bürger noch dem Freien als solchem, sondern ausschließlich jenen innewohnt, welche vom Erwerb des Lebensunterhaltes freigestellt sind,[9] gibt es Bürger gröberen und Bürger edleren Seins. Zwar müssen die Landbauern und die Gewerbe und die ganze Klasse der Lohnarbeiter im Staate vorhanden sein, anerkannte Teile des Staates bilden aber nur die Waffentragenden und die Beratenden.[10]

Für Aristoteles ist weder der Freie automatisch vollwertiger Bürger, noch der normale Bürger automatisch frei. Die formelle, rechtliche Freiheit eines Menschen kann mit substantieller Unfreiheit einhergehen, mit einem Leben im Dienst des Lebenserwerbs, das den Bürger als Staatsbürger disqualifiziert. Die bürgerliche Gesellschaft, sofern man darunter das System der Bedürfnisse und ihrer Befriedigung versteht, ist das Reich der Beschränkung, der Bindung an elementare Kräfte und Interessen, vom Reich der Freiheit abgeschnitten. Wirkliche Freiheit erfüllt sich im Engagement fürs Allgemeine, ist Leben im Geist der praktischen oder der theoretischen Vernunft. Dem Sklavendasein entronnen, siedelt die Gruppe der zweifelhaften, weil von Not

befleckten Bürger, vom Proletarier bis zum Bauern aufge-
schichtet, im Vorhof vernünftiger Existenz.

Die elitäre Konstruktion verweist zusammen mit der
proletarischen Unterschicht die bürgerliche Mehrheit aus
der eigentlichen Gesellschaft, dem Staat als solchem; das
Zwischenreich des Weder-Noch, der schmale Grat des Pro-
leten, dehnt sich zum weiten Feld; ein Realismus, der sich
der Realität noch entschiedener verweigert als Platons Utopie. Mochte Lebensgewinnung durch Arbeit, Tausch und
Erwerb auch nicht das Ideal des freien Menschen der (griechischen) Antike sein, so war das Leben der weitaus meisten Freien gleichwohl mit Arbeit befaßt, als Landmann,
Handwerker, Ladenbesitzer oder Händler. Wer nicht selbst
Hand anlegte, hatte doch irgendein Geschäft zu führen und
zu beaufsichtigen, Lehrlinge geschickt zu machen, zugerei-
ste Gastarbeiter und Sklaven zur Arbeit anzuhalten. Aristoteles zeigt sich davon wenig beeindruckt; sein Fazit schließt
keinen Kompromiß mit den Gegebenheiten: »So viel ist jedenfalls wahr, dass man nicht alle die, ohne welche der Staat
nicht bestehen kann, auch als Bürger ansehen kann ...«[11]

3. Ein erster Merkpunkt für uns Heutige. Große gesellschaftliche Gruppen, ganze Stände, die für den Lebensprozeß des Gemeinwesens zu Recht als unentbehrlich galten,
wurden vom intellektuellen Diskurs (und der auf ihn sich
berufenden politischen Ordnung) entweder in soziale Grau-
zonen abgeschoben oder vollends aus dem Staatswesen aus-
gefällt; wer ihnen angehörte, war kein ordentlicher oder
überhaupt kein Bürger. Dagegen gibt es gegenwärtig eine
noch anschwellende Zahl von Menschen, die im vollen Umfang Bürger, Staatsbürger, für den ökonomischen Bestand
des Ganzen aber nicht (mehr) unverzichtbar sind. Korpu-
lenter Bürger, schmächtiger Arbeiter, worauf blickt dieses
Mißverhältnis? Können erworbene Bürger- und Menschenrechte bar des Notwendigkeitsbeweises, des Signums ihrer
Unentbehrlichkeit, verteidigt, vielleicht sogar gefestigt werden? Wie läßt sich umgekehrt verhindern, daß das Schrump-

fen oder der Verlust der Arbeiterrolle auch auf die Bürgerrolle einen Schatten werfen, auf das Recht, Rechte zu haben
und wahrzunehmen? »Wer seinen Arbeitsplatz verliert, ist
unglücklich und wütend, und in fortgeschrittenen Industrienationen haben Arbeitslose eine Stimme. Sie wählen nicht
nur, sie demonstrieren und randalieren auch.«[12] Wie lange
werden die Eliten und Mehrheiten diesen Protest ohne legitimen Grund und Würde dulden?

Thomas H. Marshall zufolge vollzog sich die Entwicklung bürgerlicher Rechte auf dieser Linie: juristische, politische, schließlich sozioökonomische Rechte. Erst kamen die
Meinungsfreiheit und die Gleichheit vor dem Gesetz, dann
das Recht auf politische Organisation sowie das Wahlrecht,
die dritte, zeitlich letzte Gruppe rechtlicher Ansprüche bezog sich auf ökonomische Wohlfahrt und soziale Sicherheit.[13] Werden wir demnächst Zeugen einer rückspulenden
Entwicklung, die als erstes die SOZIALEN Garantien jener
in Zweifel zieht, die immerfort nehmen, ohne zu geben –
rechtliche Sonderbehandlung für die Zwangsreservisten der
Arbeitswelt? Oder sind wir, ohne dessen recht gewahr zu
werden, schon in sie eingetreten? Ich fürchte, wir sprechen
von der Gegenwart! (§ 22.3)

### § 3 Befreiung von der Arbeit, Befreiung in der Arbeit

1. Arbeit, wie sie aus verschiedenem sozialen Blickwinkel
erscheint, als kulturelles Phänomen und nicht als »Ding an
sich«, das ist das Thema dieses Kapitels. Als Angehörige
einer von Mühsal und Existenzsorgen verschonten Oberschicht blicken Platon und Aristoteles voll unverhohlener
Geringschätzung auf die Arbeit. Sofern Sklaven sie verrichten, gilt sie als doppelt minderwertig, als unfreies Tun unfreier Individuen, wobei der Primat der Kultur auch hier
zur Geltung kommt. Arbeit ist minderwertig in erster Linie
nicht, weil Sklaven sie versehen, sondern weil ihr Vollzug

als minderwertig, als versklavend gilt, wird sie zur Domäne der Recht- und Stimmlosen. Sofern mit Bürgerrechten ausgestattete Menschen Arbeit leisten, herrscht eklatanter Widerspruch zwischen Subjekt und Aktion: Freie unterwerfen sich dem Zwang und büßen diese Unterwerfung mit dem Verlust der eigentlichen Freiheit, von solcher Not erlöst zu leben. Die Verrichtung selbst bleibt sklavisch, Sklavendienst, wenn nicht für den Herren, so doch an der Natur, sozial gebeugte Haltung, Bruch mit der Norm aufrechten Gangs, dem *orthos*. Die wahre Freiheit liegt in dieser Perspektive jenseits der Arbeit, der individuelle oder politische Akt der Befreiung muß demgemäß in die Befreiung VON der Arbeit münden. Arbeit und Freiheit stehen zueinander in schroffer Opposition (§ 18.2–5).

2. Das spätere – sozialutopische – Durchdenken dieser Problematik operiert mit zwei Optionen, zwei Freiheitsgraden; es fügt der Befreiung von der Arbeit den komplementären Gedanken einer möglichen Befreiung IN der Arbeit, DURCH Arbeit hinzu. Oft genug schwankt es zwischen beiden Möglichkeiten unentschieden hin und her, zeigt es sich einer älteren Auffassung der Arbeit noch verpflichtet und zugleich um eine neue bemüht, die mit der Ächtung bricht. Thomas Morus dekretiert in seiner »Utopia« Arbeitspflicht für alle, Abschaffung der parasitären wie erzwungenen Untätigkeit und den Übergang zu gemeinschaftlichem Tun, das leichter von der Hand geht und, da es allen obliegt, auch reichere Früchte trägt. Alle »schmutzigen und mühsamen Arbeiten« weist er jedoch Sklaven zu und versichert seine Leser einer Zukunft, in der »jeder sein Gewerbe mit Fleiß betreibt, ohne sich jedoch, gleich einem Lasttiere, in ununterbrochener Arbeit vom frühesten Morgen an bis in die tiefste Nacht abzumühen«.[14] Ein sechsstündiger Arbeitstag, bei wachsender Produktivität auch ein kürzerer, erscheinen ihm als lang genug, um alles Notwendige hervorzubringen und zugleich allen ein erfülltes Leben auch nach der Arbeit zu ermöglichen. Seine prinzi-

pielle Hochschätzung, Aufwertung der Arbeit reibt sich an vielsagenden Ausnahmen. Zwar gewährt der Zukunftsstaat besonders begabten Mitgliedern Arbeitsbefreiung für literarische und wissenschaftliche Studien, doch erfüllt einer die in ihn gesetzte Hoffnung nicht, stößt man ihn ohne zu zögern unter die Handarbeiter zurück.[15] Auch hier steht die wahre Freiheit dem Kopf näher als der Hand. Arbeit wird zur Voraussetzung des Bürgerseins und bleibt dennoch im Kern Sklavendienst des Körpers, den es immer weiter einzuschränken gilt, damit die dadurch gewonnene Zeit der freien Ausbildung des Geistes zugute kommen kann. »Darin liegt nämlich ... das Glück des Lebens.«[16] – Dieselbe Doppelbelichtung der Arbeit findet man in Campanellas *Sonnenstaat*, diesem klerikalkommunistischen Nirgendwo. Gleich Morus preist der Mönch aus Kalabrien die gemeinschaftliche Arbeit nach Abschaffung des Privateigentums als leicht und einträglich, rühmt er den freiwilligen Arbeitseifer, die hohe Produktivität des neuen Menschen. Länger als vier Stunden am Tag soll diese Freude allerdings nicht währen; die verbleibende Zeit ist für geistig-moralische Exerzitien bestimmt, die den Menschen erst zum Menschen reifen lassen.[17] Befreiung in der Arbeit bleibt der Befreiung von der Arbeit untertan.

3. Dieses schwankende Grundmuster utopischen Denkens erhielt sich bis weit ins neunzehnte Jahrhundert hinein. Gracchus Babeuf erklärt die »strenge Pflicht mitzuarbeiten« zur Grundlage der Assoziation und zur Voraussetzung aller rechtmäßigen Ansprüche an das Gemeinwesen, um in fast demselben Atemzug die Muße zu feiern, die »angenehme Freizeit«.[18] Étienne Cabet, kaum proklamiert er, »daß alle Bürger *Arbeiter* sein müssen«, läßt er alle schweren, gefährlichen und widerwärtigen Arbeiten von Maschinen verrichten und fordert den menschlichen Verstand auf, »nach Mitteln und Wegen zu suchen, die Rolle des Menschen auf die Aufsicht von Maschinen zu beschränken«.[19] Blanquis Projekt der Nationalwerkstätten zur Befreiung

der Arbeit oder die Sozialexperimente von Robert Owen geraten früher oder später an dieselbe Weggabelung: Dort zweigt der Pfad der Arbeit ab, durch die der Mensch sich Bürgerrechte erst erwirbt, hier lockt der Pfad der »Lebenszwecke« selbst, auf dem der Bürger sich zum Menschen bildet.[20] Noch Marx' berühmte Unterscheidung zwischen dem Reich der Notwendigkeit und dem Reich der Freiheit im dritten Band des *Kapital* spielt mit diesem »Doppelcharakter der Arbeit« – einerseits Stoffwechsel der Gattung mit der Natur, der in gewisser Weise den Menschen selbst erzeugt, andererseits Grenzbezirk des Reichs der Freiheit, das erst dort beginnt, »wo das Arbeiten, das durch Not und äußere Zweckmäßigkeit bestimmt ist, aufhört«[21]. Trügerisch auch die Hoffnung auf den »gesellschaftlichen Gesamtarbeiter«, der den produktiven Apparat kollektiv in Besitz nimmt und die Arbeit befreit. Scheitert die persönliche Inbesitznahme dieses Apparates doch bis heute und heute mehr denn je an seiner komplizierten, technisch-technologischen Gestalt, die es vom Werkzeug distanziert. Wachsende Freiheitsgrade können sich hier einzig auf Segmente, Ausschnitte, überschaubare Partien dieses Apparates beziehen, vor allem auf die Art und Weise, wie Arbeit organisiert wird, durch Ausschluß oder Einbeziehung selbständigen Handelns.

4. All diesen Vorstellungen, Konzepten und Projekten gemeinsam ist das Ringen um die Emanzipation der Arbeit, um ihre Aufwertung, Höherschätzung bis hin zu dem Gedanken, Arbeit als wertvollster, schöpferischster Aktivität des Menschen den höchsten gesellschaftlichen Rang zu erobern. Aber die überkommene Erfahrung und Anschauung der Arbeit als Qual, Entbehrung, Auszehrung schwingt in diesem Bemühen leiser oder vernehmlicher mit. – Auch kommt man nicht umhin zuzugestehen, daß es Arbeiten gibt und künftig geben wird, denen kein Bedürfnis entspricht, elende Arbeiten, die verrichtet werden müssen, deren Vollzug, für sich genommen, den Menschen abstößt,

statt anzuziehen. Gerade weil Arbeiten dieser Art weder menschliche Zufriedenheit begründen noch gar ein kulturelles Privileg, können sie zum Objekt einer kulturellen Ausgleichshandlung werden, die eine Umwertung der Werte, namentlich der distributiven, bezweckt, indem sie den Lohn als Schmerzensgeld begreift, als notwendige und großzügige Entschädigung, die die Gesellschaft all jenen schuldet, die sich unter dieses Joch beugen. Wer sich in der Arbeit am meisten aufopfert, verdient das höchste Entgelt; wer seine Arbeit gern versieht, wem sie Bedürfnis ist, hat seinen Lohn im Grunde schon empfangen und wird geringer abgefunden. Wo die Befreiung in der Arbeit AN der Arbeit scheitert, wird die Forderung nach Wiedergutmachung laut, nach ökonomischer Entschädigung. In dieser Umwertung sind es die abstoßenden Arbeiten, an die sich materielle Gratifikationen knüpfen. Babeuf führte einen unerbittlichen Kampf gegen eine Verteilungsweise, die dem Glück der Arbeit noch Prämien hinterherwarf; Victor Considerant unterschied zwischen notwendigen, nützlichen und angenehmen Arbeiten und forderte, letztere erheblich geringer zu entlohnen als die beiden ersten. Louis Blanc verfocht dieselbe Absicht, als er den Grundsatz aufstellte, daß die Ungleichheit der Fähigkeiten nicht zur Ungleichheit der Rechte, sondern nur zur Ungleichheit der Pflichten führen dürfe – die Leichtigkeit des Seins wird sozial auskunfts-, ausgleichspflichtig.[22] Dem wortführenden Diskurs unserer Tage ist dieser Pflichtgedanke weithin fremd, ein Ärgernis, ein klassenkämpferisches Relikt.[23]

5. Auch wer Befreiung in der Arbeit generell für eine Illusion hält, kann unversehens in sozialistisches Fahrwasser geraten. So wie Georg Simmel, der in seiner »Philosophie des Geldes« den Anspruch des arbeitenden Menschen auf Entgelt direkt vom natürlichen Widerwillen gegen Arbeit ableitete. »Die Arbeit ist eben Mühe, Last, Schwierigkeit; so daß, wo sie das nicht ist, betont zu werden pflegt, daß sie eben keine eigentliche Arbeit ist.« Leistete der Mensch

seine Arbeit wie die Blume ihr Blühen, würde sich kein entgeltbarer Wert mit ihr verknüpfen; Unlust und Opfergefühl allein begründen die Forderung einer Kompensation.[24] Die Aussicht auf den Lohn löst den Widerstand des Willens auf, macht Arbeit flüssig und verfügbar, die ansonsten in Reserve bliebe, ungetan. In seinem Eifer, Marx' Arbeitswerttheorie zu widerlegen, darzutun, daß letztlich etwas Geistiges, der Wille, alle Werte schafft, gelangt Simmel bis dicht an den Rand von Schlußfolgerungen, die er weder akzeptiert noch gezogen zu sehen wünscht. Je mehr das Tagwerk eines Menschen zu Arbeit in seinem Sinne wird, Mühe, Last und Schwierigkeit, desto mächtiger erhebt sich der Widerwille gegen solches Tun, desto verlockenderer Versprechen bedarf es, um ihn zu brechen. Die materielle Stimulanz des Willens erzwingt, zu Ende gedacht, die Revision, den Umsturz jeder Verteilungsordnung, die umgekehrt verfährt und jene am reichlichsten bedenkt, die in ihrem Beruf die größte Befriedigung erfahren.

6. Simmels unfreiwillige sozialistische Verirrung erhellt den Grundirrtum auch des authentischen Sozialismus seiner Zeit. In einer Marktökonomie ist es die relative Knappheit einzelner Arbeitsvermögen, die deren Träger kostbar macht, nicht Widerstand und Widerwille.[25] Gesetzt, ich bin ein proletarisierter Arbeiter, verfüge über Körperkraft, auch allgemeine Geistesgegenwart, darüber hinaus aber über keinerlei spezielle Fähigkeiten, so werde ich mich in diese Grundvermögen mit zahllosen anderen teilen, in hohem Maße ersetzbar sein, entbehrlich. Je geringer der »Grenznutzen« gerade meiner Arbeit für die Produktion einer zusätzlichen Einheit des gesellschaftlichen Reichtums zu je gegebenen Bedingungen ist, desto überflüssiger ist mein Angebot, desto geringere Forderungen kann ich erheben, desto bescheidener, williger, widerstandsloser muß ich mich fremden Konditionen fügen, um überhaupt Arbeit zu erhalten, und ist mir das gelungen, muß ich länger als andere in ihr verweilen, damit der kärgliche Stundenlohn sich zu

einem gerade noch lebbaren Leben summiert. Was mich zum Arbeiten bestimmt, gefügig macht, ist nicht der (Hunger-)Lohn; es ist der Hunger selbst. Erst oberhalb der Proletarisierungsschwelle, der einfachen Arbeiten ohne weitere Eigenschaften, beginnt das Wechselspiel von Knappheiten und Stimulanzen. Für jene, die nicht warten können, weil sie über EIGENTÜMLICH verwertbare Fähigkeiten nicht verfügen, bedeuten Widerstand, Zurückhaltung und Zögern Wahlchancen ohne Wahl, tödlichen Übermut.

Eine postkapitalistische Gesellschaft würde mit der Gleichsetzung von »eigentümlich« und »verwertbar« brechen, Zeit, Besinnung, Wartenkönnen zu Menschenrechten küren, freilich unter der Voraussetzung, daß die Zeit gefüllt wird, die Besinnung zur tätigen Versammlung führt, der Wartestand nicht ewig währt. Prämien für den Leerlauf, fürs Steckenbleiben und Versanden würden nicht gezahlt. Vermögen, Tatkraft, Talent, aparte, selbst exzentrische Bestrebungen stünden, gerade weil vom ökonomischen Kurswert abgelöst, höher im gesellschaftlichen Ansehen als heute, wodurch der auf den einzelnen lastende Druck, etwas aus ihrem Leben zu machen, jedoch vermutlich nicht schwächer, sondern eher spürbarer würde, als er es gegenwärtig ist. Verhältnissen, unter denen man nur noch persönlich scheitern kann, eignet erbarmungslose Transparenz. Das soziale Drama wird radikal individualisiert; der Glücksanspruch, der fernere Ausreden nicht findet, nistet sich als Pflicht zum Glücklichsein ins Leben ein.

7. Nur einer bekannte sich ohne Einschränkungen zur Freiheit in der Arbeit, durch die Arbeit: Charles Fourier. In seinem Modell der »anziehenden Produktionsweise« garantieren »Leidenschaftsserien« der Arbeit den periodischen Wechsel der je konkret vollzogenen Arbeit ebenso wie den zwischen leitenden und ausführenden Funktionen. Arbeit wird zum Lebensbedürfnis, auf eine Weise, die die Grenzen zwischen Notwendigkeitsexistenz und freiem Dasein aufhebt: »In der sozialistischen Ordnung muß deshalb die Ar-

beit so viel Reiz bieten wie heute unsere Festlichkeiten und Schauspiele.« An die Stelle des alten Arbeitszwangs tritt die »Liebe zur Arbeit« (§ 11.2).[26] Victor Considerant, sein Schüler und Popularisator, nimmt diesem euphorischen Gedanken etwas von seinem mitreißenden Schwung, wenn er drei Faktoren des gesellschaftlichen Wohlstands auflistet und die Arbeit zwischen dem Kapital und dem Talent plaziert.[27] Kann es eine Liebe zur Arbeit geben, der der Genuß an der Entwicklung der eigenen Talente versagt bleibt? Öffnet sich hier eine Hintertür zu Arbeiten, die an und für sich lieblos sind, dürstend nach Ausgleich und Kompensation? Der Verdacht liegt nahe; ausgesprochen wird er nicht.

## § 4 Der Arbeitsglaube und seine Entzauberung

1. Freiheit als Freisein VON Arbeit – das bildet den Ausgangspunkt des europäischen Diskurses über die menschliche Praxis; der Gedanke, Freiheit und Autonomie durch Arbeit erst zu erlangen, lag jenseits der herrschenden Vorstellungskraft. Blitzte er ausnahmsweise auf, wie in Hesiods Lehrgedicht *Werke und Tage* oder in Euripides' Tragödie *Elektra*, assoziierte er sich wie selbstverständlich der Gestalt des Bauern, des Landmanns. Als Koproduzent der allumfassenden Natur, in ihren Kreislauf eingelassen, ihn menschlichen Zwecken dienstbar machend, entsprach er noch am ehesten dem Ideal des schöpferischen, im Ganzen aufgehobenen Menschen. Alle anderen Arten des Hervorbringens standen unter kulturellem Vorbehalt, die schwersten und gröbsten unter sozialer Quarantäne; hier schlossen sich Arbeit und menschliche Bestimmung unversöhnlich aus.

Zwei Jahrtausende mußten vergehen, um diesen Bund zu gründen, in utopischer Gestalt, und, wie man sah, nicht frei von Rückfällen ins überkommene Denken. Mit der Zeit gewann die neue Anschauung jedoch dieselbe Macht über die Menschen wie jene, die sie verdrängte; bald empfand man das Lob der Muße als ebenso anstößig wie einstmals den Preisgesang der Arbeit. Jede Gesellschafts- und Kulturepoche verrät ihre geheimsten Neigungen durch das, wovon sie sich provozieren läßt. Der Lobredner des Nichtstuns ist der Provokateur par excellence der MODERNEN Welt. Noch in unserer Zeit, die sich anschickt, das letzte kulturelle Tabu, das letzte Denkverbot zu musealisieren, kann er der öffentlichen Empörung sicher sein. Sich treiben lassen und dennoch, gerade darin glücklich sein, das ist ein unerlaubtes Glück. In einer Ära, die Ziel und Ankunft über alles stellt, besteht die Pflicht des sozialen Treibsands in seiner zur Schau getragenen Verzagtheit, darin, den anderen ein abschreckendes Beispiel zu geben. Die allgemeine Geschäftigkeit kennt kein ärgeres Ärgernis als die selbstzufriedene, ruhige Drift des Lebens.

2. Die späten Erben dieses zwanglosen Geschehenlassens berufen sich gern auf Paul Lafargue, sein Buch *Das Recht auf Faulheit*. Aber anerkennt nicht wenigstens stillschweigend die »Ordnung«, wer um Recht und Anerkennung eines weniger ordentlichen Lebens kämpft? Es gibt einen älteren Text, der keinen solchen Kratzfuß macht – Friedrich Schlegels *Lucinde* aus dem ausgehenden achtzehnten Jahrhundert. Darin findet sich eine »Idylle über den Müßiggang«, die das prometheische Menschenbild kunstvoll verhöhnte: »Was soll also das unbedingte Streben und Fortschreiten ohne Stillstand und Mittelpunkt? Kann dieser Sturm und Drang der unendlichen Pflanze der Menschheit, die im Stillen von selber wächst und sich bildet, nährenden Saft oder schöne Gestaltung geben? Nichts ist es, dieses leere unruhige Treiben, als eine nordische Unart und wirkt auch nichts als Langeweile, fremde und eigne ... Nur mit Gelassenheit und Sanftmut, in der heiligen Stille der echten Passivität kann man sich an sein ganzes Ich erinnern, und die Welt und das Leben anschauen ... In der Tat sollte man das Studium des Müßiggangs nicht so sträflich vernachlässigen, sondern es zur Kunst und Wissenschaft, ja

zur Religion bilden! Um alles in Eins zu fassen: je gött-
licher ein Mensch oder ein Werk des Menschen ist, je ähnlicher werden sie der Pflanze; diese ist unter allen Formen
der Natur die sittlichste, und die schönste. Und also wäre ja
das höchste vollendete Leben nichts als ein *reines Vegetie-
ren*.«[28] – So ärgert man den bürgerlichen Anstand gezie-
mend.

3. Kann es da noch verwundern, daß, nachdem der Bund
von Arbeit und wahrem Menschsein einmal geschmiedet
war, noch einmal rund ein halbes Jahrtausend verstrich, ehe
man wagte, ihn wieder zu lösen, zögernd zunächst, im Denken, und voller Sorge darüber, was aus dem Menschen wird,
der sich VON Arbeit löst, mehr noch aus jenem, von dem SIE
sich löst? Für die historische Verspätung, mit der das Ge-
genkonzept – Befreiung VON der Arbeit – auf moderner
Grundlage ausgearbeitet wurde, liefert noch immer Max
Weber die überzeugendsten Gründe. Seine *Protestantische
Ethik* betrachtet den Protestantismus, insonderheit den Calvinismus als religiöse Vorschulen des neuzeitlichen Arbeitsglaubens, in denen Arbeit mehr und mehr zur systematischen Veranstaltung wurde, zur rational betriebenen »inner-
weltlichen Askese«. Sie bahnte den Weg von der Arbeit als
existentieller Nötigung zur Arbeit als methodischer Lebensführung, als detaillierter und kontinuierlicher Selbsttechnik.
Arbeit, sie allein, verhinderte im neuen Diskurs das Abirren
der Sinne, das Abgleiten des Menschen in ein müßiges,
sündhaftes Leben; Gerüst einer peniblen moralischen Buchführung, war sie für die einzelnen zugleich unsicherer, aber
einziger Anhaltspunkt künftiger Erlösung. Als von Gott
vorgeschriebener Selbstzweck des irdischen Lebens, als
praktisches Paradox, formte sie Generation um Generation,
stimmte sie zusammen mit der Einstellung auch Wahrnehmung, Gefühle, Anschauungen, Dogmen, Theorien auf diesen epochalen Werteumschwung ab. Das sozialutopische
Denken, reflektiertester Ausdruck des radikal gewandelten
Arbeitsverständnisses, ist ohne diese Vorgeschichte nicht zu

denken, mögen es just Katholiken gewesen sein, die sich ihm verschrieben. Es kam so weit, daß die Befreiung von der Arbeit auf den Verlust des Menschen, des Menschlichen im Menschen, hinauszulaufen schien. Die Macht des modernen Arbeitsglaubens lebte von der Angst, ihn zu verlieren.

4. Um den Glauben und damit die ethische Selbstein-spannung in das moderne Gehäuse der Arbeitshörigkeit aufrechtzuerhalten, wurde diese Angst in dem Maße unver-zichtbarer, aber auch untauglicher, in dem die Säkularisie-rung der Weltbilder voranschritt. »Ein Leben ohne Arbeit« war nur eine andere Formulierung für: »Gott ist tot«, und so beugten sich immer weitere Generationen furchtsam unter die Arbeit, auch dann noch, als sich der Geist des Beginnens, von historischer Berufung und persönlichem Berufensein längst zu verflüchtigen begonnen hatte. Das tragische Finale von Webers *Protestantischer Ethik*, das dieses Sichverbeißen in eine inzwischen Instrument gewordene Arbeit intoniert, ist bekannt genug. Einige kürzere Passagen sollen gleichwohl folgen, teils, um den weiteren Gedankengang vorzuberei-ten, teils und in erster Linie, weil sie bis auf den heutigen Tag an gedanklicher Klarheit und sprachlicher Meister-schaft unübertroffen sind. – »Der Puritaner WOLLTE Berufs-mensch sein – wir MÜSSEN es sein. Denn indem die Askese aus den Mönchszellen heraus in das Berufsleben übertragen wurde und die innerweltliche Sittlichkeit zu beherrschen be-gann, half sie an ihrem Teile daran mit, jenen mächtigen Kos-mos der modernen, an die technischen und ökonomischen Voraussetzungen mechanisch-maschineller Produktion ge-bundenen Wirtschaftsordnung zu erbauen, der heute den Lebensstil aller einzelnen, die in dies Triebwerk hineingebo-ren werden ... mit überwältigendem Zwange bestimmt und vielleicht bestimmen wird, bis der letzte Zentner fossilen Brennstoffs verglüht ist ... Indem die Askese die Welt um-zubauen und in der Welt sich auszuwirken unternahm, ge-wannen die äußeren Güter dieser Welt zunehmende und schließlich unentrinnbare Macht über den Menschen, wie

niemals zuvor in der Geschichte. Heute ist ihr Geist – ob endgültig, wer weiß es? – aus diesem Gehäuse entwichen ... Auf dem Gebiet seiner höchsten Entfesselung, in den Vereinigten Staaten, neigt das seines religiös-ethischen Strebens entkleidete Erwerbsstreben heute dazu, sich mit rein agonalen Leidenschaften zu assoziieren, die ihm nicht selten geradezu den Charakter des Sports aufprägen.«[29]

In einem irrt Weber, vermutlich. Keine westliche Industriegesellschaft war und ist, was ihre sozialmoralische, arbeitsethische Grundlage anbetrifft, stärker und anhaltender vom protestantischen Arbeitsethos durchdrungen als die US-amerikanische. Insofern eilt sie, in dieser Hinsicht, der Entwicklung hin zur Schwächung, Aushöhlung des modernen Arbeitsglaubens gerade nicht voraus, sondern scheint diesbezüglich im Nachtrab begriffen. Aber überall dort, wo Webers Diagnose zutrifft, gilt auch ihre Konsequenz: Die Vergottung einer Arbeit, in der kein Gott mehr wohnt, entspringt der Angst, der Leere ins Auge zu sehen. Es ist das Gespenst des Nihilismus, das die Befreiung von der Arbeit hintertreibt. Was dem Aufbruch in ein Leben ohne Arbeit fehlt, ist mehr als alles andere die Antwort auf die Frage nach dem Wozu.

5. Agonale Leidenschaften, pervertierter Agon, blinder Wetteifer am falschen Objekt – so sah Max Weber auf die entzauberte Arbeit zu Beginn des zwanzigsten Jahrhunderts. Man kann seinen Blick prophetisch nennen, richtete er sich doch auf ein sehr frühes Stadium dieses Entzauberungsprozesses. Arbeit als Sport, als unfreiwillig-groteske Verrenkung, als »Chaplinitis«, das setzte endlose Teilung der Arbeit und deren Zusammenfügung auf der Grundlage der Fließfertigung voraus, Erfindungen von Taylor und Ford, die erst ein Jahrzehnt nach der *Ethik* reif für die Praxis waren. Nun erst funktionierte der Arbeiter als perfektes, perfektioniertes Teil des ihm aufgezwungenen Fabriksystems, war er dem Kapital als stummer Repetitor eines vorgegebenen Takts auch sachlich einverleibt.[30]

Es geschieht nicht häufig, daß soziale Prozesse, die die Grundlagen des gesellschaftlichen Lebens umwälzen, von innen reflektiert werden, aus der Teilnehmerperspektive eines Theoretikers. Ein solcher Glücksfall der Soziologie ist Günther Anders. Nachdem der studierte Philosoph 1936 als deutscher Jude in die Vereinigten Staaten geflüchtet war, schlug er sich dort längere Zeit als Gelegenheitsarbeiter durch. Er erfuhr das »stahlharte Gehäuse der Hörigkeit«, das Weber in düsterer Vorahnung entworfen hatte, am eigenen Leib und begriff es gleich diesem als Verfall der Arbeit: »In der Tat wäre es auch falsch und zuviel Ehre für unser damaliges Tun gewesen, dieses ›Arbeiten‹ zu nennen. Da es zielblind vor sich ging, war es eher eine Art von Gymnastik, die aus sich immer gleich bleibenden Freiübungen bestand, oder richtiger: aus ›Unfrei-Übungen‹, denn *was an diesen, vom Fließband diktierten, Bewegungen wäre denn noch ›frei‹ gewesen?*«[31]

Er begriff darüber hinaus, warum Menschen davor zurückschrecken, sich von solcher »Arbeit« zu befreien, warum sie, im Gegenteil, ein »Recht auf Gymnastik« proklamieren. Den Rhythmus des eigenen Lebens zu entdecken, ihn persönlich zu skandieren ist eine unerhörte, erschreckende Aussicht für Menschen, die bis in die kapillarischen Verästelungen ihres Selbst hinein zwangsrhythmisiert wurden. Statt die Wiederherstellung des »ganzen Menschen« auch nur einzuleiten, führt der Verlust der an sich nichtigen Gymnastik, dieser verfluchten Arbeit, unmittelbar zur Konfrontation mit dem geschrumpften Radius der eigenen Möglichkeiten. Freilich: Es gibt noch andere, gleich gewichtige Gründe, an solcher Arbeit festzuhalten; wir werden später davon hören.

Was aber, wenn der Entzauberungsprozeß damit noch nicht an sein Ende gelangt ist, wenn er weiter voranschreitet und sogar den Sportsgeist aus der Arbeit vergrault, weil er ihm den Schweiß mißgönnt? Dann überschreiten wir die Schwelle zur automatisierten Arbeit, zur Automatisierung in ihrer frühen Form, bei der die Arbeitssituation gänzlich entleert ist, keinerlei Hinweise mehr enthält, weder auf einen sozialen Zusammenhang noch auf menschliche Aktivität überhaupt, sei sie auch noch so fremdbestimmt. Dann erscheint die Gestalt des Wärters, der in Wahrheit ein Wartender ist, wartend darauf, daß möglichst nichts geschieht; gespanntes Nichtstun, das sich mit der Dauer des Arbeitstages deckt. Agon, selbst der entartete, wird gänzlich ausgelöscht. Anders, der auch diesen Übergang reflektierte, nunmehr aus der Distanz, glaubte fest, daß die Automatisierung zu einer Neubewertung der fordistischen Arbeitsweise führen werde. Schon »übermorgen« würde der tragische Mangel an Perspektive, an Denk- und Handlungsmöglichkeiten, unter denen der Mensch in der automatisierten Welt leide, zu einer überwältigenden Sehnsucht nach Anstrengung, nach Tun, nach bloßer Motorik führen. Dem durch die völlige Entgeisterung milde gestimmten Rückblick erschiene die verhaßte Fließbandarbeit in der Form ihres Gegenteils, als letzte, richtige Arbeit der Menschheitsgeschichte.[32]

6. Der tragische Mangel an Perspektive, den Anders seinen Zeitgenossen zuschrieb, ereilte zuletzt ihn selbst. Er prophezeite, daß Automatisierung, auf großer Stufenleiter betrieben, Arbeitslosigkeit als unauslöschlichen Begleiter des Reichtums produziert. Nicht, wie man die Früchte der Arbeit gerecht verteile, sondern wie man die Konsequenzen der Nichtarbeit menschlich erträglich gestalte, laute die kardinale Zukunftsfrage. Wer Vollbeschäftigung sagt, der will betrügen! – das war seine Überzeugung. Nur hielt er seinerseits Betrug und Selbstbetrug für unausweichlich, das war sein Drama. Ein Ozean der freien Zeit entsteht, und die Menschen müssen auf ihm navigieren lernen. Und genau diese Fähigkeit sprach er ihnen ab. Er sah sie zur Arbeit verflucht, außerstande, sich davon anders abzulösen als auf triviale Weise, durch Unterhaltung *around the clock.* Daß die Befreiung von der Arbeit strandet, auf der nächsten

Sandbank seichten Zeitvertreibs, hielt er, verglichen mit dem, was noch passieren könnte, für das kleinere Übel. »Denn die Arbeitslosigkeit, die uns bevorsteht, wird die, die vor 50 Jahren geherrscht hat, als harmlos erscheinen lassen. Wenn man bedenkt, daß schon die damalige eine der Hauptursachen des Nationalsozialismus gewesen war, dann kann einem der Mut vergehen, sich vorzustellen, was die bevorstehende hervorbringen wird. Gar nicht unmöglich, daß die (damals wirtschaftlich widersinnigen) Auschwitzer Gasöfen die Modelle für die ›Bewältigung‹ der Tatsache, daß es, verglichen mit Arbeitsgelegenheiten, ›zu viele Menschen gibt‹, abgeben werden.«[33]

## § 5 Vom Elend des Animal laborans

1. Befreiung in der Arbeit – das Thema scheint nach DEM erledigt, Befreiung von der Arbeit ohne Hoffnung: mediales Narrenparadies oder sozialer Genozid. Was konnte plausibler erscheinen als das Unterfangen, dem modernen Arbeitsglauben jedweder Form den Todesstoß zu geben. Niemand unterzog sich ihm mit größerer Ausführlichkeit und größerer Leidenschaft als Hannah Arendt. Die Arbeit, das Arbeiten ein für allemal zu diskreditieren, Platz zur Wiederbelebung älterer Vorstellungen des aktiven, tätigen Menschen zu schaffen, ließ sie nichts unversucht. Doch das Objekt des Angriffs zeigt sich als versierter Gegner: Gut getarnt und immer nur zum Schein geschlagen, behält es das letzte Wort.

Im ersten Kräftemessen muß sich die Arbeit gegen das Herstellen behaupten, *Animal laborans* gegen *Homo faber*. Die Chancen sind denkbar ungleich verteilt; der *Homo faber* schafft für die Ewigkeit, das *Animal laborans* trifft der Vorwurf, daß seine Arbeit nichts objektiv Greifbares hinterläßt, daß das Resultat seiner Mühe gleich wieder verzehrt wird oder sie nur um ein sehr Geringes überdauert.[34] Erkennt man beide also an ihrem Produkt, an dessen Lebensdauer, so daß das Brot wie von selbst auf das Arbeitstier verweist, der Tisch, Generationen von Benutzern zu Diensten, den Werkmann ins Bewußtsein ruft? Arendt spielt mit diesem Gedanken, ist aber klug genug, ihn wieder zu verwerfen, weil er sichtlich in die Irre geht. Die billigste Fabrikwaren ein paar Schuhe, mit Bedacht getragen, unterscheidet sich, wie sie selbst einräumen muß, von der erlesenen Delikatesse noch dadurch, daß sie nicht verdirbt, Eigenständigkeit besitzt, die sie befähigt, die wechselnden Launen ihres Besitzers für einen recht beträchtlichen Zeitraum zu überdauern. Der Versuch, Arbeit zum am wenigsten »welthaltigen«, zum eigentlich unproduktiven menschlichen Vermögen abzustempeln, scheitert im ersten Anlauf. Das Produkt verweigert die gewünschte Auskunft und lobt im Zweifelsfall die Schöpfungen des *Animal laborans*, urbar gemachtes Land, Straßen und Kanäle, Bergwerke, Fabriken und Maschinen. Man mag sie dem Kölner Dom für unterlegen halten; den Vergleich mit Großmutters Truhe halten sie aus. Daß sich das Werk der Hände, Handwerk, im Gegenstand erfüllt, vollendet, selbst genießt, industrielles Arbeiten dagegen nie zur Ruhe kommt, weil seine Artefakte zur Konsumtion bestimmt sind, die nach neuer Arbeit ruft, ist unbestreitbar, begründet aber keine Hierarchie. Sofern der physische Verschleiß in das industrielle Produkt nicht eingebaut ist, um seine Lebensdauer künstlich abzukürzen, hängt sein Verweilen in der Welt von der Souveränität des Konsumenten ab. Meine Möbel mögen moralisch verschleißen, nicht mehr modisch sein; der Vermodung nachzugeben, die Dinge von mir abzutun, kann mich keiner zwingen.

2. Wenn den Dingen weder auf der Stirn geschrieben steht, wer sie erzeugte, noch wie und wie lange sie sich gebrauchen lassen, muß *Homo fabers* Führungsanspruch bessere Gründe finden. Arendts zweiter Anlauf zieht den Schaffensprozeß selbst zu Rate und mündet in die Behauptung, daß Arbeiten wesentlich geistlos, Herstellen dagegen

seiner Natur nach ein bildnerisches, schöpferisches Vermögen ist, geistiger Entwurf. Wird der Entwurf kunstvollen Händen anvertraut, herrscht Harmonie von Kopf und Hand; geht er in Hände über, die zwar fleißig sind, doch nicht beseelt, sind Kopf und Hand geschieden, hier das Projekt, dort seine bloße Ausführung. Das *Animal laborans* zeigt mit falschem Stolz auf seine Werke, denn was an ihnen wirklich Werk ist, Konzeption, Modell, gehört dem *Homo faber.* Arbeiten als Ausführung fremder Pläne begriffen ist »frei von willentlichen Entscheidungen und vorgefaßten Zwecken«, blind wie die Natur, an der sie sich abmüht und der sie ohne die Gaben des Herstellens unbeholfen ausgeliefert wäre.[35]

Das zweite Argument ist treffsicherer als das erste, gilt aber ebenfalls nur eingeschränkt, für industrielle Arbeitsprozesse einer bestimmten historischen Stufe, die den Arbeiter entweder der Maschine unterwerfen oder die Arbeit bis ins Extrem aufspalten. Abgesehen davon, klammert es das Herstellen aus der Rationalisierung aus, so daß der Eindruck entsteht, es sei der gute alte Werk- oder Zunftmeister, der modelliert und plant. Tatsächlich sind es arbeitsteilig zusammenwirkende Spezialisten, die das vollbringen, gewinnt das Herstellen selbst mehr und mehr Arbeitscharakter, mit dem gravierenden Unterschied, daß diese Arbeiten weit anspruchsvoller und, da nicht bis ins Letzte determinierbar, auch autonomer sind. Der gegenläufige Prozeß, der die einfache Arbeit, die Arbeit der Arbeiter, wieder mit Inhalten versieht, interessanter und selbständiger gestaltet, so daß er bislang dem Herstellen vorbehaltene Eigenschaften erwirbt, gehört einer späteren Phase der Entwicklung an als jener, auf die Arendt Bezug nehmen konnte.

3. Der dritte Anlauf soll dem *Animal laborans* nun auch philosophisch das »Handwerk« legen, indem es als *Homo clausus* erscheint, als ein in sich eingesperrtes Wesen, das von der Welt um es herum, von öffentlichen Dingen, weder etwas weiß noch etwas wissen will. Arbeit, Familie, Kon-

sum – in diesem Dreieck haust der arbeitende Mensch der Moderne mehr, als daß er sich darin bewegt. »Das Animal laborans flieht nicht die Welt, sondern ist aus ihr ausgestoßen in die unzugängliche Privatheit des eigenen Körpers, wo es sich gefangen sieht von Bedürfnissen und Begierden, an denen niemand teilhat und die sich niemanden voll mitteilen können.«[36]

Es gibt eine Kritik der Arbeit, der Arbeit Leistenden, für die das Wort »snobistisch« am passendsten erscheint. Anders als die aristokratische Arbeitsverachtung, die die armen Teufel dort unten mit wenigen Worten abspeist, die symbolisch kurzen Prozeß mit ihnen macht (Aristoteles' »lebende Werkzeuge«), kann die snobistische ihren Ekel vor dieser Existenz oftmals nur schwer beherrschen. Sie ist ihrer selbst viel zu unsicher, zu ängstlich besorgt, von diesem Element majorisiert zu werden, um gelassenen Hochmut an den Tag zu legen. Der Aristokrat kränkt das soziale Ehrgefühl anderer Menschen im Vorübergehen, ohne Aufwallung der Gefühle, indem er sie von fern mit seinem Blick von oben streift; der Snob WILL kränken, und muß sich dazu eigens in gehobene Stimmung bringen. Das *Animal laborans* als *Homo clausus* ist so ein Stimmungsbild. Die »Bedürfnisse und Begierden« der Arbeitsbevölkerung (was der Wunsch dem Gebildeten, ist dem Pöbel die Begierde!) als weder versteh-, noch kommunizierbar abzutun, ins Subhumane abzuschieben bedeutet, aus Prinzip, nicht aus Versehen zu entgleisen; den Makel wäscht kein Regen ab.

4. Arendt strebt zurück zu Platon und zu Aristoteles; deren Ideal, ein von menschlicher Mühe unabhängiges Dasein, ist auch ihres. Ihre zum Teil gehässigen Ausfälle gegen den Arbeiter als sozialen Typus gehen in die letzte Runde, wenn sie seine Abschaffung, seine Vertreibung aus der menschlichen Gesellschaft bereits in vollem Zuge sieht. Nur kann sie ihren Triumph nicht auskosten, weil zugleich mit dem Verschwinden des *Animal laborans* die Freiheit selber zu verschwinden droht. Weitergehende Mechanisierung

und Automatisierung werden den Sinn für »das Höhere« nicht wiederbeleben, nicht bei der Mehrheit; erneut entflammt ihr Zorn: »... die überschüssige Zeit des Animal laborans wird niemals für etwas anderes verbraucht als Konsumieren, und je mehr Zeit ihm gelassen wird, desto begehrlicher und bedrohlicher werden seine Wünsche und sein Appetit.«[37]

Aufstellen zur Siegerehrung, Blitzlicht, Beifall von den schlechten Plätzen, Pokal, Schleife, Lorbeer für das Arbeitstier, Auszug, Flucht der feineren Gemüter aus der Arena, tragisches Finale: der Mensch dankt ab: »Denn es ist ja eine Arbeitsgesellschaft, die von den Fesseln der Arbeit befreit werden soll, und diese Gesellschaft kennt kaum noch vom Hörensagen die höheren und sinnvolleren Tätigkeiten, um derentwillen die Befreiung sich lohnen würde. Innerhalb dieser Gesellschaft, die egalitär ist, weil dies die der Arbeit angemessene Lebensform ist, gibt es keine Gruppe, keine Aristokratie politischer oder geistiger Art, die eine Wiederholung der Vermögen des Menschen in die Wege leiten könnte ... Was könnte verhängnisvoller sein.«[38]

5. Arendts intellektueller Snobismus besitzt gegenüber vielen späteren Variationen den Vorzug unbedingter Ehrlichkeit. Sie verabscheut das »Volk«, seine niederen Beschäftigungen ebenso wie seine für schal erklärten Freuden, seine rohen »Begierden« und drückt das unumwunden aus. Heute formuliert man schamhafter, dezenter: »Ein Einzelner, der sich nur als Arbeitender begreift, lebt eindimensional und verfehlt die Fülle der Lebensmöglichkeiten.«[39] Er verfehlt sie in der Arbeit, weil diese »Mühe und Plage« und mit Glück »kaum in Einklang zu bringen« ist, und wenn er die Arbeit verliert, fühlt er sich viel zu gedrückt, um das Leben in seiner Fülle genießen zu können. Ergo: Gesellschaften, die sich vom Vollbeschäftigungsideal entfernen, müssen das Selbstwertgefühl des einzelnen von der Erwerbsarbeit emanzipieren. Um daraus keine zynische Empfehlung an die Arbeitslosen abzuleiten, sich seelisch über den Verlust der Arbeit zu

erheben, müßte die Entkopplung von Leben und Arbeit auf der Zuteilung eines arbeitsfreien Grundeinkommens an die unfreiwillig Arbeitslosen fußen.[40]

Unbefriedigend wie die Prämissen dieser »menschenfreundlichen« Vergegenwärtigung Arendtschen Denkens sind die Schlußfolgerungen. Arbeit als Mühsal, als glückloses Tun – das entwirft ein allzu mattes Bild der gegenwärtigen Arbeitswelt. Die Identifizierung des Menschen mit »seiner« Arbeit dürfte in den fortgeschrittenen Industriegesellschaften im Verlauf der zurückliegenden zwei, drei Jahrzehnte trotz gegenläufiger Tendenzen im ganzen eher zu- als abgenommen haben. Sollte sich diese Vermutung erhärten, dann trifft Menschen, die heute ihre Arbeit verlieren, dieser Verlust in der Regel subjektiv einschneidender als früher; zusammen mit der Erwerbsquelle versiegt die alltägliche »Funktionslust«. Das arbeitsfreie Grundeinkommen milderte die rein wirtschaftliche Einbuße, ohne die frei gewordenen Aktionsvalenzen wirksam sättigen zu können; offene, wunde Enden, die nicht vernarben wollen, ratlos nach Anschluß und Bewandtnis fragen. Wer über die Arbeitsgesellschaft hinausgelangen will, muß dieses Drama und diesen Schmerz ermessen können. Wer gar der Arbeit als solcher den Kampf ansagt, wie Hannah Arendt, muß den Gegner in seiner vollen Lebensgröße zeigen, mit allen seinen Waffen und Überredungskünsten; alles andere wäre plumpe Überrumpelung eines zuvor zurechtgestutzten Widerparts.

## § 6 Die Spinne Arbeit

1. Ein Kardinalfehler in bezug auf die moderne Erwerbsarbeit besteht darin, sie auf die sachliche Verrichtung, den stoffwechselnden Vorgang zu reduzieren. Er führt umgehend zu einer akademischen Scheinfrage: Wie kann man an Arbeiten hängen, die nach Ablauf und Umständen nichts Gewinnendes, Anziehendes besitzen, die den Menschen le-

benslang an eine Teilfunktion adaptieren, seinen Geist unterfordern, seine Kräfte verschleißen, seinen Nerv töten oder seine Gesundheit untergraben? Kein Unternehmer käme auf die Idee, Arbeit als isolierten und isolierbaren Akt eines Individuums anzusehen. Selbst wenn er die Arbeit bis ins kleinste teilt, die Kommunikation auf ein Minimum beschränkt, weiß er die Gratisgaben des Zusammenwirkens vieler wohl zu schätzen. Was ihm sein kalkulierender Verstand sagt, sagt den Arbeitenden ihr sozialer Sinn. Aus gutem Grund hängen sie noch am ärmlichsten Austausch mit ihresgleichen oftmals inniger als an ihrer speziellen Funktion.

Was immer Erwerbsarbeit sonst noch vermag, sie knüpft ein soziales Netz, im Herstellungsprozeß und weit darüber hinaus. Die Sachbindung des gemeinschaftlichen Tuns ist deshalb nicht belanglos, sekundär. Als zwischen Mensch und Mensch sich schiebendes Drittes fokussiert sie das Zusammenwirken auf den Ernst des Lebens, formuliert sie Aufgabe und Herausforderung, deren Bewältigung Befriedigung verschafft, nicht trotz, sondern gerade aufgrund der herben Zumutung, die der Dienst am Objektiven für das Individuum bedeutet. Derselbe Sachbezug verhindert die restlose Vereinnahmung des einzelnen durch die Gemeinschaft, deren Glied er ist. Jeder kann sich bei Bedarf auf das zurückziehen, was jeweils »Sache« ist, und sich den anderen auch wieder öffnen. Dank dieser Eigenschaft wohnt Arbeit die Potenz zur Erlösung vom Lastenden der mitmenschlichen Beziehung inne, setzt sie, des weiteren, einen Kontrapunkt zum familiären Leben. »Work is not simply a way to make a living and support one's family.«[41]

Arbeit als solches »objektives« Wirken rhythmisiert den Lebensfluß, spannt ihn in ein feines Raster zeitlicher und räumlicher Bezüge, worin er Orientierung, Perspektive auch für die läßlicher geordneten Momente des arbeitsfreien Daseins findet. Sie verknüpft soziale, zeitliche und räumliche Netze zu einem vierdimensionalen Zeit-Raum, zum irdischen Kosmos des Menschen, aus dem jäh gestoßen wird, wer die Arbeit verliert. Binnen kurzem verflüchtigt sich die Vektoreigenschaft der Zeit, verschwimmt das eben noch genaue Zeitgefühl zu einer nur mehr groben Gliederung von Tag und Woche, hört das Denken und Planen in kompakteren zeitlichen Einheiten auf, stellen sich infolge des Ausgesperrtseins vom gesellschaftlichen Raum klaustrophobische Gefühle, Ängste ein, die keinen Auslauf finden.[42] Man muß sich schon eine reichlich verdrehte Vorstellung von der Erwerbsarbeit machen, um glauben zu können, sie verstoße den Menschen aus der sozialen Welt, schneide ihn von seiner eigentlichen Bestimmung ab. Anders als die intellektuelle Marotte es will, war und ist sie für ungezählte Millionen von Menschen Inbegriff des In-der-Welt-Seins, des Aufgehobenseins in ihr, ähnelt sie in nichts dem berühmten Fiaker, aus dem man nach Belieben aussteigt und seiner Wege geht.

2. Kern der Vergesellschaftung des Menschen, eröffnet die Teilhabe am Erwerbsleben noch viele andere Zugänge ins soziale Leben. Arbeit als gemeinschaftlich betriebener Stoffwechsel mit der Natur steht im Mittelpunkt des Produktionsprozesses. Doch um ihn herum, einer Korona gleich, formt sich oftmals eine Gesellschaft im kleinen. Das gilt für eine Vielzahl kapitalistischer Unternehmen ebenso, wie es für die größeren Wirtschaftskomplexe im Staatssozialismus galt. Das Beispiel der ehemaligen Wolfener Filmfabrik mag das verdeutlichen.[43] Dort wurde gearbeitet, gewiß. Aber in die Arbeitssphäre eingelassen, Arbeit zur Sphäre eigentlich erst weitend, waren auch:

Betriebskinderkrippen und -kindergärten
Ferienheime
vier Ambulatorien
eine Physiotherapie
eine Sauna
eine Apotheke

eine Bibliothek
eine Buchhandlung
ein Werkstheater
ein Filmstudio
ein Fotozirkel
ein Malzirkel
ein Chor
ein Kinder- und Jugendballett
Sportvereine
eine Sparkasse
eine Werkstischlerei
eine Werksgärtnerei
eine Sattlerei
eine Schneiderei.

Der Ring aus sozialen, kulturellen, sportlichen und medizinischen Einrichtungen war nicht immer so umfänglich wie im Fall der Wolfener Filmfabrik; mit kleinerem Radius fand er sich bei jedem staatlichen Unternehmen von einiger Bedeutung. Die Arbeitsstelle bettete die Menschen in stabile soziale Beziehungen sowie in ein dichtes Geflecht gemeinschaftlicher Aktivitäten und individuell abrufbarer Dienstleistungen ein. Als die Betriebe schlossen, kam den Menschen daher weit mehr abhanden als nur die bloße Arbeit – Gelegenheit und Antrieb zu kollektiven wie persönlichen Unternehmungen. Hatte man sich früher gegenseitig mitgezogen ins Theater oder in die Gymnastikgruppe, mußte nun jeder allein die Schwellen überwinden, von den damit verbundenen Kosten und Wegen einmal abgesehen. Die ostdeutsche Erfahrung mit »ganzer Arbeit« hat nichts Apartes, sie ist der Arbeitnehmerschaft im Westen seit Generationen vertraut. Auch dort umfaßt die Stelle mehr als die Funktion, folgt aus der Arbeit Weltbezug. Bezieht man die sozialen Garantien, die der modernen Erwerbsarbeit seit mehr als einem Jahrhundert innewohnen, mit in die Betrachtung ein, erkennt man die »Eindimensionalität« des erwerbstätigen Menschen

von heute als das, was sie tatsächlich ist – als Spleen entfremdeter Intellektueller, als Ideologiekritik aus ideologischen
Prämissen.

3. »Snobismus«, »Marotte«, »Spleen«, das sind vielleicht
zu ungefähre Invektive. Die Überzeugung, daß Arbeit nur
nach Brot geht, gehört zu den tiefsitzendsten und langlebig-
sten Vorurteilen der gebildeten Welt. Sie begleitet die Lohnarbeitsgesellschaft wie ein Schatten. »Es ist noch niemandem aufgefallen, daß Lohnmangel ein besserer Ausdruck
wäre als Beschäftigungsmangel, denn was der Arbeitslose
vermißt, ist nicht die Arbeit, sondern die Entlohnung der
Arbeit.« Diese Worte des liberalen Nationalökonomen Mi-
ses sind purer Hohn. Menschen seiner Art und Herkunft
haben fast immer so gedacht. Schon lange zuvor, in der Mitte
des achtzehnten Jahrhunderts, setzte ein englischer Bischof
dem kollektiven Standesdünkel ein ebenso schmuckloses wie
treffendes sprachliches Denkmal: »Wenn ein Mann um Arbeit bettelt, dann bittet er nicht um Arbeit, sondern um
Lohn.«[44] – Sofern Menschen mit intellektuellen Professionen die Arbeit einmal nicht banalisieren, fallen sie häufig ins
entgegengesetzte Extrem und glorifizieren sie mit enthusia-
stischen Formulierungen, die nur dieselbe Fremdheit verraten. Nüchterne Porträts der Erwerbsarbeit und des Er-
werbslebens, die sich auf die REALEN Erfahrungen gründen,
die die Arbeitenden in und mit der Arbeit machen, bilden
rühmenswerte Ausnahmen. Was wir in jüngster Zeit beobachten, sind vor allem Fortschritte der Ironie. Von dem
verständlichen Bedürfnis angetrieben, Arbeitslosigkeit zu
entstigmatisieren, ironisieren »glückliche Arbeitslose« die
herrschende Sicht auf Arbeit als triviales Geschehen, als
höchst profanen Brotdienst. »Wenn der Arbeitslose unglücklich ist, so liegt das nicht daran, daß er keine Arbeit
hat, sondern daß er kein Geld hat. Also sollten wir nicht
mehr von ›arbeitslos‹, sondern von ›geldlos‹, nicht mehr von
›Arbeitssuchenden‹, sondern von ›Geldsuchenden‹ reden,
um die Dinge klarer zu stellen.«[45] Wenn es mit der Arbeit

keine weitere Bewandtnis und kein Fortkommen hat, das übers Geldverdienen hinausschießt, dann verschont uns damit und gebt uns einfach Geld! Das subversive Spiel mit dem herrschenden intellektuellen Diskurs lebt von der Angriffslust. Es hält den »Herren der Arbeit«, speziell deren geschulten Claqueuren den Spiegel ihrer wahren Meinung vor, konfrontiert die Sonntagspredigten zur Arbeit mit der gewohnheitsmäßigen Geringschätzung derselben. Damit nicht genug, verfolgt es ein Ziel, das den Spott lohnt: Menschen, die ihre Arbeit verlieren oder gar nicht erst ins Arbeitsleben hineinfinden, sollen in ihrem Menschsein materiell bestätigt und kulturell ermutigt werden, etwas mit ihrem Leben anzufangen.

Nur gelangt man auf diesem Wege nicht zum Ziel. Die großstädtischen Flaneure der Arbeitslosigkeit, besonders die in kurzen Hosen, erklären die Erwerbsarbeit zu einer Art *Black box* und berauben sie im Namen eines falsch verstandenen Eudämonismus sämtlicher ihr anhaftenden Momente von Glück und Befriedigung. Dadurch kopieren sie die bürgerliche Arroganz und verschwenden ihre eigene Zeit mit Fragen rein dogmatischer Natur, zum Beispiel: Ist es gerechtfertigt, an einer Arbeit festzuhalten, die man ohne Lohn gar nicht ergreifen würde?[46] Im Handumdrehen konvertiert der Libertin zum gestrengen Buchhalter des Glücks der »kleinen Leute«, zum Doktrinär.

4. Erwerbsarbeit ist weder eindimensional noch in sich leer, noch wird sie einzig vom Blick auf das Entgelt zusammengehalten. Sie hat Tiefe, Inhalt, eigene Materialität. Wie eine Spinne ihr Netz webt, so webt auch sie, außer dem Tuch, das dabei mit herauskommen mag, ein engmaschiges, weitverzweigtes Netz einzel- wie mitmenschlicher Beziehungen und Bezüge, ein Ganzes, das die finanziellen Bezüge unverzichtbar in sich einschließt. Die Kritik am neuzeitlichen Arbeitsglauben produziert ihrerseits Ideologie, wenn sie darüber hinwegsieht. Der glückliche Arbeitslose, sofern er redlich ist, räumt ein, daß der Verlust der Arbeit schmerzt,

obschon mit etwas schiefen Worten: »Wenn der Arbeitslose unglücklich ist, dann liegt das auch daran, daß der einzige gesellschaftliche Wert, den er kennt, die Arbeit ist.«[47] Selbst wenn der Arbeitslose andere Werte kennt und anerkennt, von der Arbeit als dem Grund seiner bisherigen Existenz getrennt, fällt es ihm schwer, diese Werte zu behaupten. Aktivitäten, Interessen, die in die Arbeit eingebettet waren, verlieren plötzlich ihre Bindung, ihr Wozu. Die einzige Mitgift arbeitslosen Lebens, Zeit, wird zum tragischen Geschenk, wenn es an Anhaltspunkten und Gefährten fehlt, sie auszufüllen.[48] Flüchtet die Spinne aus dem Netz, dann droht es zu zerfasern, zu zerreißen. Die Aufgabe, vor die sich der einzelne gestellt sieht und die er letztlich nur gemeinsam mit anderen zu lösen vermag, lautet Netzbau ohne vorgegebenes Zentrum, Mut zu a-zentrischer Existenz, die sich neue Mittelpunkte erst noch schaffen muß.

Es ist heute viel von der »Rückgewinnung des Sozialen« die Rede – hier findet man den harten Grund für diese Notwendigkeit. Der tonangebende Diskurs schweigt sich über die Bedingungen der »Re-Sozialisierung« vornehm aus. Für ihn ist alles eine Frage der Zivilgesellschaft. Sie, als Antipode des Staates aufgefaßt, soll das Soziale regenerieren, neu aus sich heraus erzeugen. – Praktisch werden wir anders belehrt, wie ein weiteres Beispiel aus dem Osten Deutschlands exemplarisch zeigt. Dort sieht sich die Lösung der Aufgabe mit außergewöhnlichen Schwierigkeiten, hohen Hindernissen konfrontiert. Ausschließlicher noch als in den Arbeitnehmergesellschaften des Westens waren Leben und Arbeit ineinander verwoben. Erwerbsarbeit galt als einzig legitime Quelle von Lebensgewinnung und Lebensführung. Der ausgreifende Deindustrialisierungsprozeß bereitete dieser Üblichkeit ein jähes Ende. Das an die wirtschaftlichen Unternehmen gebundene Aktivitäts- und Betreuungsgeflecht zerfiel im Nu, ohne auf kommunaler Ebene angemessen rekonstruiert werden zu können. Prekär wie die materielle Existenz gestaltete sich die im engeren Sinne soziale. Zusammen mit dem Arbeiter sah sich der Mensch selbst an die Luft gesetzt. Was vermochte da der Bürger? Und wenn er angesichts dieser höchst widrigen Umstände etwas vermochte, vermochte er es dann nicht überall?

5. Ein kleiner Ort im Mecklenburgischen, das ehemalige sozialistische Musterdorf Mestlin, gibt Fingerzeige für die Antwort.[49] Infrastrukturell vorbildlich ausgestattet, als regionales Zentrum konzipiert, wurde die landwirtschaftliche Produktion zu DDR-Zeiten von einem kompakten Ensemble unterschiedlichster Institutionen und Einrichtungen eingefaßt, von Kinderkrippen, Schulen, Geschäften, Gaststätten sowie von einem jener überdimensionierten Kulturhäuser, dessen reine Größe schon auf die Umgegend verwies. Mit einhundert Beschäftigten zählte es in manchen Jahren fünfzigtausend Besucher.[50] Dann kam der Umbruch samt seiner vertrauten Begleiter: Entlassungen, Abwanderung, soziokulturelle Verödung. Immerhin gelang die Umwandlung der vormaligen LPG in eine Produktivgenossenschaft, die sich mit stark reduziertem Personalbestand als wettbewerbsfähig erwies. Ein kleiner Anhaltspunkt sozialen Lebens, das dennoch für Jahre verfiel. Die Hoffnung richtete sich, wie oft in vergleichbaren Fällen, auf Belebung von außen, auf die touristische Zweitverwertung von Land und Leuten, vergeblich. Erst unter einem neu gewählten Bürgermeister beschritt man einen alternativen Weg, der Belebung von innen versprach. Man ersann einen öffentlichen Festkalender, der zahlreiche Ereignisse verzeichnete oder direkt produzierte: sportliche Wettbewerbe, Treffen im Jugendklub, Erntefest, Kindertag, Tag der Freiwilligen Feuerwehr, Jubiläen aller Art. Um die Geselligkeit zu fördern, schien kein Anlaß zu gering. Als nächstes nahm man die Wiederinstandsetzung des Kulturhauses in Angriff, Raum für Raum, mit Geld aus allen Kassen, vom Arbeitsamt, dem Landesamt für Denkmalpflege, dem Landkreis, aus der Regionalförderung, Fördermitteln der Europäischen Union sowie aus der Gemeindekasse selbst.

Nur das Zusammenspiel von dörflicher Gemeinschaft, lokaler Autorität und unterschiedlichen Ebenen der Staatlichkeit ermöglichte diese Wieder-, Neuerfindung des Sozialen. Die Idee von der Zivilgesellschaft als dem geborenen Widersacher der »Bürokratie« ist ein Grundmißverständnis unserer Zeit; sie hofiert wortreich den Bürgersinn, degradiert ihn in der Praxis jedoch häufig zum Lückenbüßer eines säumigen, pflichtvergessenen Staates. Bürgersinn mit Staat im Rücken, Staat von Bürgersinn belebt, DAS ist des Rätsels Lösung.

### § 7 Postfordismus: neue Freiheit in der Arbeit?

1. Die unaufhaltsame Verwandlung des *Homo faber* in *Animal laborans* war das Menetekel der automatisierten Gesellschaft, das Hannah Arendt schreckerfüllt beschwor. »Denn das eigentliche Kennzeichen der modernen Wirtschaft ist nicht so sehr die Warenproduktion wie die Umwandlung der Werktätigkeit in Arbeit.«[51] Daß sich das Umgekehrte ereignen könnte, die (partielle) Rückverwandlung von »Arbeit« in »Herstellen«, in wieder bewußteres, den einzelnen sachlich wie sozial stärker einbeziehendes Tun, lag jenseits ihrer Einbildungskraft. Doch so geschah es im weiteren Vollzug der dritten technologischen Revolution. So wie die beiden vorhergehenden Umwälzungen im Zeichen von Dampfmaschine und Elektrifizierung ihre Pioniere hatten, England zunächst, dann Deutschland und die USA, so sah der vorläufig letzte revolutionäre Schub Japan als Vorreiter der Entwicklung. Für diesen enormen Sprung des asiatischen Landes von der historischen Etappe an die Front des wirtschaftlichen Fortschritts gab es zahlreiche Gründe. Dazu gehört die kulturelle Offenheit des Landes, die Lernfähigkeit, Lernbegierigkeit seiner Eliten, die bis ins sechzehnte Jahrhundert zurückdatiert. Anders als seinerzeit in China hieß man Fremde, besonders Europäer im Land will-

kommen, zeigte man sich als gelehriger Schüler für deren Erkenntnisse und Fähigkeiten aufgeschlossen und war bald imstande, deren Waffen und sonstige technische Geräte nachzubauen. Eine dem Calvinismus in vielem vergleichbare Arbeitsmoral förderte die Aufholjagd. Als es im folgenden Säkulum zu einem Rückfall in die Isolation kam, der sich mit besonderer Härte gegen die zur westlichen Kultur konvertierten Landsleute richtete, froren die Verhältnisse für lange Dekaden ein. Im achtzehnten Jahrhundert verständigte man sich auf eine neue Strategie. Sie hielt an der Ablehnung der westlichen Lebensart fest, nahm das profane Wissen und Können des Westens aber davon aus.

Die »schleichende« Revolution der Jahre 1867/68 bescherte vor allem Technikern und Verwaltungsfachleuten einen enormen Machtgewinn; sie luden nun wieder Experten aus dem Ausland ein und schickten selber wißbegierige Leute in die Ferne. Auf diesen doppelten Wissenserwerb gegründet, wurden das Militär, aber auch die Administration und das gesamte Bildungssystem grundlegend reformiert. Die teils gewaltsame Gegenwehr entmachteter Gruppen und Stände, speziell der *Samurai*, verlangsamte den Prozeß, ohne ihn rückgängig machen zu können. Wirtschaftspolitisch lag das Schwergewicht jetzt wie in den folgenden Jahrzehnten auf dem produzierenden Gewerbe, auf der Herstellung technisch anspruchsvoller Maschinen und Geräte sowie entwickelter Infrastrukturen. Japans erster großer Sprung, das war der Sprung mitten hinein in die zweite industrielle Revolution, die auf enger Synthese von Wissenschaft und industrieller Produktion beruhte. Ein weiter Satz, begleitet von einer brutalen Disziplinierung der arbeitenden Massen. Arbeitsethisch verankert und auf ein nationales, nationalistisches Projekt gegründet, das den Aufstieg Japans zur führenden asiatischen Macht versprach, gelang er schließlich. »Pflichtbewußtsein und ein Verständnis kollektiver Verbindlichkeiten« dienten als Sprungbrett in die moderne Industriegesellschaft. Die Vorgeschichte macht begreiflich, daß die japanische Gesellschaft im Aufholen schon einige Übung besaß, als sie im letzten Drittel des zwanzigsten Jahrhunderts zu einem weiteren Sprung ansetzte.[52]

2. Er griff auf schon erprobte Tugenden zurück, auf Lerneifer, Arbeitsethik, Kollektivismus, nationale Ambitionen und Überlegenheitsgefühle. Der hauptsächliche Schlüssel zum Erfolg lag diesmal aber nicht in der Übernahme fremder Erkenntnisse und im Nachbau von Maschinen und Anlagen, auch nicht im gezielten Protektionismus, in der Abschirmung des inneren Marktes, vor allem der gewerblichen Produktion, gegenüber auswärtiger Konkurrenz. Selbst die hohen staatlichen Subventionen, z. B. für die Autoindustrie, aber auch für andere strategische Wirtschaftszweige erklären das »Wunder« nicht befriedigend. Diesmal kam etwas Neues hinzu, schöpfte man aus eigenen Ressourcen. »Es war die japanische Ethik der kollektiven Verantwortung, die effektiver Teamarbeit, dem Ideenaustausch zwischen Arbeitnehmer- und Arbeitgeberschaft, der Konzentration aufs Detail zwecks Fehlervermeidung entgegenkam.«[53] Sie schufen die effektivste Qualitätskontrolle der Welt, die Fehler, Ausschuß, Nacharbeit bis auf ein Geringes ausschloß. Eine ganze Reihe weiterer Erfindungen knüpfte daran an und münzte den augenfälligen Nachteil gegenüber dem Hauptkonkurrenten dieser Zeit, den USA, einen vergleichsweise kleinen Binnenmarkt, in einen Vorteil um. Hierzu gehören die Diversifikation der Serienproduktion, beschleunigter Entwurf und Umsetzung von Modellen, das Eingehen auf Kundenwünsche, der exzellente Service. Mehrzweckmaschinen mit leicht zu handhabender Umprogrammierung wurden ebenso schnell entworfen wie installiert, die großen Depots aufgelöst, Just-in-Time-Fertigung zur neuen Regel, die zentrale Rolle des menschlichen Akteurs zur säkularen Religion. Gruppenarbeit, Selbständigkeit, basale Verantwortung waren die meistgehörten Schlagworte der neuen Ära. Jeder Mitarbeiter war und fühlte sich aufgerufen, zu Verbesserungen beizutragen, Vorschläge zu unter-

breiten. Die Kehrseite dieses Appells an die Autonomie der einzelnen und Gruppen war die totale Vereinnahmung der Mitarbeiter durch »ihre« Unternehmen. Kurzum: Das postfordistische Produktionsregime war geboren.

Darüber ist viel und viel Erhellendes geschrieben worden.[54] Weniger gut beleuchtet wurde dagegen der Zusammenhang dieses Regimes mit dem Prozeß der Globalisierung. Dabei ist er offenkundig genug. Der Postfordismus, das heißt die verschlankte, flexibilisierte Produktion, ruft nach der Globalisierung und ermöglicht sie zugleich. Postfordistisches Produzieren, das bedeutet Entschlackung des Fertigungsprozesses von allem, was ihn unnötig aufhält, in die Länge oder Breite zieht, bedeutet potenzierte Beweglichkeit der Unternehmen nach innen und nach außen, Erlösung vom seßhaften Gebundensein an Zeit und Raum, bedeutet neue Handlichkeit, weniger Gepäck beim Umzug des Ganzen oder einzelner Module rund um dem Globus, bedeutet der Potenz nach Übergang zum frei flottierenden Betrieb, zum *portable capitalism*, wenn man eine Metapher wünscht.[55] Übergang der Potenz nach, noch nicht *in actu*, insofern das postfordistische Regime sowie die ihm entsprechenden Produktions- und Verkehrsverhältnisse anfänglich noch in Grenzen, namentlich politische, gebannt waren, die zu überwinden nicht in ihrer Macht stand. Erst durch die Volkserhebungen in Ost-Mitteleuropa von 1989 und unmittelbar danach gelangten Prinzip und Praxis zur Deckung. Blickt man in funktionalistischer Perspektive auf diese bewegte Zeit und ihre kollektiven Akteure, dann könnte man sagen, sie erhörten Ruf und Werbung dieser allerneuesten Geschäftsidee. Nur ist solch nachträgliche Klugheit auch nur eine intellektuelle Marotte.

3. In seiner Auswirkung auf die Verhältnisse im unmittelbaren Arbeitsprozeß zeigt der Postfordismus ein widersprüchliches Gesicht.[56] Rückblickend leuchtet der Bruch mit der »zerstückten Arbeit« der vorangegangenen Periode wie von selber ein. Tatsächlich fand er erst statt, als die mit

den Namen von Taylor und Ford verbundene Arbeitsweise sämtliche in ihr schlummernden Möglichkeiten erschöpft hatte und nun ihrerseits zum Hemmnis der weiteren Produktivitätsentwicklung geworden war. Die Kluft zwischen erworbenen und in der Arbeit nachgefragten Fähigkeiten öffnete sich zusehends und ließ die subjektiven Springquellen des gesellschaftlichen Reichtums, Arbeitsfleiß und Arbeitsfreude, mehr und mehr versiegen. Sie zu schließen, den bedrohlichen Abwärtstrend von Produktivität und Unternehmergewinnen abzufangen, war der Postfordismus angetreten. Er konnte sein Versprechen nur erfüllen, wenn er die Arbeitenden in sein Konzept mit einbezog, indem er ihnen etwas von dem zurückgab, was Arbeitsprotokoll und Fließband ihnen entrissen hatten. Das Zentrum des ganzen produktiven Arrangements, die Arbeit, mußte – wieder oder erstmals – zum Bedürfnis werden, an und für sich attraktiv, Hand und Kopf förderlich oder sie doch wenigstens im Ansatz fordernd.

Für einen fest umrissenen Kreis der Beschäftigten erfüllte sich das Versprechen. Die nach der neuen Lehre umstrukturierten Unternehmen setzten auf hochqualifizierte Kernbelegschaften mit weitgefächertem Aufgabenspektrum und entwickeltem Verantwortungsbewußtsein für das ihnen zugewiesene »Ganze«. Für diese Begünstigten verwandelte sich Arbeit auf hohem technisch-technologischen Niveau in das zurück, was sie einstmals war, in Herstellen. Die der Qualifizierung der Arbeit parallel laufende »Individualisierung der Arbeitsverhältnisse«[57] erwies sich dagegen von Anfang an als zwieschlächtiger Vorgang. Die größere Selbständigkeit, die kleine Gruppen und einzelne im Arbeitsprozeß gewannen, wurde mit dem schwindenden Zusammengehörigkeitsgefühl der Arbeiter untereinander erkauft.

4. Französische Soziologen untersuchten diesen ambivalenten Effekt anhand einer Praxis, die unter der modernen Arbeiterschaft seit je verbreitet war – der Praxis des gemeinschaftlichen Lohnvergleichs; Studienobjekt waren die Peu-

geot-Werke in Sochaux.[58] Dort vollzog sich die Ablösung des fordistischen Produktionsregimes in den späten siebziger Jahren. Amerikanische Unternehmensberater führten in kurzer Zeit die neuen Grundsätze ein: Teamarbeit, Flexibilität und multifunktionelles Anforderungsprofil, größere Typenvielfalt. Die physische Belastung sank, die psychische Beanspruchung stieg, wie stets in solchen Fällen. Mit dieser Umstellung kamen die Stammarbeiter noch gut zu Rande. Sie verstörte etwas anderes. Mit der Veränderung der funktionellen Abläufe ging der Konzern dazu über, frei werdende Stellen auf Zeit und vornehmlich mit jungen Leuten zu besetzen, in der begründeten Erwartung, diese würden sich ohne Widerstreben und nach kurzer Schulung in die neue Arbeitsweise finden. Die Arbeiterschaft spaltete sich in »Etablierte« und »Außenseiter« auf, die sich mit gegenseitigem Mißtrauen begegneten. Schließlich wurde ein neues Prämiensystem eingeführt, das die einzelnen zu außerkontraktlichen Leistungen »überredete« und die Teams unter inneren Konkurrenzdruck setzte. Die Auswirkungen dieser aufeinander abgestimmten Maßnahmen zeigten sich bald. Innerhalb weniger Jahre löste sich eine ritualisierte Gewohnheit, so alt wie die moderne Arbeitsgesellschaft selbst, fast ohne Rückstand auf. Ein Alteingesessener erklärte den Forschern, was geschehen war: »Jetzt das große Problem ... die Leute, die eine außerplanmäßige Prämie auf Vorschlag haben, die reden nicht darüber, das ist schwer mitzukriegen. Sogar die Lohnzettel zeigen sie nicht mehr her, jeder schnappt sich seinen Lohnzettel und schielt ihn in seinem Winkelchen an ... Vorher gab es das Prämienproblem nicht, da verglichen wir unsere Bezahlung schon rein deshalb, um zu sehen, ob kein Fehler drin wäre ...« Ein anderer, auch er zum Stamm gehörend, verlieh derselben Beobachtung mehr Tiefenschärfe: »Ich glaube, das Prämiensystem ist das Schlimmste von allem, ... die Leute (mögen) ihren Lohnzettel nicht herzeigen, und dann, ich weiß nicht, ob es Neid oder sonstwas ist, aber es herrscht so ein Unbehagen ... Der

Zusammenhalt der Gruppe, der ging gegen die Chefs, gegen die Meister, jetzt dagegen ist es ein Verbünden von Arbeitern gegen andere Arbeiter ... Die Arbeiter, die dagegen sind, die bestimmte Ungerechtigkeiten nicht durchgehen lassen, die die Arbeitsbelastung nicht ertragen, diese Leute da, die sind nicht gern gesehen. In den 70er, 80er Jahren, wenn sie uns die Löhnung gaben, legten wir sie alle nebeneinander auf einen Tisch, schauten sie alle an, eine neben der anderen; man verglich die Betriebszugehörigkeit und: ›Wie kommt's, daß du nicht mehr als ich hast?‹ und der Typ, der mehr als ich hat, sagt zu mir: ›Sieh mal an! Geh mal zu deinem Chef, du hast eine längere Betriebszugehörigkeit als ich, aber weniger Geld ...‹«

Diese Erzählungen sind nicht frei von Verklärung. Der Lohnvergleich erfüllte immer zwei Funktionen, eine innen- und eine außenpolitische. Nach innen disziplinierte er den einzelnen, nach außen und oben stärkte er ihm den Rücken. Mit derselben Leidenschaft, mit der man Ungerechtigkeiten in der Bezahlung anprangerte, die der Leitung anzulasten waren, erteilte man jenen eine Lektion, die sich heimlich einen Vorteil erschlichen hatten. Auf einem Auge sozial blind, sind diese Auskünfte von innen gleichwohl von theoretischem Interesse. Sie beleuchten die Schattenseiten der neuen Freiheit in der Arbeit. Arbeit hob Momente des Herstellens in sich auf, war wieder unmittelbar als sozialer Vorgang konzipiert, als gruppendynamischer Prozeß. Nur war der Zugewinn an Selbständigkeit und Verantwortung von wachsender An- und Einspannung der einzelnen begleitet, und das in die Arbeit wieder eingeführte Soziale gehörte den Arbeitern nicht mehr, gehorchte nicht länger ihrem Willen oder doch nur insofern, als sich dieser Wille mit dem Unternehmerwillen deckt, sie bei Bedarf auch GEGENEINANDER in Position zu bringen.

5. Wie gewöhnlich in dialektischen Zusammenhängen stimmt auch das Gegenteil. Das postfordistische Produktionsregime schließt die Beschäftigten fester ins Gewebe

wirtschaftlicher Machtausübung ein als der Fordismus das je vermochte. Aber gleichzeitig zeigen sich Art und Methoden dieses Einschlusses mit vitalen Bedürfnissen der Eingeschlossenen auch weit verträglicher als je zuvor. Sie lassen die praktischen und sozialen Sinne wieder rege werden, wecken geistige Interessen in der Arbeit und über sie hinaus, fordern und fördern Zuständigkeit auch jenseits des persönlichen Aufgabenkreises, schaffen Handlungs- und Spielräume, die es so bislang nicht gab. Auf- und Abforderungscharakter der Arbeit verzeichneten im Verlauf der zurückliegenden Jahrzehnte per Saldo unbestreitbare Fortschritte. Mag der Postfordismus alles unternehmen, um die »gefühlten« Freiheiten über die realen hinausschießen zu lassen – den faktischen Freiheitsgewinn zu leugnen wäre nur ein weiteres Lehrstück ideologischer Ideologiekritik. Die neue Freiheit in der Arbeit ist in hohem Maße mehrdeutig, aber sie ist keinesfalls ausschließlich eine »vorgegaukelte Freiheit«[59]. Dennoch hören die Fragen nicht auf. Welche subjektiven Potentiale, erregen sich Kritiker des gegenwärtigen Kapitalismus, können in einem technisch-technologischen Regime liegen, das von den ökonomischen Eliten ersonnen und weltweit gegen Widerstände durchgesetzt wurde? Sind aufgezwungene Freiheiten nicht ein Widerspruch in sich? Befinden sich nicht doch all jene im Recht, die in der neuen Arbeitsweise vor allem eine raffinierte Methode der Mächtigen sehen, der Arbeiterschaft mehr Leistung abzupressen? Hat die ökonomische Disziplinierung am Ende nur das Kostüm gewechselt und trägt Sonntagsstaat, um das alltägliche Leiden an der fortbestehenden Unterdrückung zu kaschieren?

Nichts ist materieller, physischer, körperlicher als die Ausübung der Macht. Die Macht, wirtschaftliche so gut wie politische, besetzt den Körper, schleicht sich in ihn ein, analysiert seine Funktionen, steigert ihre Effizienz und setzt sie zu immer neuen Ablaufschemata zusammen. Die am Körper angreifenden, ihn durchdringenden Machtstrategien charakterisieren die Gewaltverhältnisse einer gegebenen Gesellschaft auf niedrigstem Niveau. Der klassische Industriekapitalismus disziplinierte den Körper auf eine schwere, drückende, beständige und peinlich genaue Weise. Er zerlegte ihn in seine kleinsten verwertbaren Operationen, unterwarf ihn einem öden Repetitorium infinitesimaler Gesten. Michel Foucault, der Theoretiker schlechthin dieser modernen Disziplinargesellschaft, hatte deren Matrix in Jeremy Benthams *Panopticon* aufgespürt, diesem Entwurf eines »wissenschaftlichen Gefängnisses« mit ausgeklügelter Kontroll- und Überwachungsarchitektur. Zum Panoptismus verallgemeinert, habe sie das Gefängnis verlassen, um Kasernen, Schulen, Fabriken ihren Organisationsprinzipien gemäß umzugestalten. In den 1960er Jahren sei der Panoptismus als universelle Herrschaftsmethode jedoch an seine Grenze gelangt. Seither begnügten sich die industriellen Gesellschaften mit einer weitaus lockereren Macht über den Körper, gezwungenermaßen. Die Disziplinen konnten die Körper nur gelehrig, nützlich und verwertbar machen, indem sie sie als prominenten Ort sozialer Kämpfe definierten, körperliches Bewußtsein und Begehren weckten, und dieses Begehren schlage nun zurück.[60]

6. Warum den Übergang zum Postfordismus dann nicht gleich einem anderen Urheber zuschreiben – der Gesellschaft der Individuen, den widerspenstigen einzelnen, der »Multitude«? Zerbrach das Disziplinarregime nicht infolge wachsenden Widerstands, sich ausweitender Proteste von unten? Waren nicht die Eliten die eigentlich Getriebenen, dazu gezwungen, eine neue Form der Kontrolle zu errichten, um ihr Kommando über Menschen, die sich der Disziplinierung widersetzten, überhaupt noch aufrechterhalten zu können? Kamen sie in ihrer Not gar nicht umhin, dem massenhaften Bedürfnis nach freier Entfaltung der menschlichen Produktivität Rechnung zu tragen? Michael Hardt und Antonio Negri bejahen diese Fragen. Sie verstehen den Postfordismus als halbherzige Antwort auf die 68er Kultur-

revolte, die sie ihrerseits als vorgeschobenen Posten eines tiefgreifenden gesellschaftlichen Wertewandels betrachten.[61] Die weiterreichende Forderung bestehe darin, das vom Kapitalismus nur widerstrebend und einseitig aufgegriffene Freiheitsprojekt unverkürzt zu verwirklichen: »Das Recht auf Wiederaneignung ist somit in Wahrheit das Recht der Menge auf Selbstkontrolle und autonome Eigenproduktion.«[62] Vermittelt der Postfordismus, auf seinen kulturellen Kern reduziert, also doch einen Vorgeschmack auf die schließliche Befreiung der Menschen in der Arbeit, durch die Arbeit? Und wie könnte, müßte man sich eine Gesellschaft befreit arbeitender Menschen vorstellen?

## § 8 Pro und kontra André Gorz

1. Unter allen Theoretikern, die sich mit diesen Fragen beschäftigt haben, ragt André Gorz hervor. Er hat im Laufe seines langen Forscherlebens so ziemlich alle denkbaren Antworten durchgespielt, einige verworfen, andere modifiziert und auf den jeweils letzten Stand der Entwicklung abgestimmt. Eine kritische Würdigung dieses Denk- und Suchprozesses ist somit unvermeidlich.

Bis hinein in die späten 1960er Jahre war »Befreiung in der Arbeit« für Gorz eine realistische Strategie der modernen Arbeiterbewegung. Gemeinsam mit Technikern, Ingenieuren, Wissenschaftlern müßten die Arbeiter noch unter dem Kapitalismus um die Aneignung des produktiven Apparates kämpfen, und zwar im klaren Bewußtsein, daß dieser Kampf über den Status quo hinausführt. Schöpferisches Tun, Hingabe an die Arbeit, Erfüllung in ihr seien mit den Kriterien kapitalistischer Rentabilität wesentlich unverträglich.[63] – Der politischen Ernüchterung in den 1970er Jahren folgte die konzeptionelle Revision. Nunmehr stand die »unmögliche kollektive Aneignung« der Produktionsbedingungen im Mittelpunkt des Gorzschen Denkens.[64] Hochspezialisierte

Fertigungsprozesse, gestützt auf komplizierte Technik und ausgefeilte Technologie, erlaubten weder eine gemeinschaftliche Inbesitznahme des Ganzen, noch unterstützten sie die Utopie des ganzheitlichen Menschen. Der polytechnische Arbeiter sei eine Fiktion, von der man sich nach Taylor, Ford und der Automatisierung ebenso verabschieden müsse wie vom Glauben an eine neue Rätebewegung. Dieser Position zufolge kann es Freiheit und Autonomie nur jenseits der Arbeit geben, muß man der Arbeit selbst als einer unentrinnbaren Notwendigkeit gehorchen, ohne etwas in sie hineinzulegen, was nicht zu ihr gehört. Um sich von der Arbeit emanzipieren zu können, muß sie sachlich so rationell wie möglich gestaltet und zeitlich in enge Grenzen gefaßt werden. Arbeit ist und bleibt Teil des Lebens aller, ohne es jedoch zu okkupieren. Die Notwendigkeitsexistenz des Menschen kann niemals gänzlich aufgehoben, wohl aber an den Rand gedrängt, als etwas betrachtet und praktiziert werden, das es AUCH noch gibt.

Diese »dualistische Konzeption« führt kulturell und politisch weiter als jene, die sie ablöste, befriedigt aber nicht. Sie erfaßt Arbeit ausschließlich als anonymes, triviales Geschehen »ohne Würde und moralische Autorität«[65] und verweigert der zu dieser Zeit bereits eingeleiteten Reorganisation von Arbeitsweise und Arbeitsverhältnissen standhaft die Anerkennung. Noch ganz dem Fordismus zugekehrt, dem Neuen systematisch abgewandt, rief sie ihrerseits nach Überprüfung.

2. Die Übergangsformel, mit der sich Gorz auf die neuen Gegebenheiten einzustellen begann, hieß »Neofordismus«[66]; das Präfix der Fügung verriet deren Vorläufigkeit. Noch immer galt sein hauptsächliches Interesse dem fordistischen Produktionsregime und dessen Konsequenzen, Massenproduktion und Massenkonsumtion, schilderte er mit wachsender Sorge, wie es die Autonomiesphäre belagert, erobert, kommerzialisiert, bestand er auf seinem Schwarz-Weiß-Porträt, das hier die banalisierte Arbeit, dort

das freie Spiel der menschlichen Vermögen zeigt. Nur zögernd kommt Farbe ins Bild. Daß Arbeit mit anspruchsvollen Aufgaben, sozialem Austausch, echter Kooperation und gutem Einvernehmen einhergehen kann, wird immerhin denkbar, obgleich umgehend relativiert: »Aber diese Befreiung in den *Arbeitsbeziehungen* bedeutet weder die Autonomie der Arbeit selbst noch die Selbstbestimmung (oder Selbstverwaltung) ihres Zwecks und Inhalts durch die Arbeiter.«[67] Im Bedürfnis nach Arbeit meldet sich ein Bedürfnis nach Gesellschaft, nach gesellschaftlicher Freiheit, das in der Arbeit entweder gar nicht oder nur unter glücklichen Umständen und auch dann nur limitiert befriedigt werden kann. Herrschaft, Verfügung über das Ganze der Arbeit bleiben selbst jenen versagt, für die sie zum Bedürfnis wird; Befreiung in der Arbeit ist ein Privileg, Befreiung DER Arbeit ist ein Phantom. – Zeitigt die privilegierte Erfahrung mit der Arbeit deshalb keine Konsequenzen? Übt sie keine Anziehungskraft auf die weniger Glücklichen aus? Führt sie, gesellschaftlich gesehen, tatsächlich zu nichts anderem als zu der Illusion, Arbeit könnte zur menschlichen Bestimmung führen, zur Selbstergreifung des Subjekts? Lauter Fragen, die Gorz zu dieser Zeit nicht ernstlich reflektiert.

3. Er greift sie auch später nur mit merklicher Reserve auf. Daß die fordistische Rationalisierung der Arbeit ihre Grenze erreicht hatte, Neofordismus zu Postfordismus geworden war, akzeptierte er seit der Mitte der achtziger Jahre als unumstößliche Tatsache. Dem Anspruch des neuen Regimes, Arbeit und Leben wieder miteinander zu versöhnen, mißtraute er jedoch zutiefst. Qualifizierung und Reprofessionalisierung der Arbeit erschienen nach wie vor als zweifelhafte Privilegien der neuen Arbeiterelite, die nur allzubereit war, das öffentliche Glück ungeteilter Autonomie gegen das kleine Glück wieder interessant gewordener Verrichtungen einzutauschen. Das Volk der Arbeitswelt lebte unverändert auf dem Gegenpol, inmitten banalisierter

Arbeit, prekärer Arbeitsverhältnisse, weder imstande noch willens, sich mit ihnen zu identifizieren. Davon, von der Mehrheitserfahrung, mußte sich eine zeitgemäße Politik der Arbeit leiten lassen. »Gute« Arbeit für alle gehörte der Vergangenheit an, das hatte der Postfordismus unwiderruflich bewiesen. Insofern betrat die neue Arbeiterelite die ökonomische Bühne im selben historischen Moment, indem ihr Gott, die Arbeit, ihre letzte Entzauberung erfuhr. Die Arbeitsgesellschaft war überholt, nicht, weil der Gesellschaft die Arbeit auszugehen drohte, sondern weil Arbeit aufgehört hatte, das Medium der gesellschaftlichen Integration schlechthin zu sein; für alle reichte es nicht, nie wieder. DAS war die Botschaft, die es zu verkünden galt, und das war das Programm, das sich aus ihr ergab: gerechte Verteilung der verfügbaren Arbeitsplätze und der erzeugten Reichtümer. »Jede(r) muß weniger arbeiten können, damit jede(r) mit Arbeit seinen Lebensunterhalt verdienen kann.«[68]

Nur, wie gewinnt man die privilegierten Fraktionen für diese Politik? Wie heilt man sie von ihrem säkularisierten Arbeitsglauben, überzeugt sie davon, daß es noch lohnendere Lebensziele gibt, wenn man Arbeit als Grund der Existenz verewigt? Wie läutert sich der Arbeitende zum Menschen, wenn der Bürger Arbeiter bleibt? Ist die Verallgemeinerung der Arbeit überhaupt eine Perspektive, die über die Arbeitsgesellschaft hinausweist? Gehört sie ihr nicht vielmehr an – als radikal-demokratische Variante? Müßte der arbeitende Mensch, der sich mit seinem Tun identifiziert, nicht vielmehr mit der Möglichkeit ARBEITSFREIEN Glücks geködert werden? Und wie anders könnte das geschehen, als durch leibhaftige Vorbilder solchen Daseins? Gorz weiß es nicht, und was er weiß, klingt nicht nach Lösung: *»Es gibt kein ›soziales Subjekt‹, das eine Umverteilung der Arbeit politisch oder kulturell durchsetzen könnte …«*[69] Die historische Flaute des Subjekts: Könnte sie vielleicht an falsch gewählten Zielen liegen, an wenig attraktiven? Ist

»Umverteilung der Arbeit« kühn genug gedacht, um Menschen für Neues zu begeistern? Alles spricht, erneut, für Inspektion.

4. Wenn sämtliche kollektiven Hoffnungsträger verbraucht sind, bleibt nur das Individuum auf dem geschichtlichen Plan. Nur: An welches wendet man sich und mit welcher Absicht? Wozu ließe sich das banalisierte Individuum aufrufen? Verfügt es doch weder über »gute« Arbeit, die es mit anderen teilen könnte, noch kann (und darf) es seinen Job wie etwas Fremdes von sich abtun. Schließlich soll es Arbeiter bleiben! Auf dem Boden der Arbeitsgesellschaft müssen sich alle Erwartungen auf die Privilegierten richten. Sie allein erfahren Autonomie noch innerhalb der Heteronomie, nur sie könnten versucht sein, nach der ganzen Freiheit zu greifen. – Eine allzu vage Ambition. Denn dieselbe privilegierte Lage konserviert Ansichten und Bestrebungen, hält sie in der Umlaufbahn des Privilegs. Das soziale Vorrecht liebt die Gegenwart mehr als die Zukunft, und sofern es sich überhaupt an die Zukunft verschwendet, umgarnt es sie als fortgesetzte Gegenwart. Der Appell an die glücklichen Arbeitenden führt nur zur Steißgeburt der Utopie. Verzagt läßt Gorz von diesem falschen Trachten ab, um sich dem Individuum ohne fest umschriebene soziale Eigenschaften zuzuwenden. Das zeigt sich von seiner besten Seite, nämlich unbestimmt, zu vielem aufgelegt: »Individualisierung ist die Chance der Befreiung aus vielen Zwängen der Arbeit, der Familie, der Alltagskultur, aber birgt auch die Gefahr der Abkapselung, der Vereinzelung, der Zerstörung von Solidarität.«[70]

Welche gesellschaftliche Alternative sollte aus dieser Ambivalenz erwachsen? Keine bestimmte, würde der Gorz dieser Jahre zur Antwort geben. Individuum und Individualisierung verkörpern keinen konkreten Gegenentwurf zum krud Gegebenen. Das einzige Versprechen, das sie in sich tragen, ist nicht diese oder jene Alternative, sondern etwas viel Abstrakteres – die pure Möglichkeit von Veränderung,

Alternativität. – Und woraus schöpft das Individuum dieses fundamentale Vermögen? – Aus niemand anderem als aus sich selbst, aus dem Umstand, daß es Individuum ist, einmaliges, unverwechselbares Wesen, das heißt gerade aus dem Nichtzusammenfallen von Person und gesellschaftlicher Identität.

5. Der vorläufig letzte, unsichere Garant des Neuen ist der »ureigene Riß« im Subjekt, der es daran hindert, in seinen gesellschaftlichen Rollen und Funktionen aufzugehen. In seiner Not, dem Neuen wenigstens einen Namen zu geben, überschreitet Gorz die Grenzen der Soziologie, flüchtet er sich zu einer behelfsmäßigen Anthropologie, die Sozialisierung wesentlich als Zwang begreift, als List, Verführung, Disziplin, erzieherische Vergewaltigung.[71] Nur in den Zwischenräumen des Systems, in den Lücken der Sprache behaupteten sich Reste von Zweifel und Eigensinn gegen die Verwüstungen der sozialen Welt. In diesem desperaten Panorama bedrohen, ja zerstören alle gesellschaftlichen Vermittlungen und Institutionen die moralische Integrität des Menschen, ist Moral nur außerhalb der Gesellschaft herstellbar. Einzig die singuläre Welt der ursprünglich gelebten Erfahrung legt noch Berufung gegen die massenhafte Verzwergung des Menschen ein.

Gorz steht mit dieser Ansicht nicht allein. Zygmunt Bauman, ein anderer einflußreicher Soziologe unserer Zeit, teilt dieselbe Perspektive, wenn er die Distanz zum Feind der Moral erklärt, in der Gesellschaft nur den großen Menschenfresser sieht. Nur das aus der Gesellschaft herausgelöste Individuum sei zu Autonomie und Selbstbestimmung fähig.[72] Im Bann dieser Gleichsetzungen hat Soziologie nur eine Zukunft – als Dämonologie. Um die bösen Geister wieder aus dem soziologischen Denken zu vertreiben, muß man den Weg zurückverfolgen, auf dem sie Einzug hielten. Er führt zu den Megaverbrechen des zwanzigsten Jahrhunderts und zu einem Denker, der Soziologen wie kein anderer das Fürchten vor ihrem eigenen Gegenstand gelehrt hat.

1. Daß unser Bewußtsein von der Welt unsere Beziehung zur Welt niemals erschöpft, daß Denken in Praxis verwickelt, Teil eines existentiellen Dramas ist, gehört zum Einmaleins jeder Philosophie, die den Menschen nicht auf ein Verstandeswesen reduziert. Diesen Grundsatz methodisch einzulösen, auf daß die irdischen Abenteuer des Bewußtseins, seine Gestalten und Gestaltwandel selber ins Bewußtsein treten, war und blieb bis heute das Privileg der philosophischen Phänomenologie. Einer der Großen dieses von Hegel sich herleitenden Unternehmens ist der 1906 im litauischen Kaunas geborene, seit Anfang der zwanziger Jahre in Frankreich lebende jüdische Philosoph Emmanuel Lévinas. An Husserl und Heidegger geschult, gilt ihm das In-der-Welt-Sein der Menschen, das an ihre Sinne und Körper gebundene Er-fassen und Be-greifen dieser Welt als Inbegriff des Weltverstehens. Daß er nicht Lehrling blieb, sondern selbst zum Meister wurde, hängt mit einer Einsicht zusammen, die er zeitig faßte und der er ein Leben lang die Treue hielt. Denn etwas, fand er, gibt es doch, das nicht zur Ordnung des Verstehens gehört, jedem wirklich menschlichen Verstehen vielmehr vorausgeht: die Begegnung mit dem Anderen, dem Nächsten. Diese Urszene einzukreisen, ihr Geheimnis auf Geheimnis zu entreißen, wurde seine philosophische Passion.

Die Begegnung mit dem Anderen, wie Lévinas sie sieht, ist kein Bestimmen und kein Benennen, sondern »Ereignis« im reinsten Sinn des Wortes, absoluter Vorrang des namenlosen Erlebens vor dem Verstehen; Einbruch einer anderen, undurchdringlich fremden Welt in unsere eigene; Krise unserer Macht, der der Andere spottet, und insofern tiefste Verunsicherung, aber zugleich auch dringlichste, an niemanden wegzudelegierende Aufforderung, ihn nicht allein zu lassen, Verantwortung für ihn zu übernehmen. Was uns diesem Appell zuletzt wehrlos ausliefert, sei das Antlitz des

Anderen, und zwar jenseits der plastischen Formen, die nicht müde werden, es wie mit einer Maske zu umhüllen. »Unablässig durchbricht es diese Formen. Vor jedem besonderen Ausdruck Nacktheit und Armut des Ausdrucks als solchem, das heißt soviel wie der äußerste Ausdruck, die Wehrlosigkeit, die Verletzlichkeit selbst. Direktheit des unvorhersehbarem Tod und geheimnisvoller Vereinzelung Ausgesetztsein.«[73] Der »Einbruch des Antlitzes in die phänomenale Ordnung der Erscheinungen« revidiert alle bisherigen Gewißheiten. Das vorgeblich Letzte, die vom gesellschaftlichen Ganzen abgeleitete und getragene Begegnung zweier Menschen wird so zum Ersten, Gründenden: »Einsetzen der Sozialität durch eine Beziehung, die nicht auf das Verstehen reduzierbar ist«. Daß uns Dinge überhaupt als »Objekte« einer Außenwelt gegenübertreten können, verdanken wir der Erfahrung eines lebendigen Gegenüber, das nicht in unserer Macht steht, vielmehr aus eigenem Recht und Antrieb existiert und als solches Respekt verdient. »Die Bedingung des Denkens ist Gewissen«, sagt Lévinas, und wer ihm darin folgt, Moral, Gewissen für das Letzte an Begründung hält, hat soziologisch die Waffen gestreckt.

2. Hätte Lévinas hier innegehalten, käme er heute wohl hauptsächlich als Ausgestalter und Vollender eines anderen in Betracht – des deutsch-jüdischen Religionsphilosophen Martin Buber. Daß alles wirkliche Leben »Begegnung« ist, daß der Mensch »am Du zum Ich« erwache, daß die »Verantwortung eines Ich für ein Du« Menschen überhaupt erst befähigt, andere Welten, Logos, Kosmos, Göttliches, zu erfahren, war die Grundidee seines 1923 publizierten Geniestreichs *Ich und Du*. Allerdings zahlte Buber für seine ekstatische Feier der mitmenschlichen Beziehung, der Dyade, keinen geringen Preis. Je überschwenglicher er die »Du-Welt« besang, desto niedriger und verwerflicher erschien ihm deren Gegenstück, die »Es-Welt«. Jenseits der unmittelbaren Begegnung zweier Menschen begann das öde und zermürbende Reich der Interessen, der Zwecke und Mittel,

die banale Abwicklung des Ereignisses durch Institutionen, die »Krankheit« der Moderne.

Es spricht für Lévinas, daß er gegen diesen Dualismus anfocht und nach den Brücken suchte, die die intime Gemeinschaft mit der umfassenderen Gesellschaft verbinden. Die begriffliche Chiffre, unter der Bubers Es-Welt in seinen Betrachtungen auftaucht, ist »der Dritte«. Da merkt man auf. Ist die philosophische Phänomenologie einer echten Würdigung des Dritten fähig? Kann sie dem Dritten ganz wie dem Anderen Rechnung tragen – als anonymem Jemand, der eine Ebene des sozialen Austauschs anzeigt, auf der Menschen sich in der emotionalen entspannten Perspektive der dritten Person begegnen, als Jedermann? Lévinas hat mit diesem Problem ein Leben lang gerungen, ohne zu einer abschließenden Lösung zu gelangen. Er kann sich nicht entscheiden, welchen Ort er dem Dritten geben soll: zweiter Nächster, vom Ich aus gesehen, oder Dritter für sich selbst, befaßt mit anderen Dritten.

3. In der ersten Version agiert der Dritte vornehmlich als Störenfried, der das Ich zu einer unliebsamen Entscheidung zwingt. »Der Dritte ist selbst auch ein Nächster und obliegt auch der Verantwortung des Ich. Nun entsteht durch diesen Dritten die Nähe einer Vielheit von Menschen. Wer kommt in dieser Vielheit vor dem anderen? Hier sind Zeit und Ort der Entstehung der Frage, der Forderung nach Gerechtigkeit!« Nur, was ist Gerechtigkeit noch wert, wenn sie der Einzigartigkeit des Anderen den Respekt verweigert, wenn sie sich darauf einläßt, abzuwägen, zu vergleichen, Rangordnungen aufzustellen? Nächsten mit Distanz zu begegnen, sie im Licht von Pflichten zu objektivieren, die durch sie hindurchgreifen, erscheint dem Philosophen zutiefst verwerflich, als »Untreue«, als »Verrat« einer heiligen Mission. In diesen Diskurs eingeschlossen, immer wieder zum Schweigen gebracht, tut sich die rivalisierende Vorstellung vom Dritten schwer, ihre eigene Rede zu führen. Aber manchmal gelingt es doch. Dann zeichnet sich ein Raum der

menschlichen Beziehungen ab, in dem Gesetze gelten, die ihre Autorität nicht aus Liebe, Versprechen und Verzeihen schöpfen; ein Miteinander, das dort beginnt, wo die intime Gemeinschaft aufhört; eine komplexere Gegenseitigkeit, die weniger die Handlungen selbst als vielmehr die indirekten und langfristigen Folgen betrifft, die jedes echte Handeln heraufbeschwört; eine rein gesellschaftliche »Beziehung zwischen Freiheiten«, die Macht, Institutionen und Geld ins Spiel bringt und die »zu Recht jeder Beziehung zwischen Menschen mißtraut, die nicht zuvor eine ökonomische Beziehung war«. Paradox, aber wahr: Erst die gesellschaftliche Abkühlung der menschlichen Beziehungen befreit die Menschen zu humaner Nähe, weil sie im Konfliktfall Repräsentanten des Dritten einschalten können, sei es den Dritten als (staatlichen) Vermittler, sei es das Dritte als Recht oder Geld. »Böses bringt Böses hervor und das Verzeihen ohne Ende ermutigt es. Das ist der Lauf der Geschichte. Doch die Gerechtigkeit unterbricht diese Geschichte. Das Geld deutet eine Gerechtigkeit des Loskaufs an, die aus dem Teufelskreis der Rache und Vergebung erlöst.«

Liebe, die niemals ruht, zerstört sich selbst. Wie überlebensnotwendig solche Ruhepole gerade für Menschen sind, die ihre ganze Erfüllung in der Ich-Du-Beziehung finden, war schon Buber aufgegangen. Auch Liebende können erkranken, in Gewissensnöte fallen oder schlicht mit ihrem Latein am Ende sein. Dann werden sie dankbar auf die Dienste eines Arztes, eines Seelsorgers oder eines weisen Lehrers zurückgreifen und sich keinen Deut darum scheren, daß diese Beziehungen der »vollen Gegenseitigkeit« entraten müssen. Lévinas bereichert die Liste dieser hilfreichen Gestalten aus dem »Es« um den Psychoanalytiker, vor allem um den Richter, um in der Sache noch deutlicher zu werden: »Gerade im Namen der absoluten Verpflichtung gegenüber dem Nächsten muß die absolute Untertänigkeit, die er fordert, in einem gewissen Maße aufgehoben werden. Damit entsteht das Problem einer neuen Ordnung … Der einzelne öffnet sich dem Frieden der Menschheit durch den Staat, die Institutionen, die Politik.« Hier wird der Phänomenologe Soziologe.

4. Nur momentan. Lévinas stellt den Ausnahmezustand ins Zentrum seines Denkens, und weil er das tut, sind ihm Mittler und Vermittlungen, die ganze Welt des Dritten niemals mehr als ein Notbehelf der Menschlichkeit. Vom Institutionensystem entlastet, scheinbar beruhigt, gleichzeitig außerstande, Verantwortung wirklich an unpersönliche Mächte abzutreten, durchleidet die moralische Person eine Seelenqual nach der anderen. »Man erholt sich davon so schlecht wie recht durch Wohltätigkeit, durch anklopfende Nächstenliebe, durch Almosen für die Armen, durch Philanthropie, durch eine Bevorzugung des ersten besten, der einem über den Weg läuft.« Damit unzufrieden, bleibt dem wahrhaft Gerechten nur noch die symbolische Tat, um einer besseren, menschlicheren Welt den Weg zu weisen; die innige Beschwörung einer bedingungslosen Liebe, einer »Liebe ohne Begehren«, die die Welt der Institutionen periodisch aufrüttelt. »Ein Anachronismus, der schmunzeln läßt«, wäre da nicht die Barbarei des zwanzigsten Jahrhunderts!

Warum Lévinas der institutionellen Alternative zum »ethischen Extremismus« des Gerechtigkeitsstrebens keine faire Chance einräumt, warum er sie in eine geistige Nische verbannt, ist nur allzuverständlich. Sein lebenslanges Plädoyer für den Anderen, für Nähe, für einen »reinen Altruismus der Verantwortlichkeit«, der nach Erwiderung nicht fragt, ist durch eine Erfahrung dieses Jahrhunderts verbürgt, die gerade ihn, den jüdischen Philosophen, nicht loslassen konnte. Es ist die Erfahrung der Geschundenen und Verzweifelten, all derer, die sich auf nichts mehr berufen konnten, am allerwenigsten auf »Institutionen«, und deren Überleben, so unwahrscheinlich es immer sein mochte, davon abhing, daß wenigstens ein Mensch sich ihrer Verzweiflung und Verlassenheit annahm, der »Vorladung« des entsetzten Antlitzes gehorchte. Diese Erfahrung treibt den ethischen Rigorismus auf die Spitze, zeugt Metaphern, die keine Schwäche kennen und jeden beschämen, der seine Augen nur einmal vor dem Unrecht verschloß. »Der Mensch als Geisel für alle anderen ist für die Menschen notwendig, denn ohne ihn würde keine Moral nirgends beginnen. Das Wenige an Freigebigkeit, das sich in der Welt ergibt, fordert es nicht weniger. Das Judentum hat es gelehrt. Sein der Verfolgung Ausgesetztsein ist vielleicht nur eine Vollendung dieser Lehre – eine geheimnisvolle Vollendung, da sie ohne das Wissen der Vollender geschieht.«

So spricht eine dem »Opfer« gewidmete Philosophie, in der Hoffnung, dadurch dem Leiden und Sterben von Millionen unschuldiger Menschen eine Perspektive zu weisen, in der wir uns alle wiederfinden. »Alle Menschen sind füreinander verantwortlich, und ich mehr als alle anderen.« Um diesen »Wahnsinnsgedanken«, der in letzter Konsequenz die »Furcht vor dem Tod der anderen« über die eigenen Todesängste stellt, ganz verstehen zu können, muß man seelisch oder leibhaftig durch die Hölle gegangen sein. Wo Institutionen, Regeln und Verfahren nur mehr »Mord« bedeuten, zehrt das wenige Gute, das dann noch geschieht, ausschließlich von der menschlichen Substanz. Daher die gnadenlose Unmittelbarkeit vieler vom Holocaust her gedachten Ethiken.

Ist es deshalb zwingend oder auch nur naheliegend, die Soziologie der Gegenwart auf den Ausnahmezustand einzuschwören? Treibt das soziale Universum unwiderruflich dem moralischen Kältetod entgegen? Sind die Repräsentationen des »Dritten« ebenso viele Arme und Tentakeln einer furchterregenden Krake, die das Individuum erdrosseln? Ist »Sozialisierung« nur der Vorwand eines permanenten Kriegszugs gegen das Subjekt? Oder formieren sich Individualität, Zweifel und Kritik erst in ihrem Gefolge?

5. Die symbiotische Beziehung von Mensch und Gesellschaft in einen polaren Gegensatz aufzulösen ist kein bloßes Mißverständnis. Vergesellschaftungsprozesse, Schübe

von Kollektiv- und Gruppenbildung verlaufen selten harmonisch, im Einklang und im Zusammenstimmen aller an ihnen beteiligten Individuen. Das neu sich herausbildende Ganze kann Ganzes, wirklich umfassendere Einheit nur sein, wenn es die einzelnen tatsächlich integriert, in seinem Strom mitreißt. Einmal zusammengesetzt, neigt es dazu, sich über das Zusammensetzende zu erheben, zu verselbständigen. So lange die einzelnen jederzeit aus eigenem Entschluß aus dem Verbund wieder austreten können, bedeutet das kein gravierendes Problem. Das Prinzip des freien Ein- und Austritts mindert die Verselbständigungsgefahr, zwingt sie in die Grenzen des mit dem freien Willen aller Beteiligten Vereinbaren. Man verfolgt eigene Interessen »organisiert«, gemeinsam mit anderen, sofern der nach innen wirkende Organisationsdruck erträglich und der äußere zweckdienlich, erfolgversprechend ist. Repräsentanten und Sprecher wissen um diese Kondition oder werden durch Organisationsflucht an sie erinnert, wenn sie sie aus übertriebenem Ehrgeiz ignorieren. Im Fall der Familie, der Nation oder des Staates gestalten sich die Dinge anders. Der Eintritt erfolgt ohne Zustimmung durch Geburt und der Austritt, sofern er nicht mit dem Tod zusammenfällt, setzt einen rechtlichen Austrittsakt voraus, die Auswanderung zum Beispiel. Solange das Individuum dazugehört, taucht es als Ganzes in diese Sphären ein. Statt SICH zu sozialisieren, WIRD es sozialisiert, zunächst jedenfalls. Ob bzw. in welchem Maße das passive Geschehen in ein aktives übergeht, in Mitgestalten, Mitbewirken, hängt von Umständen ab, die sich der Beeinflussung durch die einzelnen weitgehend entziehen.

Nicht Sozialisierung – SOZIALISATION ist das Problem. Es gewinnt an Schärfe bis hin zur Ausweglosigkeit, wenn die norm- und formgebenden Instanzen keinen Widerspruch dulden, wenn ihre Losung nicht Reifung, sondern Unterwerfung lautet, Versklavung, Knechtung im Namen ideologischer Projekte. »Gesellschaft« ist dann nur ein anderes Wort für »Terror«, und gegen Terror kann sich allein moralisches Gardemaß behaupten, der tragische Held. Soziologie dankt ab. Was bleibt, sind Prognosen über die ethische Restlaufzeit des Ganzen und die Hoffnung auf besseres Wetter.

6. Nur, noch einmal gefragt: Beschreibt das glaubhaft unsere Situation? Und eindringlicher: Kann das Objekt des Soziologen, die Gesellschaft, jemals wirklich sterben? Überleben Reste sozialen Lebens, aus denen es sich erneuern kann, nicht doch den Kältetod des Ganzen? Kann Sozialisation als passives, erlittenes Geschehen Sozialisierung ohne jeden Widerhall verdrängen? Ist die leise Stimme der Kritik in die Identität des modernen Menschen nicht unauslöschlich eingebaut?

Die jüngere Sozialpsychologie hegt diesbezüglich keinen Zweifel: Subjekt und Selbst sind in sich different, gewissermaßen doppelt da. Im Prozeß des Hineinwachsens in die Gesellschaft übernimmt das Individuum die Haltung der gesellschaftlichen Gruppen, denen es angehört, eignet es sich, auch durch Sanktionen, die Regeln und Normen an, die das Zusammenwirken organisieren. Im Ergebnis dieser sich überlappenden Sozialisation erwirbt es seine kollektive Identität, sein »ICH«. Dasselbe Individuum reagiert auf seinen gesellschaftlichen Formungsprozeß, beurteilt, bewertet, bezweifelt, kritisiert ihn, wodurch der persönliche Aspekt seiner Identität gefördert wird, sein »Ich«. George H. Mead, der dieses Modell entwickelte, erläuterte es gern durch den Vergleich zum Mannschaftssport. Um ein guter Mitspieler zu werden, muß sich der einzelne in die Haltung aller anderen Spieler, des eigenen wie des gegnerischen Teams, hineinversetzen, die möglichen Spielzüge antizipieren können. Er lernt, das Spiel zu »lesen«, erlaubte von unerlaubten Spielzügen zu unterscheiden, Regeln zu beobachten und trickreich außer Kraft zu setzen, kurz: er wird Teil des Spiels, vieler Spiele, ein kompetenter, ordentlicher Spieler, der sich in eine vorgegebene Ordnung einfügt.

Jedoch, was wäre ein Spiel ohne Experimente, Erfindungen, ohne den Versuch, neue, überraschenden Spielzüge auszuprobieren, Züge, die die vereinbarten Regeln implizit in Frage stellen? Finden andere an den erweiterten Spielmöglichkeiten Gefallen, ist der Zeitpunkt einer Überprüfung des bestehenden Regelsystems absehbar. Diese Spannung ist immer gegeben, im Spiel wie im Ernst des Lebens, nur tritt sie nicht immer offen zutage, verharrt mitunter für längere Zeit in der Latenz, namentlich in einfacher organisierten Gemeinwesen, in denen die einzelne Gruppe deckungsgleich mit der Gesellschaft ist, Gesellschaft wesentlich als Gemeinschaft existiert. Hier gibt es nur wenig Raum für Individualität, für originelles, schöpferisches, von der Norm abweichendes Denken.

In sozial und funktional stärker differenzierten Gesellschaften prägt sich schon die kollektive Identität, das ICH, in unterschiedlichen Kontexten aus, als ICH und ICH und ICH, muß das in sie eingeschaltete Individuum auf mehrere, auch widerstreitende Forderungen reagieren, wodurch es in eine beobachtende, vergleichend-abwägende Haltung geradezu hineingezwungen wird. Sozialisiertwerden im Plural ist schon an sich ein brüchiger, zu Brüchen Anlaß gebender Prozeß, der sein Gegenüber, Sozialisierung, aktive Stellungnahme, das Ich der vielen ICH, gewissermaßen aus sich herausprovoziert. Das Subjekt ist gar nicht imstande, »völlig in der Identität aufzugehen, die ihm seine soziale Zugehörigkeit verleiht«, wie Gorz dachte, weil es diese Zugehörigkeit nur vor dem Hintergrund einer zweideutigen Identität erwirbt. In eine moderne Gesellschaft hineinzuwachsen bedeutet, immer ICH und Ich zu sein. »Das ›Ich‹ reagiert auf die Identität, die sich durch die Übernahme der Haltungen anderer entwickelt. Indem wir diese Haltungen übernehmen, führen wir das ›ICH‹ ein und reagieren darauf als ein ›Ich‹.«[74] Kollektive Identität von persönlicher Identität gänzlich losgelöst, Aneignung ohne Reaktion, ist eine Fiktion der schwarzen Phantasie.

7. Sozialisation erzwingt Sozialisierung, Personalisierung, Antwort, Stellungnahme, Reaktion; statt den Menschen und mit ihm die Gesellschaft auszulöschen, ist sie Teil des soziologischen Menschenbildes. Untersuchungen zur sprachlichen Sozialisation bestätigen dieses Urteil. Im Prozeß des Sprachlernens eignet sich das Individuum Worte und Wortverbindungen im unmittelbaren praktischen Gebrauch an, eingebettet in einen überschaubaren Kontext und in kleine Gruppen. Es übernimmt konventionelle Bedeutungen und beschränkte Gebrauchsweisen. Im weiteren Verlauf emanzipiert sich der Sprechende vom Unmittelbaren, eignet er sich das ganze Medium mit seinen inneren Verweisungen und Verknüpfungen an. Der einst »sympraktische« Sprachgebrauch wird zum »synsemantischen«; das Sprach-ICH ist fertig konstituiert. Gleich dem operativen Handeln tritt nun auch das Sprachhandeln in die nächste, höhere Phase ein, betritt das Ich die Bühne, um das konventionelle System seinen Bedürfnissen gemäß zu formen, zu entwickeln, durch symbolische Eigenarten und Neuerungen herauszufordern.[75] Kein ideologisches Spalier kann das verhindern. Im Gegenteil: politische Sprachregelungen und -diktate haben noch immer als Werkzeuge wider Willen zur Entbindung »persönlicher«, sozial »authentischer« Sprachen funktioniert, die Literatursprachen im Staatssozialismus gaben dafür nur das jüngste Beispiel.

Es ist also nichts mit der eindimensionalen Identität, mit dem abstrakten Gegensatz von (moralischer) Autonomie und Vergesellschaftung. Das Individuum ist denk- und handlungsfähig, zu Neuem imstande gerade aufgrund seiner widersprüchlichen Erfahrungen IM Sozialisationsprozeß, seines Eingebundenseins in ihn. Die heutige Gesellschaft führt nicht als solche Krieg gegen das Individuum, und die Soziologie ist nicht der Komplize des »Terrors«. Die Verhandlung über das Neue und über die Art, es zu entbinden, kann mit soziologischen Denkmitteln fortgesetzt werden.

1. Wie gelangt man, vom realen Kapitalismus ausgehend, zur Überwindung des Kapitalverhältnisses, dieses sozialen Prägestocks der Moderne? – so fragt André Gorz seit nunmehr vier Jahrzehnten. Der Postfordismus erwies sich insofern als besonders sperriges Objekt, als er die Gegenfrage aufwarf: Kann sich die kapitalistische Produktionsweise unter Umständen so weit zivilisieren, daß die Überwindung der Gesellschaft, der sie zur Grundlage dient, aufhört, ein erstrebenswertes Ziel zu sein? Die modifizierte Arbeitsweise BEDEUTETE einen Fortschritt, propagierte ein neues Ideal, das ansteckend auch auf jene wirkte, die trivialer Arbeit einstweilen unterworfen blieben. »Gute« Arbeit, von unten gesehen, war nunmehr Beschäftigung, die den ganzen Menschen involvierte; je umfassender das geschah, desto höher stand sie im Ansehen. »Tatsächlich ist die Persönlichkeit mittlerweile zum wesentlichen Bestandteil der Arbeitskraft geworden«, räumt Gorz Ende der neunziger Jahre mit einer nicht ganz treffenden Formulierung ein.[76] Geht es doch weniger um vollendete Tatsachen als vielmehr um Wünsche, um Erwartungen, um ein neues kulturelles Versprechen der Arbeit. Das Kapitalverhältnis betrachtet dies Versprechen unter Effizienzgesichtspunkten und löst es nur in Raten ein, gewiß, aber ebenso gewiß dient es ihm als Wirt, in dem es sich ausbreiten und bekanntmachen kann. Warum sollte der Wirt den Gast, von dem er lebt, vertreiben, warum der Gast nicht reklamieren, weiterdrängen? Könnten, mit anderen Worten, starke Gewerkschaften, politische Linksbündnisse im Verein mit sozialen Bewegungen und einer kritischen Öffentlichkeit der Kapitallogik nach der taktischen Zivilisierung nicht auch noch zur strategischen verhelfen? Befreiung IN der Arbeit, für immer umfassendere Fraktionen von Arbeitern und Angestellten – ist DAS nicht die Allee ins »Paradies«?

2. Gorz glaubt an diese schöne Aussicht nicht, er hält sie nicht einmal für schön. Ihn fasziniert das genaue Gegenteil,

der Ausstieg aus der Lohnarbeitsgesellschaft. Bei der Konkretisierung dieser Utopie zeigt er sich erneut unschlüssig, in doppelter Hinsicht und auf eine Weise, die das Problembewußtsein schärft. Er kleidet Wann und Wie des Übergangs in zwei einander widersprechende Varianten. In der optimistischsten Lesart ragt die Zukunft schon tief in die Gegenwart hinein, hat sie längst von ihr Besitz ergriffen. Eine wachsende Zahl von Menschen in den fortgeschrittenen Industriegesellschaften löse sich von der Zwangsvorstellung, ein gelungenes Leben sei identisch mit dem Streben nach Karriere und Vollzeitbeschäftigung. Sie betrachteten ihre Arbeit mit großer Nüchternheit, als Mittel zum Lebensunterhalt, und lehnten es ab, vom Unternehmen persönlich vereinnahmt zu werden. Die Einheit von Arbeit und Leben durchschauten sie als Herrschaftstechnik, der sie die Forderung nach glaubwürdiger Selbstbestimmung entgegensetzten. Vor allem die gut ausgebildeten Jüngeren trügen die Fackel der 68er Revolte weiter, indem sie Modelle befreiten Daseins praktizierten, an denen gemessen selbst die anspruchsvollste Lohnarbeit als reiner Notbehelf erscheint, wie ein Leben im Futteral. »Kurzum, ein kultureller Wechsel hat bereits stattgefunden.«[77]

In der zweiten Variante läßt die Zukunft auf sich warten. Hier halten die Menschen zäh an der Arbeit fest, und zwar unabhängig davon, ob die konkrete Verrichtung befriedigt oder abstößt. Das Verhältnis gestaltet sich innig statt nur instrumentell, weil Arbeit die einzelnen auf vielfältige Weise in die Gesellschaft integriert, mit Rechten und Zugangschancen aller Art versieht (§ 6). Mag die Einheit von Arbeit und Leben Propaganda sein, das Leben hängt an der Arbeit, am Arbeitsplatz. Je bedrohter er ist, desto begehrlicher erscheint er, desto mehr wird er zum Wert an sich.[78] Was nun? Endspiel der Arbeitsgesellschaft oder Arbeit ohne Ende? Oder gibt es einen dritten Weg, auf dem sich das Leben sozial gegründet und also furchtlos aus der Umklammerung durch die Arbeit befreit? Es gibt ihn, aber wie jeder Weg, so kann auch dieser in zwei Richtungen beschritten werden.

3. »Alle arbeiten!«, »Arbeit ist nicht alles!« Diese beiden Dekrete weisen die erste, schon vertraute Richtung (§ 8.1). Wer sie einschlägt, befreit sich von der Arbeit IN der Arbeit, überwindet die Arbeitsgesellschaft nur innerhalb ihrer Grenzen. Statt den Menschen zu vereinnahmen, verwandelt sich der Arbeiter in eines seiner Attribute; arbeiten, das kann er AUCH, der Mensch. Nur MUSS er es auch, um sich vom Naturwesen zum Bürger zu mausern, der allein Rechte besitzt, Rechte, die ihrerseits ein bestimmtes, nicht allzu großes Quantum Arbeit als Gegenleistung fordern. Der Zirkel von Rechten und Arbeit wird nicht durchbrochen; um das Recht auf Arbeit erweitert, gewinnt er nur an Umfang. Der Arbeiter tritt hinter den Menschen zurück, um sich vor den Bürger zu stellen, der vom Menschen zuerst als Arbeiter weiß. Das Recht auf Leben, auf arbeitsfreie Subsistenz, kann vor diesem Horizont nur als Verirrung erscheinen, als eine Art Stillegungsprämie des Bürgers, als eine »Idee von rechts«.[79]

Ein zwingendes Denkgebäude, wenn man seine Prämissen akzeptiert; eine einzige Bruchlandung der Utopie, sofern man sie verwirft. Wer den gesellschaftlichen Daseinsbeweis des Menschen nur auf dem Umweg über die Arbeit zu führen versteht, unterwirft sich dem Einheitsdenken und hat den Kampf um eine andere Zukunft schon verloren. Indem er die soziale Bindungsfähigkeit der Individuen, ihre Produktivität, ihr aktives In-der-Welt-Sein alternativlos an ihre Funktion im System der gesellschaftlichen Arbeitsteilung knüpft, verstrickt er sich hoffnungslos ins Netz, an dem die Spinne Arbeit webt. – Erst spät findet Gorz aus dieser Verstrickung heraus, bricht er mit der Forderung eines bedingungslos gesicherten Grundeinkommens für alle in die entgegengesetzte Richtung auf.

4. Um ihrer selbst wie um ihrer praktischen Orientierungsfunktion willen, sieht sich die Theorie zum Denken

in und mit Alternativen veranlaßt, spielt sie Möglichkeiten der gesellschaftlichen Entwicklung zugespitzter, konfrontativer durch als die unmittelbare Akteurssicht das ermöglicht bzw. erfordert, trennt, entzweit sie zum Zwecke größerer Klarheit, was »an sich« zusammengehört oder doch miteinander auskommen kann. Die Unterscheidung zwischen Befreiung in der Arbeit und Befreiung von der Arbeit ist ein charakteristisches Exempel dieser Verfahrensweise. Um die Affinität jeder dieser beiden Strategien zu einem ganz bestimmten Politikstil erfassen zu können, muß man sie zunächst voneinander sondern, für sich betrachten, auf ihre letzten Konsequenzen hin befragen. Erst wenn das in möglichst reiner Form geschehen ist, kann man einen Schritt weiter gehen und über eine Politik der Arbeit spekulieren, die die Lohnarbeit in die Zange nimmt, indem sie beide Strategien kombiniert. Legt man die bisherige Analyse zugrunde, stehen die Chancen dafür gar nicht so schlecht. – Befreiung in der Arbeit, das ist, politisch konkretisiert, der Kampf für eine Arbeitsorganisation und für Arbeitsbedingungen, die möglichst vielen Menschen Handlungs- und Entscheidungsspielräume in ihrer Arbeit eröffnen, ist tagtäglicher Widerspruch und Widerstand gegen den vermeintlichen Determinismus technisch-technologischer Abläufe. – Befreiung von der Arbeit, in der »konservativen« Variante (alle arbeiten, aber nicht allzu lange), das impliziert politisch den Kampf für die Verkürzung der Arbeitszeit, Widerstand gegen die Umkehr dieses Prozesses, gegen die grassierende Einverleibung menschlicher Zeitmaße in den Verwertungstakt. – Befreiung von der Arbeit, als radikales Projekt konzipiert, das ist der Kampf für arbeitsfreie Existenz, für ein berechenbares, auskömmliches und in diesem Sinne gutes Leben auch ohne oder mit wenig, nur episodisch ansetzender Arbeit.

Stürmische Erwartungen in den Erfolg dieser Umzingelungstaktik zu setzen wäre unangemessen. Die Kämpfe liegen nicht alle auf derselben Ebene, divergieren in ihrer unmittelbaren Stoßrichtung sogar, indem sie teils auf die Stärkung, teils auf die Schwächung des säkularisierten Arbeitsglaubens zielen. Erfolg oder Mißerfolg des Unternehmens hängen in entscheidendem Maße davon ab, ob es gelingt, einen Konvergenzpunkt zu bestimmen, der das Auseinanderdriften der verschiedenen Fronten verhindert.

5. Dafür empfiehlt sich einzig der Kampf um arbeitsfreie Subsistenz. Er allein sprengt den Rahmen des Gewohnten, offeriert ein utopisches Versprechen und gewinnt dadurch etwas Mitreißendes, Bezwingendes. Den Arbeitslosen, von Arbeitslosigkeit Bedrohten gibt er Antwort auf die quälendste aller Fragen: Wie kann ein Leben glücken, das sich nicht selbst am Leben hält?

Es glückt, wenn »Subsistenz« dem »Leben« fraglos innewohnt. Entspanntere Aussichten auch für die Privilegierten der Lohnarbeitsgesellschaft: Wenn unterhalb der Erwerbsschwelle immer noch ein sozialer Boden existiert, auf dem sich erträglich leben läßt, reduziert sich zugleich mit der Fallhöhe die Angst vor dem Absturz. Dadurch auf eine mittlere soziale Temperatur abgekühlt, könnten sie sich bereit finden, einer Verkürzung des Arbeitsvolumens zuzustimmen, was wieder den Arbeitsreservisten zugute käme. Die mit banaler Arbeit befaßten Menschen muß man für ein solches Zeitbündnis nicht umständlich gewinnen. Weniger vom selben wäre für sie ein Mehr an Leben, und man täusche sich nicht über die Massenhaftigkeit dieses Bedürfnisses in der Gegenwart. Der Postfordismus schuf in beträchtlichem Maßstab anspruchsvolle Arbeitsplätze entweder gänzlich neu oder dadurch, daß er simplen Arbeiten wieder zu Inhalten verhalf. Im Gegenzug simplifizierte er nicht wenige, einst ehrwürdige Professionen, verwandelte er »Herstellen« in »Arbeit« zurück oder ersetzte, wie im Fall des Bäckerhandwerks, kunstvolle Intuition durch die passive Überwachung computergesteuerter Abläufe. Der Siegeszug des neuen Produktionsregimes war mit gekränktem Facharbeiterstolz gepflastert und hinterließ vielfach wenig mehr als eine sozial verödete Jobmentalität, auch das gehört ins Bild.[80] – Eine Figur fehlt noch in diesem Strategie- und Bündnisspiel, der jüngere Bruder des modernen Lohnarbeiters, der Angestellte. Keine geringe Lücke, wenn man bedenkt, daß er die Welt des Postfordismus allein durch seine große Zahl beherrscht. Berücksichtigt man darüber hinaus, daß sich das soziale Wesen unserer Zeit – Angestelltsein – in ihm manifestiert, erscheint sie nur desto klaffender.

### § 11 Vom Angestelltsein

1. Auf den ersten Blick wirkt der Angestellte wie ein unvollkommener Arbeiter, wie dessen Torso. Kein Stoff, keine Materie, naturgegeben oder schon modelliert, woran er sich abmühte, nichts widerständig Drittes, das ihm Aufgabe, Bestimmung werden könnte. Sofern er überhaupt in den Stoffwechselprozeß samt seiner Marktrealisierung eingeschaltet ist, obliegen ihm dessen Vorbereitung, Koordinierung, Bilanzierung, Werbung, Verkauf, lauter vermittelnde, sekundäre Beschäftigungen, etwas für schwächliche Naturen, wie Platon fand. Da er die ernste, aufreibende Arbeit der anderen voraussetzt, kam er als Funktionär des gesellschaftlichen Gesamtarbeiters erst in zweiter Hinsicht in Betracht. Doch nur dank seines Auftretens und seiner Ausbreitung verallgemeinerte sich das Vertragsverhältnis der Lohnarbeit, bestimmte sich die Lohnarbeitsgesellschaft, um das Gehaltsstatut erweitert, zur modernen Erwerbsarbeitsgesellschaft fort.[81] Ausweitung, Verallgemeinerung des Lohnarbeitsregimes auch in organisatorischer Hinsicht, im gemeinsamen Ablaufschema des Erwerbs. Das klassische Büro ahmt bis ins Detail die Werkhalle nach – systematisch und extrem geteilte Funktionen hier wie dort, nur daß die Arbeit im neuen Interieur von Schreibtisch zu Schreibtisch fortläuft, einem unsichtbaren Fließband folgend, das Vorgang an Vorgang reiht. Das neue Büro folgt der Reorganisa-

tion des Herstellungssektors nicht minder akkurat, kopiert deren Prinzipien – Transparenz der Vorgänge und Personen, Aufteilung des Raums in Zonen selbstgestalteter und selbstverantworteter Arbeit – eines nach dem anderen. Die Produktion von Dienstleistungen erfolgt, wie schon zuvor, gemäß der jeweils fortgeschrittensten Fabrikationsmethode. Im Unterschied zum herkömmlichen Angestellten erschöpft sich der neue jedoch nicht in bloßer Nachahmung; Nachzügler im postfordistischen Universum, ist er zugleich sein energischster Protagonist. Erst in ihm, in der Welt des heutigen Angestellten, gewinnt das revolutionierte Produktionsregime seinen allen Beiwerks entkleideten reinen, idealen Ausdruck.

Die Modellfunktion des neuen Angestellten fließt direkt aus seinem vermeintlichen Makel, seiner reduzierten Materialität. Vom Umgang mit Dingen und Stoffen weitgehend entlastet, kann er sich ganz dem Umgang mit anderen Menschen widmen, dem Geschäftsverkehr mit Mitarbeitern, Kunden und Klienten. In seinem Verständnis ist Arbeit gleichbedeutend mit Kommunikation und in dem Maße befriedigend, in dem sie diesem Ideal ohne Rücksichten auf tiefer reichende Bindungen und Verpflichtungen näherrückt.[82] Sein eigentümlicher Sozialcharakter – schwach entwickeltes Klassenbewußtsein, Hang zum Individualismus und zu Überlegenheitsgefühlen nach »unten«, zur Arbeiterschaft hin – erleichtert es dem neuen Angestellten, seine Funktion als Auftrag zu verstehen, seine Stelle als eigentliche soziale Geburtsurkunde. Beides zusammen, Auflösung der Arbeit in Kommunikation und Soziodizee der Stelle, charakterisieren ihn als Idealfigur des flexiblen Kapitalismus; biegsam, elastisch, anpassungsfähig, sozial beugbar wie ein Wort, das man flektieren kann.

2. Aber sollte sich nicht bereits der alte Angestellte bruchlos mit seiner Stelle identifizieren, mit seinem Unternehmen verschmelzen? In der Tat erhob sich die Forderung schon in den 1920er Jahren, und damals klang sie wirklich neu.

Nur stand sie in krassem Gegensatz zur Durchschnittsexistenz des Angestellten. Der wurde soeben in seine Teile zerlegt, in seine verwertbaren Funktionen und Operationen, und fühlte sich dementsprechend mehr verhöhnt als geschmeichelt. Erst für den Angestellten unserer Zeit bedeutet Einheit von Arbeit und Leben eine pure Selbstverständlichkeit, in die er lustvoll eintaucht. Von stofflichen Reibungsverlusten in hohem Grade frei, wird er sich selbst zum Objekt, zum Arbeitsgegenstand, arbeitet er als Person an seiner »Persönlichkeit« als der hauptsächlichen Leistung, die er dem Unternehmen schuldet. Da die Persönlichkeit ein begrenztes Einzugsgebiet nicht kennt, für alles offen ist, was sie formieren, bereichern könnte, ist auch das Leben nach der Arbeit Leben für die Arbeit, Fortsetzung desselben mit freizeitlichen Mitteln. Soziale Beziehungen, Bildungserlebnisse, Kulturkonsum gelten weniger als für sich selbst bedeutungsvoll und primär als Quellen erweiterter Kommunikationsfähigkeit im Unternehmen. »Die außerbetriebliche Existenz ist der eigentliche Rohstoff der Arbeit des neuen Angestellten.«[83]

In gewisser Weise ist die Freiheit jenseits der Arbeit immer eine illusionäre. Wie jeder Erwerbstätige, so reproduzierte auch der klassische Angestellte notwendigerweise sein Arbeitsvermögen, wenn er konsumierte, sich entspannte oder Vergnügung suchte. Nur reproduzierte er es subjektiv als Abstandnahme von der Arbeit, als Kompensation mangelnder Arbeitsfreude. Wenn er wanderte, feierte oder Sport trieb, dann tat er das für sich, nicht für die Firma. Er wußte, wann er sich gehört und wann dem Auftraggeber, oder glaubte es zu wissen. Der fortgeschrittene Angestellte tadelt solche Abgrenzungen als Ausdruck falschen Bewußtseins. Statt sich in eine illusionäre Freiheit jenseits des Berufs hineinzuträumen, träumt er gleichsam auf Geheiß, mit geöffneten Augen und stets auch für sein Unternehmen, das auf sein Unbewußtes nicht verzichten möchte. Erst für ihn wird Arbeit, wird die Stelle zum Inbegriff der Selbstverwirklichung, zum Betätigungsfeld sämtlicher Sinne und Vermögen. Was im Berufsleben noch vor kurzem als entbehrlich, wenn nicht als anrüchig galt, Nonkonformismus, Intuition, künstlerische Auffassungsgabe, Tagträumereien, freie Kreativität, erhebt er in den Adelsstand moderner Schaffenstugenden. Mit dem neuen Angestellten gelangt die Befreiung in der Arbeit an ihr versprochenes Ziel, findet sie als »Liebe zur Arbeit« ihre höchste Erfüllung. Weniger Arbeit wäre weniger Leben, Teilen schmerzlicher Verzicht. Die kulturell ermüdet und politisch eingekreist geglaubte Erwerbsarbeit verjüngt sich, der Arbeitsglaube sammelt neue Kräfte. Der Kapitalismus, scheint es, bedient sich des neuen Angestellten, um seinen Kritikern die emanzipatorischen Ideale, die utopische Rhetorik zu entreißen, das Leitbild vom autonomen, befreiten Menschen.[84]

3. »Persönliche Abhängigkeitsverhältnisse (zuerst ganz naturwüchsig) sind die ersten Gesellschaftsformen, in denen sich die menschliche Produktivität nur in geringem Umfang und auf isolierten Punkten entwickelt. Persönliche Unabhängigkeit auf SACHLICHER Abhängigkeit gegründet ist die zweite große Form, worin sich erst ein System des allgemeinen gesellschaftlichen Stoffwechsels, der universalen Beziehungen, allseitiger Bedürfnisse, und universeller Vermögen bildet. Freie Individualität, gegründet auf die universelle Entwicklung der Individuen und die Unterordnung ihrer gemeinschaftlichen, gesellschaftlichen Produktivität, als ihres gesellschaftlichen Vermögens, ist die dritte Stufe.«[85] Wo stehen wir?

4. Der Kapitalismus kann die emanzipatorischen Ideale, die utopische Rhetorik nicht übernehmen, ohne sie sich gemäß zu machen, SEINER Vorstellung des Menschen einzuverleiben, der Logik von Effizienz und Nützlichkeit; um die »dritte Stufe« zu erklimmen, müßte er sich selbst untreu werden. Doch dazu zeigt er auch nach seiner jüngsten Metamorphose keine Neigung. Auf dieser Entwicklungsstufe angelangt, kombiniert er sachliche und persönliche

Abhängigkeit auf eine schwer zu durchdringende und noch schwerer voneinander zu scheidende Weise. Er hält formell am persönlich unabhängigen Individuum fest, höhlt diese Unabhängigkeit aber zugleich von innen aus, wobei er sich auf authentische Bedürfnisse der Arbeitenden stützt. Er kreiert Arbeit als Lebensstil, aber hinter diesem Wohlklang verbirgt sich eine harte Schule.

Um vom System als seinesgleichen erkannt und auserkoren zu werden, muß das Individuum sich selbst VERKENNEN lernen. Der postfordistische Produktionsprozeß ist zuerst und zuletzt die Produktion dieser Verkennung, einer wahrhaft tragischen Verkennung, die alles, was Selbstzweck sein und werden könnte – Phantasie, Bildung, Kultur, interesseloses Wohlgefallen, Freude am Nächsten und am unverdienten Glück –, zum bloßen Themenvorrat degradiert, zur eisernen Reserve des nächstbesten Kundengesprächs. Das Individuum, das diese Arbeit an sich leistet, wird zum *Homo oeconomicus* nicht nur als Funktionär des Marktsystems, sondern auch in seinem Selbstbezug. »Ich« schrumpft zum Spiegelbild des »ICH«, zu seinem Echo, zur Ich = ICH–AG; Geburt des postfordistischen Subjekts als differenzloser Einheit von Subjekt und Objekt, als endlich fest-gestelltes Wesen. Man könnte auch sagen: »Das Leben wird wieder ein Ganzes, aber eben ein zur Gänze kapitalistisch integriertes.«[86]

5. Vollzieht sich dieser Produktionsprozeß tatsächlich ohne jedes Mißbehagen, heiter-selbstvergessen, schmerzfrei? Selbstauskünfte aus der New Economy vermitteln einen ungefähren Eindruck vom Tumult hinter den Kulissen.[87] Einer schmalen Spitzengruppe, die jederzeit ein- und aussteigen kann, steht die Masse derer gegenüber, die die Vereinnahmung ihres Leben alternativlos akzeptieren muß. Je weiter man sich von den höheren Angestellten weg- und zum Fußvolk hin bewegt, desto vernehmlicher äußert sich der Unmut über eine Vermischung von Arbeit und Leben, die sich zu keiner höheren Synthese fügt. Das Gefühl, nie

richtig frei zu haben, aber auch nie richtig zu arbeiten, breitet sich mit wachsender Geschwindigkeit aus. »Lebst du schon, oder arbeitest du noch?« heißt das Kennwort in den unteren Etagen der Angestelltenwelt, wo man auch dem zur Norm erhobenen Normverstoß, der Pflicht zur Informalität kaum mehr als ein ratloses Achselzucken abtrotzen kann. Die Einheit von Arbeit und Identität, der Ehrenpunkt des neuen Angestellten, erweist sich für diese Getriebenen ebenso als falscher Schein wie die Versöhnung von Materialismus und Moral. Der »ganze Mensch«, das ist für sie ein Opfergang, ein schamloses *Quidproquo*, das die Aufspaltung des Individuums, seine innere Zerrissenheit ideologisch verdeckt.

Die erste größere Untersuchung zum »Kastensystem der Neuen Medien« erhärtet diese Klagen.[88] Ganz unten in der Hierarchie des digitalen Kapitalismus siedeln die »Müllmänner«, die endlos Datensätze in die Tastaturen tippen. Überarbeitet, leicht ersetzbar, schlecht entlohnt, unter enormem Zeitdruck stehend, sind sie mit der Arbeit niemals fertig, nie am Ziel. Kaum eine Handbreit höher findet man die »Cyber-Cops«, Netzspione, die unter Kollegen dieselbe Achtung genießen, die ein Privatdedektiv in den Augen eines ordentlichen Polizeibeamten verdient. Permanenten Umstrukturierungen, jähen Auf- und Abstiegen blindlings unterworfen, peinigt sie das Gefühl, nichts Sinnvolles mit ihrem Leben anzufangen. Auf der nächst höheren Stufe stehen die »Chatroom-Sklaven« und »Forum-Leiter«, Zeitarbeiter zumeist, die ihren Job oftmals noch mehr verachten als das Geschwätz ihrer anonymen Kundschaft. Es folgen die »Taxifahrer«, die heute hier und morgen dort eine Webside erstellen, die Programmierer von komplizierter Software und Betriebssystemen, die Gruppe der Reparaturspezialisten mit ausgeprägter Chaosqualifikation, schließlich das Leitungspersonal und die Firmenchefs. Je näher man der Spitze dieser Pyramide kommt, desto häufiger begegnet man Menschen, die ihr Dasein dem Unternehmen widmen, die ihre Arbeit mit Leidenschaft, ja Besessenheit verrichten, desto dünner wird aber auch die Luft für arglose Naturen, für menschliche Kontakte jenseits zweckdienlicher Beweggründe.

So wenig Leben und Beruf, abstrakt gesehen, die Existenz entzweien, so wenig gelangen sie konkret zu voller Deckung. In der Fülle seiner Möglichkeiten überragt das Leben jede Arbeit. Wird es ohne Rückstand von ihr aufgesaugt, dann zeugt das immer von verkannten und verschenkten Lebenschancen, von Gewalt, die dem einzelnen widerfährt oder die er sich selbst zufügt. Ganz ohne Kränkungen, Verletzungen, Schmerzen kann der Produktionsprozeß des postfordistischen Subjekts nicht gelingen. Die Wunden, die er der menschlichen Integrität schlägt, mögen auffälliger oder beiläufiger sein, langsamer oder schneller vernarben; aus ihnen speist und erinnert sich die Unzufriedenheit mit dem Bestehenden. Sie durchbricht die Verkennung oder schafft, wenn sie latent bleibt, mindestens die Möglichkeit dazu. Auch in seinem jüngsten Stadium scheitert der Kapitalismus an der historischen Schallmauer der Selbstimmunisierung gegen Leid. Arbeit bleibt ein Herd von Widersprüchen. Es rumort im Zentrum des Erwerbssystems noch immer hörbarer und vermutlich folgenreicher als an der Peripherie oder jenseits seiner Grenzen.

6. Aber vielleicht übertreibt der Wunsch das gesellschaftliche Konflikt- und Veränderungspotential der »Lohnarbeit«, verdunkelt er in seinem Überschwang ein sehr viel radikaleres Emanzipationsprojekt, das sich mit der abgestuften Freiheit in der Arbeit nicht begnügt und die Arbeit endlich selbst befreit? Wenn das Leben nicht gänzlich Arbeit werden kann, ohne dabei zu verkümmern, dann liegt das möglicherweise daran, daß man der Arbeit nur ein kümmerliches Dasein zugesteht und das ganze, ungeteilte Leben aus ihr ausschließt. Führt man ihr die Energien wieder zu, die aus Quellen unterhalb der Erwerbsschwelle sprudeln und nur auf ihre Einspeisung in die Erwerbsgesellschaft warten, könnte die Ar-

beit umfassend humanisiert, der Gegenwartskapitalismus bis zur Unkenntlichkeit verändert werden; eine Vermutung, die genauere Prüfung verdient.

7. Respekt, zuvor, dem Angestellten! Bedingungslos urban, sozial mit weniger Gepäck versehen als Arbeiter und Bürgerliche, individualistisch und zugleich ein Mensch der großen Masse, genußfreudig, sorglos-zerstreut, zerstreuungssüchtig, allzeit konsumbereit, ein Katholik der Arbeit, der sich selbst den Schweiß mißgönnt und für die Freizeit lebt, Teil einer aufstrebenden sozialen Formation, beseelt vom Traum ewiger Jugend, rückhalt- und rücksichtslos modern – so erscheint er schon in seiner klassischen Gestalt. Der neue Angestellte fügt diesem Katalog die Fähigkeit zur Versöhnung des Widersprechendsten hinzu. Er kombiniert Loyalität mit Abstandnahme, Treue mit Mißtrauen, totale Bindung an den Betrieb mit der jederzeitigen Bereitschaft zur Abstoßung, zum Neubeginn. Mit allen Sinnen tastet er seine Umgebung auf Anzeichen für kritische Prozesse ab, verfolgt er Aktienkurse, Geschäftsberichte, die einschlägige Presse, knüpft er insgeheim Beziehungen zu potentiellen neuen Arbeitgebern an. Nur nicht in der Routine versinken, nicht untergehen mit dem vielleicht schon leckgeschlagenen Schiff, nichts Dauerhaftes, kein falsches Sentiment. Ein wahres Genie der Simultaneität, erfaßt er Situationen, Gelegenheiten, Risiken im Nu, registriert er kleinste Stimmungs- und Positionswechsel, versetzt er sich in seine Vorgesetzten und Konkurrenten, zettelt im Geist Verschwörungen gegen sich an, studiert Texte und Gebärden für den Ernstfall ein. Im Verlauf von oftmals nur einer einzigen Generation ersetzte er das »dicke Fell« des herkömmlichen Angestellten durch eine dünne Membran, die noch die feinsten äußeren Turbulenzen ins Innere weiterleitet; wach, erregbar, empfindsam, zeigt er sich, wenn es sein muß, äußerst kalt.

Über Ludwig XIV. hat man gesagt: Er war ein sehr mittelmäßiger Mensch und ein guter König. In seiner Erziehung vernachlässigt, intellektuell profillos, habe er sich höchstens als Tänzer auf höfischen Festen über seine Umgebung erhoben. Was ihm an Glanz verleihenden Fähigkeiten abging, machte er im Übermaß durch solche Eigenschaften wett, die ein wenig schäbig wirken, ihn aber nichtsdestoweniger in den Stand setzten, zu tun, was von ihm verlangt war: die Monopolstellung des Monarchen gegen alle Anfeindungen zu verteidigen. Dazu bedurfte es der Vorsicht, des feinen Gespürs für geringfügige Machtverschiebungen bei Hofe und in der weiteren Gesellschaft, des Mißtrauens gegenüber jedermann, überraschender Gunsterweisungen und Zurücksetzungen sowie eines phänomenalen Gedächtnisses, das Geschehnisse aufbewahrte und im rechten Moment ausspielte, die längst dem allgemeinen Vergessen anheimgefallen waren. Und diese Gefühls- und Verhaltenseigenschaften hatte Ludwig in höchstem Maße kultiviert. – Der neue Angestellte in seinem Revier ist ein kleiner Ludwig.

§ 12 *Arbeit, weiter gefaßt*

1. Bei Begriffen, begrifflichen Präzisierungen stecken die Schwierigkeiten immer im Detail, hier kann man gar nicht spitzfindig genug sein. Ein Exempel für viele: »Alle Bürgerinnen und Bürger sollen als gleiche und freie Personen ohne existentielle Ängste leben können.« Ja und Amen. »Erst der grundgesicherte soziale Boden macht es möglich, Arbeiten aller Art zu leisten: Tätigkeiten, die Menschen zu ihrer politischen und kulturellen Reproduktion brauchen.«[89] Schon beginnt die Konfusion. Das Wort »Tätigkeit« erläutert das Wort »Arbeit« nicht, ist keines seiner Synonyme. Im Katalog der Praxisformen bezeichnet es den Umgang des Menschen mit sich selbst, mit SEINEM Thema, seiner Aufgabe. Die soziale Dimension des tätigen Menschen tritt vermittelt, indirekt in Erscheinung. Themen, Aufgaben, persönliche Herausforderungen stellen sich nicht voraussetzungslos, sondern vor dem Hintergrund dessen, was bereits andere gedacht, erfun-

den, entwickelt haben. Dagegen ist Arbeit ein unmittelbar sozialer Vorgang, der sich im aktuellen Miteinander verwirklicht. Die sachliche Minimalanforderung an »Arbeit«, wie sie sich bisher ergeben hat, ist Kommunikation, Dienstfertigkeit. Wie steht es dann aber mit der Kindererziehung, mit der Zuwendung zu anderen Menschen, nah- wie fernstehenden, mit dem bürgerschaftlichen Engagement? Genügen diese Praktiken der Forderung etwa nicht? Und versammelt die folgende Liste nicht lauter Arbeiten im Wartestand ihrer gesellschaftlichen Würdigung: »Stadtteilhelferin, Fußball-Fanclub-Begleiterin, Rechercheurin in Forschungsprojekten, Ökologieassistenten, City-Cleaner, Lehrerassistenten, Quartiersmanagerin und Musikassistenten«?[90] Das hängt davon ab, ob sie außer der sachlichen Minimalanforderung an Arbeit auch die soziale erfüllen, nicht nur Gebrauchswerte im weitesten Sinn des Wortes, sondern auch Tauschwert produzieren, Profite, um genau zu sein. – Unter allen Arbeitskandidaten gibt »Hausarbeit« das beste Beispiel zum Verständnis der Differenz. Mit Stoffen befaßt, Gebrauchswerte bewahrend, modifizierend, schaffend, kommt sie der Arbeit des Fabrikarbeiters praktisch am nächsten. Nur vollbringt sie all dies, wie der Name hinlänglich sagt, für den HÄUSLICHEN Gebrauch, nicht zum Zwecke des Austausches, des Gewinns, und weil sie das nicht leistet, ist sie selbst nicht »ökonomisch«. Hausarbeit der Erwerbsarbeit anzugleichen liefe auf die Konstruktion von Arbeit-als-Ob hinaus.

Aber genau darum geht es doch, wird man erwidern. Die moralische Aufwertung zum Beispiel der Hausarbeit soll die Fixierung unserer Kultur auf berufsmäßig betriebene Erwerbsarbeit überwinden und den Blick auf die Unentbehrlichkeit all jener Aktivitäten lenken, ohne die das Erwerbssystem keinen Augenblick existieren könnte. Erwerbsarbeit reproduziert das soziale Geflecht familiärer, mitmenschlicher, nachbarschaftlicher sowie noch weiter gespannter Bezüge nicht aus sich heraus, und darum ist es gerechtfertigt, das Bedingende dem Bedingten gleich zu achten und ökonomisch gleich zu schätzen; das und nichts anderes ist die strategische Funktion des erweiterten Arbeitsbegriffs.

2. Für den methodischen Nominalismus, der Arbeit als kulturelles Phänomen thematisiert, ein schwer zu parierender Einwand. Er scheint um so plausibler, als er das Gemeinwesen und seinen politischen Repräsentanten, den Staat, an ihre grob vernachlässigte Pflicht erinnert, außer für die Wirtschaft auch für die soziale und kulturelle Reproduktion der Individuen zu sorgen und dafür ausreichend Geld zur Verfügung zu stellen. Zieht sich der Staat aus der soziokulturellen Sphäre zurück, dann verlieren dort angesiedelte Beschäftigungen ihren abgeleiteten Erwerbscharakter; sie hören auf, »richtige« Arbeit zu sein, und werden sie dennoch weitergeführt, dann geschieht das auf eigene Verantwortung, aus persönlichem Engagement. Der jedesmalige Umfang der notwendigen Erwerbsarbeit ist niemals nur marktökonomisch bestimmt, keine fixe Größe; er hängt stets auch vom politischen Willen ab, öffentliche Güter und Dienstleistungen in gebührendem Umfang zu produzieren und bereitzustellen. Daß die Stadtteilhelferin nicht »arbeitet«, bedeutet daher unter Umständen nur, daß man sie nicht ordentlich arbeiten läßt (§ 31.8).

Aber eben nur unter Umständen. Denn aus ihrem Nützlichkeitsprofil allein geht »Arbeit« nicht hervor. Verhielte es sich so, dann wäre jede sinnvolle Aktivität automatisch Arbeit und hätte Anspruch auf Entgelt, dann geschähe jedem ein Unrecht, der etwas tut, ohne dafür bezahlt zu werden. »Tun« wird »Arbeit« dann und nur dann, wenn es als gesellschaftlich notwendig anerkannt wird und wenn diese Anerkennung politische Folgen zeitigt. Die Anwartschaft auf »Arbeit« durchzusetzen fällt um so leichter, je überzeugender der Anspruch vorgetragen werden kann. Er überzeugt dort am stärksten, wo er die elementaren Notwendigkeiten des menschlichen Daseins und des gesellschaftlichen Zusammenlebens für sich sprechen lassen kann. Gute Bildungschancen für alle, qualitativ hochstehende und erschwingliche Gesundheitsvorsorge, intensive wie kompetente Betreuung von Kindern, Alten und Gebrechlichen, die sorgsame Hege öffentlicher Einrichtungen und Plätze – das sind starke Argumente zugunsten des Berufs, für »Tun« als »Arbeit«. Das Standardargument des Marktsystems, das nur jenen Aktivitäten Arbeitscharakter attestiert, die Mehrwert schaffen, setzt die Nützlichkeit einer Beschäftigung, ihren ökonomischen Sinn, anmaßend mit ihrer Profitabilität gleich.

3. Je weiter man sich in der Skala menschlicher Aktivitäten zu reinen Tätigkeiten hin orientiert, desto problematischer gestaltet sich der Arbeitsanspruch. Mitunter purzeln die Kategorien wild und ungeordnet durcheinander, so daß Arbeit als Grundform menschlicher Praxis hinter lauter »Arbeit« zu verschwinden droht, konturlos wird, wie in folgendem Dekret:

»Als gesellschaftlich notwendige Arbeit anerkannt werden:
– Erwerbsarbeit
– Ehrenamtliches bürgerschaftliches Engagement
– Familienarbeit
– Bildung (Schule, Ausbildung, Studium, Weiterbildung, Zweitstudium, berufliche Neuqualifikation und ähnliche Bildungsanstrengungen wie musische, kulturelle, soziale, politische und ökologische Bildung).«[91]

Ich besuche einen Malkurs – arbeite ich da in irgendeinem Sinne, der den Gebrauch des Wortes »Arbeit« rechtfertigt? Ich wende mich liebevoll meinen Kindern zu, übernehme, ehrenamtlich, das Kassieren von Mitgliedsbeiträgen in einem Verein – reihe ich mich dadurch ins Heer der Arbeitenden ein? Handelt es sich hier überhaupt um formelle, formalisierbare Abläufe, um ausdifferenzierte Berufsbilder? Wie lange müßte ich diese »Arbeiten« leisten, um der Erwerbsarbeit analog entlohnt zu werden? Wie lange DARF ich sie umgekehrt versehen, um anderen nicht die Chance zu rauben, auf dieselbe Weise zu »Arbeitenden« zu avancieren? Und was geschieht, wenn ich an all dem keinen Gefallen finde und dennoch leben möchte? Wird man zu einem System der Zwangsbewirtschaftung der Arbeit greifen, das jede und jeden unter »Arbeit« subsumiert, dem Grundsatz folgend: Hauptsache, alle arbeiten, gleichgültig wie und was? Eine Welt voller Kautelen, Abrechnungen, Registraturen, Beratern und Mentoren. Und das alles nur, damit der Bürger Arbeiter bleibt, wenn auch Arbeiter en miniature.

Die allzuforsch zur »gesellschaftlich notwendigen Arbeit« versammelten Aktivitäten liegen nicht nebeneinander wie Kartoffeln auf einem Teller. Einige taugen zur Arbeit, andere gehören ins Reich der Tätigkeiten, wieder andere entsprechen dem, was man umgangssprachlich »Handeln« nennt, und manche können zur Arbeit nur aufsteigen, indem sie fallen, ihre Autonomie und ihre Würde verleugnen. Liebe, Zuwendung, Menschlichkeit als Beruf – das ist der Totalitarismus der Warenform, das Gespenst der Freiheit, universelle Prostitution. So macht man aus der Tugend eine Not.

4. Der erweiterte Arbeitsbegriff in der Klemme. Auszug aus einem öffentlichen Gespräch des Soziologen Oskar Negt mit Verteidigern des »Rechts auf Faulheit«:

»NEGT: Sie lösen die Arbeitsgesellschaft in Ihren Gedanken auf, aber nicht in der Realität ... Ich halte das für ziemlich ausgedacht.

FRAU AUS DEM PUBLIKUM: Alles Neue war am Anfang ausgedacht!

NEGT: Sicher! Aber welcher Begriff ist unpräziser als der vom ›Recht auf Faulheit‹? Davon halte ich gar nichts! Der Arbeitsbegriff, den ich verwende, ist nicht unpräzise. Natürlich habe ich von einer für das Gemeinwesen nützlichen Arbeit gesprochen. Ich hätte auch auf Beziehungsarbeit eingehen können. Für mich ist Arbeit vielfältig und immer konkret kulturell bestimmt ...

MANN AUS DEM PUBLIKUM: Herr Negt, wenn Sie mal auf dem Bau oder im Supermarkt arbeiten müssten, dann würden Sie uns endlich verstehen!

Negt: Was würde ich verstehen? Ich verstehe ja das Gefühl, dass Menschen keine Lust haben, entfremdete Arbeit zu machen!

Der Mann: Überhaupt keine Arbeit!

Negt: Was? Überhaupt keine Arbeit? Was machen Sie dann? Sitzen Sie den ganzen Tag vorm Fernseher? Das ist eine tolle Emanzipation!

Gesprächspartner auf dem Podium (G. Paoli): Nun haben wir drei Tage diskutiert, um das am Ende zu hören – entweder arbeiten oder fernsehen! Was soll das! Ich kann das nicht fassen!

Negt: Jetzt glauben Sie wohl, einen großen Triumph über mich errungen zu haben!

Paoli: Gar nicht! *Aufregung im Saal.*«[92]

5. Die unangenehmen Folgen mangelnder Begriffsbestimmung zeigen sich selbst dort, wo am Ausgangspunkt das explizite Bedürfnis steht, »Begriffe zu klären: Was ist Arbeit, Beschäftigung, Tätigkeit?«.[93] Doch statt der versprochenen Klärung erfolgt eine verschwommene Ausweitung des Arbeitsbegriffs, das Nebeneinanderstellen von Sachverhalten: »Zwar ist Arbeit, auch als Eigenarbeit und freie Tätigkeit, nie nur Lust, nur mühelose Verausgabung schöpferischer Phantasie, sondern immer mit Anstrengung und Verzicht verbunden, nie ganz und gar selbstbestimmt, weil der Widerstand der Dinge und die Notwendigkeit der Kooperation Anpassung, Unterordnung, die Einhaltung von Regeln und Absprachen verlangen; und immer ist auch Versagen möglich und die Enttäuschung über das Verfehlen des Ziels. Insofern ist Arbeit immer auch ein Stück weit asketisch.«[94] Karneval der Begriffe. Was unterscheidet die Anstrengung des Arbeitenden von jener des Handelnden oder Tätigen? Wie gestaltet sich das jeweilige Verhältnis von Sachverhaftung und Selbstbestimmung? Wie kooperiert man arbeitend, wie als Handelnder? Ist der schöpferisch Tätige notwendig in den sozialen Austausch eingeschaltet? Liegt der Asketismus des Künstlers wirklich auf derselben

101

Ebene wie der des Hauers im Bergwerk? Viele Fragen, keine Antworten, nur eine rätselhafte Prophezeiung: Wenn der Arbeitsgesellschaft die Erwerbsarbeit allmählich ausgeht, schlägt die Stunde der Utopie befreiter Arbeit.[95] Wenn die Fron zu Ende ist, geht es mit dem Arbeiten erst richtig los; die trübe Aussicht resümiert den unreinen Gedanken.

6. Im erweiterten Arbeitsverständnis herrscht erbarmungslose Äquivalenz, definiert sich der Bürger wie bisher durch den Arbeiter, den Arbeitenden, der zurückerstattet, was er zuvor an Existenzmitteln empfängt. Der Auftakt klingt ermutigend: »Wir laufen auf einen Kapitalismus ohne Arbeit zu – und zwar in allen nachindustriellen Ländern der Welt.« Das Finale ist denkbar zaghaft: »Ich schlage vor, ob nicht das, was als zivilgesellschaftliches Engagement überall zu beobachten ist, ... aufgewertet werden kann zu einem zweiten Aktivitäts- und Integrationszentrum neben Erwerbsarbeit: *öffentliche Arbeit, Bürgerarbeit.*«[96] Nur dafür gibt es Anweisungen auf Subsistenz. Im »Gegensatz zu früheren Vorstellungen, die von den Empfängern keine oder fast keine Gegenleistung verlangten, bindet man heute das Sozialeinkommen an gemeinnützige Arbeiten im Dritten Sektor«[97]. Das »man« ist hier besonders verräterisch. In Form einer scheinbaren Tatsachenfeststellung schleust es eine kulturelle Präferenz in den gesellschaftlichen Diskurs ein. In Wahrheit sind es nicht zuletzt die intellektuellen Wortführer der Gegenwart, die die ältere Anschauung bekämpft und durch die jetzt herrschende Ansicht ersetzt haben. Größer noch als ihre Sorge über den kritischen Zustand der Lohnarbeitsgesellschaft ist ihre Angst vor dem »Chaos«, das eine prinzipielle Erschütterung des modernen Arbeitsglaubens heraufbeschwören würde.

Politiker zeigen oftmals weniger Hemmungen, wenn es darum geht, die ordnungsstiftende Funktion der Arbeit herauszustreichen: »So soll künftig häufiger gemeinnützige Arbeit als Sanktion zur Verfügung stehen – etwa wenn es um einen Diebstahl oder andere Delikte im Bereich der leichten und mittleren Kriminalität geht. Ich halte gemeinnützige Arbeit schon deshalb für eine sinnvolle Sanktion, weil der Täter damit einen Dienst an der Gemeinschaft leistet und Verantwortung übernehmen muß.«[98] Gemeinnutz als Sanktion, Arbeit als letzter Ordnungsruf, als Wiedergutmachung geleistet, das heißt: unentgeltlich – hier zeigt die Bürgerarbeit ihr rüdes Wesen. Soziale Ordnung ohne Arbeit, das ist für das Einheitsdenken unvorstellbar, monströs wie Frömmigkeit ohne den rechten Glauben.

7. Erzwungener Gratisdienst am Ganzen, so war die moralische Aufwertung von Aktivitäten unterhalb der formellen Erwerbsschwelle gerade nicht gedacht. Vielmehr betrieb und bezweckte sie deren auch ökonomische Gleichstellung mit der Erwerbsarbeit, womit sie indirekt kundgab, was sie von Arbeit hält: Nur bezahlte Arbeit ist »ganze Arbeit«. Das erweiterte Arbeitsverständnis schwimmt in der gesellschaftlichen Normalität wie ein Fisch im Wasser. Wie diese führt es den Gottesbeweis »richtiger« Arbeit vom Ende her: Ich werde bezahlt, also habe ich gearbeitet. Das ist das COGITO der Lohnarbeitsgesellschaft. René Descartes, von dem die Formel stammt, hatte sie anders ausgeführt: Ich denke, also bin ich, und, das Denken noch nachdrücklicher als kritische Übung verstehend: Ich zweifle, ich denke, also bin ich; dubito, cogito, ergo sum. Der große Franzose schloß von innen nach außen, von der geistigen Praxis auf das Sein, wir schließen von außen nach innen, vom Ertrag auf die würdevolle Praxis, das heißt auf Arbeit. Anstrengung, die keine solchen Früchte trägt, gilt uns als letztlich unerfüllte Mühe, als halbiertes Tun, als Arbeit nur »an sich«. Zweifel, der vom Zweifel erlöst, indem er das Denken kritisch gegen den Betrug der Sinne versichert, das war das Cogito Descartes'. Unser Cogito lanciert den Selbstbetrug, den heimlichen zumindest; Löhnung als Himmelfahrt der Mühe, das ist Wahrheit mit Lüge gemischt.

Mühe und Lohn stehen in einem ebenso intimen wie verwickelten Verhältnis, bilden ein streitbares Paar. Arbeit, auch wo sie den Menschen erschöpft, erschöpft sich doch niemals in ihrem ökonomischen Finale, ist ein sozialer Verweisungszusammenhang mit vielen Enden und Bezügen (§ 6). Sie ist über dieses Finale aber auch nicht erhaben, so daß es ebenso gut ausfallen könnte. Nur der der Mühe für angemessen erachtete Lohn erhebt das Tun zur ganzen Arbeit; das hingeworfene Geldstück, Almosen kränken die Mühe, stempeln sie zur fruchtlosen Plackerei. Tatsächlich ging es um den gerechten Lohn für gerade diese Mühe.

Vorausgesetzt, es handelt sich um Mühe, die die Mühe selber lohnt. Beschäftigungen, die einzig zu dem Zweck ersonnen werden, daß sich die Hände regen, entbehren des Ernstes; als Verrichtungen, die auch unterbleiben könnten, erscheinen sie moralisch in fragwürdigem Licht, als Arbeiten wieder nur an sich, von außen gesehen, nicht für die Arbeitenden selbst. So wie das Almosen die Mühe schändet, die in der Notwendigkeit begründet war, beschämt der Lohn die Mühe, die der Notwendigkeit enträt, stuft sie zur Therapie herab.

8. Und die Mühe, die ihre Erfüllung in sich selbst findet, die sich gleichsam selbst belohnt – ist sie empfänglich für den äußeren Anreiz, seiner bedürftig? Man huldigt keinem groben Materialismus, wenn man diese Frage bejaht. Der schöpferisch tätige, handelnde Mensch muß sein irdisches Dasein fristen wie jeder andere auch; der Lohn hat nichts Entehrendes. Allerdings ist er nicht das Motiv des schöpferischen Prozesses, so daß dieser ablaufen kann und auch abzulaufen pflegt, wenn das Leben einigermaßen gesichert ist. Überdurchschnittlich hohe materielle Gratifikationen mögen im Interesse des frei produzierenden Individuums liegen und oftmals auch gewährt werden; in seinem Begriff liegen sie nicht (§ 3.4–5). Aber darum geht es hier eigentlich nicht. In Frage stehen freie, schöpferische Aktivitäten unterhalb der Erwerbsschwelle und deren Verhältnis zu »ganzer Arbeit«; Arbeitsglaube und Lohnhunger jener Menschen, die die Lohnarbeit schon hinter sich gelassen haben

oder die von ihr verlassen wurden. Der Arbeitslose, der auch ein Gartenfreund ist, der Pensionär, der sich als Großvater aufopferungsvoll um seine Enkel kümmert: Arbeiten sie nicht, irgendwie, und sei es in noch so vermittelter, metaphorischer Weise? Der Anspruch wird oftmals erhoben, ob im Verein mit der Forderung auf zusätzliche Vergütung oder nicht, und es fällt nicht schwer, das dahinterstehende Bedürfnis zu erkennen, vollwertiges Mitglied einer Gesellschaft zu sein, die mehrheitlich um Arbeit kreist. Ist das Begehren allein deshalb vernünftig? Wo ziehen wir die Grenze? Das Hobby, das Spiel, Arbeiten sui generis? Die Liebe, Arbeit am Fortbestand der Gattung? Muß der emphatische Soziologe es mit Wittgenstein halten und die Bedeutung der Worte in den Gebrauch setzen, denen die Sprecher unter je konkreten Umständen von ihnen machen? Verzichtet er auf distanzierte und distanzierende Begriffe am besten ganz, um dem Vorwurf zu entgehen, den Akteuren von oben und außen vorzuschreiben, wer sie »eigentlich« sind und was sie »in Wahrheit« tun?

Der Soziologe muß hören können, hören lernen, unbedingt. Aber hört er beim Arbeitslosen, der unermüdlich »arbeitet«, nicht gerade den Wunsch heraus, er möchte wie einer genommen werden, der fraglos »dazugehört«? Bezeichnet der inflationäre Gebrauch des Wortes »Arbeit« den Verlust des Gemeinten nicht überdeutlich mit, einem Phantomschmerz gleich, der nach Linderung sucht, nach sozialen Prothesen? So ginge es also nicht um das passive Registrieren dessen, was man hört, sondern um Hören als Heraushören des Mitgemeinten. Die daraus hervorgehenden Bestimmungen kommen nicht von außen und oben; sie sind Reflexionen, kritische Analysen des subjektiven Sinns. »Ich arbeite«, von einem Zwangsreservisten der Arbeitswelt gesprochen, meint: Ich bin noch aktiv, für andere Menschen da; man kann noch mit mir rechnen. »Ich arbeite«, direkt und ohne Metaphorik gesprochen, meint: Was ich tue, MUSS erledigt werden, ob mit oder ohne Begeisterung, ist gesellschaftliche Funktion, zum Beruf geronnen, sachlich, zeitlich und sozial in ein vorgegebenes Schema eingepaßt (wie flexibel auch immer) und als solches, vielfach konditioniertes, formelles Tun mit Anspruch auf Entgelt verbunden.

9. Die Drapierung von Tätigkeiten und Handlungen als Arbeit bestätigt die früher getroffene Feststellung, daß sich das Subjekt auch in seinem Selbstbezug am Leitbild des *Homo oeconomicus* ausrichtet (§ 11.4). Die Konsequenz dieser inneren Unterwerfung ist die FRANKLINISIERUNG des Selbst, die vom einstigen Heroismus dieser Übung nichts mehr weiß. Der Namensgeber dieses Neologismus, Benjamin Franklin, unterwarf sich, darin prototypisch für eine ganze Ära, freiwillig einer methodischen Lebensführung, die in einem kleinlichen Tugendregister gipfelte. In Form einer Tabelle angelegt, versah er Woche für Woche kleinere oder größere Vergehen gegen die Gebote der Mäßigkeit, Sparsamkeit, Reinlichkeit etc. mit einem Kreuz. Häuften sich die Kreuze, war das gleichbedeutend mit der Aufforderung, die Arbeit an sich selbst zu intensivieren, nahmen sie ab, verlagerte sich die moralische Beunruhigung nur auf eine andere Ebene; vielleicht war das beobachtende Selbst mit dem handelnden nur zu nachsichtig verfahren.[99] Franklin ergründete seine Neigungen und Gefühle, kreiste sie durch eine moralische Buchführung ein, um sich über sie erheben zu können. Strikte Selbstkontrolle, die Entwicklung einer gefestigten Persönlichkeit mochten sich auf das alltägliche und berufliche Leben förderlich auswirken; vor allem galten sie jedoch als Wert an sich. Unmittelbar Kapital aus ihnen zu schlagen, dazu erschienen diese Selbsttechniken weder geeignet noch bestimmt.

Franklins Erben denken diesbezüglich ganz pragmatisch. Sie propagieren die Verwertung von Gefühlen, die Kapitalisierung »emotionaler Arbeiten« und spekulieren auf den Dank sensibler Unternehmer: »Das Private ist politisch – mehr denn je ... Zusätzlich würde die emotionale Erweiterung des Arbeitsbegriffes das Private ökonomisch machen. Dabei wird nicht die öffentliche Kontrolle über die Privatsphäre angestrebt, sondern die Anerkennung dessen, dass ein emotional lebendiges Privatleben mit naturgemäß glücklichen und unglücklichen Phasen positive Auswirkungen auf eine erneuerte Ökonomie hat. Emotionale Arbeiten dienen dem seelischen Erhalt der Gesellschaft und der Ökonomie, die eigentlich eins sein sollten.«[100]

So befreit man in einem Zug die Arbeit, löst die Spannung von Wirtschaft und Gesellschaft auf – und landet inmitten der Selbstversklavung. »Das Private ökonomisch machen«, das heißt, die Freigebigkeit menschlichen Strebens und Begehrens zu verramschen, ins ökonomische Getriebe einzufunktionieren, und das alles nur, um sich einen Platz in einem Erwerbssystem zu erobern, das die Gefühle längst für sich entdeckt hat, das auf der Gefühlsbahn wie auf einer guten Schmiere gleitet. Die Strategie des erweiterten Arbeitsverständnisses mündet zuletzt in selbstverordnete Tyrannei.

10. Die Befreiung IN der Arbeit stieß an Grenzen ihrer Verallgemeinerungsfähigkeit, die Befreiung DER Arbeit führte zur freiwilligen Auslieferung des Individuums an die Mächte der Welt. Wozu sonst ermutigte dieses Fazit als dazu, sich aufs neue der Befreiung VON der Arbeit zuzuwenden, und zwar in jener Fassung, die aufs Ganze geht – Lebensunterhalt für alle, mit oder ohne Stelle im Erwerbssystem. Abriß also des fehlerhaft konstruierten Gebäudes und Entwurf eines neuen, diesmal nicht auf der Grundlage der Arbeit, des Arbeiters, sondern auf der des Menschen, das heißt all dessen, was wir finden, wenn wir[n] nach dem »Menschen« fragen. Zuvor noch einige Bemerkungen zum Visavis der Arbeit, zu ihrem großen Gegenspieler.

1. Die Arbeit tritt über die angestammten Ufer des Erwerbs, das Eigentum besinnt sich auf seine unverzichtbaren Funktionen, auf Oberaufsicht und auf Direktion – so könnte man die Lage kurz zusammenfassen. Die Organisation der Arbeit im Postfordismus mit der für sie typischen Delegierung der Verantwortung nach unten entlastet die Unternehmensspitze von der alltäglichen Sorge um das Eigentum. »Unternehmen« können die ausführenden Organe ebenso gut wie die leitenden, besser sogar, da nur sie mit den Einzelheiten, den näheren Umständen des Wertschöpfungsprozesses vertraut sind. Die operativen Eigentümerfunktionen werden gleichsam nach unten »durchgereicht«, wodurch sich der Eindruck neu errungener Freiheiten nur weiter befestigt. Die unmittelbare Folge dieser wohl dosierten Teilhabe ist die Ausbreitung fiktiver Tauschbeziehungen im Inneren der Unternehmen. Die vertikalen Komponenten der innerbetrieblichen Funktionsteilung, Produktionsbereiche, Abteilungen, Arbeitsgruppen, selbst einzelne Arbeiter, verwandeln sich in Pseudo-Unternehmen.

Eine Parallelaktion großen Stils, das *Outsourcing*, erzeugt denselben Effekt auf der horizontalen Verflechtungsebene. Logistik, Vertrieb, mitunter sogar die Produktion im ganzen werden ausgelagert, Subfirmen zugewiesen. Auf die Spitze getrieben, schrumpft das Mutterunternehmen zur zentralen Koordination mit angeschlossener Werbeabteilung zusammen. Verfügungs- und Bestimmungsrechte, der harte Kern des Eigentums, lösen sich nicht auf, wie Rifkin suggeriert[101]; sie werden verschlankt, gebündelt. Systematisch betriebenes *Outsourcing* verflacht die innerbetriebliche Arbeitsteilung und vertieft die Arbeits- und Funktionsteilung zwischen den Unternehmen; die internen Handlungsketten werden kürzer, die externen verlängern sich; es entstehen mehr faktisch oder formell selbständige ökonomische Einheiten. Die neuen »Selbständigen« geraten in eine zunächst alternativlose Abhängigkeit vom Zentralgestirn, das sie in ihre relative Freiheit entließ oder diese Freiheit erst begründete. Um in der Umlaufbahn bleiben zu dürfen, müssen sie sich gegen Konkurrenten behaupten, die in sie eintreten möchten. Der erbitterte Ausscheidungskampf zwingt ihnen dieselbe Logik auf, der sie ihre Existenz verdanken. Es kommt zum *Outsourcing* in zweiter und dritter Potenz mit immer demselben Resultat: weniger »gute« und mehr prekäre Arbeitsplätze bei insgesamt schrumpfendem Stellenvorrat.

2. Der Ausleseprozeß unter den Trabanten führt zu Konzentrationsprozessen zweiter Ordnung. Der Diener vieler großer Herren wird schließlich selber groß, zum Gestirn mit eigener Gefolgschaft. Das Drohpotential starker Auftragnehmer speist sich aus ihrer strategischen Position. Der Produktionsfluß ganzer Branchen hängt von ihnen ab. Das aufgespaltene Ganze wird komplexer, aber auch störanfälliger. Lagern Unternehmen Arbeit im globalen Maßstab aus *(Offshoring)*, liefern sie sich darüber hinaus fremden kulturellen Kontexten, unvorhersehbaren politischen Turbulenzen, jederzeit möglichen Währungsschwankungen und Währungskrisen aus. Sie ringen mit wachsendem Koordinationsbedarf, mit hoher Fluktuation und Qualitätsproblemen, müssen Arbeitskräfte rund um den Erdball rekrutieren, anlernen, ausbilden, an gerade ihre Arbeitsweise und Geschäftsphilosophie eigens gewöhnen. Um den Mehraufwand zu rechtfertigen, muß das Lohngefälle hoch sein, so hoch, daß die Begleiterscheinungen minimaler Löhne, allgemeine Unterentwicklung, Bildungs- und Infrastrukturdefizite den langfristigen Erfolg oftmals erneut in Frage stellen. Zunehmende Ungewißheit oder ausbleibender Erfolg setzen das Zeichen zur Umkehr, zur Wiedereingliederung bereits verselbständigter Einheiten ins Stammunternehmen. Beide Tendenzen sind vorhanden, wobei Auslagerungs- und Dezentralisierungsprozesse derzeit dominieren.

Mehr Markt und mehr Marktvergesellschaftung nach innen wie nach außen, in horizontaler wie in vertikaler Hinsicht; eine neue Runde kapitalistischer Landnahme in der Breite und in der Tiefe des sozialen Raums; Abtretung operativer Sorgerechte an nachgeordnete Einheiten, die das Eigentliche und Heilige des modernen Eigentumsverständnisses nur desto schärfer hervortreten lassen – Verfügung über den fremden Willen als formell freien Willen – , das ist die strategische Matrix des kosmopolitischen Kapitalismus. Die optimistische Prognose für die Unternehmen, die sich darauf stützen, ist identisch mit der schlechten Nachricht für die »gute« Arbeit.

3. Abtragung der Lasten nach unten ist ein Grundprinzip der modernen Architektur, das die Konstruktion und den Bau großer, in die Höhe strebender Bauwerke selbst auf kleiner Grundfläche ermöglicht. Ungeachtet ihrer oftmals raumgreifenden Dimensionen wirken sie leicht, anmutig, nahezu schwerelos. Das moderne Eigentum an Produktionsbedingungen richtet seine soziale Architektur an denselben Grundsätzen aus, trägt die mit ihm verbundenen Lasten nach unten UND nach außen ab. Verschieden sind die Materialien, die die Lasten tragen, die Spannung halten müssen; dort Glas, Stahl und Beton, hier, noch immer, Menschen.

# Der Grund der Existenz

1. Ängste spielen eine unentbehrliche Rolle im gesellschaftlichen Lebensprozeß des Menschen; sie aus ihm gänzlich zu verbannen ist eine flache Utopie. Ohne die Angst davor, anderen Menschen absichtlich Schaden zuzufügen, sie für unerlaubte Zwecke einzuspannen oder sie sogar zu töten, würde das Leben im Inneren der Gemeinschaften bald unerträglich werden, und die gelegentliche Erlaubnis, ja Aufforderung, Menschen außerhalb der eigenen Grenzen mit Gewalt, in ausdrücklicher Tötungsabsicht zu begegnen, ist durch das Wort »Krieg« hinlänglich als Ausnahmezustand charakterisiert. Eine andere Frage ist, ob die Ängste, die Menschen einer bestimmten Zeit und an einem bestimmten Ort beherrschen, für ihr gedeihliches Zusammenleben und Zusammenwirken wirklich unentbehrlich sind. Sie kann nur nach eingehender Prüfung der jeweiligen Gegebenheiten entschieden werden. Sehr viel leichter läßt sich die Frage nach der Ratio EXISTENTIELLER Ängste beantworten. Sofern sie nicht durch außergewöhnliche Ursachen hervorgerufen werden, durch Seuchen, Hungersnöte, Naturkatastrophen oder eben durch Kriege, sondern durch die Gemeinschaft selbst, durch die Art und Weise ihrer sozialen und politischen Organisation, sind sie nicht zu rechtfertigen. Gemeinschaften, die ihren Zusammenhalt auf manifeste Überlebensängste einer großen Zahl von Menschen stützen, widersprechen ihrem Zweck, das Leben nach innen zu befrieden, und laufen Gefahr, von unten erschüttert oder zerrissen zu werden. Das Untergeschoß des Gesellschaftsbaus von solchen Ängsten zu entrümpeln, den Menschen Grund zu geben, fraglosen, auf dem sie sich möglichst frei bewegen können, liegt letztlich im Interesse aller miteinander interdependenten Gruppen. Vor diesem Hintergrund

erscheint die Moderne als ein einziger, grotesker Widerspruch. Sie proklamierte das Menschenrecht auf Freiheit von existentiellen Ängsten und untergrub es wie keine historische Formation zuvor. Seit mehr als zwei Jahrhunderten heftet sich die Reflexion an diesen Widerspruch, schiebt sie ihn in immer neuen Wendungen als »soziale Frage« vor sich her; mit welchen Einsichten und Konsequenzen, wird im folgenden Kapitel zu betrachten sein.

Hier geht es zunächst um eine kürzere Zeitspanne, um die Periode von den 1960er Jahren bis zur Gegenwart. Im Verlauf dieser Dezennien breitete sich in vor- und zurückflutenden Schüben die Sorge aus, daß die moderne Lohnarbeitsgesellschaft ihren Scheitelpunkt überschritten habe und wieder werden könnte, was sie zu Anfang war – eine soziale Megamaschine existentieller Angst und Verunsicherung. Man sann auf Lösungen und besann sich dabei einer Idee, die im Ansatz schon die Französische Revolution geboren und in noch tastende Formulierungen eines »Rechts auf Leben« gekleidet hatte. Überblickt man den Diskurs von heute aus, gewinnt man schnell den Eindruck, daß alles Wesentliche zu diesem Thema bereits vor Jahrzehnten zum Ausdruck gelangte und es eigentlich nur an einem fehlte: an der Entschlossenheit, die Dinge nicht nur beim Namen zu nennen, sondern auch beim Schopf zu packen. Zur Debatte im Geburtsland der sozialen Menschenrechte, in Frankreich, wurde schon einiges gesagt (§ 8; § 10); der deutsche Debattenstrang griff die Anregung auf und kam umgehend zur Sache.

2. »Alle reden von der Arbeitslosigkeit. Man kann es verstehen.« Mit diesen Worten begann Ralf Dahrendorf im Jahr 1982 seinen Vortrag auf dem 21. Deutschen Soziologentag.[102] Er verband sie mit einer klaren Einsicht in die Unumkehrbarkeit des Prozesses, in die historische Zäsur und in die Widerstände, ihr gemäß zu handeln, politisch umzusteuern. »Es liegt vor allem daran, daß Arbeit zumindest auch ein Herrschaftsinstrument ist. Wenn sie ausgeht, verlieren die Herren der Arbeitsgesellschaft das Fundament ihrer Macht.«[103] So

unerschrocken sprach man damals noch. Vertröstungen, daß das Erwerbssystem nur eine Staupe durchliefe und sich absehbar konsolidiere, ließ Dahrendorf nicht gelten. Die Krise der Arbeitsgesellschaft sei nicht konjunktureller, sondern struktureller Art; zur Disposition stünde die Gesellschaftsstruktur, die auf berufsmäßigem Erwerb als Regelfall individueller Existenzsicherung aufbaue. Weder die neoliberale Dogmatik noch die von Keynes sich herleitende Wirtschaftspolitik wiesen einen Ausweg aus der Krise. Wer immer verspreche, ein Rezept gegen die Arbeitslosigkeit zu haben, sage die Unwahrheit. Aber vielleicht bedurfte es gar keiner Rezepte, kurierte sich die Arbeitslosigkeit mit ihrem eigenen Gift. Vielleicht lag die Lösung des Problems in den Betten der noch kinderreichen Schichten, die sich alsbald entvölkern würden, wenn die Zukunftschancen düster blieben.

Die Hoffnung auf den »demographischen Faktor« als letzten Rettungsanker der Normalität war für die kühleren Köpfe schon zu Beginn der 1980er Jahre weitgehend abgetan; man sollte sie heute nicht wiederbeleben. Zu vieles spricht gegen sie. Wäre Deutschland eine reine Binnenökonomie, würde rein rechnerisch gesehen einfach im selben Verhältnis weniger konsumiert und daher produziert, in dem die Bevölkerung schwindet. Verhältnismäßig bliebe alles beim alten, freilich auf kleinerer Stufenleiter. Statt vom Schrumpfungsprozeß zu profitieren, würden Lehrstellen- und Arbeitsmärkte in ihn hineingerissen. Vermutlich träte sogar eine Verschlechterung ein. Weniger Nachkommen, weniger potentielle Erwerbstätige, das wirkte und wirkt als kräftiger Anreiz für Produktivitätssteigerungen, die Arbeitskräfte prophylaktisch freisetzen, noch ehe sich das Arbeitsangebot verknappt. Weniger Nachkommen schmälern, damit nicht genug, den Bedarf an Plätzen in Kinderkrippen und Kindertagesstätten, in Schulen und weiterführenden Bildungseinrichtungen, für Leistungen des öffentlichen Dienstes generell. Sie fragen weniger Nahrung, Kleidung, Wohnraum nach, was in der Konsequenz zur Auskämmung all jener Berufe führt, die diese

Angebote offerieren, produzieren. Der dadurch bedingte Einkommensschwund pflanzt sich gleich einer Kettenreaktion durch die Gesellschaft fort, hält eine harte Auslese unter den noch Beschäftigten.

Nun leben wir nicht in einem geschlossenen Handelsstaat, sondern in einer Gesellschaft mit global verflochtener Wirtschaft. Die sucht und findet Absatz auf auswärtigen Märkten, in großem Umfang, wodurch sich das Motiv zur Produktion auch dann erneuert, wenn die einheimischen Konsumkapazitäten an Grenzen stoßen. Das nährt den Arbeitshunger, strapaziert das Arbeitsangebot. Eine vorübergehende Festigung des Lohnarbeitsverhältnisses für qualifizierte Arbeitskräfte, namentlich ältere, wird für die exportorientierten Branchen zur realen Perspektive, sofern gut ausgebildete jüngere nicht in erforderlicher Anzahl nachrücken. Nur, wie lange wird das Revival der guten Arbeit dauern, wenn auch dem übernächsten Reproduktionszyklus der kompetente Nachwuchs fehlt? Selbst eine völlige Aufhebung der Renten- und Pensionsgrenze böte langfristig keine Lösung. Wenn die aus der Arbeit ausscheidenden Menschen nicht ersetzt werden können, auch durch modernste Technik nicht, hört das Produzieren entweder auf oder verlagert sich an andere Orte.

Ferner: Weniger Nachwuchs bedeutet gesellschaftliche Alterung sowie einschneidende Veränderungen im individuellen Alterungsprozeß. Die Verlängerung der durchschnittlichen Lebenserwartung, eine der bemerkenswertesten Errungenschaften des industriellen Fortschritts, besitzt Kehr- und Schattenseiten. Wer heute aus dem Erwerbsleben ausscheidet, blickt zumeist auf eine kontinuierliche Erwerbsbiographie zurück und dank der dadurch erworbenen Renten- bzw. Pensionsansprüche auf eine von materiellen Sorgen freie Zukunft hin. Dagegen verlassen die Senioren von morgen eine Arbeitswelt, die das Normalarbeitsverhältnis angreift, perforiert, zerstückelt und die beruhigende Kumulation von »Altersanteilsscheinen« am gesellschaftlichen Reichtum untergräbt. Sie treten mit erheblich geschmälerten gesetzlichen

Bezügen in den Ruhestand ein als vergleichbare Alterskohorten zuvor und müssen als aktive Erwerbspersonen zeitig private Vorsorge treffen, um die Verluste partiell auszugleichen. Sie sparen eifrig für ihr Alter und ziehen daraus, in der Regel und am Status quo gemessen, doch nur eine magere Dividende. Das wirkt sich nachteilig auf ihre Konsumtionskraft als Beschäftigte UND als Ruheständler aus, stutzt die Nachfrage, die Binnenkonjunktur und ergo die künftige Beschäftigung. Auf allen Pfaden gelangen wir zum Ausgangspunkt zurück, zur voreiligen Hoffnung auf demographische Errettung.

3. Besteht begründete Aussicht auf Heilmittel fernerer Art, auf lebensverlängernde Maßnahmen, die die Krise der Arbeitsgesellschaft wenn schon nicht abwenden, dann doch zumindest abfedern? Arbeit könnte sachlich wieder zu Ehren kommen, »Arbeitstätigkeit« werden, hoffte Dahrendorf und hofften andere mit ihm. Mehr Selbstbestimmung in der Fremdbestimmung für möglichst viele, die *Vita acitiva* IN der Arbeit, das hatten wir schon. Und auch die weitergehende Erwartung, das werktätige Leben, interessanter geworden, möchte seinen Gegenpol, das schauende, genießende Leben, die *Vita contemplativa*, mit erwecken, klingt vertraut. Politisch war das Projekt einer doppelten Befreiung des Menschen – in der Arbeit und ihr gegenüber – vor zwanzig Jahren genau so einsam wie gegenwärtig, und alle wußten es. Um sich für die vor uns liegende Zeit mit gehöriger Skepsis, aber auch mit dem notwendigen Stehvermögen zu wappnen, gehörte der nun schon historische Befund in Versalien gesetzt und eingerahmt: »Die Sehnsucht der Herrschenden, und sogar ihrer langjährigen Gegner, nach der Arbeitsgesellschaft, ist ja kein Zufall. Hinter ihr stecken zentrale Fragen der gesellschaftlichen Struktur. Zum Beispiel: An welchem Geländer entlang kann das Leben der Menschen geordnet werden, wenn die Disziplinierung durch die Organisation der Arbeit entfällt? Oder: Wie läßt sich die Existenzgrundlage der Menschen sichern, wenn sie nicht mehr auf der Arbeitsleistung

beruht? Oder: Wie kann der Staat seine über die Elementar-
aufgaben hinausgehenden Funktionen des Gesellschaftsver-
trages lösen, wenn seine wichtigste Einkommensquelle versiegt? Oder auch: Wie bestimmt sich eigentlich die soziale
Identität von Menschen, wenn sie sich nicht mehr durch
ihren Beruf beschreiben können.«[104] Gründe und Gegen-
gründe für die Überwindung des Status quo, Ausbruchs- und
Beharrungsmotive, Pioniergeist und Angst, kurz, der voll-
ständige Katalog der sozialen Schicksalsfragen unserer Epoche in einem Satz zusammengefaßt. Mehr gibt es, fragend jedenfalls, hierzu auch gegenwärtig nicht zu konstatieren.

4. Verlorene Jahre, gleich mehrfach. Die »Herren der Arbeitsgesellschaft« stellten sich stocktaub, wenn es darum
ging, eine positive, ermutigende Antwort auf diese Fragen
auch nur zu erwägen. Ob führende Politiker oder Beamte,
Repräsentanten der Unternehmerschaft oder hohe Gewerk-
schaftsfunktionäre, berufene Kommentatoren in den Mas-
senmedien oder Direktoren maßgeblicher Konjunktur- und
Forschungsinstitute – drohte der Offenbarungseid, kann-
ten sie keine Differenzen mehr, weder ideologische noch
solche des Geschlechts, leisteten sie einen Meineid nach
dem anderen auf die Vollbeschäftigung und verfolgten Hä-
retiker in den eigenen Reihen ebenso unerbittlich wie die
vom Arbeitsglauben gänzlich Abgefallenen. Letzter Hort
religiöser Hingabe in einer profan gewordenen Welt, versteht
sich diese informelle Briderschaft als moderner Wächter-
stand, der zugleich mit den Grenzen der Arbeitsgesellschaft die Grenzen der »freiheitlichen Grundordnung« verteidigt. Wer sie überschreitet, verläßt den »demokratischen
Sektor«, die Gemeinschaft der Gutwilligen.

Daß diese freisinnige Gedankenpolizei ihre Stellung bis
auf diese Stunde so gut wie unangefochten behauptet, ist
teils ihrer vorzüglichen Organisation, teils ihrer gezielten Bewirtschaftung der menschlichen Ängste, teils aber auch dem
Versagen ihrer Widersacher zuzuschreiben. Die Kritiker des
Arbeitsglaubens haben sich allzu lange darauf beschränkt, die

Bastionen der Arbeitsgesellschaft zu erschüttern, sie in Frage zu stellen; dem Fragenkatalog einen gleich schlüssigen Katalog von Antworten hinzuzufügen vermochten selbst die Kühnsten bisher nicht. Sie gaben der Existenz des Menschen fraglosen Grund, ohne jedoch überzeugend nachzuweisen, ob und wie sich »arbeitsfreie Subsistenz« mit »sozialer Ordnung« und »methodischer Lebensführung« verknüpfen läßt. »Anarchie« und »Lebensdrift« sind Gespenster, die die Orthodoxie umgehen läßt, um der Mehrheit Angst und Abscheu vor dem Neuen einzuflößen, gewiß. Aber diese Lemuren verrichten ihre Mission seit langem, rufen archaische Ängste zu Hilfe, um sich unerkannt im Innersten des Menschen einzunisten, in seiner psychisch-seelischen Apparatur. Lähmungsabsicht und Lähmungswirkung dieser geschickt getarnten Operation sind nicht zu unterschätzen. Sammeln wir also weiter GEGENGIFTE.

5. Ob der subjektive Bedeutungsverfall der Erwerbsarbeit zu diesen Pharmaka gehört, muß als fraglich gelten, aus schon erörterten Gründen (§ 10.2) sowie aus hinzukommenden. In Deutschland griff Claus Offe das Argument vom äußerlich, instrumentell gewordenen Verhältnis zur Arbeit frühzeitig auf. Die fortschreitende Fragmentierung der Arbeitswelt untergrabe die gemeinschaftliche Bezugnahme aller Arbeitenden auf »Arbeit« als Schlüsselbegriff des Lebens und der Lebensführung. Es gebe Berufe mit hohem und solche mit geringem Identifizierungspotential und dazwischen ein breites Mittelfeld, in dem sich das Verhältnis zur Arbeit weder besonders innig noch übermäßig distanziert gestalte. Das einzige, was alle Arbeitssituationen miteinander verbinde – der überwältigende Rückgang der Arbeitszeit gemessen an der Lebenszeit –, löse das Dasein nur weiter von der Arbeit ab, auch das der Arbeiterelite, schwäche die Arbeit in ihrer Funktion, soziale Matrix des menschlichen Lebens und der menschlichen Praxis zu sein. Eine »Remoralisierung« der Einstellung zur Arbeit sei künftig ebensowenig zu erwarten wie eine »Re-Individualisierung« der Arbeits-

verhältnisse. »Denn eine solche, im Ernst zu den Mitteln der ›Eigenverantwortung‹ und der ›Marktregulierung‹ greifende Radikalkur würde ja auf schwer zu kalkulierende und möglicherweise dramatische Weise jenen relativen Frieden der Arbeitsgesellschaft gefährden, der historisch nur durch die staatliche Garantie kollektivierter Verteilungs- und Sicherungssysteme erkauft werden konnte.«[105]

Es ist anders gekommen, so, wie es sich Offe zu Beginn der achtziger Jahre weder vorstellen konnte noch mochte. Das Argument des »sozialen Friedens« verlor seinen rhetorischen Glanz, assoziierte sich mit »Friedhofsruhe« und »gesellschaftlichem Stillstand«. Die Regierenden und ökonomisch Mächtigen fühlen sich nicht länger an die Friedenspflicht gebunden und proben den Aufstand gegen die »Konsensgesellschaft«. Ein Aufstand von oben, inspiriert und angetrieben vom Appetit der Satten. Unter dem Schlachtruf »Wir vertragen noch ein Kalb!« richtet er sich geradezu lüstern gegen die kollektiven Garantien des Arbeitsverhältnisses. Den Vertrag bis auf jene Ebene herunterzubrechen, auf der sich nur mehr Individuen begegnen und miteinander kontrahieren, hier der Unternehmer, dort der Arbeitssuchende, ist das Ziel des Angriffs. Je näher das Ziel rückt, desto unabweisbarer werden die vom Erwerb Abhängigen wieder eins mit ihrem Arbeitsvermögen, zum Verkäufer desselben. In dieser Eigenschaft müssen sie glaubhaft versichern, daß es ihnen Ernst ist mit der Arbeit, bitterernst. Gesten der Entspanntheit oder gar der Neutralität dementieren diese Versicherung und unterbleiben daher tunlichst. Je individueller und sozial unausgewogener das Arbeitsverhältnis konstruiert ist, desto herrschsüchtiger nötigt es sich jenen auf, die ins Verhältnis kommen wollen, kommen müssen. Die »neue Moral« der Arbeitnehmer erwächst aus der Unterwerfung unter zynische Umstände.

6. Sie erfaßt alle Fraktionen der heutigen Arbeitnehmerschaft, breitet sich aber nicht gleichmäßig über sie aus. Für die privilegierten Gruppen bleibt das ironische Spiel mit dem

Arbeitsglauben eine Möglichkeit. Schwer ersetzbar, identifizieren sie sich oftmals stärker mit ihrem Arbeitsvermögen als mit ihrem Arbeitsplatz, mit ihrer Stelle. Sie aufzugeben bereitet ihnen unter Umständen weniger Kopfzerbrechen als dem Unternehmer, der um gleichwertigen Ersatz verlegen ist. Sofern sie an die Arbeit glauben, glauben sie an sich, an ihre Fähigkeiten, und ihre Moral ist die Moral aller »Aristokraten« – selbst auferlegte Verpflichtung, die von äußerem Zwang nichts hören will. Für die Unterprivilegierten ist diese noble Selbstverkennung unerschwinglich. Mit banaler Arbeit befaßt und fast jederzeit ersetzbar, fehlt ihnen zur überzeugenden moralischen Performance eigentlich nur eines: der geringste Anhaltspunkt für den Zusammenhang DIESER Arbeit mit ihrem Lebensziel. Den Ernst überzeugend darzustellen, der ihnen abverlangt wird, fällt ihnen dennoch nicht zu schwer. Führt der Job das Leben nicht ins Ziel, so sichert er doch allemal das bloße Leben; da KANN man gläubig werden, auch ohne Überzeugung. Der eigentliche Nährboden der neuen Arbeitsmoral liegt in der Mitte der Arbeitsgesellschaft, im Kreuzungspunkt von Aufstiegshoffnungen und Abstiegsängsten. Hier, bei den durchschnittlich qualifizierten und bezahlten Arbeitern und Angestellten, finden wir Glauben jenseits ironischer Verspieltheit, Ernst ohne innere Verzagtheit. Um weiter nach oben vordringen zu können, muß man an die Werte und Normen, die dort als Spielmarken zirkulieren, glaubwürdig glauben, was auf die Forderung hinausläuft, den Glauben auf die Sphäre abzustimmen, in der man derzeit noch agiert. Wie ein Novize glauben, mit bescheidenem Ernst, das ist die rechte Art. Um nicht nach unten durchzufallen, muß man Signale der persönlichen Unentbehrlichkeit versenden, selbstbewußte Arbeitsfreude demonstrieren, die Bereitschaft, mehr zu tun als rein vertraglich nötig. Erst diese Absicherung nach unten versenkt die Maske ins Gesicht; Ende aller Als-ob-Spielereien, Geburt des verfügbaren Subjekts. Oben moralisiert man das Arbeitsvermögen, unten den Arbeitsertrag; hier wie dort läuft Arbeit gewissermaßen mit, als Nahrungsquelle oder Bühne. Nur in der Mitte moralisiert man die Arbeit selbst.

7. Und jene, die erzwungenermaßen außerhalb stehen oder gar nicht erst ins Berufsleben hineinfinden: Bilden sie die Avantgarde einer Zukunftsgesellschaft, in der die Menschen größeren Abstand von der Lohnarbeit gewinnen? Die Moralisierung des Arbeitsverhältnisses mit seinen drei Angriffspunkten – Fähigkeiten, materielle Früchte, Schaffensprozeß – bleibt ihnen jedenfalls verwehrt. Doch das allein besagt nur wenig über die Einstellung zur Arbeit als gesellschaftlicher Normalität der Lebensführung. Lebt der Arbeitslose inmitten arbeitender Menschen, bedarf es außergewöhnlicher Anstrengungen, um angesichts der eigenen Situation Selbstbewußtsein zu entwickeln. Er geht gezwungenermaßen auf Entzug, verklärt, darunter leidend, die Lohnarbeit zum Lebensideal und sehnt sich nach dem »Rückfall«. Lebt der Arbeitslose dagegen länger unter seinesgleichen und ohne Aussicht auf »Normalisierung«, dann erhöht sich die Wahrscheinlichkeit, daß er das an sich Anormale seiner Lage routinemäßig zu betrachten anfängt. Mit der schwindenden Hoffnung auf Eintritt bzw. Wiedereintritt ins Erwerbsleben verblaßt der Arbeitsglaube zur unbestimmten Sehnsucht, gleicht er sich, ohne einer neuen Überzeugung Platz zu machen, mehr und mehr dem Fernweh an.

Die These vom abnehmenden Identifikationsertrag der Arbeit findet weder oben noch unten, weder in der Mitte noch außerhalb der Arbeitsgesellschaft hinreichend Bestätigung; sie ist kein wirksames Gegengift gegen die Einschüchterungsversuche der Orthodoxie. Schon in den neunziger Jahren hatten sich die in sie gesetzten Erwartungen gründlich zerschlagen, konstatierte man resigniert den steten Bedeutungsgewinn der Lohnarbeit.[106]

8. Neue Strategien waren gefragt. Wenn der »Arbeiter« den »Menschen« nicht von selbst aus sich entband, mußte die Entbindung per Kaiserschnitt vonstatten gehen. Wer aus dem erbitterten Wettlauf um Arbeit freiwillig ausschied oder,

unfreiwillig ausgeschieden, darauf verzichtete, wieder an den Start zu gehen, begründete dadurch einen Rechtsanspruch auf Entschädigung. Schließlich dämpfte er die Konkurrenz unter den Arbeitsbesitzern und verhalf ihnen dadurch zu einer günstigeren Verhandlungsposition. »Prämien für Aussteiger«, finanziert aus jenen Überschüssen, die die Teilnehmer am Arbeitsprozeß den Verzichtleistenden zu danken haben,[107] das klang nach neuer Gerechtigkeit, das forderte die »Herren der Arbeit« angriffslustig heraus. Die radikalisierte Forderung zog zugleich das Resümee der frühen deutschen Debatte. Selbst wenn die Wiederbelebung der Arbeitsgesellschaft subjektiv gelang, auf dem Weg der Individualisierung und Moralisierung des Arbeitsverhältnisses, faktisch hatte sie den Anspruch preisgegeben, jeder und jedem ein eigenes Leben auf der Grundlage berufsmäßigen Erwerbs zu ermöglichen. Für alle reicht die Arbeit nicht, die »gute« am allerwenigsten, darin kamen sämtliche Analysen überein. Hielt die Orthodoxie den Anspruch dennoch aufrecht, war es um ihre Glaubwürdigkeit geschehen, schwächte sie ihn ab – ob Job, ob gute Stelle, Hauptsache Erwerb! –, untergrub sie die Legitimation der Arbeit. Hoffte sie in ihrer Not auf die neue Jobmentalität (»wenn Arbeit ihren Wert verliert, dann ist der Verlust der Arbeit kein großer Verlust mehr«[108]), dann hoffte sie vergebens. Aus dieser Verlegenheit fand sie nicht heraus, und nach eingetretener Ernüchterung über die Heilkräfte der Dienstleistungsgesellschaft schloß sich auch der letzte Notausgang. Daß der Dienstleistungssektor die Verluste kompensieren oder überkompensieren könnte, die der agrarische und industrielle Rationalisierungsprozeß der »guten« Arbeit eingetragen hatte: reine Illusion[109]; die Rückkehr zu den Wachstumsraten nach dem Zweiten Weltkrieg, zur Formel Wachstum = Beschäftigung: ausgeschlossen[110]; ein weiterer Ausbau des Wohlfahrtsstaates, des öffentlichen Dienstes: realitätsblinder Traum[111]. *Fin de partie* aller Ausflüchte und Täuschungsmanöver (§ 40.6).

1. Taufen sind die angemessene Antwort auf Beerdigungen. Die soziologische Diagnose vom zerbröselnden Fundament der Arbeitsgesellschaft stieß umgehend Debatten an, die Lösungen der Krise im Detail erwogen. Sie hielten sich mit Polemik gegen die Priester des Arbeitsglaubens nicht weiter auf, anerkannten das »Bürgergeld« als neuen Grund der Existenz[112] und wandten sich sogleich konkreten Fragen zu, Form, Verteilungsart und Höhe der Grundsicherung betreffend. Bald stellte sich heraus, daß vermeintliche Formfragen mit grundlegenden Alternativen zur Arbeitsgesellschaft zusammenhingen. So scheint es aus der Perspektive potentieller Empfänger zunächst ganz gleichgültig, ob das Bürgergeld als negative Einkommenssteuer oder als Sozialdividende konzipiert und ausgereicht wird. Jene verfährt einkommensabhängig, nach folgender Regel: Bei einem Arbeitseinkommen von Null wird der vereinbarte Mindestsatz gewährt (sage 400 Euro.) Die Höhe der staatlichen Zahlungen nimmt mit zunehmendem Arbeitseinkommen kontinuierlich ab. Jenseits einer bestimmten, gegebenenfalls neu zu fixierenden Schwelle, auf der es weder Zuwendungen noch Abzüge gibt, fallen positive Steuern an, aus denen die Kompensationen für geringer oder gar nichts Verdienende bestritten werden (Abb. 1). Anders bei der Sozialdividende. Hier erhält jede erwachsene Person monatlich einen gewissen Betrag (sage wieder 400 Euro) vom Finanzamt überwiesen. Wer auf keine weiteren Einkünfte verweisen kann, behält das Fixum. In allen anderen Fällen entscheidet die Höhe des Einkommens (sowie der positive Steuersatz) darüber, ob man weniger, genau soviel oder mehr Steuern entrichtet, als man zunächst an Grundeinkommen bezog. Das Fixum geht ins Einkommen ein, treibt es in die Steuerprogression und erzeugt sich dadurch gleichsam selbst (Abb. 2).

Verfügbares Einkommen, positive und negative Steuer und Arbeitseinkommen

Abb. 1: *Negative Einkommensteuer*
Arbeitseinkommen, negative Steuer, positive Steuer und verfügbares Einkommen im Falle eines Mindesteinkommens von DM 800, eines negativen Steuersatzes von 50 % und eines positiven Steuersatzes von 50 %.

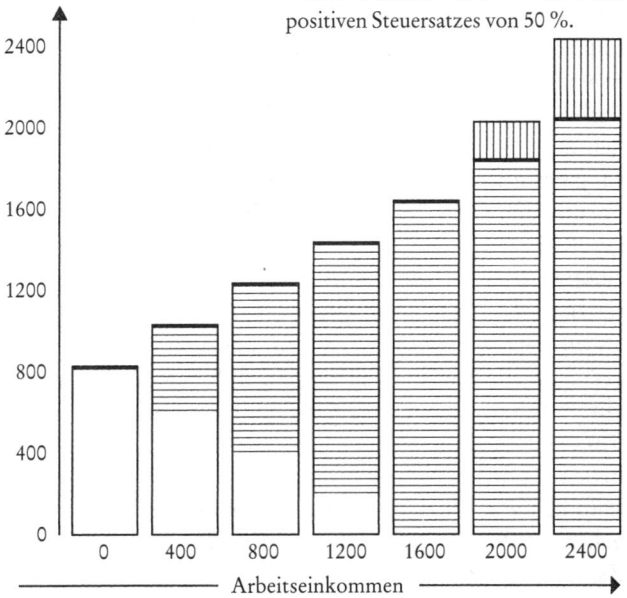

= Negative Steuer

= Arbeitseinkommen

= Positive Steuer

——— = Höhe des verfügbaren Einkommens

Quelle: Klaus-Uwe Gerhardt, Arnd Weber: Garantiertes Mindesteinkommen. Für einen libertären Umgang mit der Krise. In Befreiung von falscher Arbeit, S. 34, 35

Verfügbares Ein-
kommen, Sozial-
dividende, Arbeits-
einkommen, posi-
tive Steuer

Abb. 2: *Sozialdividende*
Arbeitseinkommen, Sozialdividende,
positive Steuer und verfügbares Einkommen im Falle einer Sozialdividende von DM 800 und eines positiven
Steuersatzes von 50 %.

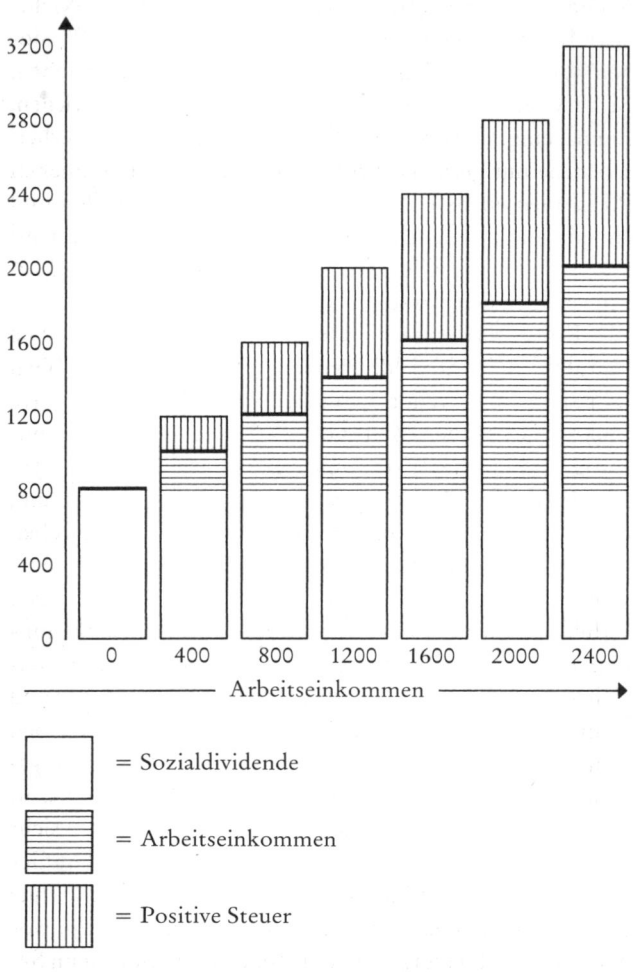

= Sozialdividende

= Arbeitseinkommen

= Positive Steuer

─── = Höhe des verfügbaren Einkommens

Beide Varianten sehen materielle Grundsicherung für alle in derselben Höhe vor. Beide wahren das ökonomische »Abstandsgebot«: wer im Erwerbsleben steht, sich Lohn oder Gehalt erarbeitet, realisiert höhere Bezüge als nur die existenzsichernden; dem Anreiz, Arbeit aufzunehmen, wird Rechnung getragen. Beide stehen vor dem Problem, Nichterwerbseinkommen aller Art bis hin zu Renten und Pensionen auf gerechte Weise in die Rechnung einzubeziehen. Beide Systeme sind der Sozialhilfe offenkundig überlegen. Einmal eingeführt, sind sie einfach und durchsichtig, erheischen sie nur geringen Verwaltungsaufwand. Sie schließen Pressionen ebenso aus wie umständliche Kontrollen und erniedrigende Offenbarungseide und senken die Unlust auf beiden Seiten des Umverteilungsgeschehens. Welches Modell verdient den Vorzug?

2. Darüber müssen die Unterschiede entscheiden. Die Einführung der Sozialdividende geht mit einem erheblich größeren Umverteilungsvolumen einher als die negative Einkommenssteuer. Mehr noch als das spricht das scheinbar Umständliche, Widersinnige der ganzen Operation gegen sie. Warum Geld erst staatlich ausreichen, um es dann, gestaffelt, wieder ab- und einzuziehen; warum Menschen mit einem Grundeinkommen beglücken, daß ihnen, entsprechende Primärbezüge vorausgesetzt, zu Steuerabzügen verhilft, die sie ohne das »Geschenk« niemals erleiden müßten? Der zweite Einwand läuft letztlich auf einen prinzipiellen Vorbehalt gegen staatliche Umverteilung hinaus und kann hier, wo es um Begründungen zugunsten derselben geht, vernachlässigt werden. Bleiben also Umverteilungsvolumen und formelle Umständlichkeit des Verfahrens. So bedenklich sie aus finanz- und verfahrenstechnischer Sicht auch erscheinen mögen – sie erkaufen einen großen Gewinn, ein kulturelles Surplus, das allein der Sozialdividende gehört. Jeder und jede erhalten das Grundeinkommen, wodurch sie, unabhängig von ihrer Rolle und Funktion im System der gesellschaftlichen Arbeitsteilung, als Bürger, ja als

Menschen Anerkennung finden, ihr gemeinsames Fundament als gleichberechtigte und gleich bedürftige Individuen ANSCHAULICH erfahren. Ein Blick auf den Lohn- bzw. Gehaltszettel genügt mir, um zu verstehen, was ich bin und bleibe, ein Leben lang, auch dann, wenn ich aus meinem Arbeitsverhältnis ausscheide: ein Wesen mit fraglos anerkannten Bedürfnissen, mit einer gesicherten STELLUNG in der Welt, unabhängig von der STELLE, die ich vielleicht sonst noch innehabe. Allein die Sozialdividende überzeugt mich sinnlich-konkret von meinem Dasein als immer schon respektiertem Glied des Gemeinwesens. Sie und nur sie sagt mir: du kannst in deinem Beruf herbe Fehlschläge und Enttäuschungen erleiden, womöglich ökonomisch scheitern, und das kann dazu führen, daß du auch in deinen eigenen Augen scheiterst: Du scheiterst gleichwohl nie sozial. Als Mitglied der Gemeinschaft, als Mitbewohner dieser Erde bist du unangefochten.

Dagegen geht die negative Einkommenssteuer vom Primat der Erwerbsarbeit aus, deren allzu schmalen Ertrag sie gegebenenfalls zum Fixum hin ergänzt. Als »einkommensabhängiges Programm«[113] erlöst sie den Bürger von Überlebensängsten, kettet ihn aber nach wie vor an das Idealbild des arbeitenden Menschen, des Arbeiters. In der Philosophie der negativen Einkommenssteuer füllt der »Bürger« den »Arbeiter« bei Bedarf zum »ganzen Menschen« auf. Dagegen stellt die Sozialdividende den Arbeiter auf den Sockel des Bürgers, des Menschen mit seinen unveräußerlichen Rechten; Rechte, die aus nichts anderem folgen als aus seinem Hineingeborenwerden in die Welt. Damit durchbricht sie die Schranken der Arbeitsgesellschaft noch innerhalb ihrer praktischen Vorherrschaft, korrigiert sie deren falsche, verrückte Anthropologie. Nur das Bürgergeld der Sozialdividende ist Bürgergeld im universell menschlichen Sinn, wirklich GRUNDeinkommen und zugleich Grundstein einer Gesellschaft, in der der Hunger direkt zum Essen führt. Nur in dieser konsequenten Form emanzipiert

sich das Projekt arbeitsfreier Subsistenz von seiner zwie-
schlächtigen Vorgeschichte.[114]

3. Seit der Französischen Revolution ein Thema von eher
sporadischer Natur, eroberte die Grundsicherung in den
frühen 1960er Jahren die öffentliche Meinung in den fortgeschrittenen Industriegesellschaften des Westens, mit besonderer Eindringlichkeit in den Vereinigten Staaten, der wirtschaftlich leistungsfähigsten Nation dieser Zeit. An der
Pforte zur dritten industriellen Revolution zogen renommierte Ökonomen und Sozialwissenschaftler die herrschende Doktrin vom Gleichklang von Produktivität, Wachstum
und Beschäftigung prinzipiell in Zweifel. Ein neuer Produktivitätsschub würde mehr Arbeitsplätze vernichten als begründen, der dadurch ausgelöste Kaufkraftschwund den Absatz
hemmen und weiteres Wachstum gefährden. Die traditionelle
Verknüpfung von Einkommen und Arbeit aufzulösen erschien als einzig erfolgversprechende Methode, um die sich
abzeichnende Systemkrise abzuwenden. Wer nicht arbeitete,
mußte trotzdem Geld erhalten, KONSUMGELD statt Arbeits-
geld, ansonsten stockte der Reproduktionsprozeß an seiner
empfindlichsten Stelle, der Realisierung des Produzierten am
Markt (§ 43.8).

Das war ein funktionalistisches Argument, das emanzipatorische Bedeutung gewinnen konnte, aber nicht mußte.
Für den Ökonomen Robert Theobald gehörte beides zusammen, war »das garantierte Mindesteinkommen die Umsetzung einer immer wieder in der Geschichte auftauchen-
den philosophischen Grundidee, daß nämlich jedes Individuum ein Anrecht auf einen Anteil an den Gütern einer
Gesellschaft hat«.[115] Sein Kollege Milton Friedman be-
trachtete die Angelegenheit weit abgeklärter. Er sprach sich
zugunsten des Mindesteinkommens aus, weil es den Verwaltungsaufwand durch die Pauschalisierung zahlloser Son-
derleistungen spürbar rationalisierte, und band seine Fürsprache an die Bedingung, daß es sich um ein geringes Fixum handeln müßte. Der Mensch, der es empfing, sollte

zusätzlicher Arbeit gegenüber aufgeschlossen, weil ihrer bedürftig sein. Beide Positionen bezeichneten die Ambivalenz des Bürgergeldes mit wünschenswerter Klarheit: auskömmliches Einkommen vs. existentielles Minimum, Humanisierung vs. Rationalisierung von Wirtschaft und Gesellschaft. – Im ganzen war es eine Periode der Zuversicht, der optimistischen Prognosen. Die Vereinigten Staaten im Jahr 2000, das verhieß eine Verdreifachung des Pro-Kopf-Einkommens, eine jährliche individuelle Arbeitszeit von wenig mehr als 1000 Stunden, 13 Wochen Urlaub im Jahr, flexible Arbeitsrhythmen bei hoher Zeitsouveränität der einzelnen.[116] In diesem Klima unterzeichneten 1000 US-amerikanische Ökonomen im Jahr 1968 eine Resolution an den Kongreß. Ihr zufolge sollten sich künftige Systeme der sozialen Sicherung an vier Leitlinien orientieren: a) staatliche Unterstützung für jeden Geringverdienenden und nicht nur für bestimmte Gruppen wie Kriegsveteranen, Alte oder alleinerziehende Mütter, b) einzige Bemessungsgrundlage der Zuweisungen sind Größe und Zusammensetzung der Familie bzw. des Haushalts, c) die öffentliche Hilfe erfolgt in Geld- und nicht in Sachleistungen, d) zusätzliche Arbeitseinkommen werden nur teilweise von der Transferzahlung abgezogen.[117]

Das war nicht wirklich radikal gedacht, lief auf negative Einkommenssteuer hinaus, bedeutete zur damaligen Zeit aber doch einen Aufbruch zu neuen Horizonten. Zeit- und sinngleiche Überlegungen in Deutschland, von Ökonomen wie Wolfgang Engels oder Politikern wie Kurt Biedenkopf angestellt, unterstreichen diese progressive Stimmung.[118] Schon 1967, noch vor der Denkschrift der Ökonomen, hatte Präsident Johnson eine Kommission zu diesem Thema einberufen. Ihr Bericht, zwei Jahre darauf vorgelegt, empfahl das Mindesteinkommen als »Einkommensbeihilfe für alle Bedürftigen«. Obwohl die Resonanz darauf wenig ermutigend war, rief die Regierung Pilotprojekte ins Leben. Deren Erkenntniswert resümierte sich im wesentlichen darin, daß eine

Grundsicherung auf soziokulturellem Mindestniveau die Arbeitsneigung der Empfänger nicht nennenswert schwächt. Darauf gestützt, erarbeitete die Administration unter Johnsons Nachfolger, Nixon, 1969 einen Gesetzesentwurf, der nach langwieriger Debatte 1972 endgültig, wenngleich mit nur knapper Mehrheit vom Parlament verworfen wurde. Man kehrte zur alten »Handicapologie« zurück und bewilligte die negative Einkommenssteuer lediglich für Alte, Blinde und Behinderte. Die Formel für alle anderen Bedürftigen heißt seither »Workfare statt Welfare«, arbeiten gehen statt abkassieren. Sie bindet jedwede Unterstützung an vorherige Arbeitsleistung, befristet die Bezugsdauer und streicht die Bezüge, wenn der oder die Betreffende die Gegenleistung nicht erbringt. Zu einem letzten Aufbäumen der Weiterdrängenden kam es bei der Präsidentschaftswahl 1972. Nixons Gegenkandidat, der Demokrat McGovern, versprach im Falle seiner Wahl die Einführung einer *credit income tax*, eine Zahlung von 1000 Dollar pro Kopf und Jahr, die nach dem Modell der Sozialdividende mit der Steuerschuld verrechnet werden sollte. Er verlor die Wahl. Was nun heraufzog und für Jahrzehnte konkurrenzlos herrschte, war die neoliberale Doktrin: ausgeglichener Haushalt, Druck auf die Sozialabgaben, keine staatliche Umverteilung zugunsten arbeitsfähiger Armer, kein Kredit für Kommunen mit »sozialen Ambitionen«, unbedingter Vorrang des Marktes, auf ihn fixierter Freiheitsbegriff. Daß zum »freien« Markt die freie Entscheidung gehören könnte, am Marktgeschehen teilzunehmen oder nicht, galt hinfort nur noch als abstruser Irrwitz.

4. Auf die Herstellung gerade dieser Freiheit zielt das Bürgergeld in seiner utopischen Variante.[119] Und aus diesem Grund zieht es Kritiker geradezu magisch an. Die Teilnahme am Erwerbsleben, am Arbeitsmarkt, gänzlich ins Belieben der Individuen zu stellen ist ein zutiefst beunruhigender Gedanke selbst für jene, die Freiheit und Autonomie in anderen als Marktbegriffen denken können. Eine ebenso kluge wie »solidarische« Kritik am BEDINGUNGSLOSEN

Grundeinkommen, schon vor dreißig Jahren formuliert, stellt das Modell auf den Prüfstand.[120] Hier, in Kürze, das Mängelprotokoll:

a) Das Bürgergeld, als Prämiensystem für Aussteiger verstanden (§ 14.8), reibt sich am Abstandsgebot (§ 15.1). Wird der Abstand gewahrt, bewegen sich die unteren Durchschnittslöhne deutlich oberhalb der Mindestsicherung, verspüren die Bezieher kleiner Arbeitseinkommen wenig Neigung, aus dem Berufsleben auszusteigen. Mag die relative Einbuße auch gering sein, so schlägt der absolute Verlust ernüchternd durch. Die gehobenen Einkommensgruppen erfahren dieselbe Differenz als schlichten Absturz und klammern sich energisch an ihre materiellen Privilegien sowie an ihr Sozialprestige. Wahrscheinlicher als der freiwillige Abschied von der Arbeitsgesellschaft ist unter diesen Umständen das Herausdrängen der unteren Lohngruppen durch Unternehmer, die sich bei Entlassungen künftig auf existentielle Garantien berufen können, auf einen Fall, der nicht ins Bodenlose führt.

b) Das Unwahrscheinliche – Ausstieg aus dem Erwerbssystem in größerem Maßstab – einmal vorausgesetzt, gibt es keinerlei Vorkehr gegen den Wiedereinstieg der schon Stillgelegten in den Arbeitsmarkt. Wer das Minimum empfängt, darf innerhalb vereinbarter Margen etwas hinzuverdienen und wird sich oft genug dazu genötigt sehen, um seine bescheidenen Lebensverhältnisse ökonomisch aufzubessern. Mit dem Arbeitsangebot hält sich der Druck auf die Löhne der aktuell Beschäftigten auf hohem Niveau. Je geringer das Mindesteinkommen, desto ausgeprägter die Erwerbsneigung der Aussteiger, desto realer die Chance des Lohnverfalls im unteren Segment, der Selbstverkehrung der Mindestsicherung in indirekte staatliche Lohnsubvention.

c) Angenommen, der Ausstieg findet in größerem Ausmaß statt und die Rückkehr hält sich in vertretbaren Grenzen, so geraten reguläre Beschäftigungsverhältnisse dennoch in die Klemme. Wer aus der Lohnarbeit ausscheidet, verfügt über notwendige Subsistenzmittel, vor allem aber über freie Zeit. Setzt er diese Zeit ein, um seinen Lebensstandard durch Eigenarbeit anzuheben, schlägt er all jenen die Arbeit aus der Hand, die die entsprechenden Güter oder Dienstleistungen warenförmig erzeugen. Verbindet er sich mit anderen in gleicher Lage zu dem Zweck, die Produkte der Eigenarbeit zu vermarkten, gründet er ein Unternehmen, attackiert er Normalarbeitsverhältnisse sogar auf ihrem eigenen Feld. So oder so gefährdet er Nachfrage, Einkommen und Beschäftigung in der formellen Ökonomie.

d) Nähert sich das Mindesteinkommen den Durchschnittsbezügen der unteren Lohn- und Gehaltsgruppen so weit an, daß die Differenz vernachlässigt werden kann, verschmilzt es, das Abstandsgebot gänzlich mißachtend, mit diesem Durchschnitt, gerät die Befreiung von der Arbeit zur Radikalentwertung der Erwerbsarbeit. Was an der Arbeit unaufhebbar »Arbeit« ist, Entsagung, Mühsal, Triebverzicht, steht plötzlich nackt und schutzlos da. Diese Mangelerscheinungen befreiten Menschseins weiter zu ertragen, ohne länger an sie gekettet zu sein, ohne jeden materiellen Ausgleich, wäre reiner Masochismus. Gelangt das Leben ohne Arbeit in den Genuß derselben Früchte wie das arbeitsame, und zwar auf direktem Weg, droht dem Gewerbefleiß der Tod.

5. Beginnen wir mit dem letzten Arrangement, mit dem Bürgergeld als AUSKÖMMLICHEM Einkommen in der Nähe arbeitsamer Existenzgewinnung. Hier wird der Ausstieg aus der Lohnarbeit erkennbar stimuliert. Gering wie der Erwerbswille der bereits Ausgeschiedenen ist die Angst der noch Aktiven vor dem erzwungenen oder freiwilligen Abschied. Die »Herren der Arbeit« verfügen über keine wirksamen Disziplinierungsmittel, um die Menschen an ihre Arbeit zu fesseln. Die Reihen der unteren Lohngruppen lichten sich aus freiem Willen, und die Unternehmer treibt die Sorge um, wer diese Arbeiten morgen noch verrichtet, ohne Not und zusätzlichen Anreiz. Die Sorge kleidet sich in eine Frage, die entwaffnend wirkt. Und dennoch ist sie falsch gestellt. Sie

setzt als bewiesen voraus, daß eine vergleichsweise hohe Grundsicherung den Arbeitseifer langfristig entmutigt. Das Gegenteil trifft zu. Das Bürgergeld, sofern es seinen Namen hochhält, lockt Menschen aus minderen Beschäftigungsverhältnissen an. Sie geben ihre Stellen auf, und in je größerer Zahl sie sich dazu entschließen, desto spürbarer fällt das effektive Arbeitsangebot hinter die Nachfrage zurück. Binnen kurzem geraten die noch aktiven Anbieter von Arbeitskraft in eine Verhandlungsposition, die sich ansonsten nur der Arbeiterelite eröffnet. In ihren Qualifikationen potentiell ersetzbar, sind sie es doch nicht akut (a). Gleichzeitig sehen die Empfänger des Grundeinkommens wenig Veranlassung, ihre freie Zeit für einen geringen Hinzuverdienst zu opfern (b). Da sie unter auskömmlichen Verhältnissen leben, fragen sie Güter und Dienstleistungen eher am Markt nach, als sie durch individuelle oder kollektive Eigenarbeit zu erzeugen (c), was die Unentbehrlichkeit der Arbeitsbevölkerung nur weiter unterstreicht. Da keine vielköpfige Reservearmee von noch weiter unten in den Arbeitsmarkt drängt, können sie höhere Löhne fordern und auch durchsetzen. Die Abwanderung aus der Basis der Arbeitsgesellschaft versiegt, die Arbeitsverhältnisse festigen sich in materieller und sozialer Hinsicht, und hält dieser Konsolidierungsprozeß einige Zeit an, werden die zunächst aufgegebenen Stellen wieder attraktiv. Mit dem Zuzug in diese Positionen beginnt der Kreislauf von neuem. Dasselbe Bürgergeld, das das Abstandsgebot um des »guten Lebens« willen ignoriert, verschafft ihm aus sich heraus Respekt.

Ein Faktor fehlt in dieser Rechnung, und der verändert die Bilanz: der Anreiz zu technisch-technologischen Neuerungen. Wenn das Zusammenspiel von Bürgergeld und unterem Durchschnittseinkommen für beide tendenziell nach oben weist, in die Richtung solider Lebens- und Arbeitsverhältnisse aller Bevölkerungs- und Beschäftigungsgruppen, wenn selbst die Unterprivilegierten der Lohnarbeitsgesellschaft weitreichende Forderungen erheben können, werden die Unternehmer keine Mühe scheuen, sich aus dieser Abhängigkeit zu lösen. Langfristig stabile oder gar steigende Löhne in den unteren Stockwerken der Arbeitswelt rufen ungewollt nach demselben Scharfrichter kapitalistischer Rationalisierung – verstärktem Einsatz von Sachkapital –, der schon die gehobenen Quartiere lichtete. Das zweifelhafte Vorrecht minder qualifizierter Arbeitsfelder, viele Hände rege zu machen, würde entweder auf diesem Weg oder durch die Auswanderung des Kapitals gebrochen, bei der es ohnehin den Anschein hat, als sei sie eigens dazu erfunden, die »Mindestlöhner« in Panik zu versetzen.[121]

Dieser Doppelstrategie erliegt das Bürgergeld. Es sichert das Leben aller unter erträglichen Umständen; mit der Aufgabe, gleichsam en passant der Aufweichung und Auflösung der Arbeitsverhältnisse entgegenzuwirken, ist es überfordert. Es kann diesen Prozeß verlangsamen, seine Auswirkungen dämpfen, den davon Betroffenen eine Atempause verschaffen, die es ihnen erlaubt, sich neu zu orientieren, immerhin. Unter den günstigsten kulturellen Bedingungen wirkt es als Lockmittel für die »Besserverdienenden«, als »Ausstiegsdroge« der Arbeiterelite; mehr bewirkt es nicht.

6. Im zweiten Arrangement dient das Abstandsgebot als Prämisse aller weiteren Überlegungen. Der Durchschnitt der unteren Lohngruppen hebt sich markant vom Grundeinkommen ab und kennzeichnet es dadurch als Mindesteinkommen, als Dreisatz aus physiologischen, sozialen und kulturellen (Über-)Lebensmitteln. Der Ausstieg ist jetzt wirklich ein Abstieg, für alle Kategorien, auch die untersten, und entsprechend gering ist die Wahrscheinlichkeit, daß er zum Massenereignis wird. Das bezweckt das Bürgergeld als existentielles Minimum auch gar nicht. Es »überzeugt« die Geringverdienenden vom Vorteil der Lohnarbeit, rationalisiert die Bewirtschaftung der Arbeitslosen und lotst sie in den ersten Arbeitsmarkt zurück, ganz oder teilweise. Als aktive Reserve, die jederzeit in den Produktionsprozeß eingreifen kann, setzten die Arbeitslosen die Erwerbstäti-

gen gleich dreifach unter Druck. Ihr bloßes Vorhandensein zu Bedingungen, mit denen niemand tauschen möchte, ruft den Arbeitsbesitzern die Verwundbarkeit des Lebens ins Gedächtnis und hält sie von »maßlosen« Forderungen ab. Bewerben sich die Reservisten unaufgefordert um Vollzeitarbeitsplätze, sinkt deren aktueller Marktwert. Zapfen sie zur Ergänzung ihrer knappen Zuwendungen zusätzliche Erwerbsquellen an, so definiert ihr »Selbstbehalt« automatisch die neue Lohnnorm, zu der diese Arbeiten verrichtet werden können. Verdiene ich 500 Euro zum Minimum hinzu, darf davon aber nur 200 Euro behalten, weise ich den Arbeitsherrn unfreiwillig auf eine perfekte Methode zur Kostensenkung hin. Ersetzt er seine tariflich Beschäftigten sukzessive durch »Mindesteinkommen«, realisiert er zusätzliche Rendite und zudem den Vorteil, künftig aus einem noch größeren Reservoir gefügiger Menschen schöpfen zu können. Der Furcht ledig, daß die Arbeitsbesitzer ihre Stellen freiwillig aufgeben, wird er seinerseits danach trachten, sie aus ihnen herauszudrängen (a). Die Freigesetzten streben, der Not folgend, in den Arbeitsmarkt zurück und vermitteln den Löhnen einen kräftigen Impuls zum Fallen (b). Auch die Bedrohung regulärer Beschäftigungsverhältnisse durch individuelle oder kollektive Eigenarbeit (c) fällt in dieser Variante stärker ins Gewicht und verschärft die ohnehin mißliche Lage der Aktiven. – Ein historischer Präzedenzfall verdeutlicht das Beschränkte, das letztlich Widersinnige dieser Art, dem menschlichen Dasein Grund zu geben.

§ *16 »Gesetzliche Nächstenliebe«*
*als allgemeines Unglück*

1. Das »Recht auf Lebensunterhalt« ist kein Produkt der 1960er Jahre; seine Vorgeschichte reicht bis ins späte achtzehnte Jahrhundert zurück. Sie spielt sich, von einer Ausnahme abgesehen, weitgehend auf der »theoretischen« Bühne

ab, in Form von Dekreten, Verkündigungen, von Verspre- chen, die schnell gegeben und noch schneller gebrochen wer- den. Die Ausnahme datiert auf das Jahr 1795 und ging als Speenhamland-Act in die Annalen ein. In einer Zeit großer Not fanden sich die Friedensrichter von Berkshire im Gast- hof *Pelikan Inn* in Speenhamland bei Newbury zusammen und verfügten, »daß zusätzlich zu den Löhnen Zuschüsse be- zahlt werden sollten, und zwar nach einem gestaffelten, mit dem Brotpreis verbundenen Tarif, damit den Armen, *unab- hängig von ihren Einkünften*, ein Minimaleinkommen garan- tiert werde. Die berühmte Empfehlung der Friedensrichter lautete folgendermaßen: Wenn ein Vierkilolaib Brot von be- stimmter Qualität 1 Shilling kostet, dann soll jeder arme und arbeitsame Mann zu seiner Unterstützung 3 Shilling wö- chentlich bekommen, die er sich entweder durch eigene Ar- beit oder die seiner Familie erwirbt, oder *einen Zuschuss aus dem Armenfonds*, und für den Unterhalt seines Weibes und jedes weiteren Familienmitglieds 1 Shilling und 6 Pence; wenn der Brotlaib 1 Shilling und 6 Pence kostet, dann 4 Shil- ling wöchentlich, plus 1 Shilling und 10 Pence; für jeden Pence, den der Brotpreis über 1 Shilling steigt, soll er 3 Pence für sich und 1 Pence für die anderen erhalten.«[122] Diese erste negative Einkommenssteuer der Geschichte bedeutete eine Kampfansage an den freien Arbeitsmarkt, und das ausge- rechnet an der Wiege des modernen Kapitalismus! Als sie knapp vierzig Jahre später abgeschafft wurde, war das Prin- zip arbeitsfreier Daseinsführung nicht nur in dieser, sondern in jeglicher Gestalt in Verruf geraten.

Die Erinnerung an Speenhamland als gigantischem Fehl- schlag vereinte markthörige Liberale mit entschiedenen Kritikern des Kapitalismus und festigte das Bündnis von Arbeit und Einkommen nachdrücklicher als jede Moralpre- digt. Für Fourier war der Act ein Kürzel für das Siechtum und die erzwungene Faulheit der arbeitenden Klasse,[123] für Marx eine »lächerliche Anomalie« des frühen Industrie- kapitalismus;[124] Karl Polany, dem wir eine ausführliche Darstellung verdanken, sah in dem Gesetz nicht weniger als eine Gefährdung des »Menschentums«.[125] Von den späteren Kommentatoren fand lediglich Robert Castel auch anerkennende Worte für die ausgefeilteste Sozialgesetzgebung der damaligen Zeit. Sie habe der ländlichen Arbeitsbevölkerung eine Atempause beim Eintritt in die industrielle Ära verschafft, die subjektive Anpassung an die neuen Erfordernisse zeitlich gestreckt und sozial gemildert, dies allerdings auf Kosten einer unerträglichen und unhaltbaren Konservierung überlebter Herrschaftsverhältnisse.[126] Weshalb scheiterte die radikale Reform des Armenrechts derart spektakulär?

2. Unternehmer und Nationalökonomen verurteilten das Mindesteinkommen lautstark als schreienden Anachronismus, als einen ebenso überflüssigen wie schädlichen Eingriff in Märkte, die soeben im Begriff standen, sich selbst zu regulieren. Insgeheim profitierten sie von der interventionistischen Praxis, die faktisch als staatliche Lohnsubvention funktionierte und zu einer Politik der billigen Arbeit großzügig einlud. Was der Brotherr seinen Arbeitskräften schuldig blieb, wurde in staatlicher Regie zum Minimum aufgestockt. Die Arbeiter mit Brosamen abzufinden war unter diesen Umständen ein Gebot unternehmerischer Klugheit. Klug, vernünftig war es ferner, vorzugsweise Personen mit einem Anspruch auf staatliche Unterstützung einzustellen; statt ihr Leben von der Arbeit zu erwarten, brachten sie es immer schon mit. Fand sich im Betrieb keine Verwendung für diese »guten« Armen, konnte man sie im Haus gebrauchen, und waren sie selbst dort entbehrlich, stellt man sie pro forma an. Wer sich zu dieser humanitären Geste verstand, erhielt einen Teil seiner Steuern zurückerstattet. Da alle Besitzenden die Fonds privat zu schröpfen gedachten, die sie gemeinsam unterhielten, kam es zu einer »Überfüllung von Küche und Hof« und in der Folge zu einer Finanzierungskrise des ganzen Systems. Erkennt man die Parallelen zum neoliberalen Programm der

»Vollbeschäftigung« hier und heute? Zum Traum von der Gratisarbeit, finanziert aus öffentlichen Mitteln?

Aus der Sicht der potentiellen Empfänger bedeutete das Minimum Sicherheitsversprechen, aufgenötigten Parasitismus und Freiheitsberaubung in einem. Wer noch ein winziges Stück Boden oder sonst etwas besaß, von dem er zehren konnte, fiel aus dem Kreis der Anspruchsberechtigten heraus. Die daraus resultierende Klugheitsregel der Armen war irrational wie die der Begüterten und verlangte, alles von sich abzutun, was auch nur von fern nach Selbständigkeit aussah. Aller irdischen Güter entblößt, von jeglicher Nahrungsquelle abgeschnitten, lebte man ebenso gut, eher besser, als wenn man auf die eigene Kraft vertraute; lieber ein höriger Lakai als ein vogelfreier Prolet. Da der Abfluß aus produktiven Arbeitsverhältnissen in unproduktive sowie die Flucht in Scheinbeschäftigung in großem Maßstab erfolgte, der schrumpfende erste Arbeitsmarkt mehr und mehr auf Subventionen setzte, wurde die Not weniger gelindert und schon gar nicht überwunden, sondern vielmehr verallgemeinert. Die Quellen des materiellen Reichtums versiegten, die Produktivität sank, und noch stärker sanken die Löhne, Steuern wurden ihres Zwecks entfremdet, und das Mindesteinkommen folgte der allgemeinen Abwärtsbewegung, wurde sukzessive nach unten korrigiert. – Was vom Zuschußsystem übrig blieb, war sein paternalistischer Kern, die gesetzliche Unterbindung individueller Bewegungsfreiheit, das Assoziationsverbot, die lebenslange Fesselung an die Gemeinde, die demütigende und verhaßte Sprengelleibeigenschaft. Das Minimum verhinderte die massenhafte Proletarisierung der englischen Landbevölkerung, indem es sie der schleichenden Pauperisierung unterwarf. Niemand mußte verhungern, aber niemand wußte einen Weg, der dauerhaft aus dem Hunger herausführte. Die Zukunft wurde zur Geisel einer Gegenwart, die keine Gruppe zufriedenstellte und jeden einzelnen beschämte.

Im England des beginnenden neunzehnten Jahrhunderts verlor der Arme sein Recht auf Unterhalt, sofern er über eigene Existenzquellen verfügte oder den Ort verließ, dem er gehörte. Folgerichtig blieb er, wo er war, und übte sich in demonstrativen Gebärden der Verelendung. Zweihundert Jahre später wird der Arme in Deutschland diese soziale Gebärdensprache noch immer beherrschen lernen müssen. Die Seßhaftigkeit wird man ihm indessen ausgetrieben haben. Weigert er sich, wie ein Nomade der Arbeit hinterherzuziehen, büßt er die Unterstützung ein. Wie das englische Landvolk der Gemeinde gehörte, unentrinnbar, so gehören die heutigen Arbeitslosen dem Arbeitsmarkt: mobil gemachte Gefangene, Hörige am Laufband.

3. Das langfristige Erbe von Speenhamland bestand in der Diskreditierung des Rechts auf Leben. Als »gesetzliche Nächstenliebe« verspottet, als monströser, vernunftwidriger Versuch verlacht, das Los der Armen auf dem Verordnungsweg zu bessern, wurde es zum stärksten Argument des *laissez faire*. Selbst Alexis de Tocqueville, einer der hellsichtigsten Köpfe seiner Zeit, spannte seine Sprachgewalt in den Dienst des Klassendünkels; Liberalismus verpflichtet. Er gab sich »zutiefst davon überzeugt, daß das gesamte, dauerhafte administrative System, dessen Ziel in der Linderung der Not der Armen bestehen wird, noch mehr Elend hervorbringt als es kurieren kann; daß es die Bevölkerung, die es unterstützen und trösten will, verderben wird; daß es die Quellen des Sparens versiegen läßt, das Akkumulieren von Kapital stoppt, den Aufschwung des Handels abwürgt, die Aktivität und den Fleiß der Menschen absterben läßt und schließlich eine gewaltsame Revolution über den Staat hereinbrechen läßt, wenn die Zahl der Almosenempfänger fast ebenso hoch geworden sein wird wie die Anzahl derer, die Almosen zu vergeben haben, und wenn der Bedürftige, der von den verarmten Reichen nichts mehr für seinen Unterhalt beziehen kann, es leichter finden wird, sie auf einmal ihrer Güter zu berauben, als sie um Unterstützung zu bitten«[127].

Der liberale Kanon aus der ersten Hälfte des neunzehnten Jahrhunderts ist bis in unsere Zeiten so ziemlich unverändert geblieben. Allerdings wirkt er nach mehr als einhundert Jahren sozialstaatlicher Transformation des Kapitalismus wie das Gemurmel eines störrischen Greises, der die Welt um sich herum nicht mehr versteht. »Der Wohlfahrtsstaat entwürdigt, indem er Almosen verteilt«, schreibt ein Wirtschaftsredakteur einer angesehen deutschen Tageszeitung ohne das geringste Gespür für Heiterkeit.[128] »Hilfe, so finde ich, wirkt am besten als persönliche Geste«, bekennt Hans-Olaf Henkel und vermißt in gesetzlicher Existenzsicherung den »ethischen Wert«.[129] Daß solche abgestandenen, tief reaktionären Anschauungen überhaupt öffentliches Gehör und Verbreitung finden, sagt genug über die geistige Situation unserer Zeit.

### § 17 Der »Bürger« des Bürgergeldes

1. »Bürgergeld« – ein Kompositum, zwei Lesarten. Die eine referiert den Drehpunkt des bisherigen Gedankengangs: Geld, das den Bürger sozial begründet, den MENSCHEN im Bürger fraglos anerkennt. Die zweite – der Bürger, der sich durch GELD begründet, im GELD erkennt – ruft eine andere Gestalt des gesellschaftlichen Lebens auf: den Eigentümer. Die gedankliche und praktische Unterscheidung zwischen Besitz und Bürgerrolle gehört einer späten Phase der Entwicklung an und ist keineswegs abgeschlossen. Für die längste Zeit der geschriebenen Menschheitsgeschichte annektierte der Eigentümer den Bürger, begriff er sich als Bürger par excellence. Zum Funktionär des Kapitalverhältnisses und dadurch zum Fanatiker der Arbeit konvertiert, sah er sich gezwungen, die simple Gleichung zu erweitern. Der kapitalistische Eigentümer blieb, was sein Stammbaum ihm verheißen hatte, ein Bürger hoher Güte – sofern sich sein Eigentum auf Arbeit zurückführen ließ. Es ließ sich zwanglos darauf zurückführen, wenn auch die Arbeit des Eigentümers von besonderer Güte war, wenn sie sich durch

außergewöhnliche Fruchtbarkeit auszeichnete. Und wie anders konnte das geschehen als durch die schicksalsblinde Fügung der Natur. Die stattete einen Teil der Menschen mit überragender Tatkraft aus, dank derer sie sich in derselben Lebensspanne mehr Naturstoff anzueignen vermochten als die Masse. Um dem Eigentum Dauerhaftigkeit zu verleihen, so daß es von einer Generation auf die nächste überging und sich stetig vermehrte, bedurfte es nur noch der Erfindung des Geldes. Einmal zu Geld geworden, kontinuierlich in Geldform akkumuliert, löste sich das Eigentum vom beschränkten Maß konkreter Arbeit. Die Arbeit des Eigentümers ist abstrakter, geldwertschaffender Art. Und es ist diese Arbeit, die den Bürger »macht«. Der wurzelt nur »ursprünglich« in gemeiner Arbeit; sein wahres Bürgertum im vollen Umfang seiner Rechte erwirbt er erst als davon freier Eigentümer. Das war die Position John Lockes.[130]

Jean Jacques Rousseau entlarvte diese Konstruktion, die den »Kapitalisten« und den »Bürger« fest liierte, als heimtückische Lüge. Der große Eigentümer wird niemals Bürger eines Staates sein, hielt er dagegen und gestand nur jenem Eigentum bürgerliche Qualitäten zu, das weiterer Arbeit bedurfte, um fortbestehen zu können. Die überschaubare Habe, geschaffen von Arbeit auf eigene Rechnung und in eigener Verantwortung, prädestinierte ihren Besitzer zum Bürger und erst recht zum Citoyen. »Nur auf die Mitte erstreckt sich die ganze Macht der Gesetze; sie sind gleich ohnmächtig gegenüber den Schätzen des Reichen und dem Elend der Armen; ersterer vereitelt sie, letzterer entzieht sich ihnen, der eine zerreißt den Vorhang, der andere geht mitten durch.«[131] Der arbeitende Eigentümer allein ist wahrer Patriot, hängt mit allen Fasern seiner Existenz am Gemeinwesen und am Gemeinwohl. Kapitalisten und Proletarier stiften kein Vaterland und keine bürgerliche Gemeinschaft.

2. Langfristig durchgesetzt haben sich weder die Übertreibungen des einen noch die Voraussagen des anderen. Der reiche Eigentümer verlor sein Privileg als Bürger, der

Proletarier gewann sozialen Status, wurde – als Bürger – vom Vorhang eingefangen, vorübergehend, wie sich in naher Zukunft zeigen könnte. Die »angeborene« Vaterlandsliebe der Mitte breitete sich auch unter Armen und Reichen aus und übersteigerte sich in Krisenzeiten zu maßlosem Nationalismus. Im ganzen wurde der Arbeiter Bürger, der Eigentümer Arbeiter mit besonderem Auftrag und das Bürgersein selbst zu einer politisch-juristischen Kategorie, zum Recht aller, Rechte zu haben. Der Begriff der »Zivilgesellschaft« drückt diese Generalisierung von Bürgerlichkeit und Bürgerrolle zuverlässig aus.

Der springende Punkt UNSERER Zeit ist eine noch sehr viel weitergehende Generalisierung. Die kapitalistische Industriegesellschaft benötigte mehr als ein Säkulum, um den Arbeiter ZUM Bürger zu emanzipieren; wieviel Zeit muß vergehen, um den nächsten Schritt zu wagen, die Emanzipation des Bürgers VOM Arbeiter? Der Bürger in seiner zeitgenössischen Verfassung genießt fundamentale individuelle und politische Rechte, und er genießt sie unbedingt. In seinen sozialen Rechten stößt er jedoch auf eine Bedingung – auf sich als Arbeiter, auf die Arbeit als Nadelöhr existentieller Forderungen ans Gemeinwesen. Erst wenn dieses letzte Bedingungsverhältnis aufgelöst ist, soziale Rechte BEDINGUNGSLOS gewährt werden, ist der Bürger endgültig als universelles Rechtssubjekt konstituiert. Das Bürgergeld formuliert diesen utopischen Anspruch. SEIN Bürger ist weder *Bourgeois* noch *Citoyen*, weder das Verträge schließende noch das politisch engagierte Subjekt, vielmehr das ihnen Zugrundeliegende, SUBJECTUM, der Mensch mit seinen vitalen Bedürfnissen, in seinem Angewiesensein und Bezogensein auf seinesgleichen.

3. Das Bürgergeld als Menschenrecht greift über den gewohnten bürgerlichen Horizont hinaus; es geht in einer Welt vor Anker, die um Bedürftigkeit herum gebaut ist, nicht mehr um Äquivalenzen kreist. Es gründet den Menschen in dieser Welt, erkennt ihn fraglos an und begnügt

sich mit einer Anspruchsbegründung *ad hominem*: Du bist in diese Welt hineingeboren – lebe in ihr frei von überflüssigen Ängsten. Es drängt sich einer ökonomischen Epoche auf, die ihren materiellen Reichtum nicht länger nach der Zeit bemißt, die einzelne im Produktionsprozeß verbringen. »General intellect«, angewandte Wissenschaft, kooperative Designs als maßgebliche Agenzien des Wohlstands der Nationen untergraben Zurechen- und Meßbarkeit des individuellen Anteils am Gesamtprodukt. Wo soll man anfangen, wo aufhören, wenn es darum geht, Anteile und Mitwirkungsrechte am Gesamten einzufordern? Ist der Grundschullehrer »produktiver Arbeiter«, weil er elementare Voraussetzungen des Reproduktionsgeschehens schafft – gut gebildete Arbeitskräfte? Und der Arzt, der Rechtsgelehrte, der ehrenamtliche Übungsleiter eines Sportvereins, Eltern als Eltern, Hausfrauen und Hausmänner – stehen nicht auch sie im weitläufigeren Zusammenhang mit produktiver Arbeit? Der erweiterte Arbeitsbegriff (§ 12) – ist er nicht doch ein treffendes Resümee unübersichtlich gewordener Produktionsverhältnisse? Das hängt von der Perspektive ab. Bekennt man sich zum Bürgergeld als bedingungsloser Grundsicherung, sind diese Fragen hinfällig. Da jeder und jede sozial immer schon gegründet, in die Gesellschaft eingebettet ist, kann es ihnen herzlich gleichgültig sein, ob man sie obendrein noch zu Arbeitenden ernennt, produktiven oder unproduktiven. Sie selbst sind von dem Zwang entbunden, weil sie ihren das Leben sichernden Anteil am Gesamtprodukt nicht über diesen Umweg reklamieren müssen. Das Bürgergeld korrigiert den schielenden Blick des Menschen auf sich selbst und befreit die Beziehungen zu anderen Menschen von beziehungsfremden Rücksichten. Liebe bleibt Liebe, Zuwendung Zuwendung, soziales Engagement geschieht aus freiem Entschluß, Freigebigkeit und Selbstlosigkeit kommen als verschämte Nahrungssuche nicht länger in Betracht. Erstmals in der menschlichen Geschichte schieden sich die sozialen Sinne vom Sinn des Habens.[132]

4. Genug der ungebundenen Phantasie, zurück zur Wirklichkeit, in deren Element sie sich bewähren muß. Die Frage, wer arbeitet, wer versieht die am wenigsten attraktiven Arbeiten, wenn er es nicht muß, erhob sich im Verlauf der bisherigen Darstellung verschiedentlich. Die Antwort darauf erteilte das Bürgergeld in seiner einzig konsequenten Form: als bedingungslose und auskömmliche Grundsicherung nach den technischen Maßgaben der Sozialdividende. Ihr allein wohnt eine Tendenz zur Stabilisierung der Arbeitsverhältnisse speziell der unteren Einkommensgruppen inne (§ 15.2–3; 5). Über die effektive Belastbarkeit dieser Tendenz entscheidet in letzter Instanz die Produktivität im Zusammenhang mit der Standortbindung oder -flüchtigkeit der Unternehmen. Daher wäre es ein grober Mißgriff, wollte man die Sozialdividende ausgerechnet aus einer Maschinensteuer bestreiten. Auf diesem Wege würden die produktivsten Unternehmen bestraft, der wirtschaftliche Fortschritt am Nerv getroffen und der künftige Umverteilungsspielraum eingeengt. Indirekte Steuern, von allen zu entrichten, sind das geeignete Verfahren.[133]

Die bohrende Nachfrage: Wer zahlt, wenn weitere Produktivitätsschübe die lebendige Arbeit dereinst aus dem Herstellungsprozeß verbannen, wenn die Gütererzeugung weitgehend ohne lebendige Arbeit vonstatten geht, ist hypothetisch, aber reizvoll. Als radikales Gedankenexperiment zielt sie auf die Bestandsvoraussetzungen eines sozialen Zusammenhangs, der nicht mehr auf die gewohnte Weise ökonomisch unterstützt wird. Sie wird am Ende dieses Buches aufgegriffen (§ 42). – Das Bürgergeld ist der Schlüssel zum unangefochtenen Leben. Auch zu einem aktiven Leben? Wie öffnet man, auf sicheren Grund gestellt, die Türen zum erfüllten Dasein aus eigenem Antrieb, eigenem Vermögen? Das ist die große kulturelle Frage arbeitsfreier Existenz.

1. Freiheit VON existentiellen Ängsten ermöglicht Freiheit FÜR anderes und MIT anderen, erzeugt sie aber nicht aus sich heraus. Sie kann in passiven Wohlstand münden, in ein Leben, das keine Eile, aber auch keine Spannung kennt, das sich weder getrieben fühlt noch eigene Antriebskräfte entwickelt. Solange Menschen der Lohnarbeitsgesellschaft angehören, bleibt die Differenz dieser Freiheiten vage, tritt die darin angelegte Dramatik nur verschwommen ins Bewußtsein. Dieselbe Praxis, die das eigene Leben sichert – berufsmäßiger Erwerb –, fügt das Individuum in ein dichtes und weitgespanntes Netz sozialer und kultureller Bezüge ein. Existenzgründung, Gemeinschaftsbindung, gesellschaftliche Aufgeschlossenheit erscheinen als bloße Momente ein und desselben Vollzugs, die organisch auseinander, hervor- und ineinander übergehen. Die »Magie« der modernen Erwerbsarbeit beruht auf diesem Übergang (§ 6). Wer aus dem magischen Ort vertrieben wird oder nie in ihn vordrang, stößt hart in der Wirklichkeit auf. Die einzelnen Dimensionen des Lebens brechen jäh auseinander. Von selbst zusammenzufügen, was »an sich« zusammengehört, erweist sich als herbe Zumutung, wenn man es nicht gelernt oder durch lange Gewöhnung an den scheinbaren Automatismus schon wieder verlernt hat. Die Abwesenheit physischer Not mag helfen, die Herausforderung anzunehmen; ohne ein neues kulturelles Modell, das die Gleichsetzung von »Aktivität« und »Arbeit« überwindet, bleibt die Umorientierung dem Zufall oder dem Naturell überlassen. Unglücklicherweise ist genau diese Gleichsetzung das kulturelle Dogma unserer Zeit schlechthin. Einzig der arbeitende Mensch gilt als »aktiv handelnde Person«[134], als vollwertiges soziales Wesen, das zu Stolz und Selbstachtung berechtigt ist. Wer sich von der Arbeit trennt, trennt sich von der Gesellschaft, und für die tonangebende Ansicht gilt als ausgemacht, »daß solche Menschen am Ende

auch nicht mehr partizipieren wollen an dem, was unter Gemeinwesen verstanden wird«[135]. Weil »in der Arbeitslosigkeit die Aktivität des Menschen in einer wesentlichen Hinsicht stillgestellt worden ist«, kann man sich an ein solches Leben auch »nicht wirklich gewöhnen«[136]. So verfügt man gelassen soziale Todesurteile für Millionen von Menschen.

2. Da war Aristoteles ganz anderer Überzeugung. Zwar sprach er für eine längst vergangene historische und soziale Formation, doch erhellt seine »Trilogie menschlicher Aktivitätsformen« die Richtung, in die wir uns bewegen müssen, wie kaum ein anderes Denkmodell.[137] Das erste und umfänglichste Aktivitätsfeld, schreibt er in seiner *Nikomachischen Ethik*[138], umfaßt die unterschiedlichsten Arten des HERVORBRINGENS. Hervorbringen ist ein praktisches Können, das sich am Gegenstand bewährt und etwas sachlich von ihm Unterschiedenes, sinnlich Greifbares, hinterläßt. Auf der nächsten Ebene siedelt Aristoteles das HANDELN an. Es ist ein soziales Können, das sich im Verein mit anderen, Gleichgestellten oder Gleichgesinnten bewährt und auf die ethische Selbstvervollkommnung des Menschen zielt. »Das Hervorbringen hat ein Endziel außerhalb seiner selbst, beim Handeln aber kann dies nicht so sein, denn wertvolles Handeln ist selbst Endziel.« Die dritte Ebene gehört der TÄTIGKEIT, dem geistigen Können, das sich an (philosophischen) Problemen schult, seine höchste Ausformung im interessanten Umgang mit sich selbst findet, in der intellektuellen Autarkie, und daher anderer Menschen nicht notwendigerweise bedarf. Der Weise, der von seiner Muße gehaltvoll Gebrauch macht – das ist Aristoteles' Idealbild des aktiven Menschen: »Vielleicht gelingt es noch besser, wenn er Freunde hat, die mitwirken, aber gleichwohl wäre er der Unabhängigste.«

3. Das Zeitbedingte, Vergängliche an dieser Klassifikation ist offensichtlich: Der Steigerungslauf der Aktivitäten zur Vergeistigung hin, zu intellektueller Schau und Einkehr;

die Geringschätzung des Hervorbringens – Domäne der Unfreien, der »lebendigen Werkzeuge«; die Ausrichtung des Handelns auf die persönliche Perfektionierung bei gleichzeitiger Abwertung seines sozialen Impetus, der gemeinschaftlichen Sorge um das öffentliche Wohl, die noch zwei Generationen zuvor, zu Perikles' Regierungszeiten, in höchster Würde stand.

Am dauerhaften Erkenntniswert des Konzepts ändert das nur wenig. Das neue kulturelle Modell, das wir entwickeln und einüben müssen, um auch habituell über die Grenzen der Lohnarbeitsgesellschaft hinauszugelangen, könnte gar nicht besser beschrieben werden als in den Begriffen des großen Philosophen. Wer vom Hervorbringen abgeschnitten wird, für den hängt alles an der Möglichkeit, auch jenseits dieser Sphäre ein erfülltes Dasein zu führen – als Handelnder gemeinsam mit anderen, als Tätiger mit und für sich selbst. Die Handlungs- und Tätigkeitsimpulse von Menschen zu bewahren, ja zu kräftigen, die der Arbeitsprozeß ausscheidet – das ist die alles Wesentliche einschließende Kurzfassung der neuen kulturellen Weltformel und umreißt zugleich den nächsten Schritt, den UNSERE Gemeinwesen gehen müssen, sollen nicht ungezählte Menschen in Selbstzweifel und Apathie verharren. Die Entflechtung der Praxisformen zu dem Zweck, ihre Eigenart frühzeitig ins allgemeine Bewußtsein zu rücken, ist die einzige Bildungsidee, die unsere Epoche begeistern kann. Sofern sie sich durch Bildung noch begeistern läßt, ist man geneigt in einer Zeit hinzuzufügen, die Bildung gern auf Kenntnis, Wissen, geistige Algorithmen reduziert, von ihr als solcher jedoch kaum Notiz zu nehmen scheint. Bildung ist keine Kopfgeburt, schon gar nicht steckt sie in der Ratio; als Prozeß der subjektiven Aneignung der objektiven Kultur meint und fordert sie den ganzen Menschen, Herz, Muskel, Nerv, Gehirn und Seele. Endet, Freunde der »Wissensgesellschaft«, euren fleischlosen Diskurs!

4. Entflechtung, eigenständige Profilierung der Praxis-

formen als epochale Bildungsidee – mit Aristoteles und über ihn hinaus. Von der Arbeit, dem Hervorbringen sagt er Wesentliches aus: Sachverhaftung, Stoffwechsel mit der Natur unter fremdem, herrschaftlichem Willen, und auch vom Handeln weiß er den Grundzug anzugeben: die Unentbehrlichkeit der anderen. Dem fügten Spätere die Unvorhersehbarkeit und Unwiderruflichkeit hinzu. Miteinander handelnd, setzen Menschen neue soziale Tatsachen in die Welt, für die sie einstehen müssen.[139] Handeln, in diesem komplexen Sinn, ist Geselligkeit in praktischer Absicht, kein sozialer Monolog heroischer oder berechnender Individuen. Wäre es, wie Hegel meinte, das Erkennungszeichen herausragender einzelner[140], was könnten wir Gewöhnlichen schon miteinander unternehmen, wäre es, Max Weber folgend, nur eine Spielart ökonomischen Kalküls[141], was könnte uns dazu begeistern? Nur verhält es sich nicht so. Selbst berufliches Handeln ist heute in vielen Fällen mehr als nur Vollzug, und wo es dazu einläuft, erinnert es die Menschen schmerzlich an die Freiheit, die ungezähmtem Handeln eignet (§ 7.4). Weder der antike Seeheld noch der Bürokrat sind die einzig wahrhaft Handelnden der Weltgeschichte, und die Moderne verkündet nicht den Tod des handelnden Subjekts.[142] Um das zu entdecken, muß sich das Subjekt jedoch vom falschen Heldenpathos lösen und vom sozialen Monolog.

So wie die *Piqueteros*, die militanten Arbeitslosen in Argentinien. Die verbündeten sich Mitte der 1990er Jahre gegen das neoliberale Sanierungsdiktat, das die einheimischen Eliten Wirtschaft und Gesellschaft auf Geheiß der mächtigen Gläubiger des hochverschuldeten Landes auferlegten. Durch spektakuläre Aktionen, Stadtteilversammlungen, Straßenblockaden, Betriebsbesetzungen, die oftmals lokalen Revolten nahekamen, zwangen sie die Regierenden zum Kompromiß. Sie stimmten einem nationalen Sozialplan zu, der notleidende Familien vor der Verelendung bewahrte. Die Gegenleistung der Empfänger bestand in der Verpflichtung, täglich vier Stunden gemeinnützige Arbeit zu verrichten. Der Protest erreichte seinen Höhepunkt, als einzelne Gruppen der *Piqueteros* die Vollmacht über die Verwendung der Unterstützungsfonds forderten und auch errangen. Zeitweise entschieden die Betroffenen selbst, welche Vorhaben sie gemeinsam in Angriff nehmen wollten; Umschlag des Handelns in selbstbestimmte, für sinnvoll erachtete Arbeit.

Dabei bewiesen sie nicht immer Weitblick. An manchen Orten gründeten sie kleine genossenschaftliche Unternehmen zum Zweck preiswerter Selbstversorgung mit Waren und Dienstleistungen, in anderen Quartieren orientierten sie sich direkt am Marktmodell und verfolgten Gewinnabsichten, zum merklichen Verdruß des Mittelstands und mit der Folge schwindender Sympathie (§ 15.4). Mitunter kam es zum offenen Streit über die Prioritäten und die Nützlichkeit verschiedener Projekte, stachen kommerzielle Interessen gemeinwohlorientierte aus. Ehe man sich darüber nachträglich in Vorwürfen ergeht, sollte man die Hauptlektion dieser Sozialpolitik in Eigenregie gründlich studieren. Zwischen Mittelzuweisung und Mittelgebrauch schob sich ein öffentlicher Denk- und Willensakt, der die Bewegung strukturierte, das Zusammengehörigkeitsgefühl festigte und die schon verspielt geglaubte Würde der Arbeitslosen wiederherstellte.[143] Wie lange wird es dauern, bis die Arbeitslosen in Deutschland, in Europa ihre Mattigkeit abstreifen, ihre Kraft in rebellischer Geselligkeit erneuern und handeln, daß die Fundamente beben?

5. Bleibt das Tätigsein, weitgehend unbehaust im modernen Praxisdiskurs. Der Mensch im Umgang mit sich selbst kappt die soziale Dimension, verläßt dem ersten Anschein nach das Untersuchungsfeld des Soziologen. Die singuläre Praxis einsam-schöpferischer Individuen – eine reine Privatangelegenheit? Ja und nein. Unterscheidet man zwischen dem Tätigsein als reinem Vollzug und den Voraussetzungen, an die es gebunden ist, steht sein gesellschaftlicher

Charakter außer Zweifel. Ich mag mich geistig noch so sehr in mich vertiefen, ohne die Vorleistungen und Anregungen anderer Menschen stieße meine Konzentration ins Leere, erlahmte sie in Ermangelung äußerer wie innerer Objekte. In der Arbeit und im Handeln vergesellschafte ich mich nach außen, extensiv; im Tätigsein erfahre ich die Verlockungen und Nöte der intensiven Vergesellschaftung. Ich reagiere und antworte auf VORGESTELLTE andere, auf anderes in IDEELLER Form und durchleide alle nur erdenkbaren seelischen Qualen, wenn ich nicht adäquat zu antworten vermag. Wochenlang, so wird berichtet, habe sich Flaubert auf seiner Couch gewunden wie ein wundes Tier, auf der Suche nach dem einzig »passenden Wort«. Die Sachbindung, Kennzeichen des Arbeitens, ist nicht durchtrennt, nur sublimiert, der soziale Bezug, Definitionsmerkmal des Handelns, lebt fort in der Vielstimmigkeit und noch im Verstummen des inneren Dialogs.

Um von den Voraussetzungen Gebrauch machen zu können, an die ich als tätiger Mensch gebunden bin und bleibe, muß ich den Umgang mit vorgestellten, ideellen Objekten und Personen zuvor gelernt haben. Nur dieser Lernprozeß, erfolgreich abgeschlossen, ermöglicht mir den gehaltvollen Umgang mit mir selbst. Ansonsten droht die unmittelbare Abwesenheit der Welt in Rat- und Antriebslosigkeit auszulaufen. Der Schlaf der Vernunft gebiert Ungeheuer, der Schlaf des Selbstinteresses Langweile; beliebte Sujets nicht erst seit dem Jahrhundert der Aufklärung. Man denke nur an den König bei Pascal, der sich nicht ruhig in seinem Zimmer zu halten weiß oder an den Reichen bei Helvétius, der sich wie ein Eichhörnchen in seinem Käfig herumrollt, bis die Natur sich seiner erbarmt und irgendein Bedürfnis in ihm erneuert. Sich selber Ziele setzen, die das Interesse wecken und die Mühe lohnen; sich fremd werden, über sich hinausstreben und, vielleicht, hinausgelangen, an sich und seinen Fähigkeiten zweifeln, verzweifeln momentan und dennoch neuen Mut fassen – das will geübt, erworben sein.

Das höchste aller Vergnügen, anders zu denken, als man bislang dachte, über sich und die Welt, ohne weiteren Antrieb als den inneren, als Neugier, Lust am Zwiegespräch mit sich, diese geistig-ethische Selbstsorge setzt zeitige und anhaltende Schulung voraus, Unterweisung, Vorbilder, die sich zu Wunschbildern verinnerlichen. Es dann zu wagen und zu können bleibt ein einsames Geschäft, private Unternehmung, sofern wir »privat« rein umgangssprachlich verstehen, nicht wie die Griechen. Die reservierten dieses Wort für Menschen, die sich in ihre rein privaten Angelegenheiten verbissen, und erkannten solche als »Idioten«.

6. Und das wäre der »kleine Katechismus« der neuen Bildungsidee: Du arbeitest nicht mehr, aber du kannst handeln, hast es als Arbeitender beherrscht, laß dir also nicht einreden, daß alle Aktivität an Erwerbsarbeit gekettet ist, in Arbeit aufgeht![144] Beginne etwas, verwickele andere in deine Pläne, laß dich in ihre verwickeln; für dein Leben ist gesorgt! – Du handelst nicht, kannst nicht dein ganzes Leben mit anderen verbringen, sozial dauerengagiert: werde für dich selber tätig! Schenke Vorhaltungen keinen Glauben, Selbstsorge sei eitel oder gezieme sich nur als Erholung von der Arbeit! Du hast keine Arbeit, nicht mehr, was außer dem sozialen Austausch kann dich vor der Leere retten, wenn nicht die Neigungen, die du in dir selbst aufspürst! Und, wie gesagt: Für dein Leben ist gesorgt! – Der appellative Gestus bezweckt Ermutigung, Erweckung, wenn man will. Er richtet sich an jene, die aus der Arbeitswelt verstoßen werden, aber so von ihr geprägt sind, daß sie erst mühsam neu sortieren müssen, welche Aktivitäten zum Erwerb und welche zu ihnen selbst gehören oder doch gehören könnten.

Den neu in die Gesellschaft Hineinwachsenden muß ein von Grund auf verändertes Bildungssystem Antwort auf ihre Lebensnöte geben; ein Bildungssystem, das sich von seiner monokausalen Abhängigkeit vom Erwerbsleben als einzig legitimer Existenzform des Menschen löst. Kinder und Jugendliche mit solidem Wissen auszurüsten, das ihnen eine befriedigende Arbeit oder eine akademische Laufbahn in Aussicht stellt, und zwar gänzlich unabhängig von der häuslichen Mitgift, ist eine im heutigen Deutschland weitgehend unerfüllte Forderung, die nunmehr gleichberechtigt neben andere tritt. Dem eigenen Leben Sinn und Bewandtnis zu vermitteln, wenn der Absprung ins Berufsleben oder in weiterführende Ausbildungsprozesse mißlingt, wird zur ersten individuellen Überlebenstechnik der Zukunft, ist es bereits gegenwärtig für unabsehbar viele Menschen. Und sollte eine Argumentation zugunsten der sozialen Ordnung größere Überredungskunst entfalten, bitte: Menschen, die gelernt haben, mit sich selbst zusammenzuleben, mit anderen zusammenzuwirken, aus freiem Entschluß und mit merklichem Vergnügen, mit und ohne Arbeit, sparen Polizisten, Richter, Staatsanwälte, Sozialarbeiter, Spezialisten der Normalisierung jedweder Art; der schlanke Staat, von dem die Neoliberalen träumen: SIE gründen ihn, ganz nebenbei. – Was sich als Konsequenz des Bürgergeldes zeigt, gewissermaßen logisch aus ihm folgt, folgt auch historisch, aus der langen und konfliktreichen Geschichte des Kampfes gegen Armut und Unselbständigkeit.

# Die neue soziale Frage

§ *19 Gute Arme, schlechte Arme*

1. Keine Republik ohne republikanische Tugenden, keine republikanischen Tugenden ohne soziale Demokratie, keine soziale Demokratie ohne bedingungsloses Grundeinkommen, das ist der systematische Zusammenhang.[145] Überzeugte Republikaner dachten zu allen Zeiten so. Doch kaum war die Tinte ihrer Memoranden und Gesetzesentwürfe getrocknet, wurde das Vorhaben politisch kassiert. Die Geschichte der Kämpfe für ein Recht auf Leben ist im wesentlichen die Geschichte ihres Scheiterns, mühseliger Neuanfänge. Robert Castel gebührt das Verdienst, diese Geschichte bis zum Beginn der Neuzeit zurückverfolgt und im westeuropäischen Kontext zusammenhängend dargestellt zu haben. Allein durch ihr weitgespanntes Panorama empfiehlt sich seine Untersuchung als Leitfaden zur Vertiefung des früher Gesagten. Ein kaum geringer zu veranschlagender Vorzug ist ihre Doppelperspektive. Castel hat den Blick des Historikers, aber auch den des Soziologen. Er verfolgt und begreift die Metamorphosen der sozialen Frage als Ausdruck eines tiefer liegenden Problems – des Problems der gesellschaftlichen Integration. Die soziale Frage wird von gesellschaftlichen Gruppen, Milieus, Figuren aufgeworfen, die sich in eine bestehende Ordnung mit den herkömmlichen Mitteln nicht einfügen lassen, die sie durch ihr bloßes Dasein stören.

2. Ein solcher Störenfried der öffentlichen Ordnung im Europa des vierzehnten Jahrhunderts war der VAGABUND. Von der bäuerlichen Gesellschaft nicht länger einzufangen, auf der Flucht vor Hungersnöten, von der schwachen Hoffnung getrieben, in den zu neuem Leben erwachten Städten ein bescheidenes Auskommen zu finden, zog er als Handlanger, als früher Prolet durch die Lande: arbeitsfähig, aber ohne langfristig verwertbare Qualifikationen und überall

fremd. Als innerer Fremdling verkörperte er in einer allenfalls protokapitalistischen Epoche ein unlösbares Problem und wurde dementsprechend kriminalisiert, je nach Lage und »Zeitgeist« der Ausweisung, Deportation, Zwangsarbeit, Einsperrung unterworfen oder der Hinrichtung zugeführt. Die ganze grausame Phantasie des Repressionsapparates traktierte diese Unglücklichen, mit der wohlbedachten Nebenfolge, die sozial Integrierbaren unter den arbeitsfähigen Armen zu erschrecken, mit einem wahren Horror vor dieser geächteten Daseinsweise zu infizieren. Der abschreckende Charakter dieser Politik war ebenso wichtig, vielleicht noch wichtiger als ihre direkte Wirkung.[146]

Die Methoden der Abschreckung wandelten, humanisierten sich im Lauf der Zeiten, wenn dieses Wort hier überhaupt am Platze ist; die Ziele blieben unverändert. Das erste Wort kommunaler »Sozialpolitik« ist auch ihr einstweilen letztes – die Unterscheidung zwischen »guten« und »schlechten« Armen. Schlecht, wo nicht gar böse ist der Arme, der arbeiten könnte, es aber nicht tut, und seine sozialmoralische Verwerflichkeit steigert sich noch, wenn er als Fremder daherkommt, mit Ansprüchen, die allein Einheimische geltend machen können. Tragen diese seßhaften Armen darüber hinaus sichtbare Zeichen ihrer Arbeitsunfähigkeit, unterstehen sie als gottgefällige Lektionen menschlicher Unvollkommenheit der öffentlichen Fürsorge und der persönlichen Barmherzigkeit, lebenslange Bindung an Ort und Sprengel, klaglos erduldete Gemeindeknechtschaft einmal vorausgesetzt. Bedürftigkeit als Invalidität zu simulieren gehörte unter diesen Umständen zu den elementaren Überlebenstechniken, und auch das ist bis heute so geblieben. Den nur scheinbar guten Armen im Überraschungsangriff die Maske vom Gesicht zu reißen, auf daß der »Parasit« zum Vorschein komme, war behördlicher Alltag der »Armenpflege« und ist es heute wieder.

3. Seit dem sechzehnten Jahrhundert sah sich das grobe Raster dieser frühen Sozialpolitik mit neuen Herausforde-

rungen konfrontiert. Infolge von Hungersnöten, Seuchen, Kriegen schwoll das Heer der Entwurzelten kontinuierlich an. Die massenhafte Einhegung von Bauernland sowie die Umwandlung der Allmende in profitable Weideflächen (Morus' »gefräßige Schafe«, die Menschen verschlingen und das Land entvölkern) verschärften das allgemeine Elend zur ersten großen Massenarbeitslosigkeit der Neuzeit. Der Bettler, fast zwangsläufig mit dem Dieb im Gepäck, wurde zur neuen Kristallisationsfigur dieser Bedrohung, die die Fassungskraft der Gemeinden und Städte sprengte. Die Antwort erfolgte in Form der staatlichen Systematisierung bis dahin kommunaler Erkennungs- und Zwangsregime, jener »Großen Einsperrung«, die das gesamte »Zeitalter der Klassik« währte. Eine ebenso terroristische wie ohnmächtige und letztlich paradoxe Praxis. Sie verwechselte Ursache und Wirkung, moralisierte das Unglück und schuf im Verborgenen eine Hölle auf Erden. Überflüssige Menschen, ihrer Rechte und ihrer Würde entkleidet, nur weil man sie für überflüssig hielt: auch das kehrt nun zurück. »Was tut ihr da anderes, ich bitte euch, als daß ihr sie erst zu Dieben macht und dann bestraft?«[147] erregte sich Thomas Morus über den amtlichen Irrsinn, und man meint, er spricht zu uns.

Mit der ernsten Fraktur der zünftischen Ordnung breitete sich die Krise erstmals auch im Inneren der etablierten Gesellschaft aus. Genau genommen handelte es sich um eine Krise der Nachfolgeordnung. Einerseits machten Manufakturen dem traditionellen Handwerk Aufträge, Kundschaft und folglich auch die Arbeit streitig, andererseits wuchs die Bevölkerung, und mehr junge Männer als zuvor drängten in die klassischen Berufe. Dort angekommen, kamen sie nicht weiter wie gewohnt. Relativ gesehen, stiegen immer weniger Gesellen zum Meister auf und sahen sich dazu verurteilt, eine Art Lohnarbeiterklasse auf Lebenszeit zu bilden. Teils kam es zu lang andauernden Streiks, teils zu Versuchen, die Einstellungen zu kontrollieren, das heißt, die Zahl der Nachrücker auf die Aufstiegsbedürfnisse der im Beruf schon

Fortgeschrittenen abzustimmen. Als das nicht den gewohnten Erfolg zeitigte, brachen Anwärter auf den Meisterbrief bewußt mit der herrschenden Sitte und ließen sich auf eigene Rechnung nieder. Diese CHAMBRELANS (dt. »Böhnhasen«) trafen auf die vereinte Abwehr von absolutistischem Staat und ständischem Bürgertum. Man besann sich der berüchtigten Lettres de cachet und zog die Aufmüpfigen aus dem Verkehr. Es handelte sich dabei um Internierungsverfügungen, die gewöhnliche Bürger im Ancien régime beim König erwirkten, um Menschen aus ihrer Mitte ohne Gerichtsverfahren und zeitliche Befristung ins Gefängnis zu werfen, oft genug ein Leben lang. In einer Gesellschaft, in der der einzelne stets und zuerst Träger kollektiver Werte und Verpflichtungen ist, regulierten die Lettres private Konflikte ohne öffentliches Aufsehen, stellten sie die Familien- oder Berufsehre wieder her, wenn ein Familienmitglied allzuoffensichtlich gefehlt und dadurch Schande auf das ganze Haus gezogen hatte. Die Verfügung konnte aber auch gänzlich unbescholtene Bürger treffen; Neid, Mißgunst, Konkurrenzgelüste kleideten sich in die fadenscheinigsten Anschuldigungen und erreichten in vielen Fällen ihr makabres Ziel.[148] Die Verhaftbriefe in den Dienst ökonomischer Regulierungen zu stellen lag da nur nahe, besonders wenn es galt, eine Verschwörung gegen die Tradition zu sühnen.

4. Die Kritik an diesem folgenblinden und wenig effizienten Umgang mit sozialen Verlierern und Gescheiterten kam von verschiedenen Seiten. Es waren Philosophen und Ökonomen, Ärzte und Erzieher, bemerkenswerterweise auch Direktoren von Gefängnissen und Hospitälern, die sich noch im Vorfeld der Französischen Revolution auf ein reformiertes System der Armutspolitik verständigten.[149] Das Los der Armen zu bessern, indem man ihnen ins Gewissen redete oder, wie in Deutschland und in der Schweiz, »pädagogische Provinzen« errichtete, wo auch die Kinder armer Leute etwas lernen konnten, war sicher lobenswert. Den Ursachen des menschlichen Unglücks rückte man damit nicht zu Leibe.

Die lagen im System. Das behandelte Krüppel, Kranke, Bettler, geistig Umnachtete, selbst alleinstehende Alte noch immer wie Verbrecher. Das sperrte diese beklagenswerten Geschöpfe mit Dieben und Mördern zusammen, ohne ihnen auch nur die geringste Betreuung und Förderung zuteil werden zu lassen. Das ließ es nicht nur zu, sondern sah es gern, wenn Eltern ihre Kinder, Kinder ihre Eltern, Verwandte ihre Nächsten beim König als Lügner, Säufer, Diebe oder Schläger denunzierten. Hier und nirgendwo anders war der Hebel anzusetzen. Um die »soziale Frage« erfolgversprechend debattieren zu können, mußte man die von ihr Betroffenen überhaupt erst einmal wieder sichtbar machen. Darüber herrschte Einigkeit. – Noch in einer weiteren Hinsicht war man einer Meinung. Die geistigen Leitlinien der Befriedung des sozialen Elends waren wirr und aberwitzig. Sie verhöhnten die Menschenwürde. Sie mußten umgehend durch »rationale« Prinzipien ersetzt werden. Zu diesem Zweck traf man eine doppelte Unterscheidung. Zunächst unterschied man zwischen willentlich herbeigeführtem und unverschuldetem Unglück oder zwischen VERFEHLUNG und SCHICKSAL. Die zweite Unterscheidung spaltete die Großgruppe der vom Schicksal Herumgestoßenen in solche, die sich aus eigener Kraft daraus befreien konnten, und jene, die das nicht vermochten, das heißt in ARBEITSFÄHIGE und ARBEITSUNFÄHIGE. Wer durch eigenes Verschulden in seine mißliche Lage geraten war, hatte von den anstehenden Reformen bestenfalls Erleichterungen zu erhoffen. Ansonsten blieb er, wo er war, im Gefängnis oder Arbeitshaus. Wen dagegen ein wirkliches Schicksal, sei es der Natur, sei es der Umstände, aus der Bahn geworfen hatte, der war umgehend in Freiheit zu setzen. Der sollte wieder für sich selber sorgen. Vorausgesetzt, er war dazu imstande und stellte auch sonst keine Gefährdung für die Allgemeinheit dar. Blieben also diejenigen, die man weder als Wahnsinnige noch als Kriminelle, noch als potentielle Arbeiter ansah – die »gutmütigen« Tölpel, die dauerhaft Kranken, die verkrüppelten Soldaten, die verwitweten Frauen, die wunderlichen Alten. Wie war mit ihnen zu verfahren? War die Gesellschaft als ganze aufgerufen, ihnen zu helfen? Sollte der neu zu schaffende Staat die Sache in die Hand nehmen? Sollte er Steuermittel einsetzen, um allgemeine Krankenhäuser zu errichten und Vorsorge für Berufsunfähigkeit und Alter treffen?

5. Darüber entbrannte eine heftige Polemik.[150] Einige wenige, wie Abbé Récalde, befürworteten ein staatliches Sozialsystem, die öffentliche Finanzierung und Kontrolle unterschiedlichster Wohlfahrtseinrichtungen. Sie gingen davon aus, daß jede soziale Pflicht gleichzeitig eine Pflicht der Gesellschaft und damit schließlich des Staates sei; daß, wie es Abbé Desmonceaux, ein anderer Radikalreformer, formulierte, »persönliche Wohltaten« der Ergänzung und Untermauerung durch »nationale Wohltaten« bedürften, um wirklich verläßlich zu sein. Die Mehrheit verwarf die Idee einer staatlich organisierten Daseinsvorsorge für die Unterschichten. Liberale Ökonomen wie Turgot oder sein Schüler Dupont de Nemours betrachteten die soziale Pflicht als eine Pflicht, der die Individuen als Private genügen müßten, nicht die Gesellschaft, die sie miteinander bilden. In ihrer Konzeption war die Fürsorge keine Struktur des Staates, sondern ein persönliches Band, das von Mensch zu Mensch reicht. Was de Nemour im Jahre 1786 postulierte, ist bis auf den heutigen Tag das ABC der »Subsidiarität« (§ 31.6): »Der Beistand innerhalb der Familie, die durch Liebe und Freundschaft zusammenhält, ist immer der aufmerksamste und energischste. Die Hilfe, aus je größerer Entfernung sie kommt, ist von geringerem Wert und erscheint denen schwerer, die sie gewähren.«[151] Daß gerade die institutionalisierte, anonyme Hilfe das Helfen erleichtert, weil von Sympathien und Antipathien entlastet, dämmerte diesen Liberalen sowenig wie ihren neoliberalen Nachbetern, die ungeniert darin fortfahren, den »von Herzen« kommenden Beistand gegen die »bürokratisierte« Vorsorge auszuspielen. – Im vorrevolutionären Frankreich und an der Schwelle zur kapitalistischen

Industriegesellschaft besaß die Idee einer weitgehenden Privatisierung sozialer Pflichten noch eine gewisse Plausibilität. Sie appellierte an Familien und Nachbarschaften, die noch weithin intakt und seit je daran gewohnt waren, gestrandete Mitglieder aufzunehmen. Sie appellierte darüber hinaus an das Bedürfnis »unfreier« Menschen, ihre wechselseitigen Verpflichtungen endlich ohne die Einmischung hoher Herrschaften und rechtlicher Vormünder zu regeln. Sie appellierte schließlich an die verbreitete Erwartung, daß die ungehinderte Entfaltung der Privatinitiative zu anhaltendem wirtschaftlichem Aufschwung und daher über kurz oder lang auch zum Verschwinden der Armut führen würde.

Zweihundert Jahre darauf ist es nur noch zynisch, den sozialen Sinn »natürlicher« Gemeinschaften zu bemühen, um Staatsrückzüge zu rechtfertigen. Erst fordert man die Menschen auf, alle persönlichen Bindungen dem Markt zu opfern, und kaum haben sie es getan, verweist man sie in ihrer Not vom Staat zurück an die Lieben daheim, das heißt oft genug ans Nichts. Dieselben falschen Propheten, die die uneingeschränkte Flexibilität des »Humankapitals« in den Zeiten der Globalisierung predigen, beweinen den Verfall der familiären Werte.

6. In der historischen Debatte trug der Liberalismus den Sieg über den Republikanismus davon. Von der Revolution nur kurz erschüttert, eroberte er nach ihrem Abebben die »fortschrittliche« Welt. Wie zuvor schon England und wie später der Rest der industrialisierten Welt, huldigte auch Frankreich dem Dogma vom »ökonomischen Staat«. Jedenfalls soweit es das Soziale betraf. Sosehr man sich beeilte, jenen Teil der Zivilgerichtsbarkeit, den die Revolution im Jahre 1790 in die Hände von Familiengerichten gelegt hatte, wieder zu verstaatlichen und dazu berufenen Körperschaften zu übertragen,[152] sosehr sputete man sich, die Armenfürsorge, die dieselbe Revolution in erheblichem Umfang verstaatlicht hatte,[153] erneut zu privatisieren und ihrem »natürlichen« Hort, den Familien, zuzuweisen.

Ob Freihändler oder Protektionisten, bei der Privatisierung der sozialen Frage bildeten sie eine traute Bruderschaft. Ihr Verständnis des Wortes »sozial« deckte sich mit jenem der Diderotschen Enzyklopädie. Dort las man um 1770 kurz und bündig: »Sozial (Grammatik) – Dieses Wort wurde vor kurzem in die Sprache eingeführt, um die Eigenschaften, die einen Menschen in der Gesellschaft nützlich und für den Umgang mit anderen Menschen geeignet machen, zu bezeichnen: soziale Eigenschaften.«[154] Daß der Ausdruck wie selbstverständlich der Grammatik zugeordnet wird anstatt der Politik oder wenigstens der Ökonomie, sagt mehr über das liberale Weltverständnis, als feierliche Reden je sagen könnten. Die seltsam anmutende Klassifikation läßt erahnen, wie wenig die breitere Öffentlichkeit auf eine Diskussion der sozialen Frage vorbereitet war. Nur kleine Minderheiten widersetzten sich dem Zeitgeist. Ansonsten herrschte die Überzeugung, daß das Soziale überhaupt keine Frage, sondern eine schiere Selbstverständlichkeit war; etwas, das man von Haus aus mitbrachte oder dort reparierte.

Die kranken, verkrüppelten und verlassenen Armen brachten da sehr wenig mit. Sie waren weder nützlich noch angenehm. Sie verletzten das soziale Empfinden. Mehr noch. Sie waren, »sozial« gesehen, überflüssig. Obwohl von den Verbrechern getrennt und in die Obhut ihrer Familien zurückgegeben, führten sie in der öffentlichen Wahrnehmung nach wie vor ein Zwitterdasein. Als Stiefkinder des Schicksals gemahnten sie jedermann an dessen grausame Härte. Als Störenfriede des Sozialen blieben sie Angehörige jener Region, die die menschliche Verfehlung umschloß. Sie konnten nicht arbeiten, gewiß. Aber vielleicht verwies gerade das auf eine fundamentale Amoralität, die tief in ihnen schlummerte, auf ihre Weigerung, sich in das normale Getriebe dieser Welt einzufügen wie alle anderen auch. Diese Mängelwesen, die höchstens Mitleid verdienten, in Menschen zu verwandeln, die soziale Rechte besaßen, setzte einen Bruch mit dem liberalen, gerade erst zur Dominanz gelangten Weltbild voraus. Er ereignete sich in der zweiten Hälfte des neunzehnten Jahrhunderts. Damals entdeckte man eine Macht, die Gut und Böse ohne Abfindung verdrängte und dem menschlichen Unglück aus der moralischen Ächtung half – die Gesellschaft. Letzter Urheber aller Nöte, war sie auch der letzte Adressat ihrer Linderung. Plötzlich war die soziale Frage *en vogue*.

7. Kulturhistoriker werden dieser Ansicht widersprechen. Sie werden sich dabei auf das Europa der Jahre 1750 bis etwa 1775 berufen und sagen, daß die Gesellschaft schon damals Mode war. Und wirklich sprach man in dieser Zeit von nahezu nichts anderem. Es gab kein Übel, dessen Wurzeln nicht der Gesellschaft zugeschrieben wurden. Verbrechen, Krankheiten, Selbstmorde, die ganze Abschlaffung und Degeneration der Gattung wurden ihr zur Last gelegt. Man kennt die Standardwerke dieser beiden Dekaden zur Genüge. Unter den Philosophen ragt Rousseaus *Diskurs über die Wissenschaften und Künste* hervor; die Ökonomen antworteten, indem sie die verheerenden sittlichen Konsequenzen des Luxus geißelten, man denke nur an Cantillons *Abhandlung über die Natur des Handels im allgemeinen*; Pädagogen wie Pestalozzi, Campe, Basedow kritisierten ein lebensfremdes Erziehungswesen, das die Heranwachsenden verzärtelte; Ärzte wie Tissot erklärten das »Milieu« zur Ursache angeblich grassierender Geisteskrankheiten; Architekten und Städteplaner sahen in den rasch wachsenden Städten die Ursache für die Ausbreitung von Kriminalität und Seuchen; zu Beginn der 1780er Jahre zog Mercier mit seinem zwölfbändigen *Tableau de Paris* so etwas wie die Summe dieser Sozialphobie. Denn eine Phobie war es. Machte man doch nicht eine bestimmte Organisationsform der Gesellschaft für das menschliche Elend verantwortlich, sondern die Gesellschaft als solche. Gerade weil die Menschen sich von der Natur entfernten, äußerlich zivilisierten, liefen sie ins Unglück. Gerade weil sie der Meinung und der Konvention statt ihrem Instinkt vertrauten, blühten Betrug und Vorurteil.

Dieser Diagnose gemäß, sang man allenthalben das Lob der Entbehrung, der Einfachheit, der schlichten Sitten. Für den Gedanken einer institutionalisierten Fürsorge war in dieser Konfiguration kein Platz. Obwohl vom Sozialen geradezu besessen, schloß der herrschende Diskurs die Erörterung einer »soziale Frage« aus. Teils idealisierte er die Gestalt des Armen, teils nivellierte er sie. Der arbeitsfähige Arme galt als Günstling des Schicksals. Er wurde niemals krank. Und erkrankte er doch, genas er ebenso schnell. Er ertrug Kälte und Hunger. Für ein geringes Entgelt nahm er jede Anstrengung auf sich. Auf das Notwendigste fixiert, war er der geborene Feind des Luxus und der Verweichlichung. Man mußte ihm nicht helfen, sondern ihm nacheifern. Alle sollten so werden, wie er schon war. Der zur Arbeit unfähige, kranke Arme fiel dagegen nicht besonders auf. Krank, zivilisationsgeschädigt, war ein jeder. Hier gab es nur graduelle Unterschiede. Und nur eine einzige Rettung: die Auflösung der Gesellschaft in ihre Bestandteile, in kleine Familienverbände, die sich selbst genügen.

Von heute aus gesehen ist es außerordentlich bemerkenswert, wie nahe konservative Zivilisationskritik und liberales Zivilisationspathos beieinanderliegen, wenn sie sozial Stellung nehmen müssen. Ihr letztes Auskunftsmittel bleibt immer die Familie. Für den Konservativen ist sie reine Natur, für den Liberalen eine Art Lumpensammler der Gesellschaft. Für beide zusammen ist sie jener Glücksfall, der es ihnen erlaubt, vom Elend zu sprechen, ohne an rechtliche und institutionelle Lösungen denken zu müssen. Wer immerfort von der Familie spricht, will von sozialer Gerechtigkeit schweigen.

8. Die radikalen Sozialreformer, die in der Zeit unmittelbar vor der Französischen Revolution und in ihr wirkten, bildeten eine überschaubare Gemeinschaft; anstatt soziale Tatsachen in die Welt zu setzen, sahen sie sich dazu verdammt, Theorien zu produzieren, Projekte zu entwerfen. Sie stritten für ein allgemeines Recht auf Leben, auf existenzsichernden

Unterhalt, leiteten den Fürsorgeanspruch unmittelbar aus der Staatsbürgerschaft ab und fühlten sich von der Revolutionsverfassung des Jahres 1793 bestätigt. Aber ehe sie ihre Wirkung entfalten, Institutionen und Alltagsleben umgestalten konnte, war sie vorüber, beendet, allseits verschrien und als Verbrechen abgetan. Der große Satz: »Die Not der Völker ist ein Unrecht der Regierungen«[155] galt nicht mehr oder wenn doch, dann als Ausfluß des größten Unrechts aller Zeiten, der sich terroristisch übersteigernden Revolution. Die Ohnmacht der Reformer gründete jedoch nicht allein in ihrer Entlassung aus dem geschichtlich-politischen Prozeß; in einer für die Gestaltung der Zukunft wesentlich mitentscheidenden Frage wußten sie selbst keinen Rat: Was sollte mit denen geschehen, die arbeitsfähig waren und dennoch keine Arbeit fanden? Hatten auch sie Anspruch auf staatliche Unterstützung? Oder folgte die Arbeit gleichsam naturnotwendig aus der Arbeitsfähigkeit, so daß jeder, der nicht arbeitete, automatisch den UNWILLEN bekundete, Arbeit zu leisten? Vielleicht gab es ja gar keine erzwungene Arbeitslosigkeit, höchstens Arbeit, die nicht verrichtet wurde, weil niemand sich dazu bereit fand, und die Lösung der sozialen Frage bestand darin, diesem Mißstand abzuhelfen, indem man den Widerstand der Arbeitsverweigerer mit Härte brach. Noch war der Kapitalismus eine Utopie, und so schwankten selbst die energischsten Köpfe zwischen der Kritik an seinen Auswüchsen und der Hoffnung, er möge, voll entfaltet, die Kinderkrankheiten überwinden, mit denen er die Welt betrat.

## § 20 Die Armut der Moral

1. Der liberale Armutsdiskurs, voll utopischen Feuers, machte mit solch umständlichen Erwägungen kurzen Prozeß. Abrupt setzte er sich sowohl über die ältere Unterscheidung zwischen guten und schlechten Armen als auch über die revidierte Version aus der Mitte des achtzehnten Jahr-

hunderts hinweg, die Arbeitsfähige von Arbeitsunfähigen abgehoben hatte. Den »guten« Armen traf der erste Schlag. Der war zur Arbeit unbrauchbar, aber warum? War seine Arbeitsunfähigkeit vielleicht nur vorgetäuscht? Entsprang sie in allzu vielen Fällen nicht einer nun auszumusternden Seßhaftigkeit, unflexibler Heimatliebe? Hatte eine falsch verstandene staatliche Mildtätigkeit diese pastoralen Sitten nicht mutwillig befestigt? Simulierte Bedürftigkeit, Gemeindehörigkeit, »gesetzliche Nächstenliebe« – was war daran »gut« zu nennen? Da war der »schlechte« Arme ein weit hoffnungsvollerer Kandidat der neuen Marktfreiheit. Immer unterwegs, Träger einfachster Vermögen und daher anspruchslos, brauchbar, anstellig zu allem, verkörperte er das eigentliche Gute der anbrechenden Ära. Im Grunde existierten keine guten Armen; dem Ganzen förderlich, erstrebenswert war nur die Armut selbst. Sie machte die Trägen fleißig, und wenn man sie nicht verwöhnte, dann blieben sie es für ihr ganzes Leben. Die Armen unter Umstände zu versetzen, die ihrem Dasein keinen weiteren Rückhalt als die Arbeit boten, so daß sie das bestehende Angebot an Arbeitsplätzen räumen mußten, war die Forderung des Augenblicks. Alles andere war humanistisches Gefasel oder fiel in den Zuständigkeitsbereich der fakultativen Barmherzigkeit. – Fehlgeleitete Menschenliebe sprach auch aus der unsauberen Unterscheidung zwischen arbeitsfähigen und arbeitsunfähigen Personen. Wohl bedeutete es gegenüber der älteren Auffassung einen Fortschritt, im arbeitsfähigen Individuum den guten, im arbeitsunfähigen den schlechten Armen zu vermuten, der Handikaps nur vorschützte. Nur mußte die Vermutung zur allgemeinen Richtschnur der Behandlung dieser Komödianten werden. Auf einen Fall nachgewiesener Arbeitsunfähigkeit kamen neun vorgetäuschte, und das Individuum war zu loben, sofern es tatsächlich arbeitete, nicht, weil es arbeiten KONNTE. Arbeitsfähigkeit und Arbeitsvollzug auch nur gedanklich voneinander abzugrenzen, gab dem Zweifel Nahrung, die Gesellschaft könnte sich außerstande zeigen, die

Arbeitsbevölkerung vollständig mit Arbeit zu versorgen; eine Konfusion, die nur die Faulen ermutigte.

2. In dem neuen Arrangement bekamen die für arbeitsfähig erkannten Armen (und wer war das nunmehr nicht?) die ganze Unbarmherzigkeit und Härte der sich in der Wirklichkeit auslebenden Utopie zu spüren. Zur Arbeit verpflichtet, ja verurteilt, mit einem Recht auf Arbeit nicht versehen, überantwortete man sie ohne Anlaufzeit der Selbstverwertung. Der freie Arbeitsvertrag wurde den Arbeitenden in einem politischen Herrschaftsverhältnis aufgezwungen mit der Folge, daß sich die Gesellschaft auf ein Individuum ohne Ressourcen, ohne Würde und Status gründete: Das ist der eine blinde Fleck des utopischen Kapitalismus. Die Basis ist zu schwach, zu brüchig, zu verletzlich, die ganze Konstruktion zu tragen.[156]

Der zweite blinde Fleck gleicht einem toten Winkel. Zwar entwickelte sich das Kapitalverhältnis in dieser Epoche zunehmend auf eigener Grundlage, brach es mit den Restriktionen und Konventionen der Vergangenheit; die Masse derer, die den Reichtum produzierten, blieb jedoch an die Vergangenheit gekettet. Formell frei, konnten die Individuen die Schranken ihrer Herkunft überwinden, in prinzipiell jede soziale Position hineingelangen; hypothetisch. Tatsächlich vererbten sich soziale Lagen mit einer Beharrlichkeit, die eher zum Mittelalter als zur Moderne paßte. Alles schien in rastloser Bewegung und war es auch, nur die sozialen Relationen ruhten; dem vordiktierten Lageschicksal nach oben zu entrinnen, kam einem Wunder gleich. Weit mehr als die Existenz von Klassen bildeten die KlassenSCHRANKEN die undurchtrennten Nabelschnüre des industriellen Kapitalismus.[157]

3. In einem folgte der Liberalismus der Wegweisung durch die Aufklärung: Die große Einschließung früherer Jahrhunderte war eine aberwitzige Verschwendung des hauptsächlichen Reichtums der Nationen, der arbeitsfähigen Armen. Sie entkamen der Internierung, des Zusammengepferchtseins mit Gesetzesbrechern und Wahnsinnigen, um ihr Leben hin-

fort in völliger Freiheit, das heißt unter dem alleinigen Diktat des Marktes zu führen. Bei den »kranken« Armen verhielt sich die Sache anders. Sie streiften ihre Ketten, aber nicht ihr Stigma ab. Innerhalb der neuen Ordnung und ihrer Rationalität galten sie als die Nutzlosen schlechthin – in die Freiheit entlassen und zugleich unfähig, den einzig legitimen Gebrauch von ihr zu machen: auf sich allein gestellt für sich zu sorgen. Sie verblieben daher im Bereich der Fürsorge und der Abhängigkeit, die ihre drakonischen Züge abstreiften, ohne sich zu rechtlichen Garantien aufzuschwingen.

Anders als die »kräftigen« Armen, die einzig aufgrund einer monströsen Klassifikation unter die Bettler und Mörder geraten waren und nun erneut zum Staatskörper gehörten, schickte man die hilfsbedürftigen Armen, wie von den Reformern gewollt, zum ewigen Bestimmungsort ihrer Aufbewahrung und möglichen Regeneration, zu ihren Familien zurück, und ermahnte die Wohlhabenden, deren schweres Los nach Kräften zu erleichtern. Fanden sie dort keine Aufnahme, irrten sie allein durch die Welt, Hilfeflehende ohne Bindung und weitere Bewandtnis, dazu auserkoren, zusammen mit dem »Faulen« unter den arbeitsfähigen Armen die allseits verachtete SUBKLASSE der Pauper zu bilden. Ins sogenannte LUMPENPROLETARIAT herabgesunken, konnten sie nicht einmal mit dem Erbarmen der Revolutionäre rechnen.[158]

Indes erwartete auch die zu Bürgern durchaus zweiter Klasse »aufgestiegenen« arbeitenden Armen ein mehr als zweifelhaftes Schicksal. Aller Hemmnisse und sonstigen Rücksichten ledig, sich selbst am Leben zu erhalten und den gesellschaftlichen Reichtum zu mehren, galt ihr Scheitern als Beweis mangelnden Willens, minderen moralischen Seins. Ihre Armut war nicht das Resultat sozialer Verhältnisse, sondern eine verurteilenswerte Verhaltensweise. Eine Welt, die den Opferstatus abgeschafft hatte, verwandelte das Leid in eine Adresse ohne sozialen Absender, in Pech. Wenn jene, deren wirtschaftliche Fruchtbarkeit überschwenglich gefeiert wurde, auf denen das Glück, der Fortschritt der Nationen ruhte, unter der Last zusammenbrachen, verwirkten sie den letzten Anspruch, den man den anerkannten Invaliden noch gewährte, den Anspruch auf philanthropische Zuwendung. Die Freiheit, die sich in ihnen aufs äußerste individualisierte, war die Freiheit sozial Entkoppelter, die sich der Erschöpfung und dem frühen Tod entgegenarbeiteten.

4. Diese letzte Verlassenheit stellte sie selbst unter jene, die in Gefangenschaft blieben, die man weiter verwahrte. Mit ihnen, den KRIMINELLEN, hatte man noch etwas vor. Die Debatten um eine Reform des Strafrechts, die der Französischen Revolution vorausgingen, kreisten um den Gedanken der moralischen Läuterung der Delinquenten; um die Wiederaneignung ihres Lebens und ihrer körperlichen Kräfte durch eine Gesellschaft, die einen unstillbaren Hunger nach fleißigen Händen entwickelte; um Wiedergutmachung durch Arbeit, und zwar durch öffentliche Arbeit. Deren ökonomische Zweckmäßigkeit war schon im Fall formell freier Arbeit fragwürdig genug und hatte bereits im siebzehnten Jahrhundert eine erregte Debatte ausgelöst, als Richelieu und Colbert erstmals die Schaffung eines staatlichen Beschäftigungssektors erwogen. Mochten die seinerzeit vorgebrachten Gegenargumente (Lohndumping, öffentliche Arbeit schlägt private) bei unfreier Arbeit noch weit stichhaltiger sein, so schien deren moralischer Ertrag nur desto gewisser: anschauliche Staatsbürgerkunde für alle jene, die der freien Arbeit in Müßiggang entfliehen wollen; Strafverbüßung in Gestalt eines öffentlichen »Museums der Ordnung«.[159] – Erst nach dem Scheitern der Reformprojekte und der Wiederkehr des Kerkers in Gestalt des »wissenschaftlichen Gefängnisses« als Zentralinstitution der bürgerlichen Disziplinargesellschaft besetzte die Figur des HÄFTLINGS erneut den ihr seit je zugedachten, gleichsam unterirdischen Platz in der gesellschaftlichen Hierarchie. Sofern Arbeit in diesem System noch eine Bedeutung zukam, war es weder die der ökonomischen Rationalität noch die dazu komplementäre der morali-

schen Lektion. Als einsame Verrichtung hinter Gefängnismauern mißt sie die Bereitschaft aus der Gesellschaft Herausgefallener, sich deren Ordnung um ihrer selbst willen zu unterwerfen.

5. Der klassische Liberalismus löst alles in Freiheit auf, Armut und Fürsorge eingerechnet. Wer arm ist, hat sich das selber zuzuschreiben. Und wer den Armen hilft, tut es aus Menschenliebe. Wäre er von Rechts wegen zur Hilfe gehalten, wäre er nicht mehr frei und die Wohltat selbst moralisch entwertet. Auch hätte der Almosenempfänger niemanden, dem er persönlich danken könnte.

In Gesellschaft leben bedeutet, zwischen rechtlichen und moralischen Verpflichtungen strikt zu unterscheiden. Jene begründen einen allgemeinverbindlichen Verhaltenskodex, diese stiften ein soziales Band. Wer rechtliche Verpflichtungen vom guten Willen der Beteiligten abhängig macht, gefährdet die bürgerliche Sicherheit. Wer moralische Pflichten dekretiert, gefährdet die menschliche Autonomie. Er gefährdet, mehr noch, die Gesellschaft als ganzes. Am Ende triumphiert ein allmächtiger Staat, der jedem und jeder vorschreibt, was zu tun und was zu unterlassen ist.

»Brüderlichkeit«, schrieb Ferdinand Bastiat, ein Wortführer des europäischen Liberalismus, »besteht schließlich darin, für einen anderen ein Opfer zu bringen, für ihn zu arbeiten. Wenn sie freiwillig, bewußt, spontan ausgeübt wird, dann applaudiere ich. Ich bewundere Opferbereitschaft vor allem dann, wenn sie vollständig ist. Wenn man jedoch in einer Gesellschaft das Prinzip aufstellt, daß die Brüderlichkeit vom Gesetz erzwungen wird, daß also, deutlich gesprochen, die Verteilung der Früchte der Arbeit gesetzlich, ohne Rücksicht auf die Rechte der Arbeit selbst, geregelt wird, wer kann dann sagen, auf welche Weise dieses Prinzip wirksam werden wird, welche Form ihm die Laune des Gesetzgebers verleihen, in welchen Institutionen es sich kraft eines Dekrets über Nacht verkörpern wird? Ich frage mich, ob unter diesen Bedingungen eine Gesellschaft überhaupt existieren kann.«[160]

Der Liberalismus ist ein erstaunlich inkonsequentes Denksystem. Er weiß, daß Armut den sozialen Frieden bedroht. Ihr systematisch abzuhelfen, weigert er sich jedoch standhaft. Noch größer als seine Angst vor der sozialen Anomie ist seine Furcht vor der ausufernden Bürokratie. Der Liberalismus will den schlanken Staat. Aber er muß ihm zugleich einen starken Arm verleihen, um das Elend wenigstens einzuschüchtern. Mit derselben Leidenschaft, mit der er die erzieherischen und sozialen Pflichten des Staates in lauter persönliche Gnadenakte verwandelt, besteht er auf der ungeschmälerten Wahrnehmung seiner polizeilichen Hoheitsrechte. Es bereitet ihm nicht das geringste Kopfzerbrechen, in ein und demselben Vortrag die Schließung öffentlicher Schulen und den Bau neuer Gefängnisse zu verfügen. Was ist das Gefängnis schließlich anderes als eine weitere Schule des Lebens. Es ist diese Inkonsequenz, die den Liberalismus immer wieder in die Fänge des Staates treibt. Sie treibt ihn zugleich in die Fänge eines ebenso weltfremden wie erbarmungslosen Moralismus.

Daß die Individuen ihre Umstände in der Hand haben, daß sie stärker sind als das, was sie umgibt, ist der Kern des liberalen Menschenbildes. Das höchste Zugeständnis an die sozialen Realitäten, dessen es fähig ist, besteht in der Einräumung eines Systems mildernder Umstände. Mehr als eine Modifikation des Moralismus kommt dabei nicht heraus. Das Unglück eines Menschen mag durch frühe Entbehrungen, ein freudloses Elternhaus oder durch schlechten Umgang »mitbedingt« sein; der Freiheit des Unglücklichen, seinem Leben eine andere Wendung zu geben, geschieht dadurch kein Abbruch. Als wäre diese dürftige Philosophie niemals einer fundamentalen Kritik unterzogen worden, tischt sie uns der Neoliberalismus wie eine Offenbarung auf.

6. Blamiert wurde der liberale Freiheitsdiskurs bereits zu einer Zeit, als er noch eine Zukunft vor sich hatte – von Denis Diderot. Der ahnte wohl, daß er zu weit gegangen war. So hütete er sich, das Manuskript zu publizieren, das diese

Abrechnung enthielt. Erscheinen konnte der im Jahre 1776 abgeschlossene Text, *Rameaus Neffe*, erst viele Jahrzehnte später. Man erinnert sich vielleicht. Ein Philosoph, Diderot selbst, führt eine fiktive Unterredung mit Jean-François Rameau, einem hochbegabten Taugenichts und Neffen des seinerzeit berühmten Komponisten Jean-Philippe Rameau. Der eine verkörpert die Tugend, der andere die Verworfenheit, jener die Vernunft, dieser die Verwirrung, hart am Irrsinn. Das Gespräch dieser beiden variiert, pikanterweise, ein moralisches Thema, die Rechtschaffenheit. Sie allein führe, doziert der Philosoph, zu dauerhaftem Glück. Gemeinheit, Lüge und Verbrechen könnten für kurze Zeit ein scheinbares Glück begründen, auf längere Sicht brächten sie nichts als Schande und Verderben. Nur dem Genie seien Ausnahmen von der moralischen Regel verstattet. Wer geistig im Olymp lebt, mag hier und da im Alltag fehlen.

Rameau hält sich mit solchen Wahrheiten nicht lange auf. Er verstrickt seinen Gesprächspartner in eine andere Welt; in die Welt derer, die jenseits von Gut und Böse leben. Bettelarm, ohne feste Bleibe und bar jeder Hoffnung, eine bürgerliche Laufbahn einzuschlagen, folgen sie nur mehr ihren Instinkten. Moralische Argumente prallen an ihnen ab. Das einzige Argument, dem sie Gehör schenken, ist ihr »leidender Magen«. »Wir scheinen munter; aber im Grunde haben wir alle bösen Humor und gewaltigen Appetit. Wölfe sind nicht heißhungriger, Tiger nicht grausamer. Wir verzehren wie Wölfe, wenn die Erde lange mit Schnee bedeckt war; wir zerreißen wie Tiger alles, was Glück macht. Manchmal vereinigen wir uns; dann gibt es einen schönen Lärm im Tiergarten. Niemals sah man so viel traurige, übelwollende, übeltätige, erzürnte Bestien.«[161] Der Philosoph gibt sich empört. Wirklich erwidern kann er nichts. Den Rameaus dieser Welt Moral zu predigen ist lachhaft, wahrhaftig irre der, der es versucht. Die Grenze zwischen den Nichtswürdigen und den Ehrbaren ist keine Grenze, die der freie Wille zieht. Es ist die tugendblinde Fügung, die den einen hierhin, den anderen dorthin stellt.

Sechzig Jahre später betritt ein kongenialer Erbe Rameaus die literarische Bühne, Büchners *Woyzeck*, und seift den Hauptmann, den er täglich rasieren muß, auch noch mit seiner Weisheit ein: »Ja, Herr Hauptmann, die Tugend, – ich hab's noch nit so aus. Sehn sie: wir gemeine Leut, das hat keine Tugend, es kommt einem nur so die Natur; aber wenn ich Herr wär und hätt ein' Hut und eine Uhr und eine Anglaise und könnt vornehm reden, ich wollt schon tugendhaft sein. Es muß was Schönes sein um die Tugend, Herr Hauptmann. Aber ich bin ein armer Kerl!«[162] Armut der Moral, in doppelter Bedeutung: Moral der Armen, die sich keine Tugend leisten können, und Kritik der herrschenden Moral als einer schalen Etikette.

### § 21 Die Entdeckung des Kollektivs

1. Mit Ausnahme der Gesellen, die einen eigenen Stand begründen wollten, entzündete sich die soziale Problematik an Randgestalten und Außenseitern, an Vagabunden, Bettlern, Invaliden, Irren, Kriminellen, Paupern, Asozialen. Eine neue Lage entstand erst durch das massenhafte Auftreten des modernen PROLETARIERS. Er stand im BRENNPUNKT der Modernisierungsdynamik seiner Epoche, ohne auch nur im geringsten in den Genuß ihrer Errungenschaften zu gelangen, weder materiell noch rechtlich; leibhaftiges Paradox einer ausgegrenzten Zentralfigur.[163] Die erste Antwort auf diese ganz ungewohnte Herausforderung hieß »Politik ohne Staat« und konzentrierte sich auf die Erkundung und Erprobung nichtstaatlicher Auswege aus dem Massenelend. Man diskutierte und initiierte die Wiederbelebung konfessioneller Armenfürsorge, rief eine philanthropische Bewegung für Sparkassen und Unterstützungsvereine ins Leben, desgleichen Ausschüsse für öffentliche Hygiene oder zur sittlichen Hebung von Gefängnisinsassen, forderte die Begüterten auf, enge persönliche Beziehungen zwischen sich als Wohltäter

und Hilfsbedürftigen zu knüpfen, schuf paternalistische Arbeitsverhältnisse, die die Fabrik als kleine Gemeinde in Szene setzten – und gefiel sich ansonsten in der fortgesetzten Verdammung der »gesetzlichen Nächstenliebe«. Was all diese Maßnahmen miteinander verband – die strikte Ablehnung, ja Leugnung der bloßen Existenz des Kollektivs[164] –, bildete zugleich den Grund ihres Scheiterns; gegen den Geist der Zeit ergriffen, zerschellten sie an ihm.

2. Der Kapitalismus mit seiner Leitidee des *laissez faire* spaltete die Individuen, verstrickte sie in wechselseitige Konkurrenz – als INDUSTRIALISMUS rückte er das Kollektiv gebieterisch in den Mittelpunkt der sozialen Erfahrung. Mit dieser Kraftpotenz ausgestattet, zermalmte er den Zusammenhang zwischen der moralischen Qualität eines Menschen und seinem sozialen Geschick. Glück und Unglück wurden gleichermaßen zur Glückssache. In der auf maschineller Großproduktion beruhenden Massengesellschaft stürzten Menschen nicht nur ausnahmsweise, sondern in der Regel unverschuldet, ja ohne jegliches persönliches Zutun ins Verderben. Heute plante man, und morgen brachen Märkte zusammen; soeben bestückte man das maschinelle Ungetüm, im nächsten Augenblick lag man in seinem Schlund. Das individuelle Schicksal wurde zum unkalkulierbaren, unbeeinflußbaren Risiko. Damit veränderte sich die ganze bisherige Konstellation, im Denken wie im Handeln. Hatte der Philanthropismus die soziale Frage als eine individuelle oder Minderheitenfrage aufgeworfen, so hob nun ein Diskurs an, der mit anderen Formaten hantierte, mit Durchschnittswerten, anonymen Trends, namenlosen Wahrscheinlichkeiten. Statt von menschlichem PECH sprach man nunmehr von sozialen ÜBELN.

Natürlich vollzog sich dieser Übergang nicht frei von Widerständen. Der Weg zu einer allgemeinen und gesetzlichen Risikoprävention führte über einen Jahrzehnte währenden Streit zwischen den Verfechtern einer schrankenlosen und den Protagonisten einer sozial gezähmten Marktfreiheit. Ob es um die Einschränkung und später um das Verbot der Kinderarbeit, um die Anerkennung von Berufskrankheiten und die Berentung von Invaliden ging, stets eilten unbelehrbare Liberale herbei, die vor der Heraufkunft eines allmächtigen Vormundschaftsstaates warnten, der die Initiative erstickte und die Faulheit ermutigte. Was in diesem Ringen zunächst die Oberhand gewann, war eher eine Synthese aus Liberalismus und Determinismus, wie der folgende Text von Louis Bourgeois, einem Vordenker der »Risikogesellschaft«, aus dem Jahre 1897 zeigt: »Die sozialen Übel sind jene, deren Ursache nicht nur (!) dem persönlichen Verschulden des Individuums zuzuschreiben ist, sondern dem Verschulden und der Unwissenheit aller. Die sozialen Übel sind jene, deren Auswirkungen sich nicht nur auf das Individuum beschränken, sondern darüber hinaus unweigerlich alle anderen Mitglieder der Gesellschaft betreffen; die sozialen Übel sind jene, deren Ursachen und Auswirkungen in ihrer Dimension weit über das Individuum selbst hinausgehen und bei denen infolgedessen die Haftung der ganzen Nation zum Tragen kommt.«[165]

Die allgemeine Entwicklungsrichtung ließ sich von derlei rückwärtsgewandten Anleihen bei der liberalen Rhetorik nicht aufhalten. Angesichts der industriekapitalistischen Revolutionierung sämtlicher Verhältnisse verlor der Gedanke einer rein individuellen Verantwortlichkeit seine Grundlage und seinen Sinn. Die Schuldverhältnisse waren nicht mehr primär im Individuum begründet. Sie gingen auf eine zugleich reale und ungreifbare Einheit über, auf die Gesellschaft. Die moderne Sozialversicherung, das ganze aufgefächerte System einer nationalstaatlichen Daseinsfürsorge leiten sich von dieser epochalen Wende her. Das liberale Zeitalter ging zu Ende. Das sozialdemokratische Zeitalter brach an, mochten sozialistische Parteien bereits unmittelbaren Einfluß auf die Regierung haben oder nicht.

3. Zumeist besaßen sie diesen Einfluß nicht. Wie der niederländische Soziologe Abram de Swaan in einer vergleichenden Untersuchung nachwies, waren es recht unter-

schiedliche, mitunter höchst ungewöhnliche Koalitionen, die dem Sozialstaat in den Sattel halfen.[166] In Deutschland ging er aus dem Bündnis von administrativ-politischen Eliten und Großindustriellen hervor; in England und Frankreich entstand er mit zeitlicher Verzögerung, aber auf breiterer sozialer Grundlage. Hier nahm die Arbeiterbewegung aktiveren Anteil. Noch später entwickelte er sich in den Niederlanden, dann aber als ein die ganze Nation einigendes Projekt. Die schmalste Basis besaß er in den Vereinigten Staaten, wo er als Koproduktion eines aktivistischen Regimes (des Rooseveltschen) und der Gewerkschaften ins Leben trat und von Anfang an auf den energischen Widerstand von Industrie und Mittelschichten traf.

Aber wie immer er im einzelnen zustande kam, die Wende vom Individualismus zum »Solidarismus«, von der Individual- zur Sozialmoral, war durchaus zweischneidig. Sie erhöhte die Sicherheit, aber auch die Abhängigkeit der sozial Schwachen. Der Kampf gegen das soziale Übel war stets auch ein Kampf gegen seine designierten Opfer, gegen ihre Unordentlichkeit und Unbotmäßigkeit. Man sorgte für ihre Ausbildung, aber man überwachte auch ihre Ernährung, ihren Alkoholkonsum, ihren Umgang; man half ihnen, die Zeit der Arbeitslosigkeit zu überbrücken, aber man trug Sorge, daß sie nicht in Müßiggang verfielen oder, schlimmer noch, illegale Erwerbsquellen erschlossen; man schützte sie vor berufsbedingten Risiken und unterwarf sie zugleich einem peinlich genauen Reglement von Arbeitsvorschriften. Kurz und gut: Man versicherte sie, um sich ihrer als willfährige Mitarbeiter eines gigantischen sozialhygienischen Projekts zu versichern. Jede neue Leistung fand ihre Entsprechung in einem Ausbau der sozialen Kontrolle. Jede Sozialreform stärkte die Definitionsmacht der Experten über das gesellschaftliche Leben. »An den Schnittstellen zwischen Staats- und Privatsphäre nehmen heute Expertengruppen monopolistische Mittlerpositionen ein, Fachleute für Bedürftigkeit, die zwischen den Leistungsbehörden und deren Klientel vermitteln. Sie begleiten die Nutznießer des Sozialstaats, nach feinsten Härtegraden abgestuft, bis zu den totalen Regimes der Rehabilitations- und Vormundschaftsbehörden.«[167]

Dem äußeren Anschein nach hat die institutionalisierte Philanthropie gründlich und ein für allemal mit der Seuchenpolizei früherer Jahrhunderte gebrochen. Sie gibt sich rechtschaffen, diskret und hilfsbereit. In Wahrheit ist diese Rechtschaffenheit oft genug die Maske der Arroganz, die Diskretion der Deckmantel einer unerschöpflichen Wißbegierde, die Hilfsbereitschaft das Lockmittel dauerhafter Abhängigkeit. Das soziale Bürgerrecht trägt einen Knüppel im Tornister. Der fährt, nach zögerlichem Einsatz, nun wieder munter aus dem Sack.

4. In der Mitte des neunzehnten Jahrhunderts, zur Zeit der Entdeckung des Kollektivs, war der Sozialstaat noch ein Projekt. Die Entwicklung der Arbeitsverhältnisse vom individuellen Kontrakt zum gesetzlich garantierten Status zeichnete sich allenfalls vage ab; die ersten kollektiven Versicherungssysteme wiesen zwar in die Richtung des späteren Sozialeigentums, waren aber weder allgemein verbindlich noch miteinander koordiniert. Wie so oft in Zeiten des Umbruchs war man im Denken kühner als im Handeln; man statuierte neue Prinzipien und bequemte sich in der Praxis notgedrungen zum Kompromiß.[168] Eine Ausnahme bildete der Revolutionszyklus der Jahre 1848/49, speziell in Frankreich. Hier deklarierte die provisorische Regierung das Recht auf Leben als erstes Menschenrecht, legte es in den näheren Ausführungsbestimmungen jedoch als Recht auf Arbeit aus. Für die damaligen Verhältnisse nichtsdestoweniger eine Radikallösung der sozialen Frage. Sie überlebte das Scheitern der Revolution nicht, tauchte während der Pariser Kommune 1871 wieder auf und ging mit ihr aufs neue unter. Die deutsche Linke zeigte sich in dieser Frage von Anfang an unschlüssig wie ihr geistiger Stammvater Marx (§ 3.3). Die Arbeit in der modernen Industrie formte und organisierte die

Arbeiterklasse, untermauerte ihre politischen Ambitionen. Daraus einen Rechtsanspruch abzuleiten erschien ihren maßgeblichen politischen Repräsentanten unter den obwaltenden Umständen unrealistisch und im Blick auf das »Endziel« reaktionär. Für Kautsky führte das Recht auf Arbeit direkt »ins Arbeitshaus«. Revolutionär und »Grundlage jeder ernsthaften Sozialreform« sei allein die Proklamation des »Rechts auf Faulheit«, auf Freizeit und Genuß, »auf freie Betätigung der körperlichen und geistigen Kräfte in Spiel und Übung, in Kunst und Wissenschaft«.[169] – Gegen beide Forderungen, die französische wie die deutsche, behauptete sich einstweilen und für noch lange Zeit die alte Unterscheidung zwischen arbeitsfähigen und arbeitsunfähigen Personen samt der ihr zugehörigen Kasuistik von Handikaps.[170] Dennoch blieb nicht alles beim alten. Arbeitsunfähigkeit und Arbeitslosigkeit verwiesen nicht länger auf subjektive Makel, sondern auf objektive Risiken, die einzuschränken und erträglich zu gestalten als Gebot der sozialen Gerechtigkeit empfunden wurde. Die Gesellschaft war BEWUSST ZU ORGANISIEREN, auf der Basis kollektiver Prozesse und Zusammenhänge, den Überlegungen gemäß, die Saint-Simon und andere schon Jahrzehnte zuvor entwickelt hatten.[171]

Die Hinwendung zum Organisationsprinzip und, darauf gestützt, zum staatlichen Interventionismus in Wirtschaft und Gesellschaft wurde und wird von interessierter Seite gern als antiliberale Verschwörung etikettiert. Ein Mythos, wie das Studium der Quellen zeigt. Detaillierte Vorschriften und Regelungen auf dem Gebiet der öffentlichen Gesundheit, der Fabrikverhältnisse, des Transportwesens, der Zölle, der Sozialversicherung ergingen nicht an letzter Stelle auf Anregung überzeugter Anhänger des *laissez faire*. Auf ihrem Höhepunkt angelangt, gefährdete die Marktgesellschaft den Fortbestand der Marktwirtschaft, und um diese zu retten, waren Abstriche vom völlig freien Spiel der wirtschaftlichen Kräfte und Akteure unumgänglich. Ob Liberale, Konservative oder gemäßigte Sozialdemokraten – den drohenden Zusammenbruch des politisch ungezügelten Kapitalismus vor Augen, spielten sie alle die sozialistische Karte aus, die einen offen und mit Zuversicht, die anderen verdeckt und mit schlechtem Gewissen.[172] Die liberale Rhetorik verkam zu bloßem Wortgeklingel, zu reiner Kulissenschieberei. Nur die Kommunisten setzten weiter auf den revolutionären Sturz der kapitalistischen Gesellschaftsordnung. – Heute, nach dem definitiven Sturz der Umstürzler von einst, scheinen alle einflußreichen politischen Lager darauf aus, den gesellschaftlichen Lebensnerv erneut auf seine Widerstandsfähigkeit zu testen. Kurioser Rollentausch: Waren es vor einhundertfünfzig Jahren die Liberalen, die das »sozialdemokratische Zeitalter« mit eröffnen halfen, so sind es gegenwärtig regierende Sozialdemokraten, die einer neuen liberalen Offensive die letzten Hindernisse aus dem Wege räumen. Wer ausschert und die SOZIALE Marktwirtschaft verteidigt, sieht sich unversehens auf der »linken Pole-position«[173]; bejammernswert die Zeit, die solche Helden zeugt!

5. Die Entdeckung des Kollektivs und sein Siegeszug in der zweiten Hälfte des neunzehnten Jahrhunderts bedeutete auch eine SOZIOLOGISIERUNG DES WELTBILDES. Die soziologischen Wissenschaften entstanden in diesem geschichtlichen Kontext und stabilisierten ihn zugleich. Emile Durkheims epochemachende Untersuchung über die gesellschaftliche Arbeitsteilung aus dem Jahr 1893 ist ein Paradebeispiel dieser Dialektik. Durkheim polemisierte gegen Herbert Spencer sowie all jene, die den Vertrag auf eine Abmachung zweier autonomer Parteien, Rechtsindividuen, reduzierten und einseitig auf den Tausch bezogen, auf Transaktionen zwischen Käufern und Verkäufern. Der Gesellschaft fiel lediglich die Aufgabe zu, über die Einhaltung derartiger Verträge zu wachen. Seine berühmte Intervention – »nicht alles ist vertraglich beim Vertrag« – begrenzte das Recht der Vertragsparteien, zog die Gesellschaft als Gesetzgeber ins Spiel, als Garanten dafür, daß die Vertragschließenden sich nicht nur momentan, sondern längerfristig aneinander binden, daß sie Konsequenzen re-

spektieren, die sich aus ihrem Vertrag ergeben, einschließlich solcher, die im Augenblick der Abmachung den Schleier der Ungewißheit tragen.[174]

Durkheim argumentierte zugunsten des harmonischen Zusammenwirkens der Individuen, ihrer Solidarität innerhalb eines Systems weitverzweigter und gegenseitiger Abhängigkeiten, für einen Kompromiß zwischen den individuellen Interessen und der gedeihlichen Entwicklung des Ganzen. Die aktuellen Modalitäten des Tausches am Güter-, erst recht am Arbeitsmarkt seien viel zu flüchtig, zufallsabhängig, um alleinige Grundlage des Vertrags zu sein. Ein Arbeitsvertrag, der lediglich die augenblicklich abschätzbare Ertragslage eines Unternehmens widerspiegelt, das Entgelt einzig danach bemißt, zerstöre das auf die Zukunft gerichtete Zusammenwirken. Er trifft keinerlei Vorkehrungen für den Fall, daß das Unternehmen zugrunde geht und die Arbeiter ihre Arbeit verlieren, ohne jede Sicherung für die Zeit der Arbeitssuche und ohne aus ihrer bisherigen Beschäftigung Ansprüche für ihr Alter ableiten zu können. »Der Tausch ... ist eben nicht der ganze Vertrag; es geht darüber hinaus auch um die gute Harmonie der zusammenwirkenden Funktionen.«[175] Das gesellschaftliche Dasein des Individuums erschöpft sich für Durkheim nicht in der momentanen Position, die es im System der gesellschaftlichen Arbeitsteilung innehat; es umfaßt die Fähigkeit, sich in diesem System als freier und gleichwertiger Akteur bewegen zu können.

6. Kollektive und verpflichtende Risikoprävention, jenseits von Patronage, Markt und nur individueller Absicherung – das war der Kern des Übergangs vom Kontrakt zum Status. Man entschloß sich, umständehalber, der anonymen Gefahrenquelle einen Namen zu geben: »Gesellschaft« (worunter man nicht länger das »Milieu«, sondern die ökonomischen Verhältnisse begriff), und gestaltete diese ultimative Ursache des Scheiterns politisch aus. Die nun durchgreifende Soziologisierung des sozialen Weltbildes schuf eine neue Art zu denken.[176] Sie räumte der rechtzeitigen Gefahrenabwehr Vorrang

vor der Strafe ein, brach mit dem liberalen Primat des Individuums gegenüber der Gesellschaft und statuierte die Vorrangigkeit der großen Kollektive vor dem einzelnen. Das Recht, bis dahin als Korrektiv der bürgerlichen Gesellschaft gegen den Staat verstanden, verwandelte sich in ein Instrument, das die Privatleute notfalls auch gegen ihr kurzsichtiges Eigeninteresse versicherte, dazu zwang, die langfristigen, im Detail nicht vorhersehbaren Folgen ihres Handelns zu berücksichtigen; es wurde zum Großsiegelbewahrer der menschlichen Würde. – Was bisher als rein privat galt, als persönliches Schicksal, Versagen, Zufall, fiel nunmehr in den Bereich des öffentlichen Interesses und der Zuständigkeit gesellschaftlicher Agenzien. Funktionswandel auch in der Moral: Umstellung von der geträumten Autonomie unbeschränkter Willensfreiheit auf die verinnerlichte Abhängigkeit von unbekannten anderen. Alles in allem: Rückkehr nach verlustreicher Verwirrung zum Grundsatz jener Wirtschafts- und Rechtsordnungen, die dem Kapitalismus vorausgingen – daß es nämlich »nicht Individuen, sondern Kollektive (sind), die sich gegenseitig verpflichten, die austauschen und kontrahieren; die am Vertrag beteiligten Personen sind moralische Personen«.[177]

Es war diese geistige Wende, die das moderne Sozialeigentum und die Versicherungsgesellschaft hervorbrachte. Sie bereitete der stürmischen Ausbreitung des öffentlichen Dienstes den Weg, öffnete Menschen aus der Mittel-, auch aus der Unterschicht weite Aufstiegskanäle, verhalf Ärzten, Juristen, namentlich Lehrern zu Ansehen, Einfluß und sozialer Normierungskraft. Sie etablierte die moderne Expertenherrschaft und erzwang zugleich die Protoprofessionalisierung der Laien. Sie ermöglichte erstmals in der Geschichte des Kapitalismus die gesellschaftliche Teilhabe aller oder doch fast aller sozialer Gruppen am wirtschaftlichen Fortschritt; die STELLE wurde mit Merkmalen und Garantien ausgestattet, die ihrem Inhaber zu einer anerkannten STELLUNG in der Gesellschaft verhalfen. Sie bewirkte die

Selbststabilisierung des Kapitalismus und leitete eine neue Phase der Entwicklung ein – die Lohn- bzw. Erwerbsarbeits-gesellschaft.[178]

7. Die lange Reihe problematischer Figuren beschließt der IMMIGRANT. Als der Fremde, der heute kommt und morgen bleibt, durchstreift er die Weltgeschichte und beunruhigt die schon Eingesessenen, wo immer er auftaucht. Gesellt sich zur gewöhnlichen Fremdheit die ethnische hinzu, bedarf es schon überaus glücklicher Begleitumstände, um die Bedenken der Etablierten zu zerstreuen. Mischt er sich unter sie von bloßer Not mobil gemacht, von ihrem Wohlstand, ihrer Friedfertigkeit herbeigelockt, dulden sie, wenn es gut kommt, sein Verweilen, in der Erwartung, daß er wieder geht. Willkommen ist er, allenfalls, mit Fähigkeiten im Gepäck, die sich am Ankunftsort verwerten lassen, Ansehen oder Reichtum der Wirtsgesellschaft mehren. Verfügt er über Fähigkeiten so rar wie exklusiv, umwirbt man ihn zuweilen und dient ihm bürgerliche Rechte an. Athen und Rom, die Höfe des Altertums wie der Neuzeit schmückten sich mit solchen »guten« Fremden.

Der Kapitalismus schätzt den Immigranten als anderswo schon fertig produziertes »Humankapital«, das nur noch ausgewertet werden muß. Unter den fortgeschrittenen Industriegesellschaften der Gegenwart ist ein regelrechter Raubzug um die klügsten Köpfe dieser Erde ausgebrochen, der jeden Gedanken an das Unrecht und an den Schaden verdrängt, den diese in großem Stil betriebene Abwerbung den zumeist armen Herkunftsstaaten zufügt. Was den »Talentscout« eines großen Unternehmens mit dem Werbeoffizier aus den Zeiten des Absolutismus verbindet, ist dieselbe Gewissenlosigkeit, dieselbe widerwärtige Gier nach Beute. Der eine schöpfte, der andere schöpft die Hoffnung und die Zukunft ganzer Länder ab, mag beider Fang noch so verschiedene Aussicht winken.

1. Der frühe Kapitalismus proletarisierte die Arbeiterschaft, die Lohnarbeitsgesellschaft hebt diese Proletarisierung weithin auf. Die Differenz zwischen proletarischer Lage und Arbeiterlage kommt gut in der Forderung zum Ausdruck, die bereits Proudhon erhob: »Der Arbeiter«, schrieb er 1841, »muß über seinen derzeitigen Lebensunterhalt hinaus in seiner produktiven Arbeit noch eine Garantie für seinen zukünftigen Lebensunterhalt finden, denn die Quelle der Produktion kann versiegen und seine produktiven Fähigkeiten unwirksam werden. Anders gesagt: Aus der vergangenen Arbeit muß die künftige Arbeit ständig neu erstehen.«[180]

Der Arbeiter hat Anspruch auf diese Garantien, weil der kooperative Prozeß, in den er eingeschaltet ist, einen Reichtum schafft, der in individuellen, rein kontraktlich vereinbarten Lohneinheiten gar nicht gemessen werden kann. Das Ganze ist mehr als die Summe seiner Teile. Die Doktrin von der Arbeitskraft als Ware unterschlägt diese Gratisgabe gemeinschaftlich verrichteter Arbeit, spielt sie dem Eigentum in die Hände, ohne jede Rückerstattung; Eigentum, das so zustande kommt, ist Diebstahl. Die Lohnarbeitsgesellschaft schränkt diesen Diebstahl ein. Die Löhne hören auf, ein bloßes Äquivalent des nackten Arbeitsvermögens zu bilden, und folgen dem Wachstum und der Produktivität. Zwar mißt die Arbeit mit kleinerem Scheffel als der Kapitalbesitz, steht sie hinter leitenden Funktionen und hoher Qualifikation zurück, partizipiert sie am wachsenden Reichtum nur proportional zu dem ihr zuerkannten Rang[181] – aber sie HAT teil an ihm, und das ist das neue, entscheidende Moment. Was Marx für eine Grille des »Bourgeoissozialismus« hielt, wurde zur zentralen Losung der Lohnarbeitsgesellschaft: »Bourgeoisie ohne Proletariat!«[182] Das ihr eingeschriebene Versprechen hielt für mehr als einhundert Jahre, bildete Fundament und Kern der sozialen Identität der arbeitenden Massen, der Wiederaneignung ihrer gesellschaftlichen Würde. Die neue, »bürgerliche Form der Lohnabhängigkeit« schloß auskömmliche Löhne ein, aber auch menschliche Wohnverhältnisse, öffentliche und kostenlose Schulbildung, zunehmende Freizeit, erweiterten Konsum, private Vermögensbildung und staatlich organisierte Daseinsfürsorge.[183]

Die Blütezeit der westlichen Lohnarbeitsgesellschaft reichte von der Mitte der 1950er bis zum Beginn der 1970er Jahre und fiel in die Ära des »Wachstumsstaates«. Der fungierte nicht nur als Garant sozialer Rechte und Ansprüche sowie als öffentliches Stellenparadies, sondern auch als Motor der Individualisierung. Risikominderung und Vorsorge oblagen mehr und mehr öffentlichen Körperschaften und gesetzlichen Regelungen, familiäre und nachbarschaftliche Ressourcen der Daseinsführung verkümmerten entsprechend. Gerade deshalb wirkt sich der gegenwärtige Rückzug des Staates aus seinen Sicherungsfunktionen vielfach so verheerend aus. Die mitmenschlichen Bindungen, Netzwerke, auf die die einzelnen dadurch verwiesen werden, ähneln einem löcherigen und dünnen Mantel oftmals mehr als einem wärmenden Gehäuse; die Individualisierung wird zur Falle. Die Sorge, das Individuum könnte sozial wieder vereinsamen, in Not geraten und dann weder in der öffentlichen noch in der privaten Sphäre ausreichenden sozialen Halt finden, lief eher am Rande mit, als der Sozialstaat auf der Höhe war, seinem Zenit als Wohlfahrtsstaat entgegentrieb. »Die soziale Frage schien sich im Glauben an einen unbegrenzten Fortschritt aufzulösen.«[184]

2. Es kam anders.[185] Die moderne Erwerbsarbeitsgesellschaft durchlief ihren Scheitelpunkt in den späten 1960er Jahren und bewegt sich seit den frühen 1970er Jahren auf absteigender Linie. Symptome des seither kritischen Verlaufs sind Massenarbeitslosigkeit, Krise des unbefristeten Vertrags, Spaltung zwischen Kernbelegschaften und Peripherie, poröse Arbeitsbiographien, prekäre Arbeitsverhältnisse in finanzieller, sozialer oder rechtlicher Hinsicht oder in all diesen Aspekten zugleich (§ 7.3–4; § 11.4–5). Nun, wo sich der

Platzmangel an geachteten und auskömmlichen Stellen in der Sozialstruktur unübersehbar bemerkbar macht und das Erwerbssystem sein gutes Gewissen verliert, erfahren die darauf angewiesenen Menschen schmerzlich, daß Arbeit mehr ist als nur Arbeit und »gute« Arbeit nur, wenn sie die gesellschaftliche Stellung mit sich führt (§ 6). Doch genau daran herrscht eklatantes Defizit. Immer mehr Menschen erleben Lohnarbeit als eine bedrohliche Situation. Für die überzähligen »Nicht-Ausgebeuteten« hat diese Bedrohung längst handgreifliche Formen angenommen. Die bürgerliche Form der Lohnarbeit, die die soziale Problematik des neunzehnten Jahrhunderts gelöst zu haben schien, steht erneut in Frage.

3. Die nun schon klassische Erwerbsformation band die Äquivalenz von Sicherheit und Kontrolle (§ 21.3) mit einer zweiten zusammen, die zwischen Gewährung und Rückerstattung ein Gleichheitszeichen setzte. Vorbeuge gegen das Risiko ja, aber nicht für immer, sondern für eine kritische Zwischenzeit, die dann wieder »normalen« Zeiten weicht; Zeiten, in denen sich der Leistungsempfänger von heute in den Arbeiter zurückverwandelt, der er gestern war, und in dieselben Kassen einzahlt, die ihn unterhielten.

Was dieses System fast ein Jahrhundert lang trug und auch für die Privilegierten tragbar machte, war das Prinzip der »Wiedergutmachung«. Es praktisch einzulösen, bedurfte es des Ineinandergreifens von Wirtschafts- und Beschäftigungswachstum. Phasen, in denen sich dieser Zusammenhang lockerte oder auflöste, galten als Phasen krisenhafter Entwicklung. Der nächste Aufschwung, die nächste Basisinnovation würde Abhilfe schaffen. Was aber, wenn die Krise zur Normalität wird? Wenn sich die Beschäftigungslage nicht allein vom Konjunkturzyklus, sondern vom Wachstum selber löst? Wenn die Arbeitslosigkeit sowohl in Phasen der wirtschaftlichen Depression als auch in solchen allgemeiner Euphorie grassiert? Wenn, mit anderen Worten, immer mehr Menschen nicht nur zeitweise, sondern dauerhaft zu Kostgängern des Sozialstaates werden? Wenn der typische Empfänger sozialer Leistungen nicht mehr der ist, der zurückerstattet, sondern derjenige, der empfängt und empfängt und empfängt? Dann verliert die staatliche Daseinsfürsorge ihr bisheriges Fundament und ihre Überredungskraft. Dann wird der Konsens brüchig, nicht zuletzt der zwischen Arbeitsbesitzern und Nichtbesitzern. Dann wittert der Liberalismus eine neue Chance. Dann droht die Reprivatisierung der Fürsorge, ihre Rückbildung zur ungebundenen Nächstenliebe. Und damit sind wir gegenwärtig konfrontiert.

Die soziale Frage des frühen einundzwanzigsten Jahrhunderts ist die Frage nach dem Schicksal von Millionen von Menschen, für die der Gegenwartskapitalismus anscheinend keine Verwendung mehr hat. Was wird mit diesen Überflüssigen geschehen? Wird man sie einer immer detaillierteren sozialen Kontrolle unterwerfen; einer Kontrolle, die im selben Maße eskaliert, in dem die Wahrscheinlichkeit der Rückerstattung sinkt? Wird man sie, wenn diese Wahrscheinlichkeit in Gewißheit umschlägt, vollends aus der Gesellschaft drängen? Und muß mit diesen Dauerreservisten der späten Industriemoderne die Aussichtslosigkeit des frühen neunzehnten Jahrhunderts nicht geradezu zwangsläufig wiederauferstehen, nur massenhafter, unabwendbarer? Gibt es Möglichkeiten, den historischen Kompromiß von Erwerbsarbeit und Menschenwürde auf eine humane Weise zu kündigen? Kann man beider Schicksalslinien so entflechten, daß man jene verlieren und diese dennoch wahren kann?

4. Die Krise der Lohnarbeitsgesellschaft hebt die alte Arbeiterfrage dialektisch auf; sie verliert ihre herausgehobene Bedeutung und gewinnt allgemeine Gültigkeit. Die neue soziale Frage besitzt desto größere Aussichten, öffentlich durchzudringen, je hartnäckiger sie die Privilegierten heimsucht und verängstigt (letzter Tribut des Elends an den Status?). Die Vereinigten Staaten von Amerika lieferten vor wenigen Jahren einen überzeugenden Beweis für diese Feststellung. Solange die Massenarbeitslosigkeit, soziale wie

183

kulturelle Verelendung im wesentlichen die Unterschichten trafen, die Schwarzen, Hispanics, bluecollar-Arbeiter, erregte sich kaum jemand unter den Bessergestellten öffentlich über das damit verbundene Unrecht.

Das änderte sich, als der Bazillus die eigenen Reihen erreichte. Als er dort eine Epidemie auslöste, verfielen die etablierten »Stände« in eine wahre Panik. – Im Frühjahr 1995 verwandelte sich Amerikas angesehenste Tageszeitung, die *New York Times*, in eine Art Kummerkasten des gehobenen Mittelstands. Anlaß für die Dutzende von Briefen, die das Blatt täglich erreichten, war eine brillant geschriebene Serie über die wirtschaftliche und soziale Lage der USA im Zeitalter der Globalisierung. Das Fazit der Recherche: Nachdem der Kapitalismus über eineinhalb Jahrhunderte hinweg parasitär von der Abhängigkeit und der Angst der kleinen Leute gezehrt hatte, schickt er sich nun, an der Schwelle zum einundzwanzigsten Jahrhundert, dazu an, seinen angestammten Trägerschichten dasselbe Schicksal zu bereiten. Wie auf ein Stichwort schrieben die sich die Frustration der letzten Jahre von der Seele. Man muß einige dieser Stimmen vernommen haben, um das Neue und Ungewohnte der jüngsten Entwicklung verstehen zu können. Da äußert sich eine Mary Berne aus New Jersey mit einer für ihresgleichen geradezu verstörenden Offenheit, die das ganze Ausmaß der erfahrenen Kränkung widerspiegelt und zugleich eine Art Kollektivporträt der neuen Überflüssigen zeichnet:[186]

»Wer sind wir? Wir sind die Generation der Endvierziger und Anfangfünfziger. Wir sind die, die ihren Job verloren haben. Sie können uns erkennen, wenn Sie uns auf der Straße beobachten. Die Männer unter uns sind die mit den kurzen, adretten, leicht angegrauten Haaren, angetan mit gediegenen, jetzt etwas ausgebeulten Anzügen von *Brooks Brother*, in der Hand Aktenkoffer aus feinem Leder. Die Frauen tragen konservativ geschnittene ›Erfolgskostüme‹ und geschäftsmäßige Frisuren. Wir sind die, denen Sie tagsüber auf den Bürgersteigen begegnen, die mit einem erwartungsfrohem Gesichtsausdruck an Ihnen vorbeieilen, auf dem Weg zu einem Berufsberatungszentrum oder (wie die Glücklichen unter uns) zu noch einem Bewerbungsgespräch. Sie treffen uns nach Feierabend, zu Gruppen versammelt, in den Cocktailbars der Innenstädte, Tips austauschend oder Kriegsgeschichten, einander tröstend während eines schnellen Biers oder eines Glas Weins auf dem Heimweg von einem neuen frustrierenden Tag voller Suche nach Arbeit, die es nicht gibt. Es macht uns fast verrückt vor Wut, aber wir müssen es schlucken. Wir haben hart gekämpft, seit wir ins Berufsleben eintraten. Wir fingen an, als wir die Zwanzig eben überschritten hatten, und mit Anstrengung, Erfahrung und etwas Glück arbeiteten wir uns bis ins höhere Management vor. Und nun teilt man uns mit, daß unsere Gesichter nicht mehr in die neue Landschaft passen. Nun rangiert man uns aus. Nun setzt man die Generation der Anfang Dreißigjährigen an unsere Stelle, und all unsere Hingabe und unsere Erfahrung zählen nichts mehr. Wir sind die erste Generation, die damit fertig werden muß, die nicht weiß, wohin der Weg sie führt. Welche Aussichten gibt es für uns? Wie können wir überleben? Um persönlich zu sprechen. Mein Mann und ich sind nur zwei in einem größeren Kreis von Freunden und Bekannten, die allesamt diese furchterregende und niederschmetternde Zeit durchgemacht haben. Mein Mann arbeitete bis vor etwa einem Jahr als leitender Angestellter bei einer internationalen Organisation. Ich selbst war mehr als zwanzig Jahre Chefsekretärin in einem weltweit operierenden Unternehmen. Dann wurde ich entlassen, und mein Mann wurde ›gesundgeschrumpft‹. Nach einer längeren Periode vergeblichen Ausschauhaltens nach anderen Arbeitsmöglichkeiten entschloß sich mein Mann, ein eigenes Unternehmen zu gründen – eine Stellenvermittlungsfirma. Wer werden ihre Kunden sein? Nun, Leute desselben Alters und Herkommens, Menschen, die plötzlich entlassen oder Opfer von Sparmaßnahmen wurden. Von den vier Frauen, mit denen ich früher zusammenarbeitete, hat nur eine ihre Arbeit behalten. Der Arbeitsmarkt für geschulte Fachsekretärinnen ist düster, und wir schlagen uns durch oder versuchen es wenigstens, indem wir als Aushilfskräfte arbeiten oder, wie in meinem Fall, als Assistentinnen unserer Männer. Mein Schwager mußte mit 63 Jahren eine lange und erfolgreiche Ingenieurkarriere aufgeben, so daß er nicht imstande sein wird, seine volle Rente zu beziehen. Meine Schwester, eine versierte Verwaltungskraft mit über 25 Jahren Berufserfahrung kann wegen ihres Alters und – verrückterweise – ihrer Erfahrung keine neue Stelle finden. Wir alle kennen die Ausrede – ›überqualifiziert‹.

Die achtziger Jahre meinten es gut mit uns. Wir hatten Häuser, und wir arbeiteten hart, um sie abzubezahlen. Das sind die Häuser, in denen wir Familien gründeten und die wir als Investition in unser Alter ansahen. Aber solche ›goldenen Tage‹, die diejenigen genossen, die vor uns kamen, werden uns nicht beschieden sein. Jene von uns, die noch Familie haben, müssen sich mit dem Gedanken vertraut machen umzusiedeln, die Kinder aus den Schulen zu reißen, Freunde und Verwandte zurückzulassen. Männer, Frauen, Kinder – sie alle müssen große Opfer bringen. Unsere Hoffnungen und Pläne wurden zerstört, und wir sind machtlos. Die Ziele, die wir uns setzten – harte Arbeit, etwas erreichen, Geld verdienen, mit Würde ins Alter gehen und der nächsten Generation Platz machen –, sind entwertet. Statt unsere Absichten zu verwirklichen, der Gesellschaft etwas zurückzugeben, ehrenamtliche Arbeit, Unterstützung der Armen, Weitergabe unseres Wissens und unserer Fähigkeiten, werden wir eines Tages vielleicht selbst zu Hilfsempfängern, und Gott schütze uns vor Krankheit. Denn private Krankenversicherung ist für Arbeitslose unerschwinglich teuer. Waren die Erwartungen, die wir an unser Leben hatten, etwa unrealistisch?«

5. Die Frau, sie sagt es selbst, steht nicht allein. Viele Gutsituierte, die sich das nie hätten träumen lassen, sind in den

neunzigern gestrandet. Ein Ökonom kommt zu Wort, der fünfzehn Jahre für die Weltbank arbeitete. Von einem Tag auf den anderen gefeuert, bekennt er sich als »ratlos« und »verwirrt«. Ein Doktor der Chemie schildert seinen Leidensweg, der ihn von Teilzeitjob zu Teilzeitjob durch halb Amerika führte. Mit jedem Stellenwechsel verringerte sich sein Einkommen. Seit einem Jahr dennoch arbeitslos, träumt er nur mehr einen Traum – den von einer »festen Stelle«. Da ruft ein Brigadegeneral den Zivilisten die Opfer der Berufssoldaten ins Bewußtsein. »Ich fühle mit all denen im zivilen Leben, die Entlassungen hinnehmen mußten. Aber die ›Friedensdividende‹, die viele Armeeangehörige jetzt zahlen müssen, nachdem sie unserem Land treu gedient haben, ist eine besonders bittere Pille.«

Andere, die ihre Arbeit einstweilen behielten, berichten von ihrer Angst. »Personalabbau«, schreibt ein Manager, »ist eine Katastrophe für jene, die ihren Job verlieren, und ich möchte mich nicht vermessen, meine eigenen Sorgen damit zu vergleichen. Aber es ist auch eine extreme Belastung für uns, die wir das Glück hatten, unsere Arbeit zu behalten. Wir alle leben in der beständigen Furcht, die nächsten zu sein. Und wir sind die nächsten!« Ein Mitarbeiter eines großen Architekturbüros gibt näheren Einblick in die rabiaten Überlebenskämpfe der einst so guten Gesellschaft: »Die Leute kämpfen verzweifelt darum, ihre Jobs zu behalten, besonders die mit Kindern auf dem College. Miese Intrigen und erbitterte Machtkämpfe sind an der Tagesordnung. Ich habe beobachtet, wie sich nette Leute in wilde Tiere verwandelten, die mit Krallen um ihr Überleben kämpfen. Manche verbringen ganze Stunden damit, Mitteilungen zu verfassen, in denen sie ihr bloßes Dasein rechtfertigen. Das alles ist so erbärmlich, so bizarr.«[187]

6. Manche dieser Stellungnahmen wirken larmoyant. Und in den Ohren der wirklich Ausgeschlossenen klingt das Klagelied der feinen Leute verlogen. »Wir Schwarzen«, schreibt einer von ihnen, »wissen, was Unsicherheit ist, seit wir der

Sklaverei entkamen. Heutzutage hat die Arbeitslosigkeit unsere Gemeinschaft in einen wahren Nihilismus gestürzt. Wie ironisch, daß nun, wo dem weißen Mittelklassen-Amerika widerfährt, was wir seit je gewohnt sind, sofort ein neuer Ausdruck zur Hand ist – ›downsizing‹.«[188] Das mag man in der Tat ironisch nennen. Denn indem man einem geläufigen Tatbestand einen anderen Namen gibt, setzt man die alte Spaltung ausgerechnet in dem Augenblick fort, wo ihr objektiver Grund entfällt. Die »Arbeitslosigkeit« des Schwarzen unterscheidet sich vom *Downsizing* des Weißen um keinen Deut. Wenn jener seine Erfahrung in die handelsüblichen Worte »Ich wurde gefeuert« faßt, meint er exakt dasselbe, was dieser mit der Modeformel »Dann schrumpfte man mich klein« zum Ausdruck bringt.

Mit seinem *Newspeak* wehrt sich der weiße Mittelstand ebenso ohnmächtig wie arrogant gegen eine Gemeinsamkeit, die er als bedrohlich, vor allem aber als entwürdigend erlebt. Noch im Untergang tröstet er sich mit dem Gedanken an zweierlei Unglück, zwei Sorten von überflüssigen Menschen. Das Unglück der anderen gilt als normal, das eigene Unglück ist wider die Natur, jenes ist Schicksal (wenn nicht Verfehlung), dieses ist Unrecht. Es ist die Stärke des Kapitalismus, daß er noch im homogenen Raum des Scheiterns Begehrlichkeiten und Sehnsüchte produziert, die Millionen von Menschen daran hindern, ihm als dem eigentlichen Urheber ihres Scheiterns auf die Spur zu kommen.

Derlei Selbsttäuschungen mögen dem System eine fassadenhafte Legitimation bescheren. Aber Gesellschaften, die ihre eigenen Trägerschichten opfern, stehen im Krisenfalle schutzlos da. Dafür lieferte der Staatssozialismus kürzlich ein eindrucksvolles Beispiel. Nicht, wie er mit seinen Widersachern verfuhr, besiegelte sein Schicksal, sondern die Art, wie er mit den Gutwilligen umsprang. Die größten Enttäuschungen erlebten jene, die sich auf ihn einließen und nur »das Beste« wollten. Als diese sich, Mal um Mal zurückgestoßen und verprellt, in Scharen abwandten, waren die Würfel im Prinzip gefallen. Nun genügte irgendein Anlaß, um das ganze Gebäude zum Einsturz zu bringen. Niemand mochte noch ernstlich etwas riskieren, um es zu erhalten, weder die breite Mitte der Gesellschaft noch die Funktionseliten, nicht einmal Armee und Polizei.

Der Gegenwartskapitalismus zeigt deutliche Merkmale einer ganz analogen Aushöhlung. Da kommen selbst den Zaghaften kühne Gedanken. So wie jenem New Yorker Politologieprofessor, der über eine Zukunft nach dem Kapitalismus philosophiert: »Die Problematik, vor der wir heute stehen, erfordert, daß wir die Frage nach einem alternativen ökonomischen System aufwerfen, das allen Arbeit gibt und jedermann ein anständiges Leben ermöglicht. Unser Problem ist nicht, wie wir mehr mit immer weniger erzeugen, sondern wie wir den Überfluß auf eine gerechte und demokratische Weise verteilen können. Gelingt uns das nicht, dann ertrinken wir inmitten des Überflusses. Für eine vermeintlich rationale Spezies ist eine solche Perspektive nicht nur verrückt, sondern auch völlig unnötig. Kurzum, wenn der Kapitalismus die Probleme nicht länger lösen kann, vor allem die rapide steigende Arbeitslosigkeit, ist es dann nicht Zeit sich zu fragen, ob irgendeine Form des demokratischen Sozialismus bessere Antworten weiß?«[189] – Man sieht: Wenn der Terror ins Zentrum dringt, in die oberen Etagen, verwandelt sich die soziale Frage umgehend in eine Systemfrage. Dann fängt man an, sogar mit dem Teufel zu kokettieren; ein Zeichen dafür, daß das grundlos gewordene Ganze reif geworden ist, nicht für den Untergang und ebensowenig für die »Revolution«, wohl aber für eine Generalinventur.

7. Nachdem sie das Schicksal ihrer Unterstellten ereilte und sie selbst entlassen wurden, präsentieren sich Führungskräfte der Wirtschaft als die eigentlichen Opfer des *reengineering*, beklagen sie das Ende der Aufstiegsorientierung, den Verlust an Lebenskontrolle, die Vergiftung des beruflichen Lebens. Eine sozial verzerrte Sicht auf das ganz alltägliche Leiden an der Gesellschaft, zweifelsohne, und

zudem voller Widerstände gegen eine gemeinschaftliche, politische Antwort auf die persönliche Not. Wissenschaftliche Untersuchungen benennen die Moralisierung des sozialen Scheiterns als größtes Hindernis für Veränderungen; eine Moralisierung, die in den Vereinigten Staaten von Amerika kulturell besonders tief verwurzelt ist.[190]

»Politik ohne Staat«, die zur Lebenshaltung gewordene Parole schreckt am Ende sogar vor der Politik zurück, beschränkt sich auf rein individuelle Anpassungsleistungen, auf therapeutische Selbstkorrektur. Dieselbe Erfahrung indes, die den Stolz kränkt und zum Rückzug aus der öffentlichen Sphäre führt, birgt die Möglichkeit eines Bündnisses potentiell in sich. Wenn sich die Verwundbarkeit des Daseins bis zu den Oberschichten durchspricht, ist es nur noch ein kleiner Schritt bis zu der Erkenntnis, daß es sich dabei um einen von Menschen gemachten Prozeß handelt, daß es Verantwortliche für die Misere gibt. »Washington did it!«[191] – mit solchen Vereinfachungen hat noch jedes Aufbegehren angefangen.


## § 23 Sackgassen, Auswege

1. Castel riskiert einen langen Blick in den Abgrund, der sich vor der Lohnarbeitsgesellschaft in ihrer heutigen Verfassung auftut – und macht dann gleichsam auf dem Absatz kehrt. Als sei er im Verlauf seiner Forschungen mit dem Objekt seiner Wißbegierde eins geworden und könne sich nun nicht mehr von ihm trennen, investiert er seinen ganzen Scharfsinn in Rettungsversuche des professionellen Erwerbs. »Gute« Stellen für alle im System der gesellschaftlichen Arbeits- und Funktionsteilung durch eine staatlich initiierte Umverteilung der knappen Ressource Arbeit, durch Verkürzung der täglichen, wöchentlichen, monatlichen, jährlichen oder Lebensarbeitszeit, das ist sein Vorschlag, sein Programm. Eine »gute« Stelle – ist das nicht ein Ort der

Betätigung produktiver Fähigkeiten; ein Stützpunkt stabiler Sozialbeziehungen? Ein Portal zur Teilhabe am geistig-kulturellen Leben? Quelle und Garant auskömmlichen Einkommens? Die kurze Aufzählung genügt, um eine früher getroffene Feststellung zu erhärten: Für alle reicht es nicht. Castels Medizin ist Teil jener hastigen Soziologie, jener Instant-Wartungstätigkeiten am Gegenwartskapitalismus, die er ansonsten überzeugend kritisiert.

Er liefert selbst die Gegenargumente: Einerseits verschwinden mehr Stellen, besonders »gute«, als neue entstehen, andererseits tragen die fortbestehenden Arbeitsverhältnisse längst nicht mehr das Gütesiegel früherer Jahrzehnte.[192] Er stellt die richtigen Fragen (»Worin könnte eine soziale Eingliederung bestehen, die nicht auf eine berufliche Eingliederung ... hinausläuft?«[193]) aufgrund triftiger Diagnose (»Zum ersten Mal in der langen Geschichte der sozialen Sicherung wird die Unterscheidung zwischen den arbeitsfähigen Bevölkerungsgruppen und denen, die nicht arbeiten können, über den Haufen geworfen.«[194]), und er peilt präzise den Notstand an, der zum Handeln zwingt: die tiefgreifende Verunsicherung der Lebens- und Arbeitsverhältnisse ALLER sozialen Schichten. Aber er schafft keine konzeptionelle Synthese, und er sagt uns auch, warum er das nicht leistet: Arbeit bleibt für ihn das »Hauptfundament der *citizenship*«, Grundlage sozialer Rechte und Pflichten, von Verantwortung und Anerkennung.[195] Er ahnt das Revolutionäre der neuen sozialen Frage, beantwortet sie aber letztlich auf herkömmliche Art, mit der »Neuformulierung des alten Prinzips des Rechts auf Arbeit«.[196] Sein finaler Imperativ wirkt ebenso sympathisch wie (angesichts seiner eigenen Analysen) weltfremd: »Darauf hinwirken, daß jeder einen Platz im Kontinuum der gesellschaftlich-anerkannten Positionen findet, behält oder wiederfindet, Positionen, die auf einer echten Arbeit fußen und Voraussetzung für ein würdiges Dasein und soziale Rechte sind.«[197]

191

2. Umverteilung der Arbeit oder Bürgergeld – ist DAS die Frage, die hinter der sozialen Frage unserer Tage steht? Castel scheint dieser Ansicht, denn auf den letzten Seiten seiner Untersuchung genzt er seine Lösung schroff von der in diesem Buch vertretenen ab: »Die Problematik der Umverteilung von Arbeit wird häufig und meines Erachtens zu Unrecht in einen Topf geworfen mit dem Plädoyer für ein Grundeinkommen ... Zu Unrecht, weil die Idee einer Einkommensumverteilung ein ganz anderes Gesellschaftsmodell impliziert. Sie akzeptiert den Bruch zwischen den Einkommen einerseits und den an die Arbeit geknüpften sozialen Rechten andererseits, welche die Problematik der Umverteilung der Arbeit dagegen nicht hinnehmen will.«[198] Ohne die Unterschiede zwischen den beiden Konzeptionen verwischen zu wollen, scheint es doch ganz unangebracht, sie zu einander ausschließenden Gegensätzen hochzustilisieren. Sie ergänzen sich, und zwar wie folgt: Arbeitsumverteilung, sei es durch Herabsetzung der gesetzlich normierten oder vertraglich vereinbarten Arbeitszeit (Frankreich, deutsche Betriebsmodelle), sei es durch regelmäßigen Wechsel zwischen Arbeits-, Bildungs- und Familienzeiten (Skandinavien) macht Sinn auch bei flacher werdendem Stellenpool, ist Ausdruck sozialer Gerechtigkeit in Zeiten des Schrumpfens (§ 39.6). Nur trifft sie keine Vorkehr für jene, die dennoch ausgeschlossen bleiben oder denen der Eintritt ins »Kontinuum der Positionen« versagt bleibt; hier springt die Grundsicherung ein. Nur durch Bündelung läßt sich eine kohärente Politik der Arbeit formulieren, die ihren Gegenpol, die Nichtarbeit, in sich einbegreift (§ 10.4–5).

Das Verbindungsglied der beiden Strategien hat Castel wiederholt benannt; es ist die PREKASIERUNG, die Verwundbarkeit, Verletzlichkeit des Daseins in jeglicher Gestalt. Prekär, auf nicht selten verzweifelte Weise, ist das Leben der ökonomisch Überflüssigen und sozial Entkoppelten; prekär ist ein Leben, das sich durch Arbeit an den Randzonen des Erwerbssystems eher über Wasser hält als wirklich erdet;

prekär auf schwerer zu durchschauende Art ist auch das Arbeitsleben der vom Glück und vom Erfolg Verwöhnten – die Ära der kumulativen Verdienste, des fraglosen Einsseins von Person und Stelle, ist auch für sie passé.

3. Von außen, von den Rändern und auch im Zentrum wachsenden Erschütterungen ausgesetzt, Abbrüchen und Erosionen, stößt die Erwerbsarbeitsgesellschaft an die Grenze nicht ihrer ökonomischen Leistungsfähigkeit, wohl aber ihrer Integrationskraft. Das wirklich Neue an der sozialen Frage der Gegenwart ist die definitive Auflösung des altbewährten Junktims von ökonomischer Existenzgewinnung und gesellschaftlicher Einbindung. Bis hinein ins letzte Drittel des zwanzigsten Jahrhunderts erschien die soziale Integration der Individuen als beinahe logische Konsequenz ihrer Einbindung in den wirtschaftlichen Lebensprozeß. Soziale Integration WAR ökonomische Integration, für den weit überwiegenden Teil der Erwerbsbevölkerung. Seither lockerte sich dieser Zusammenhang für eine wachsende Zahl von Menschen, und nichts spricht dafür, daß die beiden Integrationsmechanismen wieder denselben harmonischen Rhythmus finden könnten, im Gegenteil. Mit unerhörter Geschwindigkeit löst sich die Akkumulation des Kapitals von ihrer Kopplung an die »gute« Arbeit. Produktion unter Einschluß eines dramatisch sinkenden Quantums lebendiger Arbeit unterminiert die vormaligen Beschäftigungsgewinne wirtschaftlichen Wachstums, und der politische Vorhang, der den Akkumulationstrieb national einfangen könnte, ist längst zerrissen.

Die dadurch herbeigeführte Krise enthüllt die Autonomie der gesellschaftlichen Integration und untergräbt sie zugleich. Im selben historischen Moment, in dem die Eigenart und Unabhängigkeit des sozialen Zusammenhalts gegenüber allen anderen Integrationsarten ins allgemeine Bewußtsein tritt und »an sich« auch realisierbar wäre, geraten die nationalen Sektionen der Weltgesellschaft unter ökonomische Zwänge, für die es geschichtlich kein Vorbild gibt. Die Frage nach der Autonomie des gesellschaftlichen Individuums stellt sich zum einzig möglichen, aber auch zum denkbar ungünstigsten Zeitpunkt, zum Zeitpunkt der ins Extrem gesteigerten Unterwerfung sozialer und politischer Prozesse unter ökonomische Mächte ohne Maß und Schranke.[199]

4. Die klassische Soziologie reflektierte die soziale Frage ihrer Zeit im Kontext von Nation und Arbeitsteilung. Arbeitsteilung bedeutete Spezialisierung ökonomischer und sozialer Funktionen, und je weiter die Teilung und Besonderung dieser Funktionen voranschritt, desto mehr glich das gesellschaftliche Ganze einem komplexen biologischen »Organismus«. Es »lebte« und gedieh durch das Zusammenspiel seiner einzelnen Glieder, und jedes einzelne war unverzichtbar für diesen Lebens- und Wachstumsprozeß. Störungen, Ausfallerscheinungen an einer Stelle wirkten sich auf den gesamten Organismus aus; da alles mit allem zusammenhing, jedes Glied mit einer lebenswichtigen Aufgabe betraut war, bürgte noch die beiläufigste Teilfunktion für den Fortbestand des Ganzen. Im Unterschied zum biologischen Organismus waren die Glieder des sozialen Körpers nicht nur belebt, sondern BEMANNT. Es waren menschliche Individuen, die die verschiedenen Funktionen versahen, mit ihnen verschmolzen. Die wechselseitige Abhängigkeit, das Angewiesensein aller auf alle im Rahmen einer nationalen Überlebenseinheit nötigte zum gegenseitigen Respekt, zu zivilisierten Verkehrsformen. Im Zeitalter der »organischen Solidarität«, der allumfassenden »Interdependenz« von Gruppen und Individuen bedrohte die Mißachtung, Entrechtung, Unterdrückung einer sozialen Schicht unmittelbar das Gemeinwesen selbst.[200]

Unlösbar mit der Systemfrage verquickt, bemächtigte sich die soziale Frage der Köpfe und Gemüter. – Heute hat es den Anschein, als könnten beide Fragen wieder isoliert voneinander betrachtet werden. Die globale Ausfahrt des Kapitals löst die Reichtumsproduktion von nationalen Horizonten und Ressourcen ab. »Mehr Kapitalismus« bedeutet keineswegs wachsenden Bedarf nach (einheimischen) Erwerbspersonen, die den materiellen Wohlstand produzieren. Mit der Aufkündigung des historischen Pakts von Kapital und Arbeit lockern sich die wechselseitigen sozialen Verpflichtungen, und zwar einseitig, von oben nach unten. »Bourgeoisie ohne Proletariat!«, das war einmal, »Bourgeoisie ohne (gute) Lohnarbeit!« lautet die neue Parole (§ 37.7).

5. Am geschichtlichen Ausgangspunkt der ganzen Problematik stand die gesellschaftliche Einbettung des Individuums der Unterschicht in eine soziale Welt, die ihm nur wenig Spielraum für persönliche Entscheidungen und »Eskapaden« bot. Durch seine Geburt brachte der einzelne seine soziale Stellung gleich mit auf die Welt. Sie prädestinierte und verpflichtete ihn zur Wahrnehmung einer vorgezeichneten Laufbahn innerhalb einer vorab definierten Schicht, wies ihn auf einen fest umrissenen Kreis von Stellen hin, die er bekleiden konnte. Die Mitgift »formulierte« darüber hinaus die Art und Weise, in der die Stelle wahrzunehmen, zu verkörpern war; Würde, Ehre, Respekt bezogen sich in erster Linie auf das Kollektiv, den Berufsstand, dem der einzelne (zu)gehörte. Die Krise dieser lange festgefügten Ordnung entband Formen einer zugleich individualisierten und unwürdigen Erwerbsarbeit. Wo seit alters her eine Antwort war, erhob sich nunmehr eine Frage. Das Individuum verlor seinen unbestrittenen Platz in der Gesellschaft, durchlief einen Prozeß der sozialen »Entbettung«.[201] Seine Stellung wurde zur abhängigen Variablen der Stelle, die es auf eigene Faust eroberte. Der Doktrin uneingeschränkter Vertrags- und Willensfreiheit unterworfen, plazierte sich der einzelne im sozialen Raum normalerweise genau dort, wo er durch den Bonus oder Modus seiner Geburt auch hingehörte.

Die soziale Wiedereinbettung des Individuums seit der zweiten Hälfte des neunzehnten Jahrhunderts war ein durchaus künstliches Phänomen und erfolgte durch erzwungene Korrekturen an der Plazierungslogik des freien

Arbeitsmarktes. Das Individuum gewann seine gesellschaftliche Stellung auf Umwegen dadurch zurück, daß seine Stelle politisch, sozial und rechtlich aufgewertet wurde. War ursprünglich die gesellschaftliche Stellung Anweisung auf eine Stelle, so verhielt es sich jetzt gerade umgekehrt, rundete sich die Stelle zur institutionell abgesicherten Stellung auf. Seit einigen Jahrzehnten beobachten wir eine machtvolle Tendenz hin zur erneuten Aufspaltung des Zusammenhangs. Die Arbeitsverhältnisse gehen ihres kollektiven Status verlustig und im rein individuellen Kontraktverhältnis auf; die Stelle wird – wieder – zur persönlichen Habe und allein dadurch prekär. Der schrumpfende Vorrat an auskömmlichen Stellen mit Perspektive verschärft die Unsicherheit des Individuums, dank seiner Arbeit einen anerkannten Platz in der Gesellschaft einzunehmen.

6. Eine zeitgemäße Politik der Arbeit, die die soziale Frage unserer Epoche erfolgversprechend aufgreift, steht aus. Wieder einmal in der europäischen Geschichte ist das politische Handeln gegenüber der ökonomischen Sphäre in Rückstand geraten. Das war nicht immer so. Zeiten politischen Vorlaufs wechselten mit solchen des Nachtrabs, und dazwischen schob sich eine Phase relativer Ausgewogenheit. So steht die Zeitspanne von etwa 1670 bis 1770 für die Konstituierung der modernen Nationen in zunächst absolutistischem Gewand, für die Herstellung von nach innen befriedeten Sozialräumen, für staatliche Gewalt- und Steuermonopole, die ausgreifende und störungsfreie ökonomische Transaktionen überhaupt erst ermöglichten. Es waren politische und administrative Vorleistungen, die nationale Märkte ins Leben riefen. Ein machtpolitisch schon gebildeter Raum wurde durch wirtschaftliche Verflechtungen, durch Arbeitsteilung und Tausch, nach und nach aufgefüllt.[202] Der Abschnitt von 1770 bis etwa 1870 umfaßt die industrielle Revolution auf kapitalistischer Basis mitsamt ihrem sozialen Kahlschlag. Staat und Politik gerieten ins Fahrwasser einer entfesselten Marktökonomie, die sich vor allem des freien Arbeitsmarktes bediente,

um die Gesellschaft in eine Marktgesellschaft zu verwandeln; absoluter Vorrang ökonomischer Imperative gegenüber politischer Steuerung.

Mit menschheitlichen Katastrophen reichlicher gesät als jede andere Geschichtsepoche, dürfte die Zeit von 1870 bis ungefähr 1970 unter dem hier maßgeblichen Gesichtspunkt dennoch als eine Ära der Balance, des Ausbalancierens, in die Historie eingehen. Der die Gesellschaft bis dahin »führende« ökonomische Verflechtungszusammenhang wurde innerhalb der Nationalstaaten sozial eingeholt, rechtlich geregelt und einvernehmlichen Prämissen unterworfen; Jahrzehnte des politischen Aufholens und Nacharbeitens. Und die Zeit seither, der Abschnitt 1970 bis X, welchen Namen wird er einmal führen? Wird es bei der Bestimmung bleiben, die wir gegenwärtig treffen müssen: Ausbootung politischer Koordination und Steuerung durch eine sich globalisierende Ökonomie, Erzeugung der Weltgesellschaft mit rein ökonomischen Mitteln?[203] Oder vermag politisches Handeln den Rückstand noch einmal wettzumachen, sich auf derselben Ebene anzusiedeln und zu behaupten, auf der sich die ökonomischen Akteure heute weitgehend unbehelligt tummeln?

7. Wenn das Wort Reform noch eine Bedeutung besitzt, die den Herausforderungen der Gegenwart Rechnung trägt, worin sonst könnte sie liegen, wenn nicht in der Aufforderung zur Grenzüberschreitung des politischen Handelns. Einen sozial und rechtlich homogenen Raum zu schaffen, nicht gleich im Weltmaßstab, wohl aber im Verbund von Nationen, die solcher Angleichung aufgrund ihrer Vorgeschichte fähig sind, wäre der erste Schritt zu einer Wiedergeburt der Politik.

Viele unserer »Reformer« verfolgen ein dazu diametrales Projekt. Statt den Raum der wirtschaftlichen Aktivitäten politisch zu integrieren, einheitlichen sozialen Normen und Regeln zu unterstellen, über das derzeit erreichte Niveau hinaus, betreiben sie seine Zersplitterung. Bundesländer,

Regionen, einzelne Landstriche und Kommunen sollen sich das ökonomische Konkurrenzprinzip zu eigen machen und um wiederum ökonomischer Vorteile willen miteinander in Wettbewerb treten. Die Nationen verwandelten sich in fein gerasterte Landschaften mit Sonderzonen und abgestuften Privilegien, wie zu Zeiten der Fürsten, Grafen und Barone, nur daß sie diesmal um die Gunst von Investoren buhlen. Der »kollektive Individualismus« gelangte in Europa ein zweites Mal zur Herrschaft, zum ausdrücklichen Wohlgefallen der Unternehmen, die nichts anziehender finden als soziale und rechtliche Gefälle. Politische Landkarten wären nur mehr Kataster, bloße Standortverzeichnisse ohne weitere Eigenschaften als die ihrer ökonomischen Verwertbarkeit. Das ist der Plan der neokonservativen-neoliberalen Staatsreform. Wo ist der Gegenplan?

# Die gestohlene Reform

## § 24 Konservatismus und Traditionalismus

1. In seiner Komödie *Der Frieden* läßt Aristophanes einen attischen Weinbauern mit Namen Trygaios auf einem Mistkäfer zum Himmel reiten, zu den Göttern. Dort will er Zeus dazu bestimmen, den Krieg im Land der Griechen zu beenden. Doch ist der Göttervater nicht zu sprechen. Des irdischen Schlachtenlärms überdrüssig, der bis zu den Unsterblichen dringt, hat er sich in höhere Ätherregionen zurückgezogen und die Regierungsgeschäfte dem Kriegsgott Polemos übertragen. Der sinnt auf gänzliche Vernichtung der Kriegsparteien und sucht nach einem Stößel, mit dem er sie zermalmen kann. In seiner Abwesenheit ruft Trygaios einen Trupp griechischer Männer herbei, um die in einer Höhle eingesperrte Friedensgöttin Eirene zu befreien. Das Vorhaben glückt, und nachdem er, wieder auf der Erde, alle Mühe darauf verwandt hat, eine an Kriege gewöhnte Gesellschaft vom Nutzen friedlicher Beschäftigungen zu überzeugen, vereinigen sich alle zum Fest.

Obwohl seit Solons Zeiten zu Reformen aufgelegt wie sonst kein Volk in dieser Hemisphäre, sucht man eine gleichnamige Göttin im Olymp vergebens. Auch spätere Epochen haben ihr keine Altäre errichtet, keine wiedererkennbare Gestalt verliehen. Dabei, wie leicht kann sie verlorengehen, schnöde gestohlen werden. Uns KAM sie abhanden, schon vor Jahren, und begegnen wir ihr heute: erkennen wie sie noch? Ihren Namen hat sie behalten, aber während ihrer Gefangenschaft nahm sie Wesenszüge an, die sie vor sich selbst erschrecken lassen. Wir kennen ihre Entführer, ihre Peiniger, ihr Elend: Sie ist unter die Reaktionäre aller politischen Lager geraten. – Haben die Übeltäter da nicht die falsche Braut gewaltsam heimgeführt? Sich blindlings im Opfer vergriffen, das sie nur vergewaltigen, aber niemals für sich gewinnen können? So daß die Zurschaustellung der Beute das Publikum bekümmert, mit Wut erfüllt? – Sie ist, hoffen wir einstweilen ruhig das Beste, im Zwangsdienst nur ermattet und wartet sehnlichst darauf, erkannt und wieder zu sich selbst befreit zu werden. Sattle, Trygaios, noch einmal deinen Käfer, und sammle eine Schar entschlossener Bürger, die sie von ihrem Götzendienst erlöst!

2. Unter allen einflußreichen politischen Strömungen der modernen Welt scheint der Konservatismus am wenigsten zu engagierter Reformpolitik aufgelegt. Seine demonstrative Traditionsverbundenheit, sein Vorbehalt gegenüber dem Universalismus, gleichen bürgerlichen bzw. sozialen Rechten für alle, unabhängig von Ethnie, Religion, Geschlecht, kulturellen Lebens- und Partnerschaftsmodellen, sein Leitkulturgeraune lassen auf Entwicklungsrückstand zu seinen beiden großen Gegenspielern schließen, zum Sozialismus und zum Liberalismus. Konservatismus und Reformismus, das klingt wie ein Widerspruch, dem keine Lösung winkt. Um so erstaunlicher, daß er dennoch zu einer gestaltenden Kraft des Reformgeschehens in einer ganzen Reihe sich entwickelnder wie entwickelter Industriegesellschaften aufstieg, Sinn und Richtung des heutigen Reformdiskurses wesentlich beeinflußt, oft sogar diktiert. Die Antwort auf die Frage, wie es dazu kommen konnte, ist ein unverzichtbarer Bestandteil der Diagnose unserer Zeit. Um sie zu stellen, muß man Vorurteile überwinden, Tarnungen durchschauen, an deren Aufkommen und Verfestigung der Konservatismus alles andere als unschuldig ist. Ein wahrer Meister symbolträchtiger Inszenierungen, empfiehlt er sich dem Köhlerglauben als raunender Beschwörer des historischen Imperfekts, als überlebender Repräsentant einer pastoralen Weltsicht, als Spielart des Traditionalismus. Nur ist der politische Traditionalismus tot, und auch das Mediengeschwätz von »Reformern und Traditionalisten« wird ihn nicht wiederbeleben. Seine Abdankungsurkunde läßt sich exakt datieren – auf die Französische Revolution; der sie beglaubigte, hieß Edmund Burke.

3. Der gebürtige Ire, der als Schriftsteller und Journalist eine ökonomisch unglückliche Existenz führte, 1797 rettungslos verschuldet in London starb, verfaßte im Jahr 1790 eines der wirkungsmächtigsten Bücher seiner Zeit, die *Reflections on the Revolution in France*. Sein unmittelbarer Zweck erfüllte sich in der Abrechnung mit den britischen Sympathisanten der stürmischen Epochenwende, in der Warnung vor dem Übergreifen des revolutionären Geistes auf ganz Europa. »In Frankreich scheint es jetzt darauf angelegt zu sein, die große Heerstraße der Natur in jeder Rücksicht zu verlassen. In Frankreich ist die Regierung nicht in den Händen der Eigentümer.«[204] Was Burke den Franzosen vorwarf, war deren Verachtung der Tradition, die Illusion eines völligen Neubeginns, den Irrglauben, die Gesellschaft aus abstrakten Prinzipien neu konstruieren zu können, aus dem Nichts heraus. Rechte und Garantien, die einzig am Menschen als solchem aufgezäumt würden, weder Unterschiede der Herkunft noch solche des Besitzes respektierten, könnten niemals Maß der politischen Ordnung sein. Auch seien Staaten nicht dazu geschaffen, natürliche Rechte einzuführen, die in völliger Unabhängigkeit von allen Staaten existierten; der »freischwebende Staat« der Franzosen sei ein furchterregendes Gespenst.[205]

Das Weitere seiner Streitschrift geriet bedächtiger, argumentativer. Als einer der ersten Gegner der Französischen Revolution begriff der Wahlengländer, daß das verhaßte Ereignis ein nahtloses Anknüpfen ans Herkommen für alle Zukunft ausschloß. Das störrische Festhalten am Gegebenen, die bloße Konservierung der Zustände, das hatte die letzte Dekade des Ancien régime bewiesen, war der sicherste Weg zu deren Untergrabung. Wer an der überlieferten Ordnung festzuhalten gedachte, durfte sich rechtzeitigen, obzwar vorsichtigen Anpassungen nicht verweigern. Das gesuchte Dritte gegenüber zerstörerischem Radikalismus und naivem Traditionalismus waren Veränderungen, die sich in die Tradition einfügten, sie lebendig erhielten. Verteidigung des geschichtlich Gewachsenen, von der Tradition Geheiligten, im klaren Bewußtsein seiner akuten Gefährdung, »zugleich erhalten und verbessern«; das war die in die Zukunft weisende Lektion seiner *Reflections*.[206]

4. Erbe, Überlieferung, Vermächtnis in der Krise; wer die Tradition in einer Zeit des Umbruchs aller Selbstverständlichkeiten retten wollte, mußte mit dem Traditionalismus brechen, der revolutionären Partei intellektuell ebenbürtig, mit derselben Grundsätzlichkeit entgegentreten. Er mußte sich Veränderungen gegenüber aufgeschlossen zeigen, ohne das Ziel, die Verteidigung der Ordnung und ihres Kerns, des Eigentums, aus den Augen zu verlieren. Wenn sich das Potential zu umstürzlerischen Neuerungen nur durch gezielte Reformen ersticken ließ, dann Ja und Amen zur Reform. Durchdacht, geistig beweglich, in Grenzen anpassungsfähig, auf konzeptionelle Weise »reaktionär«, so tritt der Konservatismus in die Welt.

Um die neuen politischen Grundsätze, die er in sie einführte, besser verstehen zu können, mag ein kurzer Seitenblick auf einen klassischen Traditionalisten hilfreich sein, auf Justus Möser. Rechtsgelehrter wie Edmund Burke, im Dienst geistlicher und weltlicher Herrn wie dieser, nur eben in der deutschen Provinz und einige Jahrzehnte früher, Historiker, Schriftsteller aus Passion, gleich seinem britischen Kollegen, waren ihm philosophische Ambitionen durchaus fremd. Als Angehöriger des ständischen Bürgertums, der seine untergeordnete Stellung in der sozialen Hierarchie klaglos akzeptierte, LEBTE er die Tradition und sprach sie unbekümmert aus. Sich den Dritten Stand ohne Anlehnung an den Adel, an Ritterschaft und Klerus vorzustellen, fehlte ihm die Phantasie. Er nahm die überlieferte Ordnung, wie sie war, und verspürte weder das Bedürfnis, sie zu rechtfertigen, noch war er von Wehmut erfüllt, von dem romantischen Verlangen nach vergangener, schöner Eintracht. Wenn er in vielen seiner Schriften gegen Tendenzen in Staat und Verwaltung polemisierte, das bürgerliche Leben bis in seine Einzelheiten zu regulieren, dann deshalb, weil er das für eine verderbliche Methode hielt, für eine modische Unart und nicht, weil er die Welt mit einer neuen Theorie beglücken wollte. Er glaubte unerschütterlich an die Lebenskraft ererbter Sitten, an Ehre, Pflichtgefühl, gestufte Rechte, soziale Harmonie. Was ihn störte, waren Intellektuelle, die sich mit ihren Projekten in die Staatsgeschäfte mischten, und Beamte, die sie gewähren ließen, gar auf sie hörten: »Allein allgemeine Polizeiordnungen, allgemeine Forstordnungen, allgemeine Gesetze über Handel und Wandel, über Acker- und Wiesenbau und über andre Teile der Staats- und Landwirtschaft, wenn sie nicht bloß theoretische Lehrbücher, sondern wahre in jedem Falle zu befolgende Regeln abgeben, wenn sie brauchbar und zureichend sein, wenn sie dem Generaldepartement zur Richtschnur dienen sollen, um die Vorschläge, Berichte und Ausrichtungen der Lokalbeamten danach zu prüfen, zu beurteilen und zu verwerfen, sind mehrenteils stolze Eingriffe in die menschliche Vernunft, Zerstörung des Privateigentums und Verletzung der Freiheit. Die philosophischen Theorien untergraben alle ursprünglichen Kontrakte, alle Privilegien und Freiheiten, alle Bedingungen und alle Verjährungen, indem sie die Pflichten der Regenten und Untertanen und überhaupt alle gesellschaftlichen Rechte aus einem einzigen Grundsatze ableiten, und um sich Bahn zu machen, jede hergebrachte, verglichene und verjährte Einschränkung als so viel Hindernisse betrachten, die sich mit dem Fuße oder mit einem systematischen Schlusse aus dem Wege stoßen können.«[207]

Kampf dem Rationalismus und der Bürokratie – seine Kinderstube verleugnete der Konservative nie; unverzügliche Rückkehr zu den beengenden Verkehrsverhältnissen der Ständegesellschaft – das war zu knapp bemessen für das neue Haus, in dem er wohnen mußte.

5. Emphatisches Erleben des Konkreten, des Einzelfalls, Verteidigung des »individuellen Gesetzes«, Ablehnung des unbezüglich Allgemeinen, rein Abstrakten; Vorrang des in-

duktiven Denkens gegenüber dem Schließen aus leblosen Axiomen; sich vom Gegebenen leiten lassen, statt vom überhaupt nur Vorstellbaren; Durchdenken der Gegenwart von der Vergangenheit her, in deren Auftrag sie steht, deren Testament sie gegen die Anfechtungen und Infragestellungen der reinen Vernunft vollstrecken muß – in all dem wiederholt der konservative Denkstil den traditionalistischen, ahmt er ihn nach. Nur kann der Konservative nicht länger, wie er möchte, auf die vertraute Weise denken und empfinden. Durch die Zeitläufte aus dem Reich der Unschuld vertrieben, von seinen Wurzeln abgeschnitten, erfährt er die Geschichte als dynamisches Geschehen, ringt er sich, anfänglich widerwillig, zu der Einsicht durch, daß Gesellschaften sich wandeln, daß dieser Wandlungsprozeß, soll er nicht revolutionär entgleisen, der Gestaltung bedarf, reformerischer Eingriffe in das empfindliche Geflecht menschlichen Handelns. Ein offensives Bekenntnis zur Reform geht damit zunächst nicht einher. Reformen bleiben Notbehelfe, Reparaturmaßnahmen im Dienst der Überlieferung, dazu bestimmt, sie in einer zunehmend ungastlichen Welt aufs neue zu befestigen, sie ein zweites Mal das Laufen zu lehren.

Die konservative Reformidee profiliert sich historisch ganz bewußt als Alternative zum »rücksichtslosen« Reformstreben der Revolutionäre. »Konservativer Reformismus«, schrieb Karl Mannheim in seiner klassischen Studie über dieses Phänomen, »besteht im Austausch (Ersetzung) der Einzeltatsachen durch Einzeltatsachen (›Verbessern‹). Progressiver Reformismus hat die Tendenz, um einer unliebsamen Tatsache willen die ganze Welt, die um diese Tatsache herumgebaut ist, in der eine solche Tatsache möglich ist, umzugestalten.«[208]

Das stimmt und stimmt auch wieder nicht. In der Tat erweitert der moderne Konservatismus die schlichte Alternative: Revolution oder Festhalten am Bestehenden um eine dritte Option, um die der Revolutionsverhütung. Die Gesellschaft »reformieren« ist ihm ursprünglich gleichbedeutend mit der Aufgabe, die Frucht des Ungehorsams abzutreiben, bevor sie reif ist. Dafür opfert er notfalls sogar sein gutes Gewissen, setzt er das ungeliebte Neue an die Stelle der verbrauchten, überlebten Alten. Durch seinen Mut zur Treulosigkeit drängt er den allzu zaghaften Traditionalismus an den Rand, wo dieser hinfort als politische Folklore überwintert, und häutet sich zum Hauptwiderpart der Fanatiker des Fortschritts. Nur, was für die Geburt des politischen Konservatismus zutrifft, für seinen originären Impetus, deckt die Spanne seiner weiteren Entwicklung auch nicht annähernd ab. Schon bald wird ein Konservatismus die Bühne betreten, der seinem Urbild nur mehr in der Absicht, Revolutionen zu verhindern, gleicht, in seinen Methoden vom »progressiven Reformismus« jedoch kaum zu unterscheiden ist. Von da an wird es zwei konservative Antworten auf die revolutionäre Bedrohung geben: partikular, von Fall zu Fall sich hangelnd die eine, die andere kompakt und offensiv, ordnungstrunken und revolutionär zugleich.

## § 25 Zur Vorgeschichte des sozialen Reformismus

1. »**Reform** *(lat.-fr.)* …: Umgestaltung, Neuordnung, Verbesserung des Bestehenden.« – »**Reformer** *(lat.-fr.-engl.)* …: Umgestalter, Verbesserer, Erneuerer.« So steht es im fünften Band des Duden, Fremdwörterbuch, 6. Auflage, 1997. »Reform«, in unserem Verständnis, assoziiert sich mit »sozialem Fortschritt«. Etymologisch werden wir anders belehrt, zurückhaltender: »**Reform** 18. Jh. v. frz. réforme Umgestaltung, zu lat. *re* zurück, *forma* Gestalt; ~ieren 15. Jh.; ~ation kirchlich 16. Jh.«[209] Hier liegt der Akzent weder auf dem Neuen noch auf dem Besseren, sondern auf Umgestaltung im Sinne der Wiederherstellung sei es einer ursprünglichen Gestalt, sei es, wie im Fall der Reformation, des ursprünglich gemeinten religiösen Sinns sowie der ihm gemäßen Glaubenspraxis.

Reformen in diesem neutraleren Kontext korrigieren Verdunkelungen, Verzerrungen, Entstellungen irgendeines »Ursprungs«, von dem die Menschen sich im Laufe der Geschichte zu ihrem Nachteil lösten. Sie rufen in die Erinnerung und ins Leben zurück, was einmal klar und deutlich vor aller Augen stand, Autorität genoß, eine Gemeinschaft begründete, nach innen und außen zusammenhielt. Ihrer Natur nach reaktiv, heben Reformen die geschichtliche Entfremdung wieder auf, die durch Nachlässigkeit, blinden Eifer oder einfach durch den steten Gang der Dinge hervorgerufen wurde. Die Verträglichkeit DIESER Deutung mit dem Selbstverständnis des Konservatismus ist nur allzu offenkundig. Sie erlaubt ihm, sich als Anwalt der Reform in ihrer »eigentlichen« Bedeutung aufzuspielen, darauf hinzuweisen, daß der radikale Reformismus denselben Abfall vom Ursprung verkörpert, den die »wahre Reform« kurieren sollte, vom Furor lebt, die Menschen zu beglücken, notfalls auch gegen ihren Willen. Den Reiz dieser Dublette für sich arbeiten zu lassen, seine eigene Untreue, SEIN Bündnis mit dem »Fortschritt« dahinter zu verbergen, aus der kollektiven Erinnerung zu löschen, war der Konservatismus stets geschickt genug.

2. Das uns mehrheitlich noch immer geläufige, den sozialen Progreß mitmeinende Reformverständnis rührt, die Etymologie bestätigt es, vom achtzehnten Jahrhundert her. Um diesen genetischen Kontext in seiner fortwirkenden Bedeutung zu erfassen, muß man sogar noch etwas weiter zurückgehen, bis ins letzte Drittel des siebzehnten Jahrhunderts, nach Frankreich. Damals hob jener Reformzyklus an, der das absolutistische Regime bis zu seiner Auflösung durch die Französische Revolution begleiten sollte. 1665 wurde Jean-Baptiste Colbert von Ludwig XIV. zum Oberintendanten der Finanzen des Königreichs bestellt. Auf dem Höhepunkt der Macht des »Sonnenkönigs« rationalisierte er dessen Herrschaft nach den Prinzipien des reifen Merkantilismus. Mit Hilfe von Regulierungsgesetzen, Schutzzöllen sowie umfassender staatlicher Wirtschaftskontrolle richtete er Handels-

und Kolonialgesellschaften ein, setzte den Bau von Manufakturen mit Modellcharakter ins Werk, förderte und vereinheitlichte den inneren Markt, der nun erstmals ein wirklich nationaler wurde, und stärkte die Position seines Landes im internationalen Handel.

Seit 1669 zusätzlich Minister für Marineangelegenheiten, verfügte er den Ausbau des Kanal- und Straßennetzes, die Befestigung von Häfen sowie die Ausstattung der Seestreitkräfte mit neuem Gerät. In seiner Eigenschaft als Intendant der schönen Künste gründete er die *Académie des sciences*, heute Teil des *Institut de France*. Als fanatischer Anhänger der Zentralisierung schränkte er die Befugnisse lokaler Autoritäten, ständische, speziell städtische Freiheiten mehr und mehr ein, arbeitete er an jenem allgegenwärtigen Staat, den anzutasten die Französische Revolution aller anders lautenden Absichten und Proklamationen zum Trotz weder den Mut noch den Willen besaß. Als Tocqueville den Untergang der französischen Gesellschaft im Ancien régime beschrieb, schwebte ihm Colbert als einer jener starken Männer vor, die er für diesen verheerenden Kahlschlag, der jede spätere Wiederaufforstung ausschloß, verantwortlich machte.[210] Colbert selbst wäre gern noch erfolgreicher gewesen, allein die zahlreichen Kriege Ludwigs, dessen verschwenderischer Lebensstil, der des Hofstaats, verzehrten seine Anstrengungen, erschöpften die Ressourcen des ganzen Landes.

3. Rund einhundert Jahre später, 1774, trat der bedeutende Physiokrat Anne Robert Jacques Turgot unter Ludwig XVI. sein Amt als Generalkontrolleur der Finanzen an. Der Absolutismus hatte seinen Zenit überschritten; ihm die Macht zu erhalten, nicht sie auszubauen, trat der Neue an. Die Krone war notleidend, an Geld ebenso wie an allgemeiner Zustimmung oder auch nur gewohnheitsmäßiger Duldung ihrer Vorrechte. Dementsprechend befand sich Turgot in einer weit günstigeren Position als seinerzeit Colbert, der den klaren und ungebrochenen Willen seines Monarchen nur mit Tatkraft zu vollstrecken hatte. Er machte von dem erweiter-

ten Spielraum unerschrocken Gebrauch und unterbreitete dem Königlichen Rat 1776 seine berühmten sechs Edikte. Sie forderten die Liberalisierung der Wirtschaft, Beseitigung der Handelsmonopole, Abschaffung staatlicher Frondienste, ein strenges Ausgabenregime und nicht zuletzt die Besteuerung des Adels. Ein Reformprogramm, das beides beinhaltete, die Rationalisierung der Herrschaft mittels sofortiger und einschneidender Haushaltssanierung (»Sparen«) UND den Anspruch der Gesellschaft, vornehmlich des bürgerlichen Standes, auf wirtschaftliche Bewegungsfreiheit und sozialen Lastenausgleich durch die Heranziehung der Aristokratie zum öffentlichen Aufkommen; fiskalische »Vernunft« als Hebel des sozialen Fortschritts. Turgot scheiterte am Widerstand der Privilegierten und an der Feigheit des Königs, ihn zu brechen; er wurde umgehend zum Rücktritt gezwungen.

Sein Nachfolger, Jacques Necker, setzte den Kampf gegen die Staatsverschuldung sowie für ein gerechtes Steuersystem unverzüglich fort. Ganz Sparkommissar, präsentierte er dem Herrscher eine eingehende Analyse der Verschuldung der Zentralregierung, prangerte er, damit nicht zufrieden, die kostspieligen Extravaganzen Marie Antoinettes und ihres Klüngels an – und verlor sein Amt. 1788 in seine Funktion als Finanzminister zurückbeordert, faßte er die Sache noch grundsätzlicher an und drängte seinen Dienstherrn zur Einberufung der Generalstände, die seit 1614 nicht mehr zusammengetreten waren. Als sich die Versammlung auf eine Radikalkur ganz im Sinn ihres heimlichen Dirigenten verständigte, wurde er erneut entlassen; die Antwort kam in Form des Sturms auf die Bastille.

4. Das ist, in Kürze, die glücklose Vorgeschichte des sozialen Reformismus in Frankreich. Von seinen allerletzten, schon halb verzweifelten Regungen abgesehen, verstand er sich noch nicht als Revolutionsprävention. Er sah sich einem näherrückenden Grollen aus der Ferne, wachsender Unzufriedenheit, ersten Protesten konfrontiert; Unruhen, selbst Revolten schienen möglich, ein vollständiger Systembruch

mit nachfolgender Enthauptung des göttlichen Monarchen dagegen kaum. Die Aufgabe dieser Reformer bestand daher in erster Linie in der Bewältigung der Krise, in der Rettung der bestehenden Ordnung in modifizierter Form, auf erweiterter sozialer Basis. Dabei verzahnten sich, wie gesehen, technisch-organisatorische und sozial-emanzipatorische Aspekte, je weiter der Prozeß voranschritt, desto enger. Notorische Finanzierungsnöte des absolutistischen Staates öffneten die Tür für weiter ausgreifende Schritte. Die bloße Umgestaltung gewann soziale Wertakzente, orientierte sich an der Verbesserung der Zustände – das ist der historische Zusammenhang von »Sparen« und »Erneuern«.

Und der Unterschied, praktisch wie begrifflich. Sparerlasse, Haushaltssanierungen allein repräsentieren noch keine vollwertigen Reformen. Dazu erheben sie sich erst im Hinübergleiten in Forderungen, die der Mehrheit öffentliches Gehör, verbriefte Rechte, politische Freiheiten erobern wollen. Ob soziale Gerechtigkeit für diese Reformer bereits einen Wert an sich bedeutete, den zu realisieren unbedingt erstrebenswert war, auch unabhängig von der momentanen Machtverlegenheit, ist zu bezweifeln. Sie zielten weniger auf eine demokratische Gesellschaft als vielmehr auf einen aufgeklärten, wohlberatenen, gleichwohl starken Staat, auf einen sozialen Kompromiß von Obrigkeit und Untertanen. Das Unternehmen, dem sie sich verpflichtet fühlten, schlug fehl, was blieb und Folgen zeitigt bis in unsere Tage, war die soziale Aufladung des Reformbegriffs. Als nächstes kam der östliche Nachbar Frankreichs an die Reihe.

5. »Das Zeitalter der napoleonischen Herrschaft in Deutschland ist zugleich das Zeitalter der großen Reformen, in Preußen wie in den Rheinbundesstaaten. Damals sind die Grundlagen des modernen Staates und der modernen Gesellschaft in Deutschland geschaffen worden ...«[211] Was die preußischen Reformen mit den französischen verband, war ihr reaktiver Charakter, was sie von ihnen unterschied, war der inzwischen eingetretene Bruch, die große Revolution der

Franzosen. Der Staat, den zu »modernisieren« die preußischen Reformer beauftragt und entschlossen waren, befand sich gleich dreifach in der Krise. Am selben Grundübel laborierend wie das Ancien régime, an seiner allzu schmalen gesellschaftlichen Basis, sah er sich durch den revolutionären Umschwung seiner quasi-natürlichen Legitimation beraubt, desto mehr, als er nach dem militärischen Desaster von 1806 politisch um Luft rang. Schwere Zeiten für die Krone, gute Zeiten für mutige Erneuerer.

Der Reichsfreiherr vom und zum Stein war ein solcher. Als er 1807 von Friedrich Wilhelm III. erneut zum leitenden Minister berufen wurde, blickte der studierte Rechtsgelehrte bereits auf eine lange Karriere im preußischen Staatsdienst zurück. Drei Jahre zuvor hatte er sich mit seinem Programm zur Reform des Regierungssystems nicht durchsetzen können, jetzt, auf dem Höhepunkt der Krise, dachte er an mehr als nur an administrative Auffrischungen des abgelebten Staats. Aus Bauern sollten endlich Bürger, aus Bürgern politisch Mitwirkende am Staatsinteresse werden, ständische Beschränkungen gehörten aufgehoben, Privilegien abgeschafft oder doch beschnitten. Es blieb nicht bei Vorsätzen; nach gut einem Jahr auf eigenen Wunsch beurlaubt, hatte Stein mehr erreicht als all seine Vorgänger zusammengenommen.

Karl August Fürst von Hardenberg, der ihn im Jahr 1810 politisch beerbte, setzte das Reformwerk fort, wobei er sich auf ein Gutachten stützte, das er bereits 1807, damals kurzzeitig Minister, in enger Abstimmung mit anderen Reformern, darunter Stein, erstellt hatte: *Über die Reorganisation des preußischen Staates, verfaßt auf höchsten Befehl Sr. Majestät des Königs.*

Von Frankreich lernen, revolutionäre Veränderungen auf friedlichem Weg herbeiführen, im Rahmen einer konstitutionellen Monarchie, das war die Absicht der Reformer, die aus den »Allgemeinen Gesichtspunkten« der Denkschrift sogleich ersichtlich wurde: »Die französische Revolution … gab den Franzosen unter Blutvergießen und Stürmen einen ganz neuen Schwung. Alle schlafenden Kräfte wurden geweckt, das Elende und Schwache, veraltete Vorurtheile und Gebrechen, wurden – freilich zugleich mit manchem Guten – zerstört ... (Eine) Revolution im guten Sinn, geradehin führend zu dem großen Zweck der Veredelung der Menschheit, durch Weisheit der Regierung und nicht durch gewaltsame Impulsion von Innen oder Außen – das ist unser Ziel, unser leitendes Princip. Demokratische Grundsätze in einer monarchischen Regierung: dieses scheint mir die angemessene Form für den gegenwärtigen Zeitgeist. Die reine Demokratie müssen wir noch dem Jahre 2440 überlassen, wenn sie anders je für den Menschen gemacht ist.«[212]

6. Zum Programm erhoben hieß das im einzelnen: Regierungs- und Verwaltungsreform, professionelles Regierungshandeln, nach dem Ressortprinzip gegliederte Administration; Umwandlung autokratischer Herrschaft in einen bürokratisch-rationalen Obrigkeitsstaat durch Aufteilung des Landes in Regierungsbezirke, Verstaatlichung der Verwaltung, Kreis- und Kommunalreform, größere Selbständigkeit der Kommunen, Recht derselben, über Steuern und Abgaben mitzuentscheiden, Städte als Orte bürgerlicher Partizipation am Gemeinwesen; Avancement nach Leistung statt Geburt: »Jede Stelle im Staat ohne Ausnahme sei nicht dieser oder jener Kaste, sondern dem Verdienst und der Geschicklichkeit und Fähigkeit aus allen Ständen offen«;[213] Agrarverfassung, Aufhebung der Leibeigenschaft, Bauernbefreiung, Freiheit des Güterverkehrs und der Berufswahl; Gewerbefreiheit, Aufhebung staatlicher Monopole und Privilegien, umständlicher Befähigungsnachweise und Konzessionen; Steuerreform: »In Hinsicht auf die Freiheit der Abgaben treten verschiedene wichtige Betrachtungen ein. Eine völlige Gleichheit sollte aus vielen Gründen auch hiebei stattfinden«;[214] Heeresreform, der Soldat als Bürger, allgemeine Wehrpflicht, Säuberung des Offizierskorps, Leistung statt Herkunft als einziges Zugangs- und Aufstiegskriterium, innere Demokratisierung gar der Heeresverfassung: »Die Un-

teroffiziere würden von den gemeinen Soldaten nach der Mehrheit gewählt, die Offiziere ersten Grades von den Unteroffizieren ...«;[215] Bildungsreform mit der Universitätsreform als ihrem Kernstück, Verstaatlichung der Bildung, der Staat wird Schulstaat, Bildung selbst zur säkularen Religion und allgemeinen Grundlage der nationalen Erweckung (»Zivilreligion« der zu spät kommenden Nation)[216]; Reform des Justizwesens durch Ausdünnung der Instanzen, einheitliche Prozeßordnung, universell zugängliche Revisionsverfahren; undogmatische Glaubenspraxis, Religiosität ohne Religionszwang: »Nach welchem positiven Lehrbegriff der Mensch zu dieser Religiösität gelangt, ist nicht wesentlich.«[217]

7. Nicht alle Vorhaben gelangen, manche, wie die Steuer- und Heeresreform, scheiterten am Widerstand des Adels, der auch die Kreisreform blockierte, andere blieben im Ansatz stecken oder versandeten im störrischen Behördengang. Nach dem definitiven Sieg über Napoleon und der restaurativen Neuordnung Europas auf dem Wiener Kongreß erlahmte der Reformprozeß jäh; Wilhelm von Humboldts Ausscheiden aus dem Staatsdienst 1819 markierte das Ende. Dennoch: ein beeindruckendes Unternehmen, trotz der sehr unterschiedlichen politischen Temperamente der beiden maßgeblichen Protagonisten, Stein und Hardenberg. Was den erklärten Anti-Absolutisten Stein und den bekennenden Etatisten Hardenberg verband, das frühzeitige Auseinanderbrechen der Reformkoalition verhinderte, war ihr gemeinsames Credo, sich von der Revolution »inspirieren zu lassen, um ihr besser Widerstand leisten zu können«, war, in Zeiten höchster äußerer Gefahr, ihr preußischer Patriotismus. »Reform als Revolution im guten Sinne«, so hieß die Verständigungsformel, die Differenzen und Konflikte zügelte. Im von unmittelbar praktischen Rücksichten entbundenen Denken brachen die latenten Widersprüche jedoch auf, nicht zufällig zu ungefähr jener Zeit, in der sich die Wachablösung vollzog, Stein abdankte und Hardenberg das Zepter übernahm.

§ *26 Konservative Familienstreitigkeiten*

1. Der politische Konservatismus definierte sich durch sein Verhältnis zur Revolution, die er ablehnte und zugleich entbehrlich machen wollte. Strittig im konservativen Lager war, wie weit man in der Nachahmung ihrer Resultate gehen durfte, ohne sich selbst dem Verdacht revolutionärer Ambitionen auszusetzen. Hardenberg ging in dieser Hinsicht sehr weit, speziell in seiner Denkschrift, als Programmatiker, wo er trotz aller Staatsfixierung unverkennbar mit liberalen Grundsätzen liebäugelte. Für Adam Müller, den Philosophen des »organischen Konservatismus«, hatte er das berechtigte Anliegen der »Reformpartei« dadurch auf unverantwortliche Weise diskreditiert. Der Sohn eines preußischen Finanzbeamten und angesehene Staatsrechtler, der dem Grundbesitz gefühlsmäßig und intellektuell näher stand als dem Bürgertum, hob den bis dahin schlummernden Streit mit dem Reformflügel um Hardenberg auf eine prinzipielle Ebene, als er im Jahr 1809 seine *Elemente der Staatskunst* publizierte. Wie der von ihm bewunderte Burke, kritisierte er den »Wahn« der Revolutionäre, den Staatskörper als bloßen Mechanismus zu betrachten, als große Maschine, die sich nach einem rationalen Bauplan konstruieren und perfektionieren läßt. Statt dessen sei er ein »organisches Ganzes«, das die Gesellschaft mitsamt ihren Gliederungen umfasse, nach innen wie nach außen integriere. Was in Friedenszeiten leicht übersehen werde – daß es kein Denken, Fühlen, Leben außerhalb des Staates gibt, daß jedes individuelle Dasein unlösbar mit der höheren Staatsidee verwoben ist –, spüle der Krieg in die Wahrnehmung zurück. *»Der Staat ist die Totalität der menschlichen Angelegenheiten, ihre Verbindung zu einem lebendigen Ganzen.«*[218] Als solche Totalität ist er dynamisch, in steter Bewegung begriffen, nie abgeschlossen, ein unendliches Projekt, dessen Sinn sich in der Geschichte zugleich enthüllt und verbirgt; was der Staat »ist«, zeigt sich erst am Ende aller Tage. Als »Werdeinheit«, von der man nur eine Idee haben kann, keinen fertigen Be-

griff, ist der Staat das denkbar falscheste Objekt für radikale Umgestaltungen, eitle Interventionen, die den Strom des politischen Lebens abstrakten Leitsätzen gemäß skandieren wollen. Reformer, die vom Gedanken der »Organisation« besessen sind, bereit, das »Organische« der Machbarkeit zu opfern, fallen in dieselbe Untugend wie die revolutionären Umstürzler, und für Müller ist es keineswegs ausgemacht, welche Art der »Raserei« auf längere Sicht größeren Schaden anrichtet, die heiße oder die mit kaltem Blut.

Echte Staatskunst und wahre Reform erfüllen sich in der Vermittlung und Versöhnung von Widersprüchen; dem Widerspruch zwischen Vergangenheit und Zukunft, Veränderung und Beharrung, persönlichem und gemeinschaftlichem Glück, Jugend und Alter, Obrigkeit und Volk. Reformen tragen der Bewegung Rechnung, dem Fluß der Zeit und streben Ausgleich, Balance, Einheit der Gegensätze an. Sie folgen keinem Lehrbuch, ihre einzig berufenen Ratgeber sind das feine Gespür für Disharmonien und die Intuition für den rechten Augenblick der Ausgleichshandlung. »Alle Ungleichheit auf Erden ist dazu da, daß sie auf eine zugleich natürliche und schöne Weise vom Menschen aufgehoben, alle Dissonanz, daß sie vom Menschen gelöst werden soll; die Natur reicht dem Menschen unaufhörlich ungleiche Dinge hin, damit er ins unendliche etwas auszugleichen habe, und das ganze Leben des wahren Menschen ist nichts anderes als ein Ausgleichen des Ungleichen, ein Verbinden des Getrennten.«[219] – Nicht das Durchstellen von oben ist das Erkennungsmerkmal des Reformers, vielmehr seine feine Witterung, dank derer er der Gesellschaft als kluger Mentor des Staatsinteresses den Weg zu weisen weiß; nicht Zwangsegalisierung kennzeichnet das gelungene Werk, sondern freiwilliges Sichfügen des einzelnen in seine Stellung und seinen höheren Auftrag. Statt den nationalen Zusammenhalt als letztlich seelenloses Räderwerk zu konzipieren, muß man ihn als Frucht des gegenseitigen Respekts der Stände, der freien und selbstlosen Liebe zur Idee des Staates ehren lernen. Der organische Konservatismus Müllers belebt die traditionalistische Folklore in sich neu und verbindet sie mit der Vorstellung einer Pflicht aus Freiheit; ein durchaus kritischer Gedanke in der Welt des Absolutismus.

2. Was damit gemeint war, führte ein anderer näher aus, Heinrich von Kleist, Dramatiker und Erzähler, politischer Geist aus Leidenschaft und zu seinem persönlichen Unglück. Mit den führenden preußischen Reformern, daher auch mit ihrem heimlichen Familienzwist bekannt, machte er sich Müllers Position auf souveräne Art zu eigen. Die Lehre des Philosophen vom Staat als einem Kunstwerk steigerte er zu einer furiosen poetischen Lektion über den Ungehorsam als Plage UND als Lebenselixier des guten Staats. – Der *Prinz von Homburg*, die Schlacht bei Fehrbellin, die Fabel ist bekannt genug, in groben Zügen. Prinz Friedrich Arthur von Homburg, General der kurfürstlichen Reiterei, hatte seinem Herrn, dem brandenburgischen Kurfürsten, gelegentlich früherer Scharmützel Anlaß zur Klage gegeben. Allzu draufgängerisch war er mit den Seinen ins Getümmel gezogen und hatte die Schlachtordnung gehörig durcheinander gewirbelt. Vor solchem Übermut wird er diesmal ausdrücklich gewarnt. Nur auf ein vorher vereinbartes Zeichen darf er seine Einheit in die Flanke des schwedischen Feindes führen. Doch hört er wieder nicht darauf, auch, weil er der Prinzessin Natalie, in die er sich verliebt hat, imponieren will. Er stürmt los, auf eigenes Geheiß, und entscheidet den glücklichen Ausgang. Der Kurfürst, zunächst für tot erachtet, kehrt als »Sieger« auf den Thron zurück und hält über den Heißsporn Strafgericht. Er diktiert ihm den Tod zu, läßt sich dann aber zu einem klügeren Verfahren überreden. Sofern der Prinz selbst sich von Schuld freizusprechen vermag, soll er frei sein; die neue Freiheit der Untertanen. Auf seine eigene moralische Urteilskraft, auf sein Gewissen als letzte Instanz seines Schicksals verwiesen, gesteht der edle Missetäter sein Versagen ein und mißt sich selbst die Todesstrafe zu. Innerlich geläutert, von

sich aus zur Räson gebracht, von ungestümen Affekten nunmehr frei, wird er vom Souverän begnadigt. Er hat verstanden, für jetzt und alle Zukunft; ein Lehrstück über Disziplin und Freiheit, über Unterordnung aus gereifter Einsicht. Doch damit begnügt sich das Drama nicht.

Das letzte Wort in der Sache, nicht im Stück, gehört dem Obristen Kottwitz, einem altgedienten, erfahrenen Militär und väterlichen Freund des Prinzen. Der stellt sich nach schon aufgelöstem Grundkonflikt vor seinen Fürsten und hält ihm einen Vortrag über das für ein gedeihliches Staatswesen unverzichtbare Minimum an bürgerlichem Eigensinn, mit diesem Worten:

> *Was kümmert dich, ich bitte dich, die Regel,*
> *Nach der der Feind sich schlägt: wenn er nur nieder*
> *Vor dir, mit allen seinen Fahnen, sinkt?*
> *Die Regel, die ihn schlägt, das ist die höchste!*
> *Willst du das Heer, das glühend an dir hängt,*
> *Zu einem Werkzeug machen, gleich dem Schwerte,*
> *Das tot in deinem goldnen Gürtel ruht?*
> *Der ärmste Geist, der in den Sternen fremd,*
> *Zuerst solch eine Lehre gab! Die schlechte,*
> *Kurzsicht'ge Staatskunst, die, um eines Falles,*
> *Da die Empfindung sich verderblich zeigt,*
> *Zehn andere vergißt, im Lauf der Dinge,*
> *Da die Empfindung einzig retten kann!*
> ...
> *Gesetzt, um dieses unberufnen Sieges,*
> *Brächst du dem Prinzen jetzt den Stab; und ich,*
> *Ich träfe morgen, gleichfalls unberufen,*
> *Den Sieg wo irgend zwischen Wald und Felsen,*
> *Mit den Schwadronen, wie ein Schäfer, an:*
> *Bei Gott, ein Schelm müßt ich doch sein, wenn ich*
> *Des Prinzen Tat nicht munter wiederholte.*
> *Und sprächst du, das Gesetzbuch in der Hand:*
> *»Kottwitz, du hast den Kopf verwirkt!« so sagt ich:*

*»Das wußt ich Herr; da nimm ihn hin, hier ist er:*
*Als mich ein Eid an deine Krone band,*
*Mit Haut und Haar, nahm ich den Kopf nicht aus,*
*Und nichts dir gäb ich, was nicht dein gehörte!*[220]

3. Statt blinden Gehorsams – Disziplin aus Freiheit, statt
buchstabentreuer Exekution der Gesetze – Regierung der
praktischen Urteilskraft: das sind die beiden Grundsätze, die
das Drama als Quintessenz aus Handlung und Widerrede der
Figuren festhält. Kleist schreibt der historischen Schlacht bei
Fehrbellin die geistige Schlacht im eigenen Lager zu, im
preußischen, zu seiner Zeit. Den steifen Konservatismus der
Ordnungsfanatiker konfrontiert er mit einem weisen, roman-
tisch »aufgelockerten« Konservatismus und trifft seine Wahl.
Paragraphen, Verfügungen, Gesetze, die den sozialen Kontext ignorieren, der einzelmenschlichen Erfahrung spotten,
verknöchern den Staat zu einem toten Mechanismus. An das
Gewissen der Untertanen, ihr Pflichtgefühl, zu appellieren ist
nicht genug; ihr freies Urteil ist vonnöten, und das braucht
Auslauf in der Welt, Handeln auf je eigenes Risiko, Einstehen
für die Konsequenzen, für die Fehlbarkeit des Tuns, auch das.
Politische Autorität und persönliche Autorschaft bedingen
einander. Nur autonome Individuen vertreten den Staat mit
ihrer ganzen Person, auch, wo er nicht zugegen ist, keine Wei-
sungen erläßt. Erst handelnd und entscheidend erfährt der
einzelne den Staat als höhere Notwendigkeit, als Grenze seiner Freiheit, respektiert er Freiheit neben, außer, über sich.[221]
Was den deutschen Konservatismus des frühen neunzehnten Jahrhunderts charakterisiert, von anderen nationalen Spielarten unterscheidet, ist sein polemisches Verhältnis
zu sich selbst, sind rivalisierende Strömungen, Kraft- und
Kampflinien in seinem Inneren.[222] Mit Adam Müller tritt
das konservativ-romantische Denken in erklärte Opposition zum Reformismus von oben, mit Kleist öffnet es sich
zudem liberalen Überzeugungen, mit denen es teilweise verschmilzt.[223] Es muß viel Zeit vergehen, bis der deutsche

Konservatismus dem Liberalismus erneut Avancen macht, noch mehr, bis dieser sie verdient. Sozial von innen, politisch von oben frühzeitig eingeschüchtert, nach außen auf Machtvermehrung, nationale Größe bedacht, verabschiedet sich das liberale Bürgertum vom universalistischen Projekt der »Kulturnation«, verschreibt es sich der »Nationalkultur«, der Überlegenheit des deutschen Geistes, mit einem Eifer, der noch den stursten Konservativen beeindruckte.[224]

4. Die konservativen Familienstreitigkeiten »der Preußen« waren keine Gedankenspiele; sie entsprangen und entsprachen der Sonderlage dieses Staates. Nach der vernichtenden militärischen Niederlage gegen Frankreich stand die Herrschaft der Hohenzollern kurz vor dem Bankrott. Der Entwicklungsrückstand zu den fortgeschrittensten Völkern dieser Zeit war auf allen Gebieten brutal zutage getreten, ihn aufzuholen vermochte nur eine mutige Erneuerung von Staat und Gesellschaft. Reformen mußten zuwege bringen, was in Frankreich die Revolution von 1789, in England der historische Kompromiß von 1688 bewerkstelligt hatten – den unumkehrbaren Bruch mit der Vergangenheit, mit Ständestaat, Zunftverfassung, geistiger Enge und innerer Zersplitterung.

Zu Beginn des neunzehnten Jahrhunderts verband sich diese Aufgabe mit einer zweiten: dem möglichst schnellen Einstieg in die industrielle Revolution. Französische Konservative mochten sich noch in Bonapartes Kaiserreich an der Aufgabe berauschen, die Regierung in die Hände der »rechtmäßigen« Eigentümer zurückzulegen, wie Burke gefordert hatte;[225] in England war sie ihnen nie entglitten und daher auch kein Thema für erregte Diskussionen. Dagegen fiel dem deutschen Konservatismus die ebenso ungewöhnliche wie undankbare Aufgabe zu, die Klasse der modernen Eigentümer, die sich dereinst der Regierung bemächtigen konnte, überhaupt erst zu formieren. Das trieb ihn in die Arme des sozialen Reformismus, der »guten Revolution«, entfremdete ihn dem bewahrenden Selbstverständnis seiner westlichen Verwandten, seiner eigenen Herkunft, begründete den Bruderzwist des europäischen und speziell des preußischen Konservatismus.

## § 27 »Skepsis und Zuversicht«

1. Verglichen mit seinen kontinentaleuropäischen Verbündeten wirkt der angelsächsische Konservatismus von vornherein einheitlicher, in sich stimmiger, seinem Ursprung treuer; sichtlich entspannt und gelassen, gibt er sich nach außen liberal. Der Bruch mit der alten Ordnung war dort seit längerem vollzogen, Teil der Vorgeschichte, der »glorious revolution«, wie in England, oder revolutionär bekräftigte Voraussetzung des gesellschaftlichen Neuanfangs, wie in den Vereinigten Staaten. Von der Französischen Revolution zu prinzipiellen Erwägungen veranlaßt, kann sich dieser Konservatismus darauf beschränken, das einzig »vernünftige« Fazit der ganzen Revolutionsepoche, die kapitalistische Eigentümergesellschaft, als nunmehr unumstößliche Ordnung auszugeben und gegen jeden Versuch zu verteidigen, sie erneut von unten in Frage zu stellen oder durch übertriebene Zugeständnisse von oben aufzuweichen. Ob aktuell an der Regierung oder in der Opposition – die Haltung bleibt dieselbe: vornehm-reserviert, abwartend, skeptisch gegenüber dem Staat, auch dem »eigenen«, sofern dieser allzuforsch in das gesellschaftliche Getriebe eingreift, Wohltaten verteilt oder existentielle Garantien an jene Stelle setzt, die dem gesunden Risiko gehört. Er bewahrt sein gutes Gewissen, sein »natürliches« Gepräge, bleibt mit sich im reinen.

2. Wie ungebrochen dieses angelsächsische Selbstverständnis sich seit nunmehr zwei Jahrhunderten behauptet, bezeugt ein später Erbe Edmund Burkes, der 1990 verstorbene Michael Oakeshott. In seiner letzten großen Arbeit analysierte der renommierte politische Philosoph zwei Grundmuster neuzeitlicher Politik, die »Politik der Zuver-

sicht« und die »Politik der Skepsis«. »Zuversichtliche« Politik steht für den gebürtigen Engländer im Dienst der Vollkommenheit. Auf die möglichst umfassende Kontrolle des gesellschaftlichen Lebens ausgerichtet, von einem »utopischen Gestus« inspiriert, zielt sie auf schrankenlose Regierung, die die Zuneigung der Regierten gewinnen möchte. In ihrem Umkreis wird alles politisch, Teil eines ambitionierten Projekts, »und die unterschiedlichen Weisen, in denen das geschieht (schlafen, sein Land bestellen, Gemälde malen, Kinder erziehen usw.), sind keine für sich geschiedenen Tätigkeiten, sie sind ungeschiedene Bestandteile eines einziges Musters«.[226]

Das ist die Hybris dieses Regierungsstils, dem die Nemesis folgt. Wo alles politisch ist, hebt sich das Politische als eigenständige Dimension des Sozialen auf. »Skeptische« Politik legt dagegen kluge Bescheidenheit an den Tag, begnügt sich mit der Aufrechterhaltung der äußeren Ordnung; antiutopisch par excellence, klammert sie das Seelenheil der Menschen ganz bewußt aus. Systematischen Reformismus verwirft sie zugunsten gezielter wie behutsamer Interventionen ins Bestehende; »auf Signale zu reagieren, um größere Kohärenz zu erwirken, ist eine Form der Verbesserung, die nach Meinung des Skeptikers zum ureigensten Geschäft der Regierung gehört, obwohl er allzu großer Liebe zur Symmetrie und einem tyrannischen Eifer, sämtliche Anomalien zu beseitigen, gehörig mißtraut«.[227]

Oakeshott ist objektiv genug, die Gefahren beider Regierungsstile zu erörtern, gegeneinander abzuwägen. Die Politik der Zuversicht bedeutet für ihn als solche eine Gefahr. Sie okkupiert die Gesellschaft, saugt sie in sich auf, setzt sich an deren Stelle. Aber auch die Politik der Skepsis wirft ernsthafte Probleme auf. Sie laboriert an ihrer absichtlich in Kauf genommenen Unentschlossenheit. Unwillig, die Menschen mitzureißen, zu begeistern, gebricht es ihr in Notsituationen oftmals an Mut und Überzeugungskraft; allzu zögerlich, birgt sie das Risiko in sich, notwendige Veränderungen nicht rechtzeitig genug herbeizuführen.

Gleichwohl: die Objektivität des Autors hat Grenzen. Er läßt den Leser keinen Augenblick im ungewissen, wo seine Sympathien liegen: beim skeptischen Regierungsstil. Sein Ideal ist Skepsis, die sich dort entschlossen zeigt, wo Handeln unabdingbar ist. Maßlose Skepsis schlägt am Ende in ihr Gegenteil, in Traditionalismus, um; über sich aufgeklärte Skepsis, mit Entschlußkraft im Bund, vermeidet dieses *déjà-vu.* »Es war die Leistung von Whig-Politikern wie Halifax, Hume oder Burke, die das politische Programm des Skeptizismus der neuen Zeit anzupassen und seine Prinzipien zeitgemäß zu formulieren wußten. Was bis dahin ein Erbe des Mittelalters war, wandelte sich nun zu einem Stil und einem Verständnis politischer Tätigkeit, die theoretisch wie praktisch eine moderne Ausdrucksform gefunden hatten.«[228]

Die Karl Mannheim entliehene Bestimmung des Konservatismus als reflexiv gewordenem Traditionalismus (§ 24.4–5) findet bei Oakeshott ihre völlige Bestätigung. Daß dieser es vorzieht, von reflexivem Skeptizismus zu reden, »progressiven Reformismus«, auch in seiner konservativen Variante, der Politik der Zuversicht zuordnet und ablehnt, weist ihn als englischen Konservativen aus, als halbseitigen Liberalen.

3. Gekonnt spielt dieser Konservatismus den Komfort seiner historischen Mitgift aus, inszeniert er sich als ehrwürdig-erhabenes Gespräch über die Generationen hinweg, perfektioniert er jene Rolle, die sein Ursprungserlebnis ihm zugewiesen hatte – die des Kritikers allzu zügellosen Reformeifers, des Anwalts erworbener Ansprüche und überlieferter Rechte. Er verleibt sich den Traditionalismus mehr ein, als daß er sich von ihm abstößt und gelangt gerade dadurch über ihn hinaus. Demonstrativer Gesten der Selbstvergewisserung kaum bedürftig, besticht und überzeugt er durch seinen natürlichen Charme.

Albert O. Hirschman, einer der vielseitigsten Sozialwissenschaftler unserer Zeit, hat die eigentümliche Lagerung und Gestimmtheit des angelsächsischen Konservatismus auch für die Vereinigten Staaten nachgewiesen. Anhand von

Parlamentsakten aus den letzten beiden Jahrhunderten identifizierte er das intellektuelle Grundmuster der konservativen Rhetorik jenseits des Atlantiks.[229] Es setzt sich aus drei Argumentationsfiguren zusammen, die den fortschrittlichen Reformismus geistig blamieren und praktisch entmutigen sollen: a) Reformen erzielen häufig die genau gegenteilige Wirkung der ursprünglich beabsichtigten; dazu erdacht, Freiheit und Selbstbewußtsein der einzelnen zu stärken, schwächen sie die soziale Kohäsion, machen die Gesellschaft träge und nur den Staat aktiv; die »Sinnverkehrungsthese«; b) Reformen sind eitel und letzthin vergeblich, weil sie den Grund der Gesellschaft, das Wesen des Menschen als Menschen, niemals erreichen und schon gar nicht nach Gutdünken modellieren können; der »neue Mensch« ist nur ein schauriges Phantom schamloser Weltverbesserer; die »Vergeblichkeitsthese«; c) sollten Reformen doch einmal unumgänglich sein, rechtfertigen sie deshalb noch keinen Reformprozeß, keinen Reformismus, im Gegenteil: Anschlußreformen heben oft genug die sinnvollen Effekte früherer Reformen auf, verstärken unliebsame Langzeitwirkungen und unterbleiben daher besser; die »Gefährdungsthese«.

4. Die einzelnen Argumente sind auf Erfahrung bezogen, von Fall zu Fall stichhaltig, ihrer polemischen Absicht unbeschadet ernsthafte, ernstzunehmende Anstöße zur Selbstaufklärung des entschiedenen Reformismus. Nur sind sie selbst nicht unanfechtbar, keine unbestreitbaren Axiome skeptischer Politik. Die progressive Rhetorik ist grundsätzlich imstande, Gegenargumente aufzubieten, die den Angriff, Linie für Linie, parieren: a) durchdacht und gut plaziert, können Reformen die in sie gesetzten Erwartungen erfüllen; b) Reformen können sehr wohl im Einklang mit elementaren geschichtlichen Strömungen, menschlichen Bedürfnissen und Triebimpulsen stehen, Neues, das nach Freiheit drängt, in Freiheit setzen; c) statt sich wechselseitig zu blockieren oder nur in ihren negativen Auswirkungen zu verstärken, können sich die gewollten, positiven

Effekte früherer und späterer Reformen ebensogut kumulieren.

Wichtiger als diese möglichen Paraden, Erwiderungen, ist
die nochmalige Betrachtung des konservativen Denkstils in
angelsächsischem Gewand, seiner delikaten Ironie, die die
Fehlgriffe und Übertreibungen der Fortschrittspartei genüß-
lich ausbeutet, seiner emotionalen Dezenz und intellektuellen Delikatesse. Sie zeugen von langer Erfahrung, vertrautem
Umgang mit einer politischen Doppelrolle, von souveräner
Beherrschung einer überaus anspruchsvollen Übung – dem
OPPOSITIONELLEN Regierungsstil. Der angelsächsische Konservative, sofern er an die Macht gelangt, regiert voll tiefen
Mißtrauens gegenüber den Möglichkeiten, Eingriffschancen,
die staatliche Macht zur Verfügung stellt; er regiert, als Idealtypus betrachtet, letztlich gegen den Staat selbst. Anders als
sein armer preußischer Verwandter weiß er sich von Anbeginn vom stummen Zwang der ökonomischen Verhältnisse
getragen, von der Wirtschaftsgesellschaft des klassischen Kapitalismus, der er den Rücken freihält, notfalls mit harter
Hand; da tritt sein Humor auf der Stelle.

5. Das jüngste Beispiel konservativer Abwehrrhetorik liefert der letzte verbliebene Arkanbereich uneingeschränkter
Autonomie, die professionelle Wissensproduktion, die expe-
rimentelle Wissenschaft. Hier, wo der Prozeß offen, unge-
wiß, fragil wie sein Ergebnis ist, scheint jede Vorschrift, jeder
Eingriff von außen nur Schaden anrichten zu können. Politisch diskutieren und entscheiden läßt sich allenfalls über die
Resultate, über deren praktische Anwendung bzw. Nichtan-
wendung. Dagegen steht die Wissensgesellschaft selbst, stehen wissensbasierte Produktions- und Lebensweisen, die jeden und jegliches in angewandte Wissenschaft verstricken;
dagegen steht die Entmystifizierung der Wissensproduzen-
ten, der Experten, durch inneren Streit, der in die Öffentlichkeit dringt sowie durch den Zusammenschluß von Laien und
deren Semiprofessionalisierung; dagegen stehen vor allem
Ansprüche, Versprechungen der Wissenschaft, die moralische

und politische Fragen von sich aus aufwerfen: Manipulationen am menschlichen Genom, Implantationsdiagnostik, tierisches, demnächst vielleicht auch menschliches Leben nach Maß, Katzen, die keine Allergien auslösen, Veränderungen des globalen Wetters für militärische Zwecke etc. Sie rufen nach Kontrolle, Regulierung, Intervention, unter Einbeziehung der Experten, aber auch darüber hinaus.

Entsprechend lang ist die Liste der Abwehrformeln.[230] »Es ist zu früh für äußere Eingriffe«, lautet der häufigste Einwand. Die Forschung ist noch nicht weit genug gediehen, Richtung und Ergebnisse sind noch viel zu vage, um eine sachkundige Regulierung zu ermöglichen. »Es ist zu spät«, argumentiert die dazu komplementäre Verhinderungsstrategie. Nun ist die Forschung bereits so weit fortgeschritten, daß der Ausstieg aus ihr viel schwieriger und kostspieliger erscheint als deren Fortführung. »Man kennt die Folgen erst nach der Anwendung des Wissens«, wird abwiegelnd behauptet und, mit dem Verweis auf wirtschaftliche Vorteile bzw. Nachteile im internationalen Wettbewerb: »Wir können es uns nicht leisten, darauf zu verzichten«, »Wir sind nicht allein«; ein kleines Ja zur Regulierung mit einem großen Vorbehalt: vorausgesetzt, alle, aber auch alle machen mit. »Wissen reguliert sich selbst, schützt sich selbst vor Mißbrauch«; die Fachleute wissen am besten, was zu tun oder zu unterlassen ist. »Neues Wissen veraltet schneller, als es entsteht«; angesichts permanenter Selbstrevision der Wissensproduktion kommt jede äußere Einflußnahme ohnehin meistens zu spät: So geht es endlos weiter. Geschickt operiert die moderne Wissenschaft mit dem oppositionellen Denk- und Regierungsstil des (liberalen) Konservatismus. Der hat, vielleicht, Bedenken, sieht »Werte« unterspült, mit denen er sich profiliert (Unantastbarkeit des Lebens, der Natur; Zeugung als Geschenk der Liebe, die Gottes Beistand findet); nur ist es Geist von seinem Geist, der ihm entgegentritt, und so verordnet er sich, überwiegend – Schweigen.

6. Einesteils stehen Konservative und Liberale im angelsächsischen Raum eng beieinander, repräsentieren sie eher geistesverwandte Spielarten als scharfe politische Kontraste. »Die Folgen zwingender Einrichtungen entsprechen der Absicht schlechterdings nicht«[231], die Überzeugung teilen sie, und auf ihrer Grundlage wenden sie sich gemeinsam gegen einen Staat, der zu viel »Gutes« will, »sozialistischen« Anflügen erliegt; Ordnung und Sicherheit genügen. Anderenteils sind sie aber auch klarer voneinander geschieden. Die Gesellschaft (als Gesellschaft der Eigentümer, der Besitzenden), löste sich in England und den Vereinigten Staaten zeitiger als anderswo aus staatlicher Vormundschaft, so daß die öffentlich geäußerte Furcht vor dem modernen Leviathan mehr einer rhetorischen Pflichtübung glich als begründeter Sorge entsprang. Die etablierte bürgerliche Mitte gebar ihr gemäße Zwänge, weihte Mittelmaß und Mittelmäßigkeit als allgemein verbindliche Verhaltensnormen ein. Die bürgerliche Freiheit hatte vom Staat oftmals weniger zu fürchten als von der moralischen und geschmacklichen Tyrannei der Mehrheit. »Daß so wenige wagen, exzentrisch zu sein, enthüllt die hauptsächliche Gefahr unserer Zeit«, klagte John Stuart Mill 1859 und schloß sich jenem Urteil an, das Alexis de Tocqueville ein Vierteljahrhundert zuvor über die moderne Demokratie gefällt hatte.[232] Diese waschechten Liberalen verteidigten die Freiheit des Individuums gegen Staat UND Gesellschaft gleichermaßen, wogegen der authentische Konservative zwischen Individuum und Gesellschaft nichtstaatliche Dritte einschob, »organische« Gemeinschaften, die den einzelnen sozial binden und erden sollten.

In Deutschland sahen sich Liberale und liberal gestimmte Konservative zur selben und noch für lange Zeit in dem Bemühen vereint, die Gesellschaft gegenüber dem Staat zu stärken, verschrieben sie sich dem Interesse des Bürgertums als sozialer Gruppe energischer als den Rechten und Ansprüchen des Individuums. Sie einte der Kampf gegen den Sozialismus, den konservativ verbrämten wie den echten, wobei jener sie mit der Angst vor diesem wirksam in Schranken hielt. Die Gesellschaft als moralische Zwangsanstalt zu attackieren war unter den gegebenen Umständen kein zweckmäßiges Unterfangen. Erst nach dem Zweiten Weltkrieg kam es auch hier zur Trennung. In gemeinsamer Frontstellung zum »bürokratischen« Wohlfahrtsstaat betonen kompromißlose Liberale Autonomie und Selbstbindung des Individuums, Liberalkonservative die Einbettung der Person in stabile und verläßliche Bezugssystem, in Ehe, Familie, Vereine, Berufsverbände.

7. Oakeshotts deutsche Brüder: nicht reich an Zahl, treten sie auch später in Erscheinung. Eine erste, vernehmbare Wortmeldung des liberalen Konservatismus ging von Helmut Schelsky aus. Dessen *Skeptische Generation* entwarf das Bild einer durch Krieg, Dauerpropaganda und militärischen »Zusammenbruch« desillusionierten Jugend, die den neuen Skeptizismus vorbildlich verkörperte. Politische Folge- und ideologische Glaubensbereitschaft waren an der Wurzel vernichtet, die Absage an einen vagen Idealismus, an intellektuelle Planungs- und Ordnungsschemata, die das Ganze in einem Griff zu erfassen glaubten, weit verbreitet. Geschärfter Wirklichkeitssinn, unerbittliches Realitätsverlangen, Rückbesinnung auf Verhaltenssicherheit und überprüfbares Vertrauen überwogen. Der Soziologe diagnostizierte (und befürwortete) diese Geisteshaltung, diesen »kritischen Positivismus der Lebenssicherheit, der lieber im Kleinen, aber Handfesten verharren, als sich auf unüberprüfbare Verallgemeinerungen einlassen, der sich nicht bluffen, nicht verführen lassen will«.[233] Er sah sich nur allzubald herausgefordert: von der Jugend. Die fand wieder Gefallen an der Geschichtsphilosophie, verwarf das »falsche Ganze« im Namen abstrakt-revolutionärer Ideale, glaubte leidenschaftlich an die Veränderbarkeit der Welt und urteilte die Skeptiker der Utopie in Bausch und Bogen ab.

8. »Auf liberale Weise konservativ zu werden wurde möglich, als die Bundesrepublik – die keine versäumte Re-

volution, sondern eine stabile Demokratie ist – gegen den durch das Jahr 1968 symbolisierten Versuch, sie revolutionär abzuschaffen, verteidigt werden mußte: das – also der Modernitätstraditionalismus zugunsten der liberalen Demokratie – wurde eine der wichtigsten Aufgaben meiner Generation.«[234] »Modernitätstraditionalismus« – ein schönes Wort, das auch Oakeshott hätte prägen können.

Für Odo Marquard ist es die Chiffre eines zeitgemäßen Konservatismus, der nicht nur Eigentum und Ordnung sanktioniert, sondern ebenso die politischen und kulturellen Errungenschaften der bürgerlichen Epoche, Demokratie und Pluralismus, Vielstimmigkeit des öffentlichen Lebens, die Individualität des Menschen, kulturelle Toleranz. Der Konservative in seinem Sinn ist liberal, weil er nicht irgendeine Tradition, sondern die der MODERNE pflegt, und er ist konservativ, weil er sie gegen ihre linken Widersacher in Schutz nimmt, konsequenter als jeder andere. Er ist darüber hinaus konservativ, weil er einen scharfen Blick für jene Ressourcen der Moderne besitzt, die erschöpfbar sind, sich nicht von selbst erneuern. Er verteidigt die bürgerliche Moderne stets auch gegen ihre bedenkenlosen liberalen Übertreiber. Neues, Veränderung setzt immer Lebensformen, Üblichkeiten, Traditionen voraus, und für den auf konservative Weise Liberalen kann es stets nur darum gehen, einen TEIL der Üblichkeiten zu verlassen. Kollektiven Erlösungsphantasien steht er ebenso ablehnend gegenüber wie falschem »Krisenstolz« und radikalen Marktrezepten, die das Individuum aus allen Bindungen und Verbindlichkeiten lösen. Er ist kein Reformist, weder ein sozialistischer noch ein liberaler, »partialkritisch, nicht totalkritisch«: »Die Vorstellung, jetzt ist der absolute Augenblick, in dem die Menschheit gerettet werden muß, und die Zuspitzung der Gegenwart zu großen Entscheidungssituationen zwischen Allem und Nichts: das geht mir viel zu weit.«[235] Dem Sieger der Geschichte, der bürgerlichen Moderne, schlichte Kränze flechten, das ist nun wirklich »very british«.

1. Die Konstruktion von Idealtypen ist soziologisch sinnvoll und geboten, um den fließenden Übergängen, graduellen Abstufungen, Mischformen, Überschneidungen des historisch-sozialen Geschehens plastischere Konturen zu verleihen, Konturen, deren Erkenntniswert darin besteht, daß sie übertreiben, sofern sie treffend übertreiben, den Blick auf das Wesentliche lenken, auf Antithesen, Polarisierungen, Bruchlinien, Konflikte, die dem Auge, das den Fluß nur mitvollzieht, notwendigerweise verschlossen bleiben.

Aus demselben Grund verbietet sich ein einfacher Rückschluß vom Idealtypus, der die Wirklichkeit repräsentiert, auf die konkreten Gegebenheiten, die empirische Realität. So ist der Idealtypus des angelsächsischen Konservativen keine freie Erfindung, auch kein bloßes Abbild konservativer Selbststilisierung, aber ein wenig übertreibt er in diese Richtung schon. In der Realität erweist sich dieser Konservative als durchaus »zupackendes Wesen«, das seine oppositionelle Reserve dem Regieren gegenüber sehr wohl suspendieren kann. Wenn es einem »guten« Zweck dient, kann er zum fanatischen Reformer werden oder zur Reformerin; England in den 1980er und 1990er Jahren, Margaret Thatcher und die Folgen.

Schon ein kleiner Auszug aus dem langen Protokoll dieser konservativen Gegenreform vermittelt einen Eindruck vom Ausmaß des »Verrats« am skeptischen Regierungsstil: Privatisierung staatlicher und kommunaler Unternehmen, Kohle, Stahl, Gas, Elektrizität, Wasser, Eisenbahn, Fluglinien, Telekommunikation, Sozialwohnungen; Entmachtung lokaler Behörden bei der Kontrolle des Gesundheitswesens, von Schulen, Universitäten, Gefängnissen, Justiz- und Polizeiorganen; Beschränkung der Gewerkschaftsmacht; Deregulierung des Arbeitsmarktes vor allem durch »Reform« der Arbeitsgesetzgebung, »Reform« der Sozialleistungen; »Reform«

der Kriterien »zumutbarer Arbeit«, bis annähernd jede Verrichtung darunter fiel. Man muß John Gray, der dieses Protokoll geschrieben hat, nicht durchgängig zustimmen, wenn er von der Verwandlung der Marktwirtschaft in eine Marktgesellschaft ohne soziales Rückgrat spricht, von moderner Abhängigkeitskultur oder von der Gefangenschaft einer ganzen Nation in der »neoliberalen Abhängigkeitsfalle«.[236]

Aber man muß sehen, daß es sich hierbei um keine bloße Verwirrung des angelsächsischen Konservatismus handelt, um kein zufälliges Abweichen vom oppositionellen Staatsverständnis, sondern um eine gewollte Metamorphose als Teil des Versuchs, den freien Markt zu installieren.[237] – Wieder zu installieren, müßte es eigentlich heißen, um dem epochalen Ereignis der Ersteinrichtung einer Marktgesellschaft Rechnung zu tragen. Ein an staatlicher Gewalttätigkeit schwerlich zu übertreffender Vorgang, eine »blut- und schmutztriefende Geburt«, eingeleitet nach der »glorreichen Revolution« von den Oraniern und vom Bürgertum vollendet; von einem Bürgertum, das seine politische Unschuld im Sündenfall einer absichtsvoll sich selbst entstaatlichenden Staatlichkeit verlor.[238]

Die neuerliche Wende im liberal-konservativen Politikstil, die Wiederkehr der »Zuversicht« trägt dasselbe Sündenmal: Alle verfügbare Macht des Staates mobilisieren, um den staatlichen Einfluß auf die Wirtschaft langfristig und irreversibel auf das unentbehrliche Minimum von *law and order* zu beschränken, im Zweifelsfall allein auf *order*. Mit den geheiligten Prinzipien konservativer Skepsis und Zurückhaltung verträgt sich diese Offensive in keiner Weise; um in der Abweichung vom propagierten Ideal den Ausdruck äußerster Gradlinigkeit erblicken zu können, muß man die Lieblingsphilosophie der Liberalkonservativen, den Pragmatismus, schon gehörig verbiegen.

2. Umgekehrt zeigte sich der angelsächsische Konservatismus auch dem Reformismus gegenüber aufgeschlossen: im Ausnahmezustand. So verfolgten die englischen Konservativen während beider Weltkriege eine Politik der sozialen

Zuversicht, als Teil einer Allparteienregierung im ersten, unter eigener Führung im zweiten globalen Gemetzel. Die Ressourcen zum Überleben, knapper als zuvor, wurden gerechter verteilt, öffentliche Einrichtungen garantierten die Versorgung aller mit Lebensmitteln und medizinischen Leistungen. Obwohl der Pro-Kopf-Anteil an Nahrungsmitteln in Großbritannien im Zweiten Weltkrieg drastisch sank, nahmen Fälle an Unterernährung spürbar ab, solche von schwerer Unterernährung verschwanden völlig. Auch die Sterblichkeitsrate ging deutlich zurück, sieht man von den Kriegstoten ab. Trotz langsamen Wachstums des Bruttosozialprodukts kam es während beider Kriegsdekaden zu einem sprunghaften Anstieg der durchschnittlichen Lebenserwartung.[239] Der Ausbau des Sozialstaats bei schwindenden Ressourcen war die angemessene Antwort auf die äußere Herausforderung; er stärkte die innere Bindung, die Überlebens- und Widerstandskräfte der ganzen Nation. Die nachfolgenden Friedensperioden zeigen das gegenteilige Bild: wachsende Verteilungsmassen, stärkere soziale Differenzierung. Sozial empfindsam, engagiert tritt dieser Konservatismus nur unter Verhältnissen in Erscheinung, die niemand wünschen kann.

3. Diese Abweichung des liberalen Konservatismus nach links fand ihr Gegenstück in der McCarthy-Ära in den Vereinigten Staaten nach dem Ende des Zweiten Weltkriegs. Die nach dem republikanischen Senator Joseph Raymond McCarthy benannte Staatsjagd auf kommunistische Spione, unpatriotische Gesellen, die zuletzt in »Rosenkriege« auszuarten drohte, bedeutete eine besonders spektakuläre, aber keineswegs singuläre Rechtsabweichung des angelsächsischen, speziell des US-amerikanischen Konservatismus. Den »Kommunismus« im Inneren wie im Äußeren einzudämmen, zurückzudrängen, mit allen zu Gebote stehenden Methoden, war seine selbsterteilte Mission als führender Kraft des bewaffneten Antikommunismus; sie erzeugte die gewaltbereite, mordlustige Spielart konservativer »Zuver-

sicht«. Kein Verbrechen, vor dem sie zurückschreckte, das sie nicht erwog oder beging, eine schier endlose Kette politischer Erpressungen, Attentate, Morde, militärischer Abenteuer oder großzügiger »Assistenzen« beim Aufräumen mit Gegnern; Spitzelsystem, gezielte Lüge, Politik der Angst, der Kommunismus als sorgsam genährtes, vom inflationären Gebrauch aufgedunsenes Gespenst, das man nach Bedarf umgehen ließ, »ewiger Krieg für ewigen Frieden«.

4. Relativierung der Idealtypen auch vom (angelsächsischen) Liberalismus aus. In seiner kompromißlosen Verteidigung des Individuums gegen Staat und Gesellschaft steckt schon historisch ein Gutteil Propaganda. Lange vor der Entdeckung der Wunderkräfte des Kollektivs wußte sich der Liberale mit überindividuellen Bezugseinheiten sehr wohl zu arrangieren. Das Unternehmen, der wirtschaftliche Betrieb, waren ihm stets mehr als nur Ansammlungen vereinzelter einzelner. Von »lebenden Tableaus« geradezu begeistert, organisierte er das Zusammenwirken im Rahmen der »Werkstatt« nach denselben detaillierten Ordnungsprinzipien, mit denen der Gefängnisdirektor oder der Feldherr Übersicht und Effizienz ins große Ganze trugen; ein wahrer Planungsfetischist, ein »Bürokrat« im kleinen.[240]

Die allgemeine Hinwendung zu Organisation und Interventionismus auch im großen, zur umfassenden staatlichen Kontrolle von Wirtschaft und Gesellschaft in den 1860er, 1870er Jahren sah, wie schon dargestellt, vorzüglich den englischen Liberalismus auf vorderem Posten (§ 21.4), mit dem Gesicht zur Front der Sünde. »Entstaatlichende Staatlichkeit« – die Losung verkam in dieser Zeit zu purer Heuchelei vor den Kulissen; dahinter prostete man unbeschwert der Regulierung zu. Überhaupt: Oppositioneller oder zupackender Regierungsstil, Vorrang des individuellen, gemeinschaftlichen oder staatlich-nationalen Interesses, Politik der kleinen Schritte oder tatkräftiger Reformismus – der Liberalkonservatismus der Angelsachsen ist da sehr flexibel.[241] Der kontinentaleuropäische Betrachter steht ein wenig ratlos vor

diesem politischen Chamäleon, unschlüssig, ob er seine Ver-
wandlungsfähigkeit bewundern oder seine Charakterlosig-
keit monieren soll.

### § 29 Konservative Staatsversessenheit

1. Die tänzerische Leichtigkeit im Umgang mit Prinzipien,
der Hang zum graziösen Betrug, die den sophistischen Talenten eines Felix Krull geschuldet sein könnten, sind dem
preußisch-deutschen Konservatismus im ganzen durchaus
fremd. In seiner Abtrünnigkeit vom Ursprung bleibt sich
dieser Konservatismus für Jahrzehnte treu (§ 25.5–7), mit anderen Worten: Hier hat der »Verrat« Tradition, die Tradition
der deutschen Misere. Erst blieb die soziale Revolution aus,
dann, 1848, blieb sie im ersten Ansatz stecken; dieser Motor
der gesellschaftlichen Modernisierung kam nie in Gang. Sein
Ersatzaggregat, die »Revolution im guten Sinne«, wurde in
der Restaurationsperiode weitgehend lahmgelegt, gelegentliche Zuckungen durch Demagogenfurcht und Demagogen-
verfolgung nachhaltig eingeschüchtert.[242] Die Universitäten
unterlagen rigider Aufsicht und Kontrolle, mißliebige Professoren wurden entlassen, Pressegesetze und Zensurbestim-
mungen verschärft, »revolutionäre Umtriebe« von einer
eigens zu diesem Zweck gegründeten Kommission geahndet,
Reformbeamte in die Defensive gedrängt, Machtbefugnisse
und Sonderstellung des Adels wiederhergestellt.

Manche Kinder der Reformzeit überwinterten unter der
engen Glocke, Volksschulen, Gymnasien, naturwissenschaft-
liche und technische Fakultäten, selbst einzelne geisteswis-
senschaftliche Fachbereiche gediehen besser als befürchtet;
der Aufstieg der Vereine und des Vereinswesens fällt in diesen
Zeitabschnitt, ebenso die auf ganz Europa ausstrahlende ro-
mantische Bewegung. Dennoch war die Nation auch zu Beginn der zweiten Hälfte des neunzehnten Jahrhunderts noch
immer nicht geeint, weder auf klein- noch auf großdeutsche

Art, verfügte Preußen, der mächtigste deutsche Staat, über keine fortgeschrittene Sozialstruktur und Wirtschaftsweise. Konkurrent unter Konkurrenten, die ihre Hausaufgaben mehrheitlich besser erledigt hatten, zerplatzte der preußische Traum von einer größeren Rolle im europäischen Konzert, von hegemonialer Bedeutung, an der fortbestehenden sozialökonomischen und politischen Verspätung dieser Kryptonation.

Aus dieser verzweifelten Lage, die ein weiteres Zurückfallen nicht duldete, eine Modernisierung der Gesellschaft auf dem Hauptpfad der Epoche (freie Marktwirtschaft und Demokratie) nicht erlaubte, konnte nach schon bewährter Art nur eine Hybridbildung den Ausweg weisen: eine zweite »konservative Revolution«. Sie folgte in noch höherem Grade als die ihr vorhergehende der Devise: »Überholen ohne einzuholen!«, und sie fiel in eine Ära, die das kühne Unterfangen unterstützte. »Am Anfang war Bismarck«[243]; die zeitgleich zutage tretende Krise des Manchesterkapitalismus (§ 21) förderte seine Pläne ganz erheblich.

2. Hatten die Reformen von Stein und Hardenberg die Weichen für den Übergang Preußens zur ersten industriellen Revolution gestellt, schufen die Bismarckschen Reformen die Voraussetzungen für die erfolgreiche Bewältigung der zweiten industriellen Revolution. Der deutsche Konservatismus wurde aufs neue, was er schon einmal war: systematisch, grundsätzlich, fortschrittsgläubig und überdies staatstragend bis zur Staatsversessenheit.

Es ist nicht ohne Ironie, wie die politisch und mental zutiefst konservativ gesonnenen Eliten, wie Grundbesitzer, Großindustrielle, hoher Staatsadel von nun an und bis ins späte Kaiserreich direkt sozialistische Vorhaben unerschrocken in Angriff nahmen, um Deutschlands europäischen Machtanspruch trotz aller historischen Verzögerung fundieren zu können. Kommunikative Infrastrukturen, Verkehrs- und Versorgungssysteme wurden als staatliche oder städtische Projekts geplant und mit hohem Tempo realisiert; das schon weit gespannte Netz von Schulen, Hochschulen, Universitäten dehnte sich noch einmal beträchtlich aus; Fach- und Fachhochschulen, der angewandten Wissenschaft verpflichtet, verkoppelten Forschung und wirtschaftliche Praxis; der überkommene Bestand an Museen, Theatern, Bibliotheken wurde aus öffentlichen Mitteln gepflegt und weiter ausgebaut; ein modernes staatliches Gesundheitswesen entstand; Staat und Städte bauten Markthallen, Straßen, Wohnungen und ganze Wohnviertel, gründeten Sparkassen, Messen, schufen öffentliche Parkanlagen und Spielplätze, organisierten Müllabfuhr, Lebensmittelkontrolle und Armenunterstützung.

Dieser »Staats- und Munizipalsozialismus«, letzterer unter höchst aktiver Mitwirkung des städtischen Bürgertums und seiner (Selbst-)Verwaltungsorgane[244], bedeutete gewiß das Glanzstück der zweiten konservativen Revolution, ihr wichtigstes Vermächtnis. Daß dieses große Erbe heute ausgeschlagen wird, quer durch sämtliche Regierungsparteien, ist schlechtweg bestürzend. Schließlich war es Bismarcks konservative Reformbürokratie, die das Deutsche Reich in eine Versicherungsgesellschaft verwandelte, Wohltätigkeit durch Rechtsansprüche ersetzte, private Hilfe durch staatlich garantierte Vorsorge für Krankheit, Unfall, Alter.[245] Der politischen Gründung der Nation folgte die soziale, mochten deren maßgebliche Motive auch noch so unedel sein.[246] »Politik ohne Staat«, das gehörte unwiderruflich der Vergangenheit an – so schien es, bis zum jüngsten Widerruf.

3. Der preußisch-deutsche Konservatismus in Bismarcks Version kennt keine Berührungsängste vor ganzheitlicher Politik, vor dem Verschmelzen mit Staat und Bürokratie; von »Zuversicht« durchdrungen, pflegt er eine revolutionäre Attitüde, einen eingreifenden Regierungsstil. Der bescheidene, defensive Konservatismus anderer Völker ist im Deutschland dieser Jahrzehnte nur mehr als schmales Rinnsal vorhanden. Die scharfe Polemik der »wahren«, »organischen« Konservativen gegen ihre rationalistischen und

etatistischen Brüder, zu Beginn des neunzehnten Jahrhunderts so vernehmlich, ist weitgehend verebbt.

So wie der Traditionalismus einst zur politischen Folklore herabsank, wurde der »Konservatismus von unten«, samt seines Appells an die praktisch-moralische Urteilskraft, an freiwilligen Respekt und seines Aufrufs zu Vermittlung und Versöhnung sozialer Dissonanzen auf ein bloßes Beiwerk zurechtgestutzt. Weil der deutsche Konservatismus die kapitalistische Eigentümergesellschaft nicht fertig vorfand, sondern mit entbinden half und großzog, war es nur natürlich, daß er sich mit seiner eigenen Schöpfung identifizierte, und, als großer Demiurg, auf die Idee der allgemeinen Machbarkeit verfiel.

## § 30 Rückwertung der Werte

Mit der Reform verhält es sich wie mit der Arbeit; ihr An-sich-Sein, ihr Wesen in Absehung vom geschichtlichen Wandel zu fixieren, ist ein müßiges Geschäft. Reformen »sind«, was veränderliche Konstellationen, Kräfteverhältnisse, Interessengruppierungen aus ihnen machen: mal behutsam, mal kühn, mal Traditionen bewahrend, mal sie zerstörend, mal »skeptisch«, mal »zuversichtlich«. Unter allen historisch bereits in Erscheinung getretenen Varianten und Kombinationen erwiesen sich zwei als besonders stabil und folgenreich, bis weit ins zwanzigste Jahrhundert hinein: die Verknüpfung des Reformbegriffs mit der »Revolution« und mit dem »Fortschritt«.

Das erste Gespann löste sich nach dem Zweiten Weltkrieg, das zweite unmittelbar vor unseren Augen auf. Im realistisch anmutenden Glauben an eine Epoche »immerwährender Prosperität« verloren sich in den entwickelten westlichen Industriegesellschaften die Hoffnung auf sowie die Furcht vor der sozialen Revolution. Alles sprach für die Möglichkeit, Reformen erstmals in der neueren Geschichte aus sich heraus zu motivieren, positiv, durch den Grundsatz demokratischer Teilhabe aller am wachsenden Wohlstand, an gerechteren Entfaltungschancen.

Je mehr die Revolutionsfurcht verblaßte, desto inniger gestaltete sich das Bündnis von Reform und Fortschritt. Reformen waren per se »progressiv«, wobei der emanzipatorische Aspekt gegenüber technisch-organisatorischen wie ökonomischen Effizienzgesichtspunkten mehr und mehr die Oberhand gewann. Nach vollzogener Befriedung und Integration der Protestbewegungen der 1960er Jahre war ein Zustand absehbar, in dem jedes berechtigte Interesse, jede halbwegs relevante Forderung nach gesellschaftlicher Mitsprache und Mitwirkung angemessene Berücksichtigung erfuhr. Das unterirdische Grollen einer heraufziehenden Krise der Erwerbsgesellschaft trübte den allgemeinen Optimismus erst peripher. Ein Jahrzehnt darauf war die Erosion der Fundamente des sozialen Ausgleichs in aller Munde, breitete sich ökonomisch-ökologische Krisenstimmung aus. Und nachdem eine weitere Dekade vergangen, mit den Umbrüchen in Ost-Mitteleuropa heroisch verabschiedet worden war, erlebte der soziale Reformismus seinen politischen Aschermittwoch, auch in Deutschland. Was seither geschah, war eine Um- oder besser eine Rückwertung der Werte. Sie entkoppelte die Reform vom »Fortschritt« in seiner eingebürgerten Bedeutung, vom Glücksanspruch der Mehrheit, von der Förderung der Schwachen, und schuf neue Selbstverständlichkeiten. »Richtige« Reformen sind nunmehr schmerzhaft, tun weh, sie gehorchen dem Zwang zum Weniger, nicht den Verlockungen des Mehr und Immermehr, sie bringen Einschränkungen mit sich, Belastungen, Enttäuschungen.

Formell galt das auch für den Reformismus früherer Zeiten. Nur waren es seinerzeit die Privilegierten, Adelige, wohlhabende Bürger, denen fiskalische Lasten oder rechtliche Verbindlichkeiten auferlegt wurden. Diesmal trifft es die soziale Pyramide im Abschnitt ihrer größten Ausdehnung, ihr unteres Drittel, ihren Fuß. »Richtige« Reformen stehen nicht länger in Bezug zu höherer Chancengleichheit, zu erweiterter Partizipation, zum gesicherten Leben; als sozial neutralisierte Prozesse korrespondieren sie nur mehr dem Handeln in der Not. Statt den individuellen Alternativspielraum auf gesichertem Grund auszuweiten, empfehlen sie sich gerade durch ihre Optionslosigkeit: *there is no alternative.* Sie begründen keine Ansprüche, sondern ziehen sie, das »Anspruchsdenken« insgesamt, in Zweifel. Sie offerieren keine Wohltaten, sondern »Grausamkeiten«, die zu begehen sie sich rühmen. Vom Gedanken an einem möglichen Aufstand von unten nicht länger aufgeschreckt, exekutieren sie dessen glattes Gegenteil: den Aufstand von oben, die Revolte der Etablierten gegen die »Konsensgesellschaft«, gegen Ausgleich und Gleichmacherei.

Der politische Konservatismus steht an der Spitze dieser Rückwertung des Reformbegriffs, die in der Praxis auf eine kräftige Beschneidung sozialer Garantien hinausläuft. Von seiner langen und wechselvollen Vorgeschichte weiß er nur das zu memorieren, was zu seinem neuen Selbstbewußtsein paßt: Reform als »Wiederherstellung« des rechten Maßes, des ursprünglich gemeinten Sinns, als Rücknahme von Wohltaten, die im Überschwang erwiesen wurden. (§ 25.1) Der Staat in dieser abgemagerten Version ignoriert die »selbstverschuldete« Not, springt nur noch dem zur Seite, der ohne eigene Verfehlung im Elend haust. Die Reform ist unter die (konservativen) Verleugner und Verächter eines großen und bewundernswerten Erbes geraten. Der konservative Reformist, der noch als Oppositioneller im Geiste mitregierte, auf gesellschaftliche Integration durch sozialen Ausgleich bedacht, kämpft im eigenen Lager längst mit seinem schlechten Image; eine anachronistische Figur, die peinliche Erinnerungen weckt.

1. Von kurzen Gegenschüben abgesehen, verschrieben sich die (preußisch-)deutschen Reformer seit nun annähernd zweihundert Jahren dem ganzheitlichen »Verbessern« der sozialen Zustände, packten sie die soziale Frage »zuversichtlich« an, sei es zeitweise auch um imperialer Projekte willen. Dieser parteiübergreifende Sozialdemokratismus der inneren Befriedung bildete bis in die jüngste Vergangenheit den Fokus jeglicher Reformpraxis, mochte die jeweilige Regierung nun rechts oder links von der bürgerlichen Mitte angesiedelt sein.[247] Vor allem nach dem Zweiten Weltkrieg gab es diesbezüglich keine ernsten Kontroversen. Die politische Antwort auf die Weltwirtschaftskrise erfolgte in Deutschland zeitlich verzögert, dann aber desto einhelliger. Christ- und Freidemokraten, die Sozialdemokratie nach Godesberg und später auch die Grünen verständigten sich auf die soziale Marktwirtschaft, auf den Rheinischen Kapitalismus, auf Verteilungsgerechtigkeit, politische und soziale Grundrechte, auf allgemeine Bildung und kulturelle Teilhabe. Einflußreiche Sozialstaatsfraktionen prägten das Profil der großen Volksparteien und zu Zeiten der sozialliberalen Koalition auch den Charakter der FDP.

Die »Entsozialdemokratisierung« der politischen Landschaft bedeutet hierzulande noch immer eine Arbeit. Nach innen müssen »sozialistische Starrköpfe« diszipliniert oder ausgemustert werden, nach außen schwört man das Publikum mit propagandistischem Großaufwand auf die neue Lehre ein. Der forcierte Staatshaß soll den Affekt gegen den »Dritten«, gegen Staat und »Bürokratie«, bis in die letzte Stube tragen. Bündnispartner, auch ungewöhnliche, sind dabei höchst willkommen. Antistaatliche Affekte sickerten noch in der alten Bundesrepublik in linksliberale Denktraditionen ein. Namhafte internationale Kritiker der »Sozialisierung« und des »vergesellschafteten« Menschen fanden in der deutschen Öffentlichkeit große Resonanz.[248] Staatliche

Macht wurde als »Steuerungsmedium« thematisiert, das die »Lebenswelt« kolonialisiere und zersetze wie das Geld.[249] Den Ausweg wiesen, wie im US-amerikanischen Kommunitarismus, autonome Gemeinschaften. Sie heilten die »Zerrissenheit des Sozialen«, kurierten dessen »Pathologien«.

2. Es gibt, wer wollte es bestreiten, ein Zuviel an staatlicher Regelung und Verordnung, auch auf dem Gebiet des Sozialen (worunter die Bedürftigen allerdings in gesteigerter Weise leiden: Offenbarungszwang, Bevormundung, Klientenstatus), Fälle zielblinder und überschwenglicher Staatsintervention. Auch der »zivilisierte«, das heißt gesellschaftlicher und öffentlicher Kontrolle unterworfene Staat kann sein Geburtsmal nicht verbergen – Annexion der Souveränität, einzig legitime Form physischer Gewaltanwendung –, insofern gilt: »Jeder Staat hat etwas von einem Schurkenstaat«;[250] auch als »Dritter« bleibt der Staat im Notfall »Erster«. Dennoch rechtfertigt das keine abstrakte, allumfassende Verdächtigung, gar Verwerfung sozialstaatlichen Handelns. Untauglich auch der Versuch, einen neuen »Dritten« zu kreieren, besser: neue Dritte, kleine Kommunen, die die Individuen aus der Umklammerung staatlicher Vormundschaft befreien und wieder zu selbstverantwortlichen Akteuren emanzipieren.

Es ist ein grober Denkfehler, Staat und Markt als einander ebenbürtige Widersacher der sozialen Praxis anzusehen; das mag für den Machtstaat gelten, für den demokratischen gilt es nicht. Gleichwohl lanciert man den Verdacht, der Sozialstaat unterbreite den Menschen das unmoralische »Angebot, sich von konkreter Solidarität freizukaufen«, und verschärfe dadurch »die Logik der kapitalistischen Industriegesellschaft, die er doch gerade brechen wollte«;[251] spielt man das Honoratiorenwesen des neunzehnten Jahrhunderts gegen den »Bürokratismus« aus und stimmt das Lob der »freiwilligen Verpflichtung« ökonomisch gut gestellter Bürger an, Bedürftigen in ihrer Nachbarschaft die Hand zu reichen, armen Arbeitenden, Arbeitslosen, alleinerziehenden Frauen. »Vitales Sozialleben«, erzeugt und aufrechterhalten durch

ein »gut funktionierendes paternalistisches Nachbarschafts-
system«[252]: man muß vom Haß auf den Staat geradezu ge-
peinigt sein, um daran glauben zu können. Der in die Krise
geratenen Erwerbsarbeitsgesellschaft das wohlfeile »Quar-
tiersmanagement« des philanthropischen deutschen Bürgertums als Vorbild anzudienen ist ein schlechter Witz. Wieder-
gewinnung des Sozialen in der Depraviertengemeinschaft:
Von Arbeit befreit, können sich die Armen ausgiebig um die
Armen kümmern, je nach »Zufall und Begegnung«, statt,
wie der Bürokrat, »nach dem Terminkalender«.[253]

    3. Empirisch nachweisbar ist etwas ganz anderes: der enge
Zusammenhang zwischen wohlfahrtsstaatlichen Aktivitäten
und der persönlichen Bereitschaft, sich gemeinsam mit anderen uneigennützig zu engagieren. Die bislang umfassendste Fallstudie zu diesem Thema bezog acht Nationen ein
(Großbritannien, Schweden, Australien, Japan, Frankreich,
Deutschland, Spanien sowie die USA) und untersuchte deren »soziales Kapital« von den 1960er Jahren bis in die Gegenwart.[254] Bestimmend für die Auswahl war ein möglichst
großer, zugleich repräsentativer Variantenreichtum an a) nationalen Spielarten des Wohlfahrtsstaats b) lebendigen Traditionen solidarischen Verhaltens, c) je eigentümlichen Kontexten wohlfahrtsstaatlichen Engagements (familial wie in
Spanien, korporatistisch wie in Japan oder ehrenamtlich wie
in den Vereinigten Staaten). Der aus all diesen Differenzen
hervorgehende, gemeinsame Befund verblüfft durch seine
Klarheit: Herausbildung und Ausbau des Wohlfahrtsstaates
führen nicht zur Einbuße an bürgerschaftlichem Engagement. Die beiden Länder mit den ausgeprägtesten Wohl-
fahrtspolitiken, die Niederlande und Schweden, erreichen
auch die höchsten Werte bei der unbezahlten Arbeit in eh-
renamtlichen Vereinigungen. Für die anderen untersuchten
Länder gilt auf niedrigerem Niveau und abgestuft dasselbe.
Aktiver Sozialstaat und wacher Bürgersinn vertragen sich
nicht nur miteinander, sie fördern sich auch wechselseitig.
Wachstumsphasen staatlich organisierter Wohlfahrt stimu-

lieren fast durchgängig die Ausdehnung und Vertiefung der sozialen Bande. Hier einige Exempel zur Nachdenklichkeit unserer neuen Staatsfeinde:

Frankreich: »Das Wachstum des Wohlfahrtsstaates ist der nächstliegende Erklärungsfaktor für die außergewöhnliche Entwicklung des Vereinssektors seit 1960 ... Jede Spitze der Kurve korrespondiert mit einer politischen Entscheidung, durch die der Wohlfahrtsstaat erweitert wurde.«[255]

USA: »Viele der amerikanischen Mitgliederorganisationen erlebten ihre Blütezeit, als sie die staatlichen Behörden bei der Durchführung der Sozial- und Dienstleistungen für Millionen von Menschen unterstützten ... Vom Bürgerkrieg bis zur Nachkriegszeit wirken ehrenamtliche Mitgliedervereinigungen als Ergänzungen der amerikanischen Version des modernen Wohlfahrtsstaates.«[256]

Schweden: »Während die Kritik des Wohlfahrtsstaates für die politische und intellektuelle Elite ein zentrales Thema ist, nahm die öffentliche Unterstützung für dieses System zu.«[257]

Australien: »...ergab sich, dass der Staat noch immer als wichtigster Akteur bei der Herstellung von Gleichheit angesehen wird – die Zustimmung blieb hier relativ konstant ... Der Widerspruch zwischen dem Wunsch nach Gleichheit und der wachsenden Ungleichheit ist ein klarer Faktor zur Erklärung des Vertrauens.«[258]

4. Die Tatsachen widerlegen die kommunitaristische Doktrin; die modische Staatsverachtung sowieso. Nur Menschen, die ihrer selbst, ihrer Stellung in der Gesellschaft einigermaßen sicher sind, zeigen sich willens und imstande, aus freien Stücken etwas miteinander anzufangen. Der Sozialstaat schafft diese Voraussetzungen, die Bürger nutzen sie, erfüllen das staatliche Gerüst mit Leben und entbinden die Administration von Fürsorge- und Aufsichtsfunktionen im einzelnen. Zwischen dem Staat und der Bürgergesellschaft existiert eine »dialektische Beziehung«.[259] Soziales Kapital wird in der Lebenswelt gebildet, bleibt aber an soziale, recht-

liche, infrastrukturelle Rahmenbedingungen gebunden; ohne diese Anhaltspunkte versiegt die Quelle, schrumpft der Kapitalstock.[260] Wo der Staat sozial abrüstet, abdankt, zerfällt das Fundament, entfernen und entfremden sich die Menschen voneinander, nehmen sie die anderen nicht länger als ihresgleichen wahr, schläft ihr sozialer Sinn unwiderruflich ein. – Das betrifft sogar den seltenen Fall, daß es allen oder doch den meisten materiell gesehen besser geht. Den Ausschlag zugunsten einer aktiven Bürgerschaft geben Balance und »Nähe« der sozialen Lagen, nicht der Lebensstandard als solcher.[261] Fouriers Idee einer proportionalen Verteilung, bei der jede Gruppe am wachsenden Wohlstand teilhat, nur eben ungleich (§ 22.1), beruht, so fortschrittlich sie zu ihrer Zeit auch war, zuletzt auf einem Irrtum. Man überschaue seine Tabelle[262]:

|   | arm | bedürftig | mittelmäßig | wohlhabend | reich |
|---|-----|-----------|-------------|------------|-------|
| A | 0 | 1 | 2 | 4 | 8 |
| B | 1 | 2 | 4 | 8 | 16 |
| C | 2 | 4 | 8 | 16 | 32 |
| D | 4 | 8 | 16 | 32 | 64 |
| E | 8 | 16 | 32 | 64 | 128 |

Nach fünf Verteilungszyklen wird der Arme seine Lage merklich gebessert haben, befindet er sich auf dem Ausgangsniveau des Reichen. Gleichzeitig frieren die Relationen ein; wo der Arme hinkommt, dort war der Reiche schon, vor langem. In absoluten Einheiten gemessen, wächst der Abstand unaufhörlich mit der Folge, daß die beiden in zwei aparten sozialen Welten wohnen, je weiter die proportionale Verteilung voranschreitet, desto mehr. Und genau das gefährdet den sozialen Sinn: »Möglicherweise stellen die Wahrnehmung und die tatsächliche Erfahrung einer zunehmenden Ungleichheit Ursachen für die abnehmende Bereitschaft zu Vertrauen und zu den einfachen Formen des gesellschaftlichen Engagements in der

Gemeinschaft dar, *obwohl sich der allgemeine materielle Wohlstand erhöht hat.*«[263]

5. Selbst wenn die von den privilegierten »Ständen« organisierte Staatshetze den ökonomischen Erfolg bewirken würde, den sie verspricht – um die Integrationskraft der Gesellschaft wäre es dennoch geschehen. Die »Reformen« der Neokonservativen und Neoliberalen riskieren bewußt die soziale Entropie, den moralischen Kältetod sogar in einer prosperierenden Marktgesellschaft. Streckung und Auflösung des sozialen Bandes stehen unter den gegebenen Verhältnissen in direktem Verhältnis zur Entstaatlichung des gesellschaftlichen Lebens. Nur das Zusammenspiel von demokratischem Staat und Bürgergesellschaft wahrt und mehrt das soziale Kapital.

Gewiß, das bürgerschaftliche Engagement kann in zu große, zu einseitige Abhängigkeit vom Staat geraten. Dann zeigen die Individuen nur wenig Leidenschaft zu eigenen Unternehmungen, verliert sich das Bewußtsein für die stets mitlaufende Vereinahmung der Gesellschaft durch den Staat.[264] Bewegt sich das Engagement dagegen in allzu großer Staatsferne, bleibt es sich weitgehend selbst überlassen, degeneriert es, im guten Gefühl, das soziale Gewissen zu verkörpern, zum Erfüllungsgehilfen staatlicher Fehlfunktionen (§ 6.5).[265] Weder die verstaatlichte noch die entstaatlichte Bürgergesellschaft schließt das Individuum auf Dauer für soziales Handeln auf. Die eine vertröstet den persönlichen Tatendrang auf das nächste Dekret von oben, die andere stopft mit ihm endlos die Löcher, die ein flüchtiger Staat in das soziale Gewebe riß; zwei Mißbildungen, aber doch nur eine ernsthafte Bedrohung. Denn es kann keinem Zweifel unterliegen, daß die ENTSTAATLICHTE Bürgergesellschaft die uns zugedachte Zukunft ist.[266] Konservative und Liberale, leider auch Sozialdemokraten und Grüne arbeiten mit Eifer an diesem Projekt, das sie hinter dem Wohlklang der »Subsidiarität« verstecken.

6. »**Subsidiarität** die; –: 1. gesellschaftspolitisches Prinzip, nach dem übergeordnete gesellschaftliche Einheiten

(bes. der Staat) nur solche Aufgaben übernehmen sollen, zu deren Wahrnehmung untergeordnete Einheiten (bes. die Familie) nicht in der Lage sind (Pol.; Soziol.).«[267]

»**Subsidiarität**, die; – (gegen den Zentralismus gerichtete Anschauung, die dem Staat nur die helfende Ergänzung der Selbstverantwortung kleiner Gemeinschaften, bes. der Familien, zugestehen will).[268]

Was der gebildete Jargon verklausuliert, wird für den Hausgebrauch auf seinen Kern gebracht – die Umkehr der sozialpolitischen Beweislast. Im Zweifel handeln auf eigene Rechnung, und dann auf Almosen hoffen.

7. Es ist nicht lange her, da litten Menschen, die unter bescheidenen, selbst bürgerlichen Verhältnissen lebten, unter der zu großen Bestimmtheit ihres Daseins. Schon in jungen Jahren stand ihnen ihr weiterer Lebensweg deutlich vor Augen, desgleichen die Sanktionen, die sie zu gewärtigen hatten, wenn sie davon abwichen. Ein starrer Verhaltenskodex, aus dem soziale Not ebensogut als Arroganz sprechen konnte, zirkelte das Streben und Begehren ein, so daß sich vielfach das Gefühl einstellte, im eigenen Körper eingesperrt zu sein. Literatur und Dramatik der bürgerlichen Epoche experimentierten reichlich mit der tragischen Metapher des *Homo clausus*, des in sich selbst gefangenen Menschen. Betonte der Naturalismus die Ausweglosigkeit dieser sozialen Gefangenschaft vor allem in den unteren Bezirken des Gesellschaftsbaus, verlegte sich der Expressionismus auf bürgerliche Ausbruchsversuche aus diesem stahlharten Gehäuse; Verzweiflungstaten, Tragödien schilderten sie beide. Noch die Protestbewegung der 1960er Jahre rieb sich sichtlich am kulturellen Determinismus, so geschwächt er zu dieser Zeit schon war. Die Filme aus der kurzen Ära von *New Hollywood*, die *Nouvelle Vague*, ein Werk wie das von Rainer Werner Fassbinder bilden zusammengehörige Episoden eines einzigen großen Sprengversuchs von lastender Tradition und verlogener Idylle. Im Osten und in der Mitte Europas währte die Revolte gegen das bevormundete Leben bis zur

Auflösung des staatssozialistischen Gesellschaftssystems im Übergang von den 1980er zu den 1990er Jahren.

Von einem Übermaß an ›fürsorglicher‹ Einflußnahme redet heute niemand mehr. Die vorherrschende Empfindung ist die einer besorgniserregenden Unterversorgung mit Verläßlichkeiten aller Art, beruflich-kollegialen, mitmenschlichen, familiären, partnerschaftlichen. Anders als seine Vorläufer opfert uns das zeitgenössische Theater mit Vorliebe Eltern und Ältere, die noch den gröbsten Unfug der Jüngeren geduldig ertragen, jede Reaktion, jeden Widerstand vermissen lassen; Liberale aus Papier, nicht zum Gebrauch geeignet. Die Angst vor dem Eingesperrtsein ist der Angst vor dem Verlust jeglicher sozialer Einfassung gewichen. Der eigene Körper als lebendiger Sarkophag der Wünsche hat als Metapher ausgedient; an seine Stelle ist die »Drift« getreten.[269] Das Bild von Menschen, die auf lauter kleinen Schollen dahintreiben, mal von der Strömung mitgerissen, dann wieder um die eigene Achse kreisend, mit der Kollision als einzig möglicher Begegnung, übertrifft den *Homo clausus* an Dynamik und gleicht ihm in seiner Trostlosigkeit – schwarze Metaphern.

8. Die notorische Staatshetze, die von ihr inspirierte Politik der sich selbst entstaatlichenden Staatlichkeit verstärken die Drift, erhöhen die Wahrscheinlichkeit von »Schiffbruch« und Zusammenstoß. Sie verweisen die Menschen an nur noch eine Instanz, an den Markt, und damit letztlich an globale Tiefenströmungen, über die sie nicht die geringste Kontrolle besitzen. Glück und Unglück stoßen den Menschen zu wie Naturereignisse, reißen sie jäh aus einem Zustand in den anderen. Das Leben wird im präzisen Sinn des Genres zum MELODRAM, zur Achterbahn der Stimmungen und Gefühle.[270] Der stabile Rahmen aus Rechten und Garantien, in dem das individuelle Dasein soziale Verbindlichkeit gewann, wird brüchig, erträglich für jene, die über Ressourcen verfügen, die davon unabhängig sind. Wer ohne solche Reserven lebt, erfährt die Auflösung der Lebensrahmung wie ein letztinstanzliches Gerichtsurteil: lebenslänglich Freiheit ohne

Sicherheit. Besonders empfindlich trifft es jene, die den staatlichen Rahmen unter konkreten Umständen ausgestalteten, die Sozial- und Kultur«arbeiter«; sie verlieren zu Tausenden ihre Rückendeckung, ihren Auftrag, ihre Stelle. Sie sollen eine Rolle spielen, deren Text in ihren Ohren klingelt, die des staatlichen Lückenbüßers, Ersatzspielers.

Der öffentlichen Bibliothek, in der du gearbeitet hast, werden die Mittel entzogen, das Projekt in der Kinder- und Jugendarbeit, das du seit Jahren betreust, wird gestrichen – führe nun ehrenamtlich weiter, was einmal deine Stelle war, eine für notwendig erachtete Funktion! Zeige, beweise, wie ernst es dir mit deinem sozialen Engagement ist, gerade jetzt, wo es allein auf dich ankommt! Begreife die fiskalische Not der öffentlichen Hände als eine Tugendprüfung, und entdecke, was wirkliches Interesse war und was nur Schielen aufs Entgelt! »Zivilgesellschaft« als zynisches Projekt kurzsichtiger Rechenkunst: Der Staat geht, und ihr müßt ihn ersetzen. – Ersetzt ihn nicht! Kaschiert die Lücken und die Leere nicht! Zeigt der Staat sich nackt, dann redet nicht von Kleidern und hängt ihm keine um! Rettet euch, so gut es geht; verwischt die Spuren! Und wenn eure Rettung darin besteht, aus eigenem Auftrag fortzuführen, was noch kürzlich eine anerkannte Arbeit war, dann tut es! Aber laßt euch die Lust nicht zur Pflicht vergällen! Und schöpft aus der Unlust kein schlechtes Gewissen! Bewahrt eure Fähigkeiten, knüpft soziale Netze, aber fühlt euch zu nichts gezwungen! Erwartet gelassen den Lehrmeister der neuen Tugend – den großen Krach! Wenn die nunmehr sich selbst überlassenen Sorgenkinder mit Fleischermessern durch die Schlafzimmer der Zyniker gehen, werden sie die Wahrheit wissen! Labt euch schon jetzt an ihrem Jammer! Hofft alles von der konservativ-liberalen »Reform«offensive! Sie ist der schnellste Weg zu eurer sozialen Wiedergeburt!

9. Hoffnung auf den Zusammenbruch? Pseudorevolutionärer Zynismus als Antwort auf den Zynismus von oben? Verweigerung oder Reparatur, Revolte oder Mitgefühl, das ist

ein altes Thema. Brecht, zur Zeit seiner »Lehrstücke«, behandelte es mit großer Meisterschaft. Allerdings auch mit kalter Konsequenz. Wer dem Nächsten und Bedürftigen hilft, mit einem Stück Brot und guten Worten, bestätigt ihn in seinem Elend, seinem Geworfensein, bringt ihn ab von der Erkenntnis, daß sein Hunger nach der Gesamtveränderung der Welt verlangt. Um seine langfristigen Ziele zu erreichen, muß sich der Weltveränderer in der Gegenwart mit Härte wappnen, dem einzelmenschlichen Leid verschließen, Humanität und Freundlichkeit vertagen. Nur, wenn der mitmenschlich-soziale Sinn planvoll erfriert, abstirbt, wo bleiben dann im kritischen Moment die Menschen, die noch Mut und Kraft zum Aufbegehren finden? Ken Loach, ein kluger Schüler Brechts, weiß in seinen Filmen eine Lösung: die kleine Solidarität als Statthalter der großen. Einen muß es geben, der mich in meiner Verzweiflung ermutigt, mir hilft, den Kopf noch eben über die moralische Schwelle zu erheben; einen, der mir Brot und gute Worte gibt – und Rosen am Horizont befestigt.[271]

## § 32 Patriotismus der Anpassung

1. Das spartanische Sozialmodell der heutigen Konservativen und Liberalen verkennt die durch den Wohlfahrtsstaat ausgelösten Veränderungen im kulturellen Haushalt der Gesellschaft. Die Verrechtlichung und Institutionalisierung sozialer Risiken erwies sich als eines der mächtigsten Werkzeuge der Individualisierung; sie legte die Quellen freiwillig-verpflichtender Daseinsfürsorge bis in die Zellen und Kapillaren der Gesellschaft trocken. Eine Rückkehr zur alten Politik ohne Staat, zum sozialen Honoratiorenwesen, zur Familialisierung der Hilfe ist ausgeschlossen oder doch nur um den Preis einer erneuten Fesselung des marktgängigen Individuums durchzusetzen; ein flagranter Widerspruch. Dessen ungeachtet geht es weiter auf dem Weg der sich entstaatlichenden Staatlichkeit, heißt es weniger Einbettung, weniger Teil-

habe, weniger Entwicklungschancen, sozialer Abschwung für den wirtschaftlichen Aufschwung.

Was im Inneren der Nationen gilt, gilt auch für ihren äußeren Verkehr: Es wird Gewinner und Verlierer geben; wer einmal zu den Siegern der Geschichte zählen will, darf um Verluste in den eigenen Reihen nicht verlegen sein. Verloren ist, wer im eigenen Land soziale Grausamkeiten scheut, die andere längst begangen haben. Wer sich den Zwängen nicht bequemt, wer sich nicht anpaßt, wird ohne Gnade aussortiert. Daß der Wettlauf am Ende gar keine Sieger küren, daß alle verlieren könnten, ist das kollektive Ungedachte dieses feigen Souveränitätsverzichts. Der neue Patriot der Anpassung stärkt sein Vaterland gerade dank seiner Bereitschaft, ihm soziale Wunden zuzufügen, mit harten Schnitten und möglichst noch rechtzeitig, bevor die Nation im ganzen ausblutet. »Deutschland kann es besser!«, und darum muß es schlechter werden, erst einmal, für einige, vielleicht für viele; »Hurra!«

Daß die Logik bei diesem Hurrapatriotismus mit zusammengebissenen Zähnen auf der Stelle tritt, verwundert ebenso wenig wie der völlige Mangel an Begeisterung und Begeisterungsfähigkeit. Der politische Konservatismus in Deutschland kehrt durch und durch verzagt zum Markt zurück. Er findet aus den Verstrickungen der Gegenwart einfach keinen anderen Ausweg, als Edmund Burke, seinem europäischen Stammvater, endlich Genüge zu tun und die Regierung in die alleinigen Hände der Eigentümer zurückzulegen. Die politische Bühne als Ort eines gigantischen *hostile-take-over*, einer feindlichen Übernahme; das weckt keine erhabenen Gefühle. Nicht einmal oppositionelle, denn auf den Regierungsbänken spielt genau dasselbe Stück.

2. Ist der Neokonservatismus hierzulande tatsächlich nur nationalpatriotisch? Verfügt er nicht über eine einflußreiche europäische Strömung, die sich seit längerem und mit guten Gründen zum nationalen Souveränitätsverzicht bekennt? Es gibt sie, noch immer, und in machtpolitischer Hinsicht geht ihr Programm einer postnationalen Souveränität auch auf.

Nur ein nach innen geeintes und befriedetes Europa wird seine geopolitische Position, seine wirtschaftliche Macht behaupten können. Die Vorstellung einer sozialen, sozialstaatlichen Integration des Kontinents geht damit nicht einher. In sozialer Perspektive bedient die postnationale Staatlichkeit der neuen Konservativen dieselbe Anpassungslogik wie ihre Innenpolitik. Die politische Einigung Europas mit der Proklamation existenzsichernder sozialer Standards und Garantien zu verbinden hieße die nationalen »Auswüchse und Übertreibungen« des Sozialstaats zu verallgemeinern, die Chance zu verspielen, dem Gewerbefleiß die Zügel endlich freizugeben. Europas politischer Aufbau und seine gleichzeitige soziale Abrüstung bilden in diesem Konzept keinen Widerspruch. Sie formulieren eine Hoffnung: »Europa kann es besser als der Rest der Welt!«, sofern der Verzicht auf nationale Hoheitsrechte Hand in Hand mit dem Verzicht auf staatliche Regulierung des größeren Ganzen geht.

Die kontinental ausgeweitete Politik der staatlichen Entstaatlichung paßt funktionsgenau zur globalen, ökonomisch, aber nicht sozial vereinheitlichten Welt. Sie bildet diese Welt der zwei Geschwindigkeiten ab, weist ihr aber keine andere Zukunft als wiederum nur die von Siegern und Geschlagenen. Ihr kruder Realismus ist ihre Schwäche, aber auch ihre Stärke. Sie konfrontiert das Publikum mit einer schroffen Wahl: triumphieren oder untergehen, assoziiert Staat und Bürokratie mit der sicheren Niederlage, Unternehmergeist mit vorderen Rängen und plaziert die »schmerzlichen Reformen« mitten in diesem Entweder-Oder. Mangels überzeugender Gegenentwürfe verfängt die Strategie, erschüttert sie den sozialstaatlichen Konsens auch von unten her. »Die Unternehmerseite hat den Begriff der Reformfähigkeit erobert ... Jetzt verkörpert der Staat die Unbeweglichkeit und die Bürger, die Gesellschaft ..., das Nichtstaatliche jedenfalls, stehen für Modernität und Bewegung.«[272]

3. Diese Feststellung verweist unmittelbar auf das Versagen der anderen großen Reformpartei, der (deutschen)

Sozialdemokratie. Warum vertrat sie der konservativ-liberalen »Reform«offensive nicht den Weg? Warum lehnte sie sich gegen die grassierende Staatshetze, gegen Anpassungs- und Entstaatlichungsrhetorik, nicht kampfeslustig auf? Warum durchtrennte sie die Fäden, die sie mit einer glorreichen Vergangenheit verbanden? Die politischen Strömungen und Organisationen, die den modernen Begriff der Reform maßgeblich prägten, sozialistische bzw. sozialdemokratische Parteien sowie die großen Gewerkschaften, wurden im ausgehenden zwanzigsten Jahrhundert vom liberal-konservativen Lager ausmanövriert – wenn es »gut« ging. Kam es arg, dann legten sie sich selber lahm.

Wie konnte das geschehen? Die simpelste Antwort rechnet mit Ermüdung. Eine politische Reformbewegung mag die Impulse aufbrauchen, die sie einmal begeisterten, die Initiative an andere Gruppierungen und Koalitionen verlieren. Das sozialdemokratische Reformkonzept könnte insofern historisch ausgereizt gewesen sein, so daß es eines neuen Rahmens, eines neuen Reformparadigmas bedurfte, um die Gesellschaft politisch zu orientieren, voranzubringen. Soziale Neuerer sind nicht davor gefeit, Bestandskonservative abzugeben, die frühere Errungenschaften engstirnig und eifersüchtig, so als wären sie ihr alleiniger Besitz, gegen ungewohnte Herausforderungen verteidigen. Genau das will die Rede von den »Traditionalisten« und »Reformern« sagen; in einer Zeit des Umbruchs ruft selbst das schlechte Neue mehr Zukunft auf als das gute Alte.

Aber ganz so einfach verhält es sich nicht. Die Sozialdemokratie rang durchaus um ein zeitgemäßes Zeitverständnis, in Deutschland wie in anderen europäischen Ländern. Dabei wurde das Erbe jedoch weniger aktualisiert und weiterentwickelt, als vielmehr verleugnet, spätestens seit der Mitte der 1970er Jahre.[273] Die Programmatik zog ihren Zukunftsschatten ein, verbiß sich in die Gegenwart, ins »Machbare«, und formulierte den zerbröckelnden Status quo als Utopie: Wohlfahrt für alle durch Wachstum und

Vollbeschäftigung, gegebenenfalls durch staatliche Investitions- und Beschäftigungsprogramme. Soweit sie an Keynes festhielt, klammerte sie sich an dessen Einmaleins der antizyklischen Regulierung und schreckte ängstlich vor dessen weitergespannten Überlegungen zurück (§ 41.5; § 43.2,6). Was die europäische Sozialdemokratie letztlich in die Defensive, ans Gängelband ihrer politischen Gegner zwang, war ihre Furcht vor radikalen Veränderungen, vor dem wirklich Neuen, Unerprobten, kaum Gewagten, vor der Freiheit als Alternative zur (unmöglichen) Vollbeschäftigung.

4. Statt dessen: schale Marktweisheiten. Soziale Ungleichheit – kein Grund zur Freude, kein Grund zur Sorge, solange sie nicht überhand nimmt; Gleichheit ist schließlich auch kein Wert an sich. Der Kapitalismus als Hauptverursacher der Probleme moderner Gesellschaften – eine »archaische« Vorstellung. Reformen, die die Geduld der Unternehmer strapazieren – das war einmal; die »moderne« Reform weiß um die Zerbrechlichkeit guten Geschirrs. »Unter ›Modernisierung‹ ist eine Reform zu verstehen, die die sozialen Institutionen – und keineswegs allein die wirtschaftlichen – den Erfordernissen einer globalen Informationsgesellschaft anpaßt.«[274] Captatio benevolentiae! Anpassung der (nationalen) Gesellschaften an die (weltweit vergesellschaftete) Wirtschaft, auf diese phantasielose Konzeption läuft sie hinaus, die politische Philosophie der »neuen« Sozialdemokratie.

Tatsächlich gefragt, gefordert sind Modelle zur Anpassung der Wirtschaft an die Überlebensbedürfnisse der Menschheit wie jedes einzelnen, Fortschritte auf dem Weg zu einer postnationalen Staatlichkeit, die den Primat des Sozialen hochhält (§ 23.6). Davon kein Wort. Viele Worte vom Unternehmergeist und von der Eigenverantwortung, von der Flexibilität des Individuums, von hemdsärmeliger Aufbruchsstimmung, vom »einwandfreien Spiel der Marktkräfte« (einwand-frei, man lese und staune!), von erfolgreichen Investoren, aus eigener Kraft reich Gewordenen, die hinfort wie Künstler geschätzt werden sollen, vom gesellschaftlichen Nutzen kapitalistischer Plusmacherei.[275]

Das kennen wir schon, das hatten wir schon: Die flügellahm gewordene Utopie umgarnt den Status quo; der nimmt die Werbung an und gähnt zurück. Man muß in der neueren Geschichte schon weit zurückgehen, um auf eine politische Bewegung zu stoßen, die sich mit vergleichbarer Energie dem Nachweis ihrer Überflüssigkeit gewidmet hat; selbst der deutsche Liberalismus unter Bismarck bewies mehr Statur, mehr Eigensinn, ausgeprägteren Selbstbehauptungswillen.

§ 33 Von der Ausgabenökonomie zur Einnahmenökonomie

1. Vom Reformbedarf der deutschen Gegenwartsgesellschaft zu schweigen wäre albern. Die Gefahr, das Schicksal anderer Nationen zu wiederholen, die es auf dem Höhepunkt ihrer wirtschaftlichen und politischen Machtentfaltung versäumten, Vorsorge für die Zukunft zu treffen, ist gegeben.[276] Die großen Nationen des merkantilen Zeitalters, Spanien, Portugal, die Niederlande, stagnierten und fielen zurück, weil sie sich auf eine Art der Akkumulation versteiften, die seit dem Beginn der Manufakturperiode unwiderruflich überholt war. Stolz auf ihre Rolle als Zahl- bzw. Fuhrmeister der Welt, maßen sie den wahren Reichtum unbeirrt in Handelsüberschüssen, in Gold und Silber, statt in der Menge arbeitsfähiger Armer, die ihm dauerhafte Form verliehen. England bewältigte den Übergang vom Handels- zum Industriekapitalismus am schnellsten, überholte seine alten Konkurrenten und avancierte zum ersten Werkmeister der Welt. Ausgangs des neunzehnten Jahrhunderts verlor es diese Position. Mit einem großen Sprung setzte sich Deutschland an die Spitze des industriellen Fortschritts, zusammen mit den Vereinigten Staaten. Dank der früheren Reformprozesse verfügte es über alle Voraussetzungen, um die zweite technologische Revolution, die zur Massenfertigung hochwertiger Indu-

strie- und Konsumgüter überleitete, erfolgreich zu absolvieren: theoretische und praktische Bildung, Kopplung von Wissenschaft und Produktion, entwickelte Infrastrukturen, sozialstaatliche Daseinsvorsorge und Konfliktregulierung. Bei der nächsten Passage, ausgelöst von der dritten technologischen Revolution zu Beginn der 1970er Jahre, büßte die (west-)deutsche Gesellschaft ihren Vorsprung ein. Anfänglich zehrte sie noch vom Polster einer gut ausgebildeten Arbeiterschaft, findiger Ingenieure, von der Tradition sozialer Kompromisse, was ein Gefühl der Bestätigung hervorrief, den Eindruck, mit dem alten Erfolgsmodell noch immer auf dem rechten Weg zu sein.

Der politische Umbruch in Ostdeutschland befestigte diese Selbsttäuschung in doppelter Hinsicht. Er verdeckte die schleichende Krise des »Rheinischen Kapitalismus«, immunisierte ihn gleichsam gegen Kritik von innen, und er verschaffte ihm, wenngleich nur kurzfristig, den sehnlichst erwarteten Wachstumsschub. Nachdem sich beide Wogen geglättet hatten, sprachen alle Indikatoren gegen die Politik des Weitermachens. Die Arbeitslosigkeit stieg stärker als in vergleichbar entwickelten Nationen, Bruttoinlandsprodukt und Wertschöpfung je Beschäftigtem verzeichneten geringe Wachstumsraten, scheinbar gesicherte Bildungsstandards gerieten jäh ins Wanken, das Gespenst der sozialen Vererbung ging für alle sichtbar um. Großbritannien, der große Leidtragende der zweiten Passage, schloß wieder zu Deutschland auf und zog auf manchen Gebieten sogar vorbei, ebenso andere, Frankreich, Österreich, Irland, die Niederlande. Die Niedergangskataloge der professionellen Schwarzseher und Schwarzredner können Fakten für sich sprechen lassen.[277]

2. Die ganze Art der Wiedervereinigung sowie deren Folgen verdeutlichten schon länger virulente, gravierende Probleme in Staat, Wirtschaft und Gesellschaft. Als zunehmend fragwürdig erwies sich das Festhalten am Sozialstaat Bismarckscher Prägung, und dies, obwohl andere Länder seit

Jahren alternative Modelle praktizierten, steuerfinanzierte, die Innovation, Beschäftigung und existentielle Sicherheit weit effektiver miteinander kombinierten. Nicht günstiger stand es mit einem staatlichen Bildungssystem, das sich den Erfordernissen der Zeit geradezu systematisch verschloß, Leistung zur Sekundärtugend herabsetzte, natur-, technik- und ingenieurwissenschaftliche Berufe in Mißkredit brachte, neue Berufsbilder und -felder weder ausreichend propagierte noch förderte.[278]

Regelungsdichte, Regelungsversessenheit, auch das gehört zur Mängelliste, Gesetze und Verordnungen gewordene kollektive Traumata, papierene Folgen der selbst heraufbeschworenen Schicksalsschläge des zwanzigsten Jahrhunderts, einer kollektiven Versicherungsmentalität, die sich am liebsten noch gegen jenes Risiko versichern möchte, das der eigenen Courage entspringt.

Die Reformen, deren Deutschland heute bedarf, sind im Ausmaß und in den Konsequenzen jenen gleichzusetzen, denen es sich in seiner Vorgeschichte gewachsen zeigte. Es muß, im großen wie im kleinen, wieder Leben ins Leben kommen, das spürt jeder; umkämpft, umstritten sind die Ziele und Methoden der Neubelebung. Der allgemeinen Regsamkeit ist äußerlich nicht abzulesen, ob sie die Hoffnung vor Augen oder die Angst im Nacken haben. Erst eingehende Prüfung vermag herauszufinden, was primär den Ausschlag gibt: Getriebensein oder Handeln aus eigener Einsicht, mit »Zuversicht«. Unseren »Reformern« gebührt das Verdienst, beide Antriebsquellen in einem Kurzschluß zu vereinigen. Sie setzen ihre Hoffnung auf die Angst der Menschen, sozial wieder scheitern zu können, und zwar gänzlich. Das kalkulierte Spiel mit Angst und Verzagtheit kennzeichnet diese »Reformen« im Grundsatz als Beute geistigen Diebstahls, als Vehikel der Rücknahme aller bereits gegebenen und eingelösten Reformversprechen, als MASKEN DER GEGENREFORM. Erst stiehlt man die Reform, dann zwingt man sie zum Meineid.

3. So wie sich sinnvoll, rationell eingerichtete Räume noch in der schlecht gezimmerten Hütte finden, birgt auch die verkehrte »Reform« der Reaktionäre einen rationellen Kern in sich. Die Unterscheidung zwischen Ausgaben- und Einnahmenökonomie erlaubt es, ihn zu bergen. Sie schließt unmittelbar an die frühere Darstellung des französischen und preußischen Reformzyklus an (§ 25). Ihr gemeinsamer strategischer Nenner bestand in der Überwindung einer staatlichen Haushaltsführung, die die Ausgaben des Hofes sowie der Aristokratie im ganzen als unabhängige Variable ansah, der sich die Einnahmen jeweils anzupassen hatten. Drei Gründe führten zum permanenten Ungleichgewicht, zur dauerhaften Überforderung der Steuerzahler: die Freistellung des Adels sowie des Klerus von Steuern und Abgaben, der ausschweifende Lebensstil der Oberschichten, schließlich die vielen Kriege, vornehmlich der weltlichen Herren, zur »Abrundung« bzw. Erweiterung ihrer Territorien. – Über die Maßen exzentrisch, anspruchsvoll und daher immer unterversorgt, notleidend im Luxus, standen der höfischen Ausgabenökonomie nur zwei Wege offen, die Lücke zu schließen: die Auspressung der Untertanen sowie die Verschuldung bei den großen europäischen Bankhäusern, den glücklichen Finanziers der unersättlichen Begierde nach Land und ausgesuchten Genüssen. Die forderten ihr Geld zurück, mit Zinseszins, und so reduzierten sich die beiden Methoden letztlich auf eine, liefen sie in der Gestalt des Steuerpächters zusammen, der die geforderten Summen, zuzüglich eigener »Aufwandsentschädigung« eintrieb, gegebenenfalls mit militärischem Nachdruck.

Turgot, Necker, Stein und Hardenberg, in einer für die Krone kritischen, im Fall der beiden Deutschen verzweifelten Situation mit Reformen beauftragt, besaßen bürgerlichen Instinkt genug, die Gunst der Stunde zu nutzen, um die chronisch defizitären Ausgabenökonomien, gleichsam im Vorgriff auf ein noch zu schaffendes Parlament, schrittweise in Einnahmeökonomien zu transformieren. Sie scheiterten am Widerstand der »guten Gesellschaft« sowie an der politischen, in Preußen darüber hinaus auch sozialen Schwäche von Bürgertum und Volk. Gleichwohl bedeuteten diese Reformen einen mutigen Versuch, auf dem europäischen Kontinent ein Staatsverständnis und staatliche Haushaltsprinzipien einzuführen, die in England und den Vereinigten Staaten längst Gesetzeskraft genossen.

4. Die Zentralinstitution jeder wirklichen Einnahmenökonomie ist das Parlament. Der Parlamentarismus legt die Regierung insofern in die Hände der Eigentümer, als er deren politische Repräsentanten, die Abgeordneten, zu dem ausdrücklichen Zweck bestellt, die Ausgaben der Exekutive strikt an den bewilligten Einnahmen auszurichten. Haushaltsdebatten sind die Sternstunden des Parlaments, von Anfang an, kritisch dem Staatsverzehr gegenüber, unversöhnlich gegen jede Verschwendung, jede unnötige Ausgabe fremden, das heißt eigenen, nämlich »bürgerlichen« Geldes. In dieser Praxis, die nunmehr die Einnahmen zur unabhängigen Variablen erklärt, ruht der Ursprung des »schlanken Staates«. »Ruhte«, muß man mit Blick auf die weitere Entwicklung des Parlamentarismus hinzufügen.

In der modernen Massendemokratie schleift sich mit dem vormaligen sozialen Gegensatz von Exekutive und Legislative (dort verbürgerlichter Adel und bürgerliche Oberschicht, hier die Repräsentanten der bürgerlichen Mitte) auch der funktionale ab. Die jeweilige Parlamentsmehrheit wird Anhängsel der Regierung, verlegt ihre kritische Aufmerksamkeit von den Regierungsbänken auf die Opposition. Vorbei nicht nur die schönen Stunden der freien politischen Aussprache unter Ebenbürtigen, sondern auch die alte Geschäftsverteilung, bei der die Parlamentarier den Rechenkünsten der Regierung regelmäßig die Leviten lasen; Übergang zu einer parlamentarischen Demokratie ohne effektive parlamentarische Kontrolle.[279]

Von der Zustimmung der Massen abhängig, behaupten Regierungen desto sicherer die Macht, je glaubwürdiger sie das Wahlvolk mit Versprechungen umwerben; sie darin zu übertreffen, erhöht die Aussichten der Opposition. In diesem Wettlauf um die Gunst der Regierten lebt die alte Ausgabenökonomie wieder auf, in modifizierter Form. Die Verpachtung des staatlichen Steuermonopols scheidet unter demokratischen Verhältnissen ebenso aus wie die brutale Aussaugung der Bevölkerung. Steuern und Abgaben können nur auf gesetzlichem Weg erhöht werden, wobei das Urteil über deren Legitimität am Ende wieder beim Wähler liegt; Versprechungen sehen anders aus. So wird die Staatsverschuldung zur hauptsächlichen Finanzierungsquelle der Wunscherfüllung, der Schuldendienst selbst ins Unendliche gestreckt: Schulden bezahlen Schulden, und keiner merkt es. Dieser scheinbar »schmerzfreie« Angriff der Gegenwart auf die Zukunft gerät ins Stocken, wenn die heimliche Ausflucht, dereinst für alles aufkommen zu können, auch ihren letzten Kredit verliert, wenn selbst jene Einnahmen ausbleiben, die die einfache Reproduktion des Gemeinwesens sichern.

5. Die Krise der Erwerbsarbeitsgesellschaft und die Globalisierung des Kapitalverhältnisses untergruben die Praxis des *deficit-spending* ultimativ. Die großen Firmen entzogen sich ihrer einheimischen Steuerpflicht in bedrohlichem Maße, der Kreis der einfachen Steuerzahler verengte sich zusehends. In dieser kritischen Lage entschlossen sich die politischen Eliten zur bedingungslosen Kapitulation vor dem Markt. Um die Unternehmen im Land zu halten, gingen sie auf beinahe jede ihrer Forderungen ein, oft genug mit dem unterwürfigen Gestus vorauseilenden Gehorsams. Steuern konnten über das gewöhnliche Maß hinaus abgeschrieben, Gewinne so lange mit früheren oder aktuellen Verlusten verrechnet werden, bis der staatliche Fiskus leer ausging, Betriebsteile wurden wie selbständige Unternehmen behandelt, die den steuerpflichtigen Gesamtertrag regelmäßig auf Null stellten, Ausschüttungen von Rücklagen erfreuten sich einer staatlichen Steuerprämie. Wer hatte, dem wurde reichlich gegeben, und so konnte es nicht ausbleiben, daß sich die

Finanzkrise von Staat, Ländern und Kommunen dramatisch zuspitzte.

Die einzig verbleibende Antwort bestand in der Wiederherstellung der Arbeitsgesellschaft mit allen Mitteln, auch den gröbsten und untauglichsten. Nachdem man die Regierung kopflos und überstürzt in die Hände der Eigentümer zurückgelegt und sich für eine rigide Variante der Einnahmenökonomie entschieden hatte, für das Sparen aus Prinzip, »bat« man die Normalbürger zur Kasse. DEREN Steuern und Abgaben mußten die Haushalte sanieren, und das ging nur, wenn man sie unter Arbeitsverhältnisse knechtete, die noch vor kurzem als unzumutbar galten. Es war (und ist) diese Feigheit vor dem Diktat der ökonomisch Mächtigen, die der Sozialdemokratie den Kopf vernebelte, die Hände band und die trostlose Rolle eines Nachbeters neoliberaler Dogmen bescherte.

Erst nachdem sie sich rettungslos in der Falle verfangen hatte, dämmerte ihr die ganze Tragödie ihres Abfalls vom Keynesianismus selbst in seiner simplifizierten Schulbuchfassung. Das zur Ideologie gewordene Sparen, die Doktrin vom ausgeglichenen Haushalt funktionierten in einer Phase wirtschaftlicher Stagnation als negative Rückkopplungsschleifen der matten Binnenkonjunktur, bewirkten weiteren Abschwung und steigende Arbeitslosigkeit. Unterdessen viel zu schüchtern, um das selbstverordnete Korsett zu sprengen, schwankt das »Reform«konzept der neuen Sozialdemokratie prinzipien- und bewußtlos zwischen angebots- und nachfragepolitischen Programmen hin und her. Weitere Ausgabenkürzungen, ja, aber lieber morgen als heute; eine »großzügigere« Interpretation der Stabilitätskriterien des Euro, in engen Grenzen, unbedingt; neue, vor allem indirekte Steuern, unerwünscht, aber nicht ausgeschlossen; härtere Sanktionen gegen arbeitslose Subventionsbetrüger, auf jeden Fall!

6. Die erpresserische *Exit*-Option der Unternehmen, die Verknappung »guter« Arbeit dramatisierten die Probleme, die die Wiederkehr der Ausgabenökonomie schon seit länge-

rem aufgeworfen hatte. Sie beschränkten sich nicht auf die Konkurrenz der politischen Parteien um die Gunst des Souveräns, auf Wohltaten außer der Reihe, soziale Versprechungen und Wahlgeschenke. Der Hang zur Verschwendung, zum Verbrauch ohne Besinnung wurzelt im Zentrum des modernen Wohlfahrtsstaates. Gemeinschaftliche Fonds zur Existenzsicherung, für Bildung und Gesundheit motivieren ein anderes Verhalten als individuelle. Man beansprucht sie, ohne im Regelfall zu prüfen, ob die Inanspruchnahme nicht nur gerechtfertigt, sondern auch geboten, zwingend ist; die Gesetzeskonformität des Anspruchs gilt als hinreichender Grund seines Inkrafttretens. Die persönliche Nachfrage nach öffentlichen Gütern und Ressourcen ökonomisch so zu konditionieren, daß ALLE Anspruchsberechtigten zum Zuge kommen, jetzt und fürderhin, ist eine sinnvolle Aufgabe. Arztbesuche aus Gewohnheit, als Geselligkeitsersatz, unbegründeter Medikamentenkonsum, die Okkupation von Studienplätzen bis ins reife Alter repräsentieren Formen legalen Mißbrauchs, die einzuschränken im Interesse der Gemeinschaft liegt. Wer wollte gegen die Sanierung dieser Systeme ernstlich polemisieren?

Die Polemik entflammt, und zwar zu Recht, sofern es sich nur um halbierte Restriktionen handelt, um solche, die die Angebotsseite blindlings oder absichtsvoll verschonen. Auch hier bedarf es der Ökonomisierung. So müssen, um nur ein Beispiel zu geben, die Produzenten und Anbieter medizinischer Leistungen, Pharmaindustrie, Ärzte, Apotheker, vergleichen und kalkulieren lernen wie die Patienten. Kostentransparenz, Herstellung und Verordnung preisgünstiger Medikamente, Verzicht auf unnötige und überteuerte Präparate und Therapien, Zurückhaltung bei der Werbung, Abkehr vom Ideal des verschreibungssüchtigen Kunden – all das kommt nicht von selbst. Die Sanierung der Systeme gewinnt erst dann den Charakter einer Reform, wenn sie eine BEIDSEITIGE Verhaltensänderung bezweckt. Rückkehr zu den Grundsätzen der Einnahmenökonomie nur für die

Konsumenten bei fortbestehender Ausgabenökonomie für die Produzenten ist das Erkennungszeichen halbseitig gelähmter, sozial MISSRATENER Reformen.

7. Zum Kontrast und zur Abrundung der bisherigen Betrachtungen: die älteste Schicht des okzidentalen Reformismus: Solon, Kleisthenes, Ephialtes. Der Ausgangspunkt des sich über fast einhundertfünfzig Jahre erstreckenden Reformprozesses war ernst genug. Das attische Gemeinwesen stand vor seiner inneren Zerrüttung. Immer mehr arme Freie verschuldeten sich bei den Grundbesitzern. Das Recht war auf der Seite der Gläubiger und erlaubte ihnen explizit, säumige Schuldner zu versklaven und zu verkaufen. Solon setzte dieser Praxis ein Ende. In seiner Eigenschaft als Archon verfügte er im Jahr 594 v. u. Z. die berühmte *seisachteia*, die »Abschüttelung der Lasten«. Die in Sklaverei Geratenen erhielten ihre Freiheit zurück. Ob dies durch eine Ermäßigung der Hypothekenschulden oder durch völlige Entschuldung der einfachen Bürger ohne jegliche Entschädigung der Aristokratie erreicht wurde, ist in diesem Zusammenhang zweitrangig.

Die *seisachteia* bildete den Grundpfeiler des historischen Kompromisses von Adel und Volk. Sie griff in dessen gewohnheitsmäßige wie verbriefte Rechte ein, um die Herrschaft der Vornehmen aufrechtzuerhalten. Im wohlverstandenen Eigeninteresse des Adelstandes beschnitt Solon auch dessen politische Prärogative. Mitwirkungsbefugnisse am Gemeinwesen staffelten sich fortan nicht mehr nach Zufälligkeiten der Herkunft, sondern nach dem Vermögen; Ausgleich zwischen Geburts- und Geldadel; Öffnung einstweilen noch enger Aufstiegskanäle für alle freien Bürger. Die Regierung im eigentlichen Sinn (Gesetzgebung, Rechtsprechung, Entscheidung über Krieg und Frieden) verblieb in den Händen der großen Grundeigentümer, konzentrierte sich im Areopag, einer neunköpfigen Exekutive aus dem Kreis der angesehensten Bürger, die für je ein Jahr gewählt wurden.

Kleisthenes, aus vornehmstem Hause wie sein Vorgänger auch, beließ es nicht dabei. Als Führer der demokratischen »Partei« erzwang er, auf die freie Bauernschaft gestützt, im Jahr 508 v. u. Z. eine Verfassungsreform, die den Einfluß des alten und neuen Adels auf die *ekklesia*, die Volksversammlung, sowie auf die Magistrate drastisch reduzierte. Das Staatsgebiet wurde in sich selbstverwaltende Gemeinden unterteilt, auf eine Weise, die der überwiegend demokratisch eingestellten Stadt- und Küstenbevölkerung die Mehrheit gegenüber den zumeist konservativen Landbewohnern sicherte. Der Areopag bestand fort, bildete als »Wächter der Gesetze« formell aber nur mehr einen Seitenzweig des Staatsgebäudes. In der Praxis regierte er nach wie vor in die Innen- und Außenpolitik des attischen Gemeinwesens hinein.

Ephialtes' Reformen der Jahre 462/61 beendeten diese Doppelherrschaft. Sämtliche Herrschaftsbereiche, Exekutive, Legislative und Judikative, fielen in die Zuständigkeit der Volksversammlung, lediglich die Blutsgerichtsbarkeit unterstand hinfort dem Areopag; eine Abfindung der Tradition in Ehren. Die weitere Ausgestaltung der attischen Demokratie im »Perikleischen Zeitalter« zeigte dieselbe Begeisterung für denkwürdige Taten. Es gab Tagegelder für Volksrichter (nun konnten auch arme Bürger in die Rechtsprechung eingreifen), für die Mitglieder der Gremien und Ausschüsse der *ekklesia*, für den Besuch der Volksversammlungen selbst, für die Anwesenheit bei den großen Theaterfesten, den *Dionysien*; Vorschüsse auf das Bürgergeld. Die Angehörigen der dritten Solonschen Vermögensklasse, die *Zeugiten*, erhielten Zugang zu den höchsten Staatsämtern. So sehen Reformen aus!

8. Anlaß zum Fest, im textlichen Gewand von Aischylos' *Oresteia*. Der dritte Teil dieser bis auf das Satyrspiel einzig vollständig überlieferten altgriechischen Tragödie, die 458 zur Aufführung gelangte, zeigt Orestes, von den Rachegöttinnen, den *Erinyen*, verfolgt. Auf Geheiß des Gottes Apoll hat er den heimtückischen Mord an seinem Vater Agamemnon, dem Heerführer der Griechen im Feldzug gegen Troja, blutig

gerächt. Klytaimnestra, dessen Gattin, seine Mutter, die ihren Mann aus Wut und unstillbarer Kränkung tötete, starb durch Orestes' Hand. Nun ist der Muttermörder auf der Flucht. Rituell gereinigt, begibt er sich nach Attika, unter den Schutz der Göttin Athene, die weiterer Blutrache Einhalt gebietet und ein Geschworenengericht aus Ehrenmännern einberuft. Die *Erinyen* führen Klage, Apoll übernimmt die Verteidigung seines Schützlings. Die Abstimmung geht unentschieden aus. Da legt Athene ihren Stein zugunsten von Orestes auf die Waage und erklärt dieses Verfahren, die Mehrheitsregel, zum künftig allein verbindlichen.

Die *Erinyen* werden zu Schutzgöttinnen des Gemeinwesens umfunktioniert, zu *Eumeniden*, Wohlwollenden, geläutert. Ganz wie die Aristokraten verlieren sie ihre Herrschaft über das Gewohnheitsrecht, über Tod und Leben, und erhalten zum Ausgleich Sitz und Wohnstadt auf dem Hügel westlich der Akropolis. Dort wachen sie, von allen Bürgern geehrt und reichlich mit Opfern bedacht, über Sitte und Anstand des endlich befriedeten Gemeinwesens. Geburt der Zivilreligion aus dem Geist der Versöhnung, nach glücklich beigelegtem Bürgerkrieg; einer Zivilreligion, die, darin erschreckend modern, Pazifizierung nach innen und missionarische Eroberungslust nach außen unter ein- und demselben symbolischen Dach vereint:

*Nach außen nur sei Krieg, wie er so leicht entbrennt:*
*In ihm mag Ruhmsucht sich mit vollen Kräften tummeln!*[280]

Aber das ist hier ebensowenig zu verhandeln wie die Abdankung von weiblichem Recht und weiblicher Stimme, die Sprach- und Rechtlosigkeit der Sklaven, der prekäre Status von Zugewanderten und Fremdarbeitern, die Lückenhaftigkeit des Gruppenbildes. Erwähnung verdient, daß dieser ursprüngliche Reformprozeß auf der organisierten Plünderung fremden Reichtums fußte. Athen unterwarf seine Bündnispartner und Vasallen unerbittlicher Tributpflicht, annek-

tierte die Bundeskasse des von ihm geführten attischen See-
bundes, verfügte über die Gelder nach Gutdünken und über-
zog jedes Mitglied, das Zahlungen verweigerte oder auch
nur murrte, mit militärischen »Expeditionen«; der große
Thukydides hat einige dieser staatlichen Greueltaten in seiner »Geschichte des Peleponnesischen Krieges« mit be-
wunderungswürdiger Objektivität geschildert. – Hier war
es abschließend nur um eines zu tun, um den Ursprung und
die unverlierbaren Merkmale des (europäischen) Reform-
verständnisses: mehr Rechte, mehr Freiheiten, mehr Mitsprache und Mitgestaltung (trotz aller Ausschlußregeln)
für eine stets wachsende Zahl von Menschen und Menschengruppen; kein ideologischer Nebel, kein Sophismus kann
das jemals ganz verdunkeln. Die bequemste Lektion der attischen Reformperiode bestünde freilich darin, daß der
Bruch mit dem sozialen Privileg, der Kampf für Gleichheit
und Gerechtigkeit, die einsame Domäne selbst Privilegierter,
vornehm Geborener, ist – Trost, willkommene Botschaft
für die machthabende bürgerliche Feigheit.

### § 34 Zweierlei Reform

1. SANIERENDE Reformen erzeugen keine überschweng-
lichen Gefühle. Sie stehen im Zeichen früherer Versäumnisse
und widerspiegeln darüber hinaus das ungastliche Element
einer Weltgeschichte, die zum Abschied von Verhaltensweisen zwingt, die vor wenigen Jahrzehnten ebenso zukunfts-
blind, aber leichter zu tolerieren waren. Konsequent ins
Werk gesetzt (§ 33.6), sind sie immerhin mit der ausgleichen-
den Gerechtigkeit im Bunde, halten sie alle sozialen Gruppen zum Umdenken und Umlernen an. EMANZIPATORISCHE
Reformen sind sie nicht und wollen sie auch gar nicht sein.
Sind solche heute überhaupt noch möglich? Die knappe
Skizze einer wirtschaftlich leistungsfähigen, dabei sozial
und psychisch entspannten Arbeitsgesellschaft soll diesen

Nachweis führen. Sie orientiert sich an skandinavischen Erfahrungen, speziell am dänischen Modell. – Klagen über zu hohe Lohnnebenkosten finden dort kaum Widerhall. Kranken- und Rentenversicherung werden aus allgemeinen Steuern bestritten und trüben die Geschäftsbilanzen nicht. In die Arbeitslosenversicherung speisen alle Beschäftigten einen einheitlichen, nicht allzu hohen Beitrag ein.

Einfach und leicht durchschaubar gestaltet sich auch die Besteuerung der Geschäftserträge. Der steuerliche Höchstsatz liegt bei komfortablen dreißig Prozent, fließt freilich auch als Regelsatz Staat und Kommunen zu. Dank der weitgehenden Abschaffung von Ausnahmen und Sonderbestimmungen stößt die innere Steuerflucht ins Leere; der äußeren der Privatpersonen verstopft der Grundsatz »Staatsbürgerschaft geht vor Wohnort« die sonst üblichen Kanäle. Die Transparenz des Verfahrens reduziert den bürokratischen Aufwand auf beiden Seiten der Steuerfront auf das sachlich Unvermeidbare, und dasselbe gilt für die anfallenden Kosten. In ihrer Eigenschaft als Gehaltsempfänger verspüren Unternehmer und Spitzenverdiener dagegen die ganze Härte einer Steuerprogression, die die Menschen ihrer jeweiligen Belastbarkeit gemäß zur Finanzierung öffentlicher Güter heranzieht.

Schlichtheit, gepaart mit Effizienz, zeichnet auch den Sozialstaat aus. Arbeitslose über fünfundzwanzig Jahre erhalten für ein Jahr neunzig Prozent der letzten Nettobezüge. Finden sie in diesem Zeitraum keine neue Stelle, unterstehen sie der Arbeitspflicht, der sie auch dann genügen, wenn sie ihre Fähigkeiten sinnvoll schulen. Aufgrund dieser ebenso klaren wie unumstößlichen Prinzipien entfällt der Zwang zur Offenlegung der persönlichen, insbesondere materiellen Lebensumstände, die demütigende Verrechnung künftiger Lebenschancen mit gegenwärtigen sowie die amtliche Inanspruchnahme von Verwandten für den Unterhalt sozial Gestrauchelter; institutionalisierte Risikoprävention ersetzt den leidigen »Beziehungsclinch«.

Ähnlich einsichtig, freizügig und zugleich sozial verbindlich verläuft das wirtschaftliche Leben. Es räumt den überwiegend kleinen und mittleren Unternehmen ein Höchstmaß an operativer Freiheit ein. Die Arbeitsverträge enthalten keine Hinweise auf Kündigungsfristen und die Rahmentarife sehen für Entlassungen oder Firmenabwicklungen keine Sozialpläne vor. Wer Mitarbeiter einstellt, muß daher nicht schon prophylaktisch an die Scheidung denken. Wer Arbeit nachfragt, trägt, für den Einzelunternehmer, kein kostspieliges Sozialpaket mit auf dem Rücken. Gesamtgesellschaftlich gesehen, reist er mit viel Gepäck, in einer eigenen Equipage. Wer die Arbeit vorübergehend verliert, verliert weder Sicherheit noch Perspektive. Die großzügigen sozialen Garantien ermutigen die Beschäftigten zu befristetem Ausstieg aus der Arbeit, zu Bildungs- oder Familienzwecken, was wiederum anderen Erwerbsmöglichkeiten eröffnet, während derer sie ihre Kenntnisse und ihre Fertigkeiten aktualisieren können; ein weiterer Beleg für die These, daß nur Menschen, die ihrer gesellschaftlichen Stellung sicher sind, Freiheiten verantwortungsvoll wahrzunehmen wissen. Die Kombination von unternehmerischer Flexibilität und persönlicher Sicherheit funktioniert auf der Grundlage hoher Bruttolöhne, die die immense individuelle Steuerlast auffangen sowie auf der von Wahl zu Wahl erneuerten Entscheidung für ein im Gleichheitsideal verankertes System der Lebensführung.[281]

2. Das Beispiel unseres nördlichen Nachbarn demonstriert überzeugend, daß die Grenzen des volkswirtschaftlichen Sachverstands spürbar erweitert werden können, wenn die vielleicht kostbarste Ressource des gesellschaftlichen Zusammenhalts – der gewachsene Gemeinsinn der Menschen – nicht fahrlässig vergeudet wird. Mag sein, daß kleine Nationen diesen Gemeinsinn leichter mobilisieren können als größere und komplexere Einheiten. Der gewohnheitsmäßige »Sozialdemokratismus« der Mehrheiten ist jedoch auch in diesen lebendig und jederzeit politisch abrufbar; man muß es nur wollen. – Würde Deutschland nach diesen Maßgaben

reformiert statt nach den Dogmen des einheimischen Denkkartells, segelte die Gegenreform nicht länger unter der Flagge von Reformen, würden diese selbst ihren Namen wieder ehren, stünden Sparprogramme, Haushalts- und Kassensanierungen im Dienst eines motivierenden kollektiven Projekts. Der Horizont der Arbeitsgesellschaft wäre hinausgeschoben, nicht durchbrochen; dazu bedürfte es schon einer »Revolution im guten Sinn«.

Davon sind wir in Deutschland derzeit weiter denn je entfernt. Unsere »Reformer« messen mit stierem Blick auf die soziale Hierarchie jedem das Seine zu: Lastenabschüttelung für die Reichen, Sparprogramme für den Rest. Dabei wissen sie nicht einmal klug zu sparen. Das neue soziale Minimum, das »Arbeitslosengeld II«, bestraft Ehen und eheähnliche Partnerschaften, indem es Einkommen des arbeitenden Teils auf die Bezüge des jeweils Empfangsberechtigten anrechnet. Wer mit einem auch nur durchschnittlich verdienenden Partner zusammenlebt, hat »Pech«, geht leer aus, greift in seiner Not nach dessen Geld. Selbst die Sparguthaben der Kinder geraten unter diese Knute. So beugt man Zuneigung und Liebe unter persönliche Abhängigkeitsverhältnisse, kurzfristig. Auf längere Frist entmutigt man den festen Bindungswunsch, fördert die Zunahme rechtlich unverbindlicher Allianzen. Verläßliche familiäre Verhältnisse, Kinderwunsch und Kindersegen: Formeln für die Galerie, zum Fenster hinausgesprochen; die Familie der Zukunft: eine Kalkulationsmaschine.[282] Verjage, Trygaios, das bigotte Personal aus seiner Festung!

# Politische Chirurgie oder Gleichheit
## als Geschwür der Gerechtigkeit

### § 35 Chancen

1. »Die Lehre von der Gleichheit! ... Aber es giebt gar kein giftigeres Gift: denn sie SCHEINT von der Gerechtigkeit selbst gepredigt, während sie das ENDE der Gerechtigkeit ist ... ›Den Gleichen Gleiches, den Ungleichen Ungleiches – DAS wäre die wahre Rede der Gerechtigkeit: und, was daraus folgt, Ungleiches niemals gleich machen.‹«[283]

2. Neokonservative, Neoliberale, Neosozialdemokraten verstehen sich als Operateure am sozialen Körper. Ihre gemeinsame Diagnose: Wohlfahrtsstaat, ausgabenökonomisch entgleist; schweres Gerechtigkeitssyndrom. Behandlungsplan: Gerechtigkeit von den Wucherungen der Gleichheit befreien; harte, schmerzhafte Schnitte. Einverständniserklärung des Patienten: überflüssig. Anästhetikum, schwach wirkend: Chancen für morgen.

3. »**Chance** <lat.-vulgärlat.-fr.> die; –, -n: 1. Günstige Gelegenheit, Möglichkeit, etwas Bestimmtes zu erreichen. 2. Aussicht auf Erfolg«[284]; »*meist Plur.*: Aussichten auf Erfolg«[285].

4. Der Verweis der deutschen Rechtschreibung auf den Plural ist wesentlich. »Er/sie hatte seine/ihre Chance« heißt: jede(r) darf das Glück EIN MAL versuchen; Abtreibung des Lernens aus dem menschlichen Leben, Standpunkt der Inhumanität. Daher: Gebrauch der Mehrzahl, »meist«, denn gänzlich ausgestorben sind die reinen Sozialdarwinisten nicht. »Er/sie verdient eine zweite Chance« mischt in die Ermunterung unüberhörbar eine Drohung: »Es wird die letzte sein!«; Lernprozesse mit der Angst im Genick, Sozialdarwinismus mit humaner Fratze, Jargon der Gangster.

5. In den handelsüblichen Begriff der Chance ist ein Zählwerk eingebaut. Es numeriert Gelegenheiten und ord-

net sie: erkannte, ergriffene, übersehene, verspielte; modale Freiheit, opportunes Leben: *2, 3, 50, 100 … Strikes, and you are out.* Wer von Chance, Chancen spricht, spricht vom sozialen Sportsgeist. Das gilt auch für die ChancenGLEICH-HEIT, den Köder der »schmerzhaften Reform«.

6. Einheitsdenken, Einheitshandeln im politischen Raum, im Raum aller realistisch denkbaren politischen Konstellationen und Koalitionen auf gesamtstaatlicher Ebene, in Deutschland, fast überall in der Welt. Politische Chirurgen, allerorten; in der gemeinsamen Absicht, den Patienten von der Notwendigkeit der Operation zu überzeugen, suchen sie Zuflucht bei der Propaganda. Die hat seit je zwei Hauptregister, Vereinfachen und Wiederholen und einen Lieblingsmodus – Bilder. Das am häufigsten verwendete: das Leben als Rennen, der Mensch als Läufer. Gesellschaftliche Ordnungen genügen der Gerechtigkeit, wenn sie die Gleichheit aller am Start garantieren, und sie entarten, wenn sie Gleichheit fordern auch im Ziel.

Begeben wir uns also an den Start. – Wo aber geht das Rennen los und wann? Gleich mit der Geburt? Aber da stehen wir auf allzu schwachen Beinen. Mit dem Eintritt in die Schule, in die Welt der persönlichen Bewährungen, der Tests, Prüfungen und Noten? Nur so kann es gemeint sein. – Was aber sichert die Gleichheit am Start, verhindert, daß keiner zu früh aus den Startblöcken aufschießt? – Was hieße, früher als die anderen loszulaufen? Doch wohl, daß einige sich wißbegieriger zeigen, selbständiger als andere. Soll man sie an den Start zurückbeordern, ihre Lernbegierde zähmen? Das wäre eine einfältige Pädagogik. »Frühstart für alle!« lautet die einzig sinnvolle Devise. Sie bestätigt jene, die schon unterwegs sind und spornt die noch Zögerlichen geduldig an. Die Langsameren verdienen besondere Sorge, Förderung und Aufmerksamkeit über die Norm hinaus. – Das ist doch ungerecht! Was ihnen zuteil wird, entbehren die anderen.[286] – Es ist ungerecht, aber die Ungerechtigkeit kann gerechtfertigt werden. Es liegt im Interesse der Vorreiter, wenn die

Nachzügler größere Zuwendung erfahren. Sie schließen auf, entdecken ihre Neigungen und entwickeln sie, werden zu gleichwertigen, anregenden Mitschülern. »Den Ungleichen Ungleiches«, noch vor dem ersten Schultag: das ist das Geheimnis der substantiellen Gleichheit am Start![287]

Und die Gleichheit im Ziel, dies vorgebliche Hirngespinst der Gleichheitsfreunde?[288] Werden im Fortgang des Rennens nicht notwendigerweise einige auf der Strecke bleiben, aller Anfeuerungsrufe ungeachtet? Seht, dort geht der Hauptschüler und dort der Gymnasiast. – Nur, wo liegt das überhaupt, das Ziel? Verfolgen alle ein und dasselbe? Muß jeder dieselbe Linie überqueren, auch der mit wunden Füßen? Wäre DAS nicht rohe Gleichmacherei? Erreicht der Generaldirektor tatsächlich früher das Ziel als der Schauspieler oder der Reparaturschlosser? Fragen aus dem Nähkästchen unserer heimlichen Gleichmacher! Sie alle sind im Ziel, in ihrem Ziel, bei umsichtiger Förderung.

7. Das Ziel ist so wenig vorgegeben wie der Weg. Wenn jeder seinen Weg bestimmt und Ziele, die seinen Neigungen und Fähigkeiten zumindest ähneln, und alles zur Entfaltung der je spezifischen Talente geschah, sind die Forderungen der Gerechtigkeit befriedigt. – Aber sind Generaldirektor, Schauspieler, Schlosser nur deshalb keine modernen Gladiatoren, weil sie verschiedene Rennen absolvieren? Treten sie nicht, Gruppe für Gruppe, gegeneinander an? – Doch wo versammeln sich die designierten Direktoren? Wo kann man auf sie wetten? Das kann man nirgendwo. Sie treffen sich in Hinterzimmern und Salons und zeugen sich durch sozialen Inzest fort. (§ 39.3) Die denken keinen Augenblick an Rennen. Für die ist Rennen: Volkssport. Und wenn das Volk nicht rennt, dann ist es faul. Und wenn die Politik die Faulheit der Arena nicht bekämpft, dann ist sie ungerecht. Die auf den Rängen haben Lust auf Wettbewerb mit Zähnen, auf Sieger und Verlierer.

Interesse, Neugier, Sich-beweisen-Wollen, Ehrgeiz: all das gehört dazu, verleiht dem Leben Reiz und Würze. Der

Rennläufer auf seiner eingefaßten Bahn, dem jeder Blick zur Seite Schaden einträgt, das eine Rennen mit dem nur einen Ziel vor Augen, der einzelne allein mit allen, gegen alle, ist ein reales Zerrbild der Gerechtigkeit. Jedoch das Leben ist kein Rennen, und wenn es sich allein im Rennen spürt, dann ist es früh vertan, verfehlt. Das Leben ist: Erkundung, Selbstentdeckung, Pfade durch das Dickicht schlagen, Ziele suchen, verwerfen, überprüfen, nicht Hatz auf planer Bahn.

8. Gerechtigkeit zu formaler Fairneß zu verstümmeln ist der ideologische Auftrag der Sportmetapher. Alle versammeln sich freiwillig am Start oder zum Spiel; alle akzeptieren dieselben Regeln; alle unterwerfen sich einer gemeinschaftlich eingesetzten Autorität, die über deren Einhaltung wacht. Aus dem Wettkampf gehen Sieger, Plazierte und Verlierer hervor. Da nur die allseits respektierten Regeln angewendet wurden, gibt es weder Anlaß noch Recht zur Klage. Beim nächsten Mal geht es von vorne los; der Bessere gewinnt und revidiert die früher festgestellte Rangordnung zu seinen Gunsten – abstrakt gesehen, das heißt falsch.

In Wahrheit kumulieren sich Erfolge, Niederlagen. Der Sieger erntet Pokale, Preise, Anerkennung, Geld und guten Ruf. Die kann er investieren in renommierte Trainer, gute Trainingspartner, teure Ausrüstung. GELDWÄSCHE DER GERECHTIGKEIT ist die soziale Regel, die die formale Regelkunde unterhöhlt. Die Läufer treffen in desto geringerem Maße als Ebenbürtige aufeinander, je mehr Rennen sie bereits im Rücken haben. Es handelt sich um Ausscheidungskämpfe, in den sportlichen Arenen so gut als in den sozialen, mit frühzeitiger, sich stets erneuernder Selektion von Sieger- und Verlierertypen. Das Publikum auf der Tribüne begrüßt stets nur die Überlebenden früherer Konkurrenzen. Im professionellen Sport mag das gewollt sein. Wer diese Art von Fairneß der Gesellschaft überstülpt, spielt mit den Regeln ganz bewußt ein falsches Spiel. Er zerstört die Grundlagen jeder auf die Gesellschaft bezogenen Gerechtigkeitsidee – das LANGFRISTIGE Zusammenleben und Zusammenwirken der Individuen.

Welche sozialen »Spiele« sie im einzelnen auch immer spielen mögen, sie sind und bleiben Akteure eines übergeordneten, großen Zusammenspiels, der Generationen umgreifenden Kooperation. (§ 21) Eine Autorität, die Regeln gehorcht, die in der Zeitfolge Ungleichheiten stapeln, das Ausscheiden einzelner und ganzer Gruppen tolerieren, ja bezwecken, wird diesem Bedürfnis nicht gerecht; der Schiedsrichter bildet kein Analogon zur staatlichen Rechtsordnung. Der Mensch als Bürger benötigt eine Autorität, die die Grundstruktur der Gesellschaft gegen alle Auflösungstendenzen festhält. Alle müssen im »Spiel« bleiben, als prinzipiell Gleiche imstande sein, jeden allgemein akzeptierten Spielzug jederzeit auszuführen. Das verlangt Korrekturen jener Rang- und Machtordnungen, die aus dem Regelwerk der vielen kleinen »Spiele« hervorgehen; Anpassung der nur sportiven Gerechtigkeit an die »Hintergrundgerechtigkeit«, ohne die kein langfristiger Kooperationszusammenhang gelingen kann;[289] Platzverweis für die modernen Ablaßhändler der Gerechtigkeit, Einrichtung von Chancen ohne Zählwerk.

## § 36 Teilhabe

1. Die Chancen, die der Sozialstaat der Zukunft zu vergeben hat, sollen solche der Teilhabe sein. Propagiert wird die Umstellung der sozialpolitischen Philosophie von materieller auf kulturelle Gleichheit, von (annähernd) gleichen Lebensverhältnissen auf gleiche Entfaltungsmöglichkeiten, die Abkehr vom alimentierenden und die Hinwendung zum aktivierenden Staat. »Als gerecht soll künftig gelten, was Menschen in die Lage versetzt, ihr Leben so zu führen, wie sie es selbst gerne führen möchten.«[290]
Die Befähigung aller zur Mitwirkung am gesellschaftlichen Lebensprozeß ungeachtet ihrer sonstigen Unterschiede, selbst unter Einschluß ihrer materiellen Ungleichheit, bedeu-

tet an sich kein Sakrileg. Ungleichheit in einer Hinsicht, Einkommen und Vermögen betreffend, impliziert nicht zwingend rechtliche, politische, kulturelle Ungleichheit. Sie beugt, um das Mindeste zu sagen, derartigen Konsequenzen aber auch nicht vor. Eine Analyse der versteckten wie offenkundigen Gefahren ökonomischer Ungleichheit aus der Perspektive der negativ von ihr Betroffenen ist daher unumgänglich.

2. Die nächstliegende Gefahr besteht darin, daß der Zusammenhang von ökonomischer Lage und gesellschaftlicher Teilhabe erst gelockert und dann gekündigt wird. In diesem Fall droht die soziale ENTWIRKLICHUNG der Gerechtigkeit, ihre Verwandlung in eine Hypothese ohne praktische Beweiskraft. Die Logik der Fähigkeiten verlangt nicht nach gleichen Lebensbedingungen im rein materiellen Sinn, aber sie verlangt (und definiert) sehr wohl ein variables Maß an Ressourcen, persönlichen wie öffentlichen, die die Entdeckung und Erprobung individueller Vermögen erst ermöglichen. Das Teilhabeargument, weit davon entfernt, reale Lebenslagen in den Hintergrund zu spielen, berührt, redlich vorgetragen, den Grund der Existenz. Die »neue« Gerechtigkeit führt nicht über die materielle Welt hinaus, sondern, unter modifizierten Prämissen, zu ihr zurück. Auskömmliches Einkommen, gegebenenfalls Unterhalt, Alimentierung, staatliche Mobilisierung individueller Einkommensanteile für die Ausstattung des Gemeinwesens mit kollektiven Gütern: Das ist nicht einfach abgetan, erledigt, altes Umverteilungsdenken. Der wortführende Diskurs des »Neoklubs« erweckt oft den Anschein, als sollte von den harten Tatsachen der Teilhabe möglichst zurückhaltend, vom Erbaulichen der »Partizipation« desto überschwenglicher gesprochen werden.

3. »Mehr ökonomische Rationalität in das sozialstaatliche Handeln!« – diese Eidesformel der sanierenden Reform (§ 33.6; 34.1) durchdringt auch das politisch dominante Gerechtigkeitsverständnis unserer Zeit. Kampf dem Mißbrauch sozialer Leistungen, dem Besitzstandsdenken, der Anspruchsinflation, zum Vorteil aller. Knapp bemessene staatli-

che Ressourcen gebieten Sparsamkeit und Ehrlichkeit, allsei-
tigen Respekt für den Ort, an dem allein sie sich erneuern,
mit anderen Worten: Was für die Wirtschaft gut ist, ist auch
gut für die Nation, für jeden einzelnen! Schluß mit der Sub-
ventionierung des Lebens; was Förderung verdient, ist der
Gewerbefleiß! Nur geht das leider meistens schief. Unter
globalisierten Marktverhältnissen erreicht die steuerliche Be-
günstigung von Schlüsselunternehmen und -industrien immer häufiger das Gegenteil des Intendierten; statt sie langfristig an die eigene Nation zu binden, erleichtert sie deren
Ausgliederung aus dem politischen Verband.[291] – Die »Wan-
derung« einer deutschen Firma als Beispiel zur Verdeutli-
chung.[292] Das Unternehmen, ein großer Schuhfabrikant, investierte in den frühen neunziger Jahren in Portugal, in einer
wirtschaftlich schwach entwickelten Region. Die Europäische Union belohnte diese Risikobereitschaft mit drei Millionen Euro. Das Gastland, glücklich über die zu erwarten-
den Arbeitsplätze, verzichtete förmlich auf die Erhebung
von Steuern. Damit nicht genug, richtete es den Produk-
tionsstandort auf Kosten von Region und Gemeinde schlüs-
selfertig her; selbst die Abfallentsorgung geschah zu Lasten
des Wirtes. Im Gegenzug verpflichtete sich das Unternehmen zu einer zwanzigjährigen Bindung an den Standort,
ohne sich dabei jedoch auf Regreßansprüche im Fall des Zu-
widerhandelns einzulassen. Nach nur zehn Jahren endete die
Fabrikation, wanderten die Anlagen weiter, nach Rumänien.
Nebst der Lohndifferenz gaben bindende Zusagen des neuen
Standorts, die dem gänzlichen Verzicht auf allfällige Forderungen nahekamen, bei der Entscheidung den Ausschlag.

Der Einzelfall gestattet eine Teileinsicht in die Ursachen
der Staatsverschuldung, der Vergeudung öffentlicher Mittel,
des Ausbleibens verläßlicher Steuereinnahmen. Er demonstriert des weiteren das Unzureichende, oftmals direkt
Selbstzerstörerische rein nationaler Antworten auf die Globalisierung. Wer sich der Standortlogik unterwirft, tauscht
soziale Garantien gegen unverbindliche Versprechungen ein.

Alsbald könnte sich dieses Drama auf der europäischen Bühne wiederholen. Öffentliche Mittel flössen im Rahmen eines kontinentalen Entwicklungsprogramms aus den reicheren Nationen in die ärmeren, und zwar nicht, wie deklariert, zu Investitionszwecken, sondern um BESTEHENDE Arbeitsverhältnisse aus den Geberländern herauszukaufen. Der französische, österreichische oder deutsche Steuerzahler würde dann unmittelbar zur Finanzierung heimischer Arbeitslosigkeit herangezogen! Der »Bienenstaat« unserer Tage folgt dem umgekehrten Motto Mandevilles: *public vices, private benefits.*[293] Die ökonomischen Ressourcen von Wohlstand und Teilhabe gehen auf Reisen, so oder so, und es hat nicht den Anschein, als VERMEHRE sich das Glück der Menschheit auf diesem Weg.

4. Wirklich nicht? Kapital wandert ins Ausland ab, von dort in ein noch ferneres Ausland, aber es geht doch nicht verloren! Was ein Land verliert, kommt einem anderen zugute, versorgt dort lebende Menschen mit Arbeit, schafft Inseln (post-)industriellen Fortschritts, die sich dereinst vielleicht zum Kontinent verbinden. Kapitalstock, Beschäftigungsgüte und -dichte in den wirtschaftlich fortgeschrittenen Nationen erleiden Einbußen, aber genau das verbuchen ärmere Staaten als Gewinn, als hochwillkommene Aufholchance. Die optimistische Sicht auf den Gesamtprozeß zeigt eine ebenso notwendige wie wünschenswerte Ausgleichsbewegung, spricht zugunsten des Erhaltungssatzes ökonomischer »Energie«.

Prognosen für die Vereinigten Staaten erwarten bis zum Jahr 2015 die Auslagerung von mehr als drei Millionen Arbeitsplätzen, vornehmlich im Dienstleistungssektor, darunter in wachsendem Maße hochqualifizierte Stellen. Europa muß in den kommenden Jahren allein bei den großen Finanzdienstleistern mit dem Abbau und dem gleichzeitigen Transfer von 700 000 Beschäftigungsverhältnissen rechnen. – Indien ist der Ankunftsort vieler dieser Stellen. Der Überschuß gut ausgebildeter Menschen, die deutlich geringeren Lohnkosten, der Sprachvorteil (fließende Beherrschung des Englischen), die niedrigsten Telefongebühren der Welt (ein wahres Paradies für Call-Center), bescherten dem Land schon in den zurückliegenden Jahren einen erstaunlichen Entwicklungsschub. Einheimische Unternehmen klinkten sich in den Aufschwung ein und agieren inzwischen selbst global, im Bankwesen, in der Telekommunikation, im Software-Bereich. Der riesige Binnenmarkt griff die Impulse auf, die Lebensbedingungen für Millionen von Menschen verbesserten sich spürbar. Zu Beginn der 1990er Jahre von der Postindustrialisierung noch kaum berührt, befand sich der Subkontinent nach kaum einem Jahrzehnt inmitten dieses Prozesses.[294]

Verglichen mit der Primärindustrialisierung rückständiger Staaten und Regionen während der ersten und zweiten technologischen Revolution verlaufen heutige Anschluß- und Aufholprozesse zeitlich extrem gerafft. Auch vergleichbar nachwirkend? Diese Frage kann zumeist erst dann beantwortet werden, wenn die Karawane weiterzieht. Im Falle Indiens löste die anhaltende Nachfrage nach qualifiziertem Personal einen steilen Anstieg der Löhne und in der Folge eine erneute Abwanderungsbewegung aus, diesmal in Richtung China und Osteuropa.[295] Nun muß sich zeigen, ob der äußere Anstoß für eine langfristige innere Belebung stark genug war. Je kürzer die Zeit der »Befruchtung«, je selektiver die »Fruchtwahl«, desto größer das Risiko des Steckenbleibens, Versandens der Impulse.

5. Das ist die Logik der Postindustrialisierung: Sie ebnet bestehende Gefälle nur um den Preis ein, daß sie neue sichtbar macht, mit unerhörtem Tempo und gänzlicher Rücksichtslosigkeit für das momentan Geschaffene. Das eigene Aufbauwerk zu konsolidieren, für stetigen Fortschritt und verläßliche Austauschbeziehungen zwischen Metropolen und jeweiliger Peripherie zu sorgen erscheint als überflüssiger Halt auf freier Strecke, als ärgerlicher Zeitverlust, solange es noch unerschlossene Räume gibt.

Die ökonomische Globalisierung ist keine Schaukel, die

Hoch und Niedrig austariert; sie ist eine Bewegung auf holpriger Bahn, angezogen und geleitet von einem großen Ideal: Herstellung von Gütern und Dienstleistungen ohne nennenswerte Personalkosten, Gratisproduktion. Seßhaftigkeit, Innehalten, Rücksicht und Rücksichtnahme gelten als Todsünden in einer Welt, die vom modernen Nomadentum beherrscht wird. Hier eine kurze Rast und dort, für ein paar Jahre, dann geht es weiter.

Löst die Initialzündung keine selbsttragende Entwicklung aus, veröden die kaum belebten Räume im Handumdrehen, gleichen sie binnen kurzem aufgegebenen Walfangsiedlungen aus dem Ende des neunzehnten Jahrhunderts. Der Fortschritt ist ein eiliger Gast; statt die Erde umzuwühlen, haucht er sie nur leise an; das muß genügen. Und wenn es nicht genügt, bleibt nur das Warten auf den nächsten Raser. »Es gibt nur eines, das schlimmer ist, als von Multis überrollt zu werden: nicht von Multis überrollt zu werden.«[296]

Gut gesagt, doch ist das nur die halbe Wahrheit. Ganze Nationen laufen Gefahr, von Global Players in eine Entwicklungsrichtung gedrängt, hineingerissen zu werden, die zu deren Verwertungsprofilen, aber nicht zu den einheimischen Voraussetzungen paßt. Mal setzen die großen Konzerne auf transnationale »Gemischtwarenläden«, dann wieder auf extreme Spezialisierung. In Abhängigkeit vom allgemeinen Trend und der jeweiligen Unternehmensphilosophie gleichen die Schneisen, die durch die Wirtsländer gezogen werden, mal engeren, mal breiteren Korridoren, mal verlängerten Werkbänken, mal ausbaufähigen ökonomischen Adern. Von Multis – endlich – überrollt zu werden, heißt daher oft genug, in eine Spezialisierung aufzubrechen, die sich beim jederzeit möglichen Wechsel der Prioritäten umgehend als Fehlspezialisierung erweist, als Entwicklungsmuster ohne Wert und Zukunft.

Ökonomische »Energie« erhält sich, wenn überhaupt, im steten Wandel ihrer Formen, ihrer Arbeitsteilungs- und Verflechtungsmuster. Nicht jede dieser Formen und Varianten läßt sich ohne Schäden, ohne schwerwiegende Spätfolgen in national und regional gewachsene Wirtschaftsweisen einbetten. Soziale und kulturelle Teilhabe, globaler Kapitalbewegung anvertraut, gleicht einem Spiel mit blinden Würfeln. Die Theorie der »ausgeglichenen Gesamtrechnung« vertröstet die Lebenden auf das Finale vieler Märchen: »und wenn sie nicht gestorben sind...« Nur: *In the long run we are all dead.*

6. Die »ausgeglichene Gesamtrechung« läßt zu, daß einige verlieren: Wohlstand, Arbeitsplätze, soziale Sicherheit, Lebens- und Teilhabechancen, kurz- und mittelfristig, auf dem Weg der Erzeugung einer ökonomisch homogenen Welt. »Einige«, das meint die Mehrheiten in den reichen Nationen. Die müssen sich fügsam zeigen, die Heimatliebe alteingesessener Unternehmen durch freiwilligen Verzicht auf Einkommen und Status neu erwecken. »Was von der Kippe abrutscht, hängt maßgeblich von der Lohnhöhe ab.«[297] (Glückwunsch, nebenbei, zu der Metapher: Menschen, die sich verzweifelt an ein Brett klammern, das soeben zum Galgen aufgerichtet wird!) Patriotische Verlierer geben »ihren« Arbeitgebern zeitig und von sich aus, was ohnehin nicht festzuhalten ist und anderenfalls in »fremde« Taschen fließt. Die Arbeiter und Angestellten Westeuropas an Durchschnittslöhne zu gewöhnen, die den an den Auslagerungsorten gezahlten auch nur nahekommen, heißt, ihnen ihr Leben zu bestreiten, auch ihre Arbeitsfähigkeit; ein unerfüllbares Verlangen, absurd selbst aus der Sicht der Unternehmen. Worauf will die Drohung dann hinaus? – Auf Extragewinne, im Vorübergehen eingestrichen, ohne jede Garantie für die langfristige Sicherung der Arbeitsplätze.[298] Was die soziale Teilhabe von unten her zersetzt, ist die Umfunktionierung der Globalisierung zur Dauerdrohkulisse: »Wir können auch anders, anderswo! Und wenn wir bleiben, dann zu den von uns diktierten Konditionen!«

Wunschträume der Unternehmer: Pfingsten der Arbeit: »Müssten alle angestellten Beschäftigten beispielsweise am Pfingstmontag ohne zusätzliches Entgelt arbeiten, würde das Bruttoinlandsprodukt um rund 3, 5 Milliarden Euro steigen. Das wäre ein möglicher Schritt zur Flexibilisierung des Arbeitsmarktes. Allenfalls würde der Tourismus etwas darunter leiden, weil die Leute dann weniger freie Tage zur Verfügung hätten. Dafür würde aber an anderer Stelle mehr konsumiert. Es fände also lediglich eine Verschiebung der Nachfrage statt.«[299] Nicht so bescheiden! »Das arbeitgebernahe Institut der deutschen Wirtschaft (IW Köln) geht davon aus, dass ein zusätzlicher unbezahlter Arbeitstag das Bruttoinlandsprodukt in diesem Jahr um sechs Milliarden Euro und im kommenden Jahr um knapp sieben Milliarden Euro wachsen ließe. Begründung: Durch Mehrarbeit sinken die Produktionskosten, was wiederum zu billigeren Produkten und damit zu mehr Nachfrage führen würde.«[300]

Wenn die sinkenden Lohnkosten zu entsprechend sinkenden Preisen führen, mehr Umsatz also bei gleicher Gewinnspanne, wozu dann die Anstrengung? Sie lohnt nur, wenn diese NICHT im selben Maß wie jene sinken: der Heilige Geist, der den Aposteln Mammon predigt, moderne Pfingsten eben. – Weiter in diesem Text: »Um den Fehlbestand an Ausbildungsplätzen zu verringern, empfiehlt die FDP geringere Vergütungen für Lehrlinge. ›Ich fordere mehr Spielräume bei den Ausbildungsvergütungen, so wie es das Berufsbildungsgesetz eigentlich auch vorsieht‹, sagte Generalsekretärin Cornelia Pieper in Berlin.«[301] Das Ziel dieser Vorschläge: Inseln der Fron inmitten des Lohnarbeitsverhältnisses, ihr Resultat: Verelendung auf Raten (§ 40.10).[302]

7. Der neue Gerechtigkeitsdiskurs verklärt die Spontaneität des ökonomischen Prozesses zum gesellschaftlich Wünschenswerten, mindestens zum Unausweichlichen; politischem Handeln, das sich dagegen auflehnt, wird Dispens erteilt. Intellektuelle Kontroversen, öffentlicher Streit und Widerspruch, das war einmal, nunmehr herrscht Einvernehmen. »Geschehen soll, geschehen muß, was ohnehin geschieht!« verkünden die Katecheten der ehernen Notwendig-

keit und meinen vor allem den Abschied von der Gleichheit. Wie kehrt man zur Normalität der Ungleichheit zurück, ohne daß wieder Menschen verhungern? fragt der Konservative.[303] Wer sich heute zur sozialen Gerechtigkeit bekennt, muß sich zur Ungleichheit bekennen, echot der Liberale.[304] Das soziale Gewissen muß sich an Ungleichheit gewöhnen, ohne zynisch zu werden, erklärt der gelehrige Grüne[305], und der »beschleunigte« Sozialdemokrat sieht zur Entstehung einer neuen Unterklasse keine realisierbare Alternative.[306] Geistig dürftiger, zäher auch gab sich die »Konsensgesellschaft« nie.

### § 37 Von der Gleichheit zum Respekt

1. Die kleinste Einheit der Gesellschaft bilden Menschen, nicht: der Mensch. Stets mit ihresgleichen in der Welt, geborene Komparatisten, messen die einzelnen ihr Geschick am Geschick der anderen. Das Individuum im Zustand des Vergleichs sucht Selbstbestätigung; es möchte anderen ebenbürtig sein und findet Ruhe erst, wenn dieses Ziel erreicht ist. Der Hang zum Vergleich gehört zur *Conditio humana*, konjugiert sich durch die gesamte Liste der Personalpronomina: Ich – Du; Ich – Er/Sie/Es; Wir – Ihr; Wir – Sie. Wer seine Unterlegenheit den Nächsten, der Du-Welt, gegenüber eingestehen muß, mißt sich mit ferner stehenden Personen aus der Es-Welt. Notfalls wechselt er erneut die Perspektive, springt vom Ich ins Wir, vergleicht die eigene Gruppe mit fremden Kollektiven. Durch die Identifizierung mit einem Wir tröstet sich das Individuum oft genug über Enttäuschungen hinweg, die es im unmittelbaren Vergleich mit konkreten anderen erlitten hat, und dasselbe gilt für die Identifizierung einer kleineren Wir-Gruppe (Schicht, Klasse) mit einer umfassenderen (Staat, Nation). Mit der Übertragung auf immer komplexere, abstraktere Bezugseinheiten gewinnt der Hang zum Vergleich nicht selten aggressive, ausschließende Züge: Wir oder Ihr, Wir

oder Sie. Auf Expansion bedachte Machteliten verstanden es noch stets, individuelle und gemeinschaftliche Trostbe-dürfnisse für ihre Zwecke einzuspannen.

Das Begehren, anderen nicht nachzustehen, ist für sich ge-nommen kein Garant der Gleichheit. Es findet sich leichter mit dem Elend als mit dem Glanz des Lebens ab. Der Ver-gleich schielt, zumeist, und zwar nach oben, dorthin, wo das Dasein in der Fülle seiner Möglichkeiten strahlt. Die Zonen von Not und Entbehrung streift er mit dem milden Blick des Philanthropen, der zu jeder Hilfe bereit ist, grundsätzlich er-leichtert darüber, daß Hilfe unter den gegebenen Umstän-den nicht angeht.

Ob der Hang zum Vergleich die Gleichheit fördert oder vielmehr hintertreibt, hängt von der Struktur und der jeweili-gen Verfassung der Gesellschaft ab, zuallererst davon, ob die jeweils benachteiligten Gruppen über die reale Chance ver-fügen, das soziale Gefälle zu ihren Gunsten einzuebnen. Ge-sellschaften, die dem kollektiven Auftrieb von unten Raum und Rahmen geben, gesetzlichen, institutionellen, die jene mit den schlechtesten »Startbedingungen« am nachdrück-lichsten fördern, zwingen den Vergleich in die Bahn egalitärer Gewohnheiten. Der Blick nach unten trifft auf Menschen, die sozial im Aufstieg begriffen sind, auf die Nachbarn von Morgen. Der Blick nach oben wird freier, aussichtsreicher, löst sich vom Ressentiment gegen die ewigen Gewinner.

2. Mit der Gleichheit verhält es sich wie mit der Freiheit und dem Recht: Das Bedürfnis nach diesen sozialen Gütern wächst proportional zu seiner Befriedigung. In je höherem Maße sich Menschen bereits daran gewöhnt haben, einan-der als annähernd Gleiche zu begegnen, desto empfindli-cher und unnachsichtiger reagieren sie auf noch bestehende Unterschiede, desto leidenschaftlicher drängen sie auf de-ren Ausgleich. Weit davon entfernt, ein Gemeinwesen als sozial ungleich zu charakterisieren, liefern Gleichheitsfor-derungen zumeist zuverlässige Informationen über seine egalitäre Ausrichtung. Je mehr sich, umgekehrt, Differen-

zen verfestigen, Menschen und Menschengruppen soziale Chancen für sich monopolisieren, ausdrücklich oder insgeheim, desto matter wird der Gleichheitssinn, desto mehr breitet sich die Bereitschaft zur Hinnahme selbst krasser Kontraste in der gesamten Gesellschaft aus.[307]

Snobismus und Arroganz der Monopolinhaber finden ihr Gegenstück im stummen Groll und im zutiefst gekränkten Selbstrespekt der Ausgeschlossenen. Das Vergleichen hört nicht auf, auch seine gewohnte Blickrichtung nach oben behält es bei; von der einlösbaren Erwartung auf Ausgleich abgeschnitten, verzehrt es sich in der Suche nach Sündenböcken für das persönliche Mißlingen. Die Klage über »korrupte Politiker«, »unfähige Unternehmer« oder »Sozialschmarotzer« (wenn sich kein anderer findet, kommt der »Schuldige« aus den eigenen Reihen) ersetzt die Kritik am politischen System und an der ökonomischen Ordnung. Mit der Zuversicht, das eigene Schicksal wenden zu können, verliert der Vergleich die Orientierung, wird er politisch blind und harmlos.[308]

3. Genau auf diese soziale Verharmlosung des Vergleichens, auf seine praktische Suspendierung, will der neue Gerechtigkeitsdiskurs hinaus, auch in seiner akademischen Version. Von wenigen Ausnahmen abgesehen, hat sich die gebildete Welt darauf verständigt, Gleichheitsideale als Abirrung vom Pfad des guten Lebens in Verruf zu bringen. Auch ein Leben am unteren Rand der Gesellschaft kann subjektiv befriedigen, gelingen – sofern es sich nicht töricht mit Vergleichen plagt, die nur Enttäuschungen heraufbeschwören. »Das Übel, dass manche Menschen ein schlechtes Leben führen, entsteht nicht dadurch, dass andere Menschen ein besseres Leben führen. Das Übel liegt einfach in der unverkennbaren Tatsache, dass schlechte Leben schlecht sind.«[309] Mit seiner Vergleichungssucht hält der Egalitarismus die Menschen von der moralischen Selbstbefragung ab, pflanzt er Maßstäbe in sie ein, die nicht ihre eigenen sind und verleitet sie dazu, ihr Leben in Begriffen zu definieren, die vom eigenen Wesen, den

je eigenen Möglichkeiten abstrahieren. Wer die Gerechtigkeit dem Ideal der Gleichheit opfert, bricht in die Selbstentfremdung auf. Abkehr von der KOMPARATIVEN Gerechtigkeit ist die Voraussetzung zur moralischen Gesundung der einzelnen wie der Gesellschaft; so will es der *Homo academicus*.[310]

Erbärmliche Betrüger! Vergleichen, noch hinter dem Komma, gilt in jeder Gesellschaft, die auf kapitalistischer Produktionsweise beruht, als höchste praktische Weisheit, als erstes und letztes Auskunftsmittel. Nur für die von diesem System Abhängigen soll es Sünde, Irrtum, Selbstentfremdung sein. Sie heißt es zu bekehren: zum moralischen Monolog. Ende des Zwiegesprächs, des Gewirrs der Stimmen, der Seitenblicke, des Auf und Ab der Augen. Was ist denn das für eine Philosophie, die Menschen verurteilt, nur weil sie ihrer sozialen Natur Gehorsam leisten? Es ist die Philosophie entfremdeter Intellektueller, die ihre eingebildete Erhabenheit über das Urteil der Welt zur allgemeinen Norm aufplustern, die keine größere Lust verspüren als die, sich selbst auf den Kopf zu schauen.

4. Gerechtigkeit, der das Vergleichen ausgetrieben ist, bescheidet sich mit ANSTAND. »Anständige Gesellschaften« zeichnen sich negativ dadurch aus, daß Menschen institutionell nicht gedemütigt werden, der gesetzestreue Bürger so wenig wie der Verbrecher; durch die Abwesenheit unnötiger Kränkungen.[311] Die positive Fassung einer anständigen Gesellschaft geht darüber hinaus und verlangt, daß die gesellschaftlichen Institutionen den Menschen Achtung entgegenbringen.[312] Gesellschaften sind gerecht, im weitesten, jetzt überhaupt noch denkbaren Sinn, wenn sie die unmittelbaren und weitläufigeren Beziehungen der Menschen dem RESPEKT verpflichten. Die Menschen am Fuß der sozialen Schichtung dürften nicht länger erwarten, unter annähernd gleiche Lebensumstände wie die über ihnen Stehenden versetzt zu werden; worauf sie ein Anrecht besitzen, ist, in ihrer gedrückten Lage respektiert zu werden. So verschämt und kleinlaut kann sie werden, die Rede der Gerechtigkeit.

5. Richard Sennett hat sie in seinem jüngsten Buch aufgegriffen und seinem beeindruckenden Werk damit keinen
guten Dienst erwiesen. Schon die Ausgangsfrage strotzt
vor Resignation: »Wie kann man die Grenzen der Ungleichheit in wechselseitigem Respekt überschreiten?«[313]
Was zu befragen, zu kritisieren wäre – die soziale Ungleichheit der Menschen –, wird als unausweichliche Konsequenz
ihres gesellschaftlichen Zusammenlebens vorausgesetzt
(gab es da nicht einmal einen berühmten Text Rousseaus?[314]). Das handzahme Restinteresse gilt der Frage, wie
die Individuen beiderseits der Grenzen mit dem Faktum
umgehen, wie sich fundamental Ungleiche so human und
förderlich wie irgend möglich begegnen können. Die weniger Erfolgreichen, mäßig Talentierten, die aktuell Unterle-
genen im sozialen Wettstreit mahnt der Autor, sich vor
neidvollem Vergleich zu hüten und das zu tun, was sie von
sich aus können. Wer die Fähigkeiten entwickelt, die in ihm
liegen, statt Vermögen nachzutrauern, die ihm versagt sind,
wahrt seine Selbstachtung auch in einer Welt der Ungleichheit.[315]
Umgekehrt müssen die Stärkeren, Begabteren, Erfolgrei-
cheren dafür Sorge tragen, daß die vom Schicksal Verprellten
ihre beschränkten Möglichkeiten auch tatsächlich ausschöp-
fen, daß sie noch in ihrer Hilfsbedürftigkeit die Kontrolle
über ihr Leben behalten. Institutionelle oder persönliche
Herablassung, Pläne zur Verbesserung der Lebensbedingungen, von Ämtern oder Expertengremien ersonnen, die die
davon Betroffenen nicht aktiv einbeziehen, bilden Formen
verletzenden Mitgefühls, verweigerten Respekts.[316]
6. Angehörigen der Unterschicht derartige Demütigun-
gen zu ersparen ist eine sinnvolle, weil weithin unerfüllte
Forderung (§ 21.3). Die Demütigung, die aus der unterge-
ordneten Lage selbst erwächst, bleibt davon unberührt. –
Ich bemühe mich, einem Langzeitarbeitslosen, Armen, Ob-
dachlosen taktvoll zu begegnen, die soziale Kluft zu überbrücken, die zwischen uns besteht. Habe ich da alles getan,

was die Gerechtigkeit von mir verlangt? Oder simuliere ich nur Respekt, wohl ahnend, daß der Andere mich durchschaut, der inszenierten Gleichheit keinen Glauben schenkt? Statt ihm Verständnis, Nähe, Anteilnahme vorzugaukeln, könnte ich ihn als das akzeptieren, was er für mich ist, als Anderen, Fremden, den ich niemals ganz verstehen kann. Das wäre die höhere Gerechtigkeit, wie Sennett sie versteht und viele mit ihm: Den Anderen als Anderen in seiner Andersartigkeit zu respektieren, ihm fremd zu bleiben und auch nicht zu fordern, daß er sich offenbart. Wir anerkennen uns als einzigartige, unerschöpfliche Exemplare der Gattung Mensch, und diese Gleichheit überstimmt die Ungleichheit, ermöglicht, daß wir uns in Würde treffen und wieder trennen können.[317] – Gleichheit, die nichts vergleicht, auf nichts hinaus will, am wenigsten auf die Veränderung der Verhältnisse, die sind nun einmal so; Gleichheit als Gefühl der Undurchdringlichkeit und Unerschöpflichkeit des Anderen wie meiner selbst: Das ist der große Taschenspielertrick der neuen Anstandslehrer. Die soziale Frage, eine überaus irdische Angelegenheit, verwandelt sich in das psychologische Problem, »wie der Starke jenen Menschen mit Respekt begegnen kann, die dazu verurteilt sind, schwach zu bleiben«[318]. – Nebenbei bemerkt, unter uns Psychologen: Das letzte Urteil über den Respekt fällen immer seine Adressaten, per Hand- oder per Faustschlag.

7. Diese Ethisierung der Gerechtigkeit bedeutet einen Rückfall in jene Gewohnheiten, die die erste Hälfte des neunzehnten Jahrhunderts beherrschten (§ 20) und deren Ursprung bis in die griechisch-römische Antike zurückreicht. Die (männlichen) Oberschichten dieser Zeit entwickelten eine Ethik der Selbstbindung; Selbstbindung des Herren gegenüber seiner Frau, seinen Kindern, gegenüber Schutzbefohlenen, Bediensteten und Sklaven. Als moralisch vorbildlich galt ein Verhalten, das den Rahmen des rechtlich Erlaubten bewußt nicht ausschritt, das sich von Zurückhaltung und Augenmaß für die Schwächen der Schwächeren bestimmen

ließ. Ein »gerechtes« Regiment zu führen, im eigenen Haus und jenseits seiner Mauern, verlangte, mehr noch als die Kenntnis der Gesetze, ein intaktes Gespür für das rechte Maß, für die Besonderheit der Situation sowie der Personen, mit denen man umging; Respekt für das unter konkreten Umständen Tunliche und Geziemende.[319]

Damit einher ging ein heftiger Ausfall gegen alles Förmliche, Kodifizierte, Festgelegte. Freiheit, Tugend und Schönheit korrespondierten noch miteinander; das wirklich Gute geschah aus freien Stücken und auf eine Weise, die auch ästhetisch heiter stimmte, Leichtigkeit verströmte, Eleganz und Ungezwungenheit. Hölderlin rühmte diesen Lebensstil als »höhere Aufklärung« und schalt seine Zeitgenossen für deren Grobheit und Unterwürfigkeit unter abstrakte Formeln und Gesetze.[320]

Rohe Sitten und Verordnungsfetischismus sind seither nicht aus der sozialen Welt verschwunden, und wenn wir uns manchmal etwas von der Schwerelosigkeit zurückwünschen, mit dem die Alten Regeln zu gebrauchen und auszulegen wußten, liegt unsere Beunruhigung doch auf einem anderen Punkt. Die neu entfachte Leidenschaft für einige Attribute der Gerechtigkeit, für Anstand, Takt, Respekt, könnte dermaßen überhand nehmen, daß sie andere, gleich wesentliche, und am Ende sogar die Sache selbst verdunkelt.

8. Besinnen wir uns also auf die harten Tatsachen des Respekts. Sie fließen in einem Begriff zusammen, dem der Interdependenz. Interdependenz, als soziologische Kategorie, meint erstens die wechselseitige und zweitens die (zunehmend) ausgewogene Abhängigkeit großer gesellschaftlicher Gruppen voneinander.[321] Es genügt nicht, daß oben und unten, machtstärkere und machtschwächere Formationen irgendwie zusammenhängen, im selben soziopolitischen Raum koexistieren; das gilt noch für die am schwächsten integrierten Gemeinwesen. Die für eine bestimmte Gesellschaftsform maßgeblichen Kollektive müssen funktional zusammenwirken, in der Verfolgung ihrer Ziele aufeinander an-

gewiesen sein, nicht nur in der unmittelbaren Gegenwart, sondern auch in der vorgestellten Zukunft. Die moderne Lohnarbeitsgesellschaft vom ausgehenden neunzehnten Jahrhundert bis in die 1970er Jahre war ganz in diesem Sinne eine Gesellschaft mit hoher sozialer Interdependenz. Noch im Übergang zur postindustriellen Gesellschaft erfuhr die soziologische Diagnose »wachsender gegenseitiger Abhängigkeit« mit der logischen Konsequenz der »Eingliederung benachteiligter Gruppen *in* die Gesellschaft« die ungeteilte Zustimmung der Fachwelt.[322] Die Zivilisierung der sozialen Umgangsformen, die respektvolle Wahrnehmung und Behandlung der lohnarbeitenden Mehrheit durch die organisierte Unternehmerschaft vollzog sich in diesem kooperativen Klima.

Seither beobachten wir eine gegenläufige Entwicklung, eine Entwicklung hin zur Dezivilisierung der sozialen Verkehrsverhältnisse, zum einseitigen Abbruch der Verbindlichkeiten, zur Verweigerung des Respekts nach unten. Der von geographischen Grenzen und sozialen Hemmungen sich losreißende Marktmechanismus untergrub die beiden Grundpfeiler des gesellschaftlichen Zusammenhalts, die auf Gegenseitigkeit und Langfristigkeit angelegte Kooperation der Großgruppen. Je mehr deklassierte und überflüssige Menschen das System produziert, je gebieterischer der Druck ist, den diese Dauerreservisten auf die noch Beschäftigten ausüben, desto unentrinnbarer wird ihrer aller Abhängigkeit von den Eliten, desto geringer, auf der anderen Seite, deren Angewiesensein auf die neue Unterschicht. Das soziale Klima wird rauher, und die zivilisatorischen Verhaltensstandards lockern sich. Die einen müssen sich mehr Zwänge auferlegen, die anderen nehmen sich mehr Freiheiten heraus. Die aufsteigenden Abhängigkeiten verfestigen sich bis zur ausweglosen Bindung des Arbeitnehmers an »seinen« Arbeitgeber, und im selben Zuge nähern sich die absteigenden Abhängigkeiten der sozialen Indifferenz früherer Zeiten an. Wenn, des weiteren, gesicherte Beschäftigungsverhältnisse

zunehmend prekären weichen, wenn Arbeit im großen Maßstab zum Job wird, den man heute ergattert und morgen verliert, fällt es schwer, gegenwärtige Verpflichtungen auf die
Zukunft zu projizieren. An die Stelle verinnerlichter Loya-
litäten treten inszenierte. Beide Prozesse, die immer einseiti-
ger sich gestaltenden Abhängigkeiten sowie die immer kurz-
fristiger ausfallenden Kooperationsspannen, zehren die kulturelle Mitgift des Gegenwartskapitalismus – Arbeitsethos,
Zukunftsorientierung, Verantwortungsgefühl über die Klassenschranken hinweg – ersatzlos auf.

9. Was die Berufung auf den Respekt übersieht: Gerechtigkeit in der demokratischen Massengesellschaft ist im Kern
INSTITUTIONELLE Gerechtigkeit. Rechts-, Prozeß- und
Verfahrensordnungen, Gerichte, die über deren Einhaltung
wachen und von jedermann angerufen werden können: Auch
das gehört zu den harten Tatsachen. Institutionelle Gerechtigkeit ist ihrem Wesen nach paradox wie ihr Zwilling, die
Gleichheit: Je besser sie ihre Aufgaben erfüllt, desto sensibler reagiert das öffentliche Bewußtsein auf Ungerechtigkeiten, desto mehr »Opfer« melden sich zu Wort und beschäfti-
gen die juristischen Instanzen.[323] Das ist mitunter lästig, aber
die Alternative dazu wäre es erst recht. Sie bestünde darin,
Menschen den Sinn für Ungerechtigkeit abzusprechen, sie
daran zu hindern, jederzeit sagen zu können, daß sie in ihrer
Würde verletzt, um ihre Ansprüche betrogen worden sind.

Gerechtigkeit ist doppelt da, als Rechtsnorm und als Ungerechtigkeitsempfinden, als TEXT und UMSCHRIFT. In jedem gegebenen Augenblick bestimmt die Rechtsnorm, ob einem wirklich Unbill widerfuhr oder nur Pech; auf lange Sicht
folgt das Recht Veränderungen im sozialmoralischen Standard der Gesellschaft, ist es die Umschrift, die den Text diktiert. Der gültige Sinn für Ungerechtigkeit gehört immer denen, die sich mit ihrer Klage durchsetzen und die eingelebte
Rechtspraxis für alle verbindlich revidieren.[324] – Sich taub
stellen gegen die Sirenengesänge der Ungerechtigkeit: erste
Klugheitsregel derer, die vom Recht als Vorrecht profitieren.

10. »DIE ARBEITER-FRAGE. – Die Dummheit, im Grunde die Instinkt-Entartung, welche heute die Ursache ALLER Dummheit ist, liegt darin, dass es eine Arbeiter-Frage giebt. Über gewisse Dinge FRAGT MAN NICHT: erster Imperativ des Instinktes. – Ich sehe durchaus nicht ab, was man mit dem europäischen Arbeiter machen will, nachdem man erst eine Frage aus ihm gemacht hat. Er befindet sich viel zu gut, um nicht Schritt für Schritt mehr zu fragen, unbescheidner zu fragen … Man hat den Arbeiter militärtüchtig gemacht, man hat ihm das Coalitions-Recht, das politische Stimmrecht gegeben: was Wunder, wenn der Arbeiter seine Existenz heute bereits als Nothstand (moralisch ausgedrückt als UNRECHT –) empfindet? Aber was WILL man? nochmals gefragt. Will man einen Zweck, so muss man auch die Mittel wollen: will man Sklaven, so ist man ein NARR, wenn man sie zu Herrn erzieht. –«[325]

## § 38 Gerechtfertigte Unterschiede

1. Die Ablösung der Gerechtigkeit von der Gleichheit und ihre Anbindung an Anstand, Achtung und Respekt bedeuten einen Kniefall vor der Ungleichheit. »Müssen wir uns mit einer Gesellschaftsordnung abfinden, in der alle Hoffnungen auf mehr Gleichheit gescheitert sind«, fragt einer in gebeugter Haltung und sagt »nein.« Die Gleichheit muß nur »neu verstanden werden«. Es gilt ein Ich zu fördern, das über genügend Selbstachtung verfügt, um »soziale Unterschiede positiv zu würdigen«.[326] Was bei Nietzsche noch Teil eines provozierenden Programms zur Umwertung der Werte war, verkommt zu einer abgeschmackten Pflichtübung. Darin erfüllt die »Selbstachtung« die Doppelfunktion von Skalpell und Nadel. Wer sich selbst ausreichend Achtung entgegenbringt, schneidet sich vom neidvollen Vergleichen ab, vernäht die Wunde und bestreicht sie mit dem Balsam positiv erlebter Ungleichheit. Nach geglückter

Operation versteht er die Gleichheit »neu«, als Gleichheit von Menschen, die sich UNGEACHTET achten, ungeachtet nämlich der unter ihnen sich ausbreitenden Ungleichheit.

Die Verlogenheit des Arguments wird durch das »Angebot« noch überboten, das die Wohlhabenden den Armen für deren Lernbereitschaft unterbreiten. Sie erklären sich bereit, etwas von ihrer guten Arbeit abzugeben. Die Beschenkten bezeigen ihre Dankbarkeit, indem sie soziale Verantwortung entwickeln und sich um die lokale Umwelt sorgen; ein »Lebensstil-Abkommen« der neuen, durch und durch vulgären Art.[327] Durch ihre unverbindliche Zusage, die eine oder andere Arbeitsstunde an Bedürftige abzutreten, kaufen sich die Inhaber guter und auskömmlicher Stellen von weiteren Verpflichtungen frei. Im kommoden Gefühl, daß ihre anspruchsvollen Funktionen von anderen kaum wahrgenommen werden können, werden sie diesen Vertrag, sollten sie ihn jemals zu Gesicht bekommen, gelassen unterzeichnen.

2. »Gleichheit aller im Raum der Fähigkeiten«, das klingt schon besser. Bei diesem Arrangement hat nicht jeder dasselbe, aber jeder hat genug, um als gleichwertiger Bürger sprechen und handeln zu können. Sind diese Grundvoraussetzungen menschlicher Handlungsfähigkeit erfüllt, erscheinen »darüber hinausgehende Einkommensunterschiede im Prinzip unproblematisch«.[328] Sind sie das wirklich? Wie sich früher ergab (§ 31.4–5), hängt der soziale Zusammenhalt eines Gemeinwesens nicht allein von der Handlungsfähigkeit der einzelnen, sondern auch von der realen Möglichkeit ab, als Ebenbürtige MITEINANDER in Kontakt zu treten. Die soziale Korrespondenz der Lebensweisen muß gewahrt bleiben, so daß jeder und jede imstande ist, sich in die Lage und die Vorstellungen der anderen hineinzuversetzen.

Die »Kreuzung der sozialen Kreise«, ein altes Thema der Soziologie, gewinnt in einer Ära rapide zunehmender Abschottung von Lebensformen und Lebensstilen unerwünschte Aktualität. Eine stabile Kultur der Kooperation setzt dreierlei voraus: Menschen ohne existentielle Ängste, soziale Differenzen innerhalb der Grenzen des praktischen Gemeinsinns UND Auftrieb von unten, die Chance unterprivilegierter Gruppen, Armut und Unselbständigkeit zu überwinden. Alle drei Faktoren zusammen definieren das unverzichtbare Maß an Gleichheit, das eine gerechte Gesellschaft auf demokratischer Grundlage voraussetzt.[329] – Der gegenwärtige Diskurs über Teilhabe und Respekt, die ganze zeitgenössische Reformdebatte verletzen diese Voraussetzungen, ignorieren, daß alle sozialen Gruppen und nicht nur die Bessergestellten in der Lage sein sollten, an Entscheidungen über das, was erhaltenswert und was zu opfern ist, mitzuwirken.[330] Diese Mitwirkungsrechte, ihre Ausdehnung auf jene, die sie noch nicht oder nicht in vollem Umfang genießen, sind das einzige Fortschrittskriterium für Gesellschaften, in denen Menschen Zweck der Übung sind.[331] Das Argument des Mit-stimmen- und Mitentscheiden-Könnens jedes einzelnen Gesellschaftsmitglieds reguliert alle anderen Gerechtigkeitsdiskurse.

Haushaltssanierung, Beschneidung konsumtiver Staatsausgaben, Verteilung knapper Ressourcen, Teilen ins Weniger, all dies untersteht zwei Bedingungen: Alle haben ein Recht darauf, vor dem Vollzug dieser Prozesse gehört zu werden, niemand darf sich in ihrem Ergebnis in Armut wiederfinden, und zwar nicht aus philanthropischen Erwägungen, sondern weil sich Armut durch den Mangel an fundamentalen Verwirklichungschancen, durch sozialen Ausschluß zu erkennen gibt. »Reformen«, die auch nur gegen eine dieser Bedingungen verstoßen, verwischen den Grundriß der sozialen Demokratie. Sie begründen ein Widerstandsrecht, das seine Legitimation aus dem Kampf gegen die Auflösung der Gesellschaft bezieht. Bedenkt, ihr Lobredner der Teilhabe, die Konsequenzen eures Lockrufs: Partizipation, die nicht mehr partizipieren darf, wird militant!

3. »Unterschiede positiv zu würdigen«, so lautet das Lernziel der neuen Gerechtigkeit. Was kommt ihm gesellschaftlich entgegen? Welche sozialen Differenzen lassen sich im

demokratischen Wohlfahrtsstaat rechtfertigen, im Einklang mit seinen drei Grundbestimmungen: keine Armen, Mitwirkung aller am Gemeinwesen, Kreuzung der sozialen Kreise? Eine philosophische Antwort auf diese Fragen würde die deduktive Methode bevorzugen, Axiome der Gerechtigkeit postulieren und von ihnen ausgehend die Phänomene ordnen. Für eine Erfahrungswissenschaft wie die Soziologie scheidet dieses Verfahren aus. Statt der berühmten Zwillinge mit völlig identischer natürlicher Ausstattung und gleichen sozialen Ausgangsbedingungen[332] rechnet sie mit Durchschnittsexistenzen. Sie läßt sich vom Urteilsvermögen gewöhnlicher Akteure leiten, und wenn sie deren Urteile analysiert und systematisiert, dann anhand jener Kriterien, die diese selbst verwenden, wenn auch implizit.

Gemäß dieser induktiven Methode sind soziale Unterschiede dann »gerechtfertigt«, wenn sich in der Gesellschaft kein lauter und verbreiteter Widerspruch gegen sie erhebt; stillschweigende Duldung genügt. Einander widersprechende Urteile gelten dabei nicht als Mangel. Sie gehorchen der Logik des praktischen Sinns, der sich in Widersprüchen herumtreibt, dieselben Unterschiede in einem Kontext anerkennt, in einem anderen verwirft.[333] – Der Soziologe würde seine Aufgabe verfehlen, wollte er diese Widersprüche glätten, der »logischen Logik« unterwerfen. Er vollzieht sie vielmehr nach, um jene Umschlagspunkte zu erfassen, an denen die Alltagserfahrung über sich hinausgetrieben wird, einen Standpunkt verläßt und einen anderen einnimmt. Die folgende Klassifikation alltäglicher Urteile über soziale Differenzen entspringt dieser nachvollziehenden Einstellung.

4. Das bei weitem populärste Phänomen gerechtfertigter Unterschiede hört auf den Namen Leistung. Einer führt in materieller Hinsicht ein besseres Leben, weil er mehr leistet, das leuchtet vielen ein. Die Spannweite dieses intuitiven Arguments ist jedoch beträchtlich enger, als es zunächst den Anschein hat. Die Voraussetzungen, unter denen sich ein »Mehr« oder »Weniger« einigermaßen verläßlich ermitteln

lassen, sind der Zahl nach ebenso überschaubar wie in der Sache anspruchsvoll. Menschen müssen dieselbe Arbeit versehen, sie müssen über annähernd dieselben körperlichen und geistigen Fähigkeiten verfügen und nicht zuletzt: Die Arbeit selbst muß meßbar, quantifizierbar sein, und zwar auf der Ebene des einzelnen Individuums. Der Kreis jener Verrichtungen, die diesen Forderungen entsprechen, hat im Verlauf der zurückliegenden Jahrzehnte erheblich an Umfang abgenommen, und so verwundert es nicht, daß »Leistung« heute mehr denn je als Fiktion über der Welt der sozialen Differenzen schwebt.[334] Dieselbe ökonomische Philosophie, die die Leistung verherrlicht, der Postfordismus, betrog sie um die Grundlagen ihrer Vergewisserung: »Das habe ich und ich allein in dieser Zeit vollbracht.« Wer Unterschiede im Einkommen, im Lebensstandard mit dem Verweis auf die höhere oder geringere Leistung abspeist, will in neun von zehn Fällen betrügen. Was der Manager dem angelernten Arbeiter voraushat, ist in der Regel weder seine Einsatzbereitschaft noch die Anspannung aller Kräfte während der entgoltenen Arbeitszeit.

5. Womöglich ist es die höhere QUALIFIKATION. Nur, was heißt hier »höher«? Das Höhere bestimmt sich gewöhnlich dadurch, daß es das Niedere in sich einschließt. Der Manager stünde materiell besser da als der Angelernte, weil er im Unterschied zu diesem ein weites Spektrum jederzeit einsetzbarer Vermögen kommandiert, weil er den Angelernten der Potenz nach in sich aufhebt. Gesellschaften mit ausgefeilter Arbeits- und Funktionsteilung verweisen diese Interpretation ins Reich der Schutzbehauptungen. Übergeordnete Positionen in der sozialen Hierarchie zeichnen sich zumeist durch dieselbe Spezialisierung aus wie untergeordnete; die Profilerweiterung von Berufsbildern hat diesen Trend gebremst, hier und da umgeleitet, aber nicht gebrochen. Meister gibt es in nahezu jedem Fach, quer durch die ganze Arbeitswelt, und hier, INNERHALB der verschiedenen Professionen, sticht das Argument. Menschen,

die dieselben oder einander verwandte Berufe ausüben, verständigen sich ohne viel Worte darüber, wer von ihnen über das umfänglichere Repertoire an Kenntnissen und Fähigkeiten verfügt. Insofern erläutert die »höhere Qualifikation« die »Leistung«: x leistet mehr als y (verdient daher auch mehr), weil er auf seinem Gebiet der fachlich Kompetenteste ist. Was auf diese Weise gerechtfertigt wird, sind Einkommens- und Prestigedifferenzen AUF den einzelnen Plateaus der Erwerbsgesellschaft, nicht zwischen ihnen.

Aber vielleicht war »höher« nur ein ungeschickter Ausdruck, geht es in Wahrheit um intensivere Qualifikation, um den Umstand also, daß sich x länger auf seinen Beruf vorbereitet hat als y, engagierter, verzichtsbereiter. Dann hätten wir es mit einer Aufrechnung früherer Entbehrungen mit späteren Gratifikationen zu tun. Als sich die meisten anderen den gewohnheitsmäßigen Genüssen und Zerstreuungen seiner/ihrer Jahrgänge hingaben, durchlief er/sie eine harte Charakterschule, die eigene Bestimmung schon deutlicher im Blick. Was wäre gerechter als eine angemessene Entschädigung der aufgesparten Freuden zu gegebener Zeit? – Für die Logik des praktischen Sinns, der solche Erwägungen zutiefst vertraut sind, ein schwer zu widerlegendes Argument. Diskutieren ließe sich allenfalls über die Höhe der Entschädigung, der Anspruch selbst besteht zu Recht. Er gewinnt zusätzliche Plausibilität vor dem Hintergrund einer Epoche, die sich als »Wissensgesellschaft« versteht, systematische, speziell akademische Ausbildung und sozialen Rang in eine eineindeutige Beziehung setzt.

CLEVERNESS ist eine weitere Umschreibung für »höhere Qualifikation«. X war klug, vor allem risikobewußt genug, sich für einen Beruf zu entscheiden, den seinerzeit nur wenige ergriffen; y dagegen schwamm im Strom der Zeit und lernte, was damals Mode war. Daß der Pionier Prämien einstreicht und nicht der Mitläufer, kann in Gesellschaften, die das Gespür für Knappheit reich belohnen, kaum einem Zweifel unterliegen; das ist, bleibt man im Horizont des

Marktes[335], nur gerecht, Anlaß zum Kummer, nicht zur Klage: »Ich hätte mich frühzeitig in eine andere Richtung orientieren sollen!«

6. Kommt das TALENT ins Spiel, erst das »GENIE«, hört sogar dieser Kummer auf. Qualifikationen kann man erwerben oder verpassen, Talente erbt man. Vor der einmaligen Veranlagung, der seltenen und kostbaren Disposition verstummt die Kritik des gesunden Menschenverstandes. Welches Argument, das nicht sogleich dem Neid verfällt, sollte er schon bemühen? Dieser Unterschied stammt direkt ab vom Adel der Natur, und wenn es hier etwas zu murren gibt, dann über die Sorglosigkeit, mit der der Begabte seine Mitgift hütet. Denn anders als bei der reinen NATURGABE, der respektgebietenden Statur, bei Ebenmaß und Schönheit, die in sich selbst vollendet sind, weiteren Zutuns, außer Pflege, nicht bedürftig, handelt es sich beim Talent um eine Anlage, die ausgebildet, kultiviert werden muß, um zur vollen Blüte zu gelangen. »Talent ist Interesse« (wie der Dichter etwas übertrieben sagt), Selbstergreifung, Selbstbefruchtung des glücklich Angelegten. Geschieht das in wünschenswertem Maße, welche Reaktion wäre statthafter als Bewunderung: »Daß es so etwa gibt, ich könnte das nicht!« Erntet das gereifte Talent verdienten Ruhm, verwandelt es den Ruhm in bare Münze, was macht es anderen streitig? Nichts. Als verkörperte Knappheit par excellence, Qualifikation im Modus der Empfängnis, empfängt es nur das ihm Gebührende.

Mit der höchsten Steigerung des Talents, mit der Naturgabe, verfährt die Logik des praktischen Sinns weniger ehrerbietig. Paradoxerweise. Entscheidet die Mitgift doch hier so gut wie alles, die Ausbildung beinahe nichts. Gleichwohl erkühnen sich ganz gewöhnliche Menschen des Vergleichs mit den Auserwählten, modellieren sie ihre Körper, ihr Äußeres, ihr Antlitz nach den Abbildern der Unikate, verwandeln sie in eine oftmals harte Arbeit, in Tortur, was als Dasein ohne Grund und Auftrag jeder Arbeit spottet.

Ihre verzweifelten Bemühungen enthüllen eine kulturelle Konstellation, die der Natur, die Mühe noch verlangt, gewogener ist als der Natur, die feiert. Noch. – Noch? Ist nach dem Schönheitswahn der Talentewahn nicht bereits ausgebrochen? Kann derweil nicht jeder schreiben, der den Griffel halbwegs halten kann? Und singen, was die Stimmbänder erlauben? Und schauspielen, daß sich die berühmten Balken biegen? Dem HERRN ins Handwerk greifen, zwanghafte Kultivierung, Maskerade, Chirurgie mit oder ohne Messer, die die Schöpfung mit verbissenen Lippen nachäfft, so geht die Melodie, nach der der Geist der Zeit sein Spottlied auf die Zeit des Geistes trällert. Kulturgesellschaft? Du liebe Güte! – Verbeugung des Kulturpessimisten. Spärlicher Applaus. Abgang.

7. Rückkehr des Analytikers. In der ebenso tatkräftigen wie überwiegend aussichtslosen Weigerung, naturgegebene Unterschiede hinzunehmen, artikuliert sich ein Ungerechtigkeitsempfinden, für das es scheinbar keinen Adressaten gibt. Wo ist die juristische oder öffentliche Instanz, die Klagen gegen das Unrecht der Natur auch nur zur Kenntnis nähme? Kein Tatbestand, ergo auch kein Verfahren, »Revision« der Güterverteilung auf eigenes Risiko und zum vorzüglichen Nutzen der Geschäftemacher dieser Branche. Besitzen die Kläger nicht dennoch dasselbe Recht auf Anhörung wie Voltaire, der das Erdbeben von Lissabon als »skandalösen Unfug der Natur« verurteilte? Größeres Recht vielleicht sogar als dieser? Ist es wirklich nur schicksalsblinde Fügung, die die einen mit überragenden Begabungen, kräftiger Konstitution, gewinnendem Äußeren ausstattet, andere nur eben so bedenkt, noch andere mit Handikaps versieht? Bilden diese Differenzen nicht das vorläufige, revidierbare Fazit einer weit in die Vergangenheit blickenden Bildungsgeschichte menschlicher Sinne und Vermögen? Muß man in und hinter ihnen nicht das Wirken sozialer und kultureller Mächte aufspüren, die die Individuen auf Kasten, Schichten, Stände und Klassen verteilten, in begüterte oder notleidende

Familien hineinversetzten, in kulturell reiche oder karge Milieus? Ist, was wir allzu eilig und oberflächlich als Urteil der Natur bezeichnen, nicht in Wahrheit das Produkt der sozialen Vererbung, gespeichertes Unrecht, weit kritikwürdiger als das Lissabonner Beben?

Die »natürlichen« Unterschiede sowie die aus ihnen erwachsenden Vor- und Nachteile sind ebenso willkürlich wie jene, die wir auf den ersten Blick als gesellschaftlich bedingt erkennen.[336] Es gibt kein Dokument der Kultur, das nicht auch eines der Barbarei wäre, heißt es sinngemäß bei Benjamin. Wir stehen bezaubert vor den Werken Myrons oder Tizians und übersehen den Friedhof unterdrückter Möglichkeiten, der sich unmittelbar dahinter erstreckt. Schuldlos schuldig, gleich ihnen, ist das schöne Gesicht im Alltag. »Eigentum ist Diebstahl!« wetterte Proudhon. Die Schöpfungen von Phantasie und Intellekt, Anmut, Grazie, das ganze Universum interesselosen Wohlgefallens, auch: Diebstahl? Gewiß, nur ohne haftbaren Dieb. Das Unrecht ist verjährt seit abertausend Jahren. Ein Feldzug gegen alles Schöne und Gelungene, auf seine Auslöschung bedacht, wäre die reine Barbarei. – Also kein Prozeß, trotz Tatbestand? Jedenfalls kein rückwirkender. Auf die Gegenwart, mehr noch auf die Zukunft bezogen, stiftet der Versuch einer Wiedergutmachung durchaus Sinn. Mehr dazu nach der Vervollständigung des Protokolls gerechtfertigter Unterschiede.

8. Unter den gesellschaftlich umlaufenden Begründungen für die Ungleichheit unter den Menschen kommt dem Phänomen der Verantwortung herausgehobene Bedeutung zu. Jemand genießt höheres Ansehen, gebietet über einen reicheren Fundus an Existenzmitteln, an Entfaltungsmöglichkeiten, weil seine Funktion mit einschneidenden Konsequenzen für das Leben und Überleben anderer einhergeht. Ob der Betreffende unmittelbar mit Menschen oder mit Dingen befaßt ist, ob er, im ersten Fall, Verantwortung für viele oder wenige trägt, ist dabei nebensächlich. Entscheidend sind die Auswirkungen seines Tuns wie

seines Unterlassens für andere Menschen, und hierbei reichen sich der Staatsmann, der Pilot, der Lotse, der Richter und der Arzt die Hände.

Gewöhnlich fügt sich der Alltagsverstand in Differenzen, die mit den langfristigen und schwerwiegenden Folgen des Handelns einzelner begründet werden. Wer im Flugzeug sitzt oder einer ernsten Operation entgegensieht, billigt den für das jeweilige Gelingen Verantwortlichen leichten Herzens ein Mehrfaches ihrer tatsächlichen Bezüge zu. Versagen sie, schlägt die wohlfeile Gesinnung in die Erbitterung darüber um, daß alles Geld dieser Welt offenkundig nicht genügt, um das mindeste zu gewährleisten, dessen man sich in solchen Situationen zu versehen wünscht, Pflichtbewußtsein und Zuverlässigkeit. Dann geht jede Putzfrau sorgsamer zu Werke.

Die gelassene wie die erregte Haltung zeugen von der tiefen Verankerung der »Verantwortung« im Begründungshaushalt der Ungleichheit. Kritik vermag hier wenig auszurichten. Daß der Minister, der Chirurg, der Flugkapitän ihre Professionen frei gewählt haben, nicht zuletzt WEGEN der damit verbundenen Verantwortung, daß sie, vor die Wahl gestellt, weniger Geld oder weniger Entscheidungsbefugnisse zu akzeptieren, finanzielle Abschläge mit hoher Wahrscheinlichkeit als das geringere Übel ansähen, mag alles richtig sein, verunsichert die spontane Zustimmung zu dieser Ungleichheit jedoch nur marginal. Am ehesten noch in bezug auf die Politiker, denen man alles zutraut, auch Gier. Das betagte Gegenargument, demzufolge hohe Verantwortung ein Genuß und deshalb Lohn genug sei, daß deren Abwesenheit eigentlich reiche Entschädigung verdiene (§ 3.4), es greift nicht recht.[337]

9. Die Inanspruchnahme der UNPARTEILICHKEIT als sozialer Unterscheidungsgrund kann als eine Variante des Verantwortungsdiskurses gelten.[338] Seiner Verantwortung gerecht werden heißt, sie gegen jedermann zu üben, ohne Ansehen der Person, *sine ira et studio*, heißt insbesondere,

sie sich nicht abkaufen zu lassen. Vielfältig wie ihre Anlässe, sind die Erscheinungsformen von Bestechung und Bestechlichkeit. Der Verkäufer, der »treue« Kunden durch Leistungen außer der Reihe an sich bindet, gibt dafür ein läßliches Exempel, der Baudezernent, der sich für die Vergabe eines Auftrags schmieren läßt, ein justiziables. Je mehr einer aufgrund seiner Funktion zu vergeben hat, desto anfälliger für Vorteilsnahmen ist er objektiv, desto sicherer wollen wir sein, daß er unparteiisch agiert, persönlich unabhängig, sachbezogen. Der Gesetzgeber soll einzig seinen politischen Überzeugungen, der Richter dem Gesetzbuch sowie Verfahrensregeln folgen, der Polizist auf Abstand bleiben zum »Milieu«.

Die Verwirklichung dieser Forderungen ringt mit der Schwäche der menschlichen Natur, wie jeder aus eigener Erfahrung weiß. Der Begünstigte von heute kandidiert für den Geschädigten von morgen, und daher liegt es im Interesse aller, der Verführbarkeit rechtzeitig und pragmatisch vorzubeugen. Wir verabscheuen die Korruption, tragen gegenüber der LEGALEN Bestechung gesellschaftlicher Funktionsträger dagegen kaum Bedenken. Sie sollen Gehälter beziehen, die der Charakterstärke über jene Schwelle helfen, die Versuchung heißt. Was der Verweis auf Leistung und Qualifikation nur schwerlich erreichen kann, bewirkt das Gespenst einer notorisch parteiischen Wahrnehmung öffentlicher Ämter beinahe zwanglos: unsere stillschweigende Zustimmung zur Außerkraftsetzung der Gleichheitsregel. Wieder ist es der Politiker als sozialer Typus, dem wir die Zulage noch am ehesten mißgönnen, um so mehr, als wir seiner Parteinahme für Wirtschaftsinteressen tagtäglich gewahr werden; er mag zum Teil dem Straßenpolizisten überlassen, was er umsonst, weil ohne die erhoffte Wirkung für sich beansprucht.

EINE Bedingung behalten wir uns freilich vor: das »Charaktergeld« gehört dem Individuum nur als dem Repräsentanten der Funktion. Die wilde Vorteilsnahme, die sich der legalen aufpfropft wie ein Prachtgewand dem an sich schon erlesenen Kostüm, findet vor dem Gerichtshof des alltäglichen Ungerechtigkeitsempfindens keine Gnade. Der »Volkszorn« über bestechliche Funktionsträger bestätigt indirekt die verbreitete Anerkennung der Unparteilichkeit als diskussionswürdiger Grundlage sozialer Privilegien auf Zeit und für begrenzte Zwecke.

10. Stehen die hier versammelten Bestimmungsgründe hinnehmbarer Ungleichheit wirklich auf derselben Stufe? Wechselt, wer von Einkommen, Bildung, Begabung, öffentlichen Ämtern spricht, nicht fortgesetzt das Stockwerk, die Abteilung? Müssen sich ökonomische Rangordnungen zwangsläufig in kulturelle und politische übersetzen? Wäre, mit anderen Worten, der tolerierbare Spielraum für soziale Unterschiede nicht erheblich größer, wenn sie sich in ihren angestammten Grenzen hielten? Das wäre zweifelsfrei der Fall. Nichts vertritt der Chancengleichheit, schon der formalen, anmaßender den Weg als die freie Konvertierbarkeit von Geld, öffentlichem Einfluß und politischer Macht. Um arglos mit sozialen Abstufungen umgehen, um Gefallen an »komplexer Gleichheit« finden zu können, muß gewährleistet sein, »daß die Position eines Bürgers in einer bestimmten Sphäre oder hinsichtlich eines bestimmten sozialen Gutes nicht unterhöhlt werden kann durch seine Stellung in einer anderen Sphäre oder hinsichtlich eines anderen Gutes«.[339] Nur verhält es sich nicht so.

Der Springpunkt der illegitimen Übertragungrechte liegt in der Dominanz des Kapitals außerhalb des Marktes; sie vor allem verleiht dem Gegenwartskapitalismus sein zudringliches Wesen. Beschränkung, Einhegung ökonomischer Macht, so daß die Wirtschaft tatsächlich in der Wirtschaft stattfindet und nur dort, ist die Grundbedingung dieses differenzierten Gerechtigkeitsverständnisses; sie fordert nichts Geringeres als den Mut, mit dem Kapitalismus in seiner jetzigen Gestalt zu brechen.[340]

1. Die Verwandlung funktionsbedingter Privilegien in persönliche Erbhöfe widerspricht dem verfassungsmäßigen Buchstaben der Demokratie und in noch höherem Grade ihrem Geist. Gleichwohl scheint diese Praxis im Alltag demokratisch verfaßter Gesellschaften feste Wurzeln geschlagen zu haben. Wie sonst könnte man sich erklären, daß sich soziale Unterschiede samt der an sie gebundenen Vor- bzw. Nachteile in der Generationsfolge fortpflanzen, oft genug sogar verstärken.

Die Bundesrepublik liefert für diesen Landgewinn des Feudalismus auf dem Territorium der Moderne ein betrübliches Beispiel. Herkunft und berufliche Laufbahn greifen ineinander, weit enger, als einer Gesellschaft mit einem tief gestaffelten und überwiegend öffentlich finanzierten Bildungssystem ansteht. Die schulischen Institutionen reproduzieren die vorausgesetzten Unterschiede, statt sie auszugleichen oder zumindest abzuschwächen, und reichen die sie durchlaufenden Individuen sozial vorsortiert und gekennzeichnet weiter, die einen unmittelbar an den Arbeitsmarkt, die anderen an höhere Ausbildungseinrichtungen. Anspruch und Realität der Moderne klaffen im heutigen Deutschland empörend auseinander. Der »Zugang aller zu prinzipiell allen Funktionsbereichen und Positionen« steht auf vergilbtem Papier, die effektive Auslese folgt einer anderen Regel: »Werde, was du von Haus aus bist!« – Schon die BildungsZIELE junger Menschen korrelieren strikt mit ihrem Bildungserbe, dem Schulabschluß des Vaters[341]; die gewählte Schulform sowie die erreichten Bildungsabschlüsse zeigen dieselbe Abhängigkeit. Kinder aus der Unterschicht bevölkern die Hauptschulen, die unteren Mittelschichten dominieren an den Realschulen und die Sprößlinge der anderen sozialen Gruppen zieht es aufs Gymnasium. Wer sich von unten gegen den Trend stemmt und die Abiturstufe erreicht, besitzt erheblich schlechtere Aussichten auf einen

Abschluß als die »geborenen« Abiturienten. Generell korrespondiert schulisches Versagen, gleichgültig auf welcher Plattform, der spärlicheren kulturellen Mitgift.[342]

Dem vorgezeichneten sozialen Schicksal zu entrinnen fällt um so schwerer, als sich die BildungsMOTIVATION, Lerneifer und Wißbegierde, nach familiär erworbenen Dispositionen staffeln. Die es am nötigsten hätten, sich anzustrengen, verspüren den geringsten Anreiz dazu. Niedere Schulform, mäßiger oder ausbleibender Schulerfolg und Arbeitslosigkeit bilden einen sozialen Schluß mit ebenso zwingender wie deprimierender Überzeugungskraft. Bei den Gewinnern wie bei den Verlierern des Schulsystems verstärken sich die jeweils mitgebrachten Vor- und Nachteile »mit erschreckender Deutlichkeit«.[343] Mit einer Ausnahme verpufften die egalisierenden Impulse der Bildungsexpansion der 1960er, 1970er Jahre: Bildungsbeteiligung und Bildungserfolg von Mädchen und jungen Frauen zeigen seither eine kontinuierlich aufsteigende Tendenz.[344]

2. »Die aus den kulturell am stärksten benachteiligten Familien stammenden Schüler oder Studenten erlangen am Ende einer häufig mit schweren Opfern bezahlten langen Schulzeit aller Wahrscheinlichkeit nach nur einen entwerteten Titel, und wenn sie scheitern, was für sie noch das wahrscheinlichste Schicksal darstellt, dann sind sie zu einer zweifelsfrei stigmatisierenderen und noch totaleren Ausgrenzung verurteilt als in der Vergangenheit. In dem Maße stigmatisierender, als sie anscheinend ›ihre Chance‹ gehabt haben und als die Institution Schule tendenziell immer ausschließlicher die soziale Identität definiert; noch totaler in dem Maße, als ein immer größer werdender Anteil der Plätze auf dem Arbeitsmarkt rechtmäßig und tatsächlich von den immer zahlreicheren Inhabern eines Diploms besetzt wird … Deshalb erscheint die Institution Schule den Familien wie den Schülern selbst tendenziell mehr und mehr als ein Köder, Quelle einer immensen kollektiven Enttäuschung: Je mehr man sich auf sie zubewegt, um so

mehr weicht diese Art von gelobtem Land, dem Horizont gleich, zurück.«[345]

3. Nach absolviertem Schulbesuch wird es nicht besser. Weiterführende Bildungsinstitutionen vertiefen die schulischen Markierungen. Sie lancieren die glücklichen Erben des kulturellen Kapitals in die für sie vorgesehenen Positionen und verweisen die Erbärmeren, sofern sie sie nicht überhaupt zur Aufgabe des aussichtslosen Wettbewerbs bewegen, instinktsicher auf die nachgeordneten Ränge. Eine Studie über Berufsverläufe von 6 500 promovierten Ingenieuren, Juristen und Wirtschaftswissenschaftlern der Abschlußjahrgänge 1955, 1965, 1975 und 1985 diagnostizierte eine wachsende Unpassierbarkeit der sozialen Aufstiegskanäle für Anwärter von unten. In Deutschland rekrutieren sich derzeit etwa sechzig Prozent der hohen Richter und Beamten sowie gut die Hälfte der Professoren aus dem wohlhabenden Bürgertum, fast jeder zweite Spitzenmanager entstammt dem Großbürgertum. Ausdruck höherer Begabung, größeren Fleißes? – Die Frage läßt sich anhand der weiteren Laufbahn jener Arbeiterkinder entscheiden (und verneinen), die sich bis zur Promotion durchrangen. Verglichen mit den Kindern von leitenden Angestellten oder Unternehmern besitzen sie eine zehnfach geringere Aussicht, in Führungspositionen großer Firmen vorzudringen. Zwar öffneten sich akademische Bildung und Promotion seit den sechziger Jahren in bescheidenem Umfang für die Kinder von Arbeitern und kleinen Angestellten, der bürgerliche Nachwuchs geriet dadurch nicht in Verlegenheit. Seine Anwartschaft auf die Besetzung »verantwortlicher«, daher hoch dotierter Funktionen gewann im selben Zeitraum die Festigkeit eines Abonnements.[346] In jenen seltenen Fällen, in denen Leistung und formale Qualifikation kein eindeutiges Urteil zugunsten der Privilegierten fällten, sorgten ständische Auslese und Kooptation für die Berufung der Berufenen. Sollte die Bundesrepublik dem soziologischen Typus einer »nivellierten Massengesellschaft«

je entsprochen haben, so hat sie sich davon jedenfalls gründlich entfernt.[347]

4. Was tun? Theoretisch stehen zwei Verfahren zur Auswahl, um die wilde Logik sozialer Vererbung politisch zur Räson zu bringen. Das erste könnte als Verfahren der NACHTRAGENDEN Gerechtigkeit beschrieben werden und wurde schon kurz umrissen (§ 35.7). Es rechnet mit der ererbten Ungleichheit sowie mit jener, die noch aus der konsequenten Befolgung der Regeln fairen Wettbewerbs erwächst. Da die Verteilung von Gütern und Status immer wieder aus dem Gleichgewicht gerät, muß die Balance von Zeit zu Zeit erneuert werden.

Das langfristige Zusammenwirken freier und gleicher Individuen setzt die gleiche Teilhabe aller am gesellschaftlichen Reichtum voraus; sich dieser gemeinschaftlich zu versichern, bedarf es objektiver Maßstäbe, einer »Stammliste der Grundgüter«, über die jeder und jede verfügen muß. Sie umfaßt Grundrechte und Grundfreiheiten; Freizügigkeit und freie Berufswahl; Befugnisse und Zugangsrechte zu Ämtern und Positionen; Einkommen und Besitz sowie die sozialen Grundlagen der Selbstachtung.[348]

Ein Recht auf Arbeit wird nicht formuliert. Einkommen, Besitz und Selbstachtung, sofern daran gebunden, hingen insofern am Erfolg bzw. Mißerfolg der freien Berufswahl, es sei denn, sie gründeten in einem Recht auf Leben. Und in der Tat gehört die Befriedigung der Grundbedürfnisse der Bürger zu den Wesensgehalten dieser Konstruktion.[349] Ihre Idealform verlangt weit mehr: »Jeder sollte den gleichen Anteil bekommen.«[350] Daß die Beiträge der einzelnen bei der Schaffung des gesellschaftlichen Reichtums unterschiedlich ausfallen, berührt ihren gleichen Wert und Anspruch als Bürger der Gesellschaft in keiner Weise. Sie unterscheiden sich in ihren Gaben und Talenten, aber diese Verteilung ist keine Naturtatsache, sondern der persönlichen Aneignung von Wissen und Kultur unter Zufallsbedingungen geschuldet, und auf das Los der Geburt lassen sich die sozialen

Rechte der Menschen nicht zurückführen. Die Güterverteilung, wie sie aus den vielen kleinen Spielen und Spielzügen z. B. des Marktes hervorgeht, muß sich an diesem hohen Maßstab messen lassen; weicht sie in einer das zukünftige Zusammenwirken unterhöhlenden Weise davon ab, obliegt es der gemeinschaftlich eingesetzten Autorität, für nachträglichen Ausgleich zu sorgen.

Abweichungen vom Gleichheitsgrundsatz unterstehen ihrerseits dem Gleichheitsgebot, so will es Rawls' berühmte Formel: »Soziale und ökonomische Ungleichheiten müssen zwei Bedingungen erfüllen: erstens müssen sie mit Ämtern und Positionen verbunden sein, die allen unter Bedingungen fairer Chancengleichheit offenstehen, und zweitens müssen sie sich zum größtmöglichen Vorteil für die am wenigsten begünstigten Gesellschaftsmitglieder auswirken.«[351] – Was die allerneueste Gerechtigkeitstheorie bekämpft, sind die Konsequenzen, die sich an die zweite Bedingung knüpfen. Wer in ein politisches Amt gelangt, das seinem Inhaber außergewöhnliche gesetzgeberische Machtchancen offeriert, muß es zugunsten der sozial am meisten Benachteiligten ausüben. Wer eine wirtschaftliche Position mit herausgehobenen ökonomischen Machtchancen erklimmt, muß davon in derselben Weise Gebrauch machen oder zu einem solchen Gebrauch von den Inhabern politischer Ämter angehalten werden. Der eine mag seine ganzen Einkünfte verzehren, der andere davon sparen als Investor in spe, das geht die Gerechtigkeit nichts an. Der reich Gewordene, der rastlos spekuliert, wo er investieren könnte, mißbraucht seine Freiheit ebenso wie der Politiker, der ihn gewähren läßt, seine Macht.

5. Grundgüter, Ausgleich zufälliger Verteilungen durch das Gebot der Hintergrundgerechtigkeit (§ 35.7), Ungleichheit im Auftrag größerer Gleichheit: Wem genau dient diese nachtragende Gerechtigkeit, dem Bürger oder dem Menschen? Oder dem Dritten, in dem beide historisch übereinkommen, Mensch und Bürger, sofern sie Arbeiter sind, Arbeitende? »Alle müssen faire Chancen gehabt haben,

etwas zu verdienen…«;[352] ruht das Ausgleichsprinzip DAR-IN? Aber was geschieht mit jenen, denen sich diese Chance gar nicht bot? Rawls handelt ausschließlich vom Bürger, von den Bedürfnissen, die er als solcher hat, von dem, »was Bürger brauchen«, um sozial ausgewogen und langfristig miteinander kooperieren zu können. Würde der »Mensch« geringere Ansprüche erheben, rein existentielle, die das pure Leben sichern? Oder höhere, maßlosere, weil er seinen Anspruch auf Unterhalt auch dann verteidigt, wenn er als Bürger-Arbeiter rein gar nichts gibt? – Offene Fragen, vertrackte, vertraute: Meint »Kooperation« ausschließlich die Einbindung der einzelnen in die Berufswelt oder »kooperiert« auch, wer außerhalb dieses Rahmens handelt und tätig ist? Begründet bloßes Dasein in der Welt ein Menschenrecht mit bürgerlichen Folgen, oder folgt das Sein dem Bürger, der seinerseits aus der Schale des Arbeiters schlüpft? – Die nachtragende Gerechtigkeit spricht sich darüber nirgends unzweideutig aus, aber es scheint, sie hält es – letztlich – mit der Arbeit.[353]

6. Das zweite Verfahren zur Austreibung des Feudalismus aus der modernen Welt praktiziert VORBEUGENDE Gerechtigkeit. Es nivelliert herkunftsbedingte Gefälle, EHE sie sich verfestigen und von einer Generation auf die nächste übertragen werden können, packt das Problem der sozialen Ungleichheit bei seinen Wurzeln. Gerechtigkeit, in diesem Verständnis, beginnt bei Null, bald nach der Geburt, und gehorcht dem Grundsatz gerechter Ungerechtigkeit (§ 35.6): Wer am wenigsten mitbringt, dem wird am meisten gegeben.[354]

Der Boden, auf dem soziale Vererbung gedeiht, liegt weit unterhalb der Schulschwelle. Auch das beste Schulsystem vermag die ererbten Unterschiede nicht wirksam aufzuheben. Der Einfluß von Schule, Freundeskreis und Nachbarschaft auf die jungen Heranwachsenden ist nicht geringzuschätzen; die pädagogische »Richtlinienkompetenz« liegt stets bei den Familien. Heutzutage wirkt das familiäre Milieu in bezug auf Fremdeinflüsse wie eine osmotische

Wand, die verhindert, daß die heimische »Lösung« in die Umwelt ausschwemmt, mit ihr identisch wird. Diese Wand zur Welt zu öffnen bedeutet nicht, die Kinder gegen ihre Eltern aufzubringen, wohl aber, sie vor den langfristigen Konsequenzen der Unterentwicklung öffentlich in Schutz zu nehmen. – Der »Frontalangriff auf Armut in Familien mit Kindern«, materielle wie kulturelle, durch eine umfassende und hochwertige staatliche Betreuung des Nachwuchses, steht zugleich im Dienst eines anderen Grundprinzips sozialer Demokratien, uneingeschränkter Erwerbsmöglichkeiten für Erziehende, ob männlich oder weiblich, gemeinschaftlich oder allein erziehend.[355]

FORMALE Chancengleichheit ist bereits dann gegeben, wenn niemand durch gesetzliche Regelungen an der Entwicklung seiner Anlagen gehindert wird. FAIRE Chancengleichheit soll die Bedingungen dafür schaffen, daß diejenigen mit GLEICHEN Fähigkeiten gleich gute Aussichten auf ein gelingendes Leben wahrlich besitzen, unabhängig von ihrer Geburt.[356] SUBSTANTIELLE Chancengleichheit existiert dagegen erst, wenn sich diese Aussichten auch denen mit UNGLEICHER Mitgift eröffnen, wenn die frühe und beharrliche Stimulierung kognitiver Fähigkeiten die elementare Voraussetzung dafür, den WUNSCH zu lernen, in jeden Menschen einpflanzt. Währt diese kollektive Anstrengung auch nur ein Menschenalter, was heute etwa drei biologischen Generationen entspricht, sprengt sie, wenn nicht die sozialen Klassen selbst, so doch die Klassengesellschaft mit der für sie kennzeichnenden Unterwerfung des persönlichen Geschicks unter das vorherbestimmte gesellschaftliche Schicksal.

Das gelang bisher nur in Skandinavien. Schweden und Norwegen rühmen sich eines Rückgangs der Sozialvererbung bis an die Grenze ihres Verschwindens. Der Vorreiter dieser Entwicklung ist Dänemark, wo die väterliche Ausbildung keinerlei Prognosen über die Sekundarschulleistungen der Kinder erlaubt.[357] Hier hat sich der familiäre Hintergrund als bestimmender Faktor für die Art und den genauen Ort des Eintritts in die Erwachsenenwelt vollständig aufgelöst; das Lotteriespiel der »Natur« hat einen neuen Veranstalter gefunden, die Gesellschaft (§ 40.9).

7. Das Wunder stammt aus einfachsten Verhältnissen; aus dem geschulten Sinn für Gleichheit; aus dem Willen, die hohen sozialen Kosten gemeinschaftlich zu tragen; aus tauben Ohren für die Haßpredigten der Gleichheitsfeinde. Erheblich wie die Mühe ist ihr Lohn. Alle genannten Länder verfügen über einen gutgeschulten Nachwuchs, fähig zur Übernahme anspruchsvoller Arbeiten; über Menschen, die Wissen als Kulturtechnik und als Selbstzweck schätzen, nicht zwangsläufig in soziale Starre fallen, wenn sie vorübergehend einfachere Funktionen versehen oder die Arbeit verlieren; über Bürger, die sich selbst zu leiten wissen, sich und der Gesellschaft im ganzen die Folgekosten kultureller Armut sparen; gegen die materielle haben sie sich ohnehin versichert. Zugegeben, auch die vorbeugende Gerechtigkeit bleibt letzthin an Arbeit gebunden, auf Arbeit bezogen, so weit: Behelfsform des Neuen. – Von der Erwerbsarbeitsgesellschaft, die sie neu begeistern soll, gleichsam eingefriedet, weist sie dennoch listig über diesen eingeschränkten Horizont hinaus. Das Neue können allein Menschen gründen, die gelernt haben, sich selber zu regieren; und Menschen, die das von sich hoffen dürfen, erblicken dank dieser präventiven Praxis täglich das Licht der Welt.

Für Länder wie Deutschland mit selbstverschuldetem Entwicklungsrückstand gilt: Öffentliche Auflehnung gegen die Schande der sozialen Vererbung! Alle Macht der vorbeugenden Gerechtigkeit! Höheres Steueraufkommen anstatt sinkendes, bis auf weiteres, und Vorfahrt öffentlicher Güter vor privatem Verzehr! Es bedarf eines Gegenentwurfs zum »Neo«-Reformismus, zur Politik der staatlichen Entstaatlichung. Bildung entscheidet alles! Eine neue Runde Bildungsstaat! Und öffentliche Betreuung vom frühesten Lebensalter an. Der private Verzicht, den dieses Projekt den einzelnen auferlegt, befindet sich in völligem Einklang mit dem Gerechtigkeitsverständnis sozialer Demokratien. Die Gerechtigkeit, gerade die freie, kommt von der Gleichheit nicht los. Die soziale Vererbung in Gesellschaften mit vergleichbarer ökonomischer Basis gestaltet sich desto unentrinnbarer und schicksalhafter, je geringerer politischer Unterstützung und gesellschaftlicher Fürsprache egalitäre Normen sich jeweils erfreuen.[358] Der an die Deutschen zu richtende Vorwurf besteht hauptsächlich darin, daß sie sich haben einschläfern lassen: von ihrer bewunderungswürdigen Tradition als Bildungs- und Kulturnation ebenso wie von der Selbsttäuschung, in einer Gesellschaft mit breiter Streuung von Chancen und Besitz zu leben. Die Politik ist nur der konzentrierte Ausdruck dieses Schlendrians.

8. »Eine Politik, die der Mitte gefällt, geht notwendigerweise Kompromisse ein.«[359] *Desperate to be liked* nennt der Engländer einen gefallsüchtigen Menschen, und um einen solchen handelt es sich bei diesem Autor. Ihn ängstigt, daß die »Mitte« der Solidargemeinschaft noch unverwandter als bislang den Rücken kehren und ihren Privatfisch schwimmen lassen könnte: Tagesmütter und teure Schulen für den Nachwuchs, Versicherung zu Sonderkonditionen, Aktienpakete als Ruhekissen für das Alter. Dadurch würden die öffentlichen Einrichtungen noch mehr als heute zu schlecht gehüteten Asylen für das untere Drittel, die öffentlichen Versorgungskassen zu Sammelstellen der Armen; eine jetzt schon reale Gefahr. Der Mitte gefallen wollen, durch eine Politik, die ihr gefällt, heißt, diese Gefahr zu mehren.

Wie wäre es, wenn man sie auf das vereidigte, was der Gesellschaft »gefällt«, auf sozialen Austausch und Zusammenhalt über Gruppen- und Milieugrenzen hinweg, auf gleiche Chancen zur freien Entwicklung aller? Wenn man alle Kraft darauf verwandte, die Stätten öffentlicher Bildung und Betreuung in vorbildliche Institutionen zu verwandeln, die jeden Vergleich mit privat finanzierten bestehen und darüber hinaus den Vorteil der Begegnung der sozialen Kreise bieten?

Wenn man die Wohlhabenden von der abenteuerlichen Idee kurierte, ihr Fortkommen und ihre Sicherheit dem Marktglück auszuliefern? Wenn man endlich aufhörte, die Jungen, Gesunden und Reichen mit Hochmut gegen die Alten, Kranken, Gebrechlichen und Armen zu infizieren, und sich politisch auf dasjenige konzentrierte, was an der Gesellschaft wirklich und wahrhaftig Gesellschaft ist – Zusammensein, Zusammenleben von jeglichem mit jeglichem? – Gefallen des Menschen am Menschen statt blöder Gefallsucht, das wäre wie im Lied vom Kelch, das die Frau Kopecka in Brechts *Schweyk* anstimmt:

> *Einmal schaun wir früh hinaus*
> *Obs gut Wetter werde*
> *Und da wurd ein gastlich Haus*
> *Aus der Menschenerde*
> *Jeder wird als Mensch gesehn*
> *Keinen wird man übergehn*
> *Ham ein Dach gegn Schnee und Wind*
> *Weil wir arg verfrorn sind*
> *Auch mit 80 Heller!*[360]

»Jeder wird als Mensch gesehn.« Ob ein politisches Gemeinwesen sich dazu bekennt, zumindest nach innen, der sozialen Vererbung die Tür weist, läßt sich sehr einfach überprüfen. Allgemeine, öffentliche, frühzeitige, erschwingliche Betreuung von Kindern im Vorschulalter, diese Kriterien testen den Willen zur kulturellen Moderne mit hinreichender Genauigkeit – armes Deutschland!

9. Im Begriff des Bürgers finden wir den des Kooperierenden, im Begriff des Staatsbürgers darüber hinaus den über die Voraussetzungen und Zwecke des Zusammenwirkens räsonierenden Bürger. Was aber finden wir im Begriff des Menschen? – Der »Mensch« wartet so wenig wie der »Arbeiter« oder der »Bürger« darauf, vom Denken nur in Empfang genommen zu werden. Und obwohl man darüber

streiten kann, ob er, wie Foucault meinte, eine Erfindung des neunzehnten Jahrhunderts oder nicht doch älteren Datums ist, so viel ist wahr: Er kommt als ungelöstes Rätsel auf die Welt, als Souverän und Untertan. Es ist ein und dasselbe Individuum, das lebt, arbeitet und spricht. Aber als Lebewesen gehorcht es den Gesetzen der Biologie, als Arbeitender den Regeln der Ökonomie, als Sprechender den Tiefenstrukturen der Grammatik. Allem zugrunde liegend, muß es sich dennoch tieferen Gründen beugen.[361]

Unteilbar, ist es in der Einzahl nicht zu denken, denn was es jenseits aller besonderen Äußerungen auszeichnet, ist sein vitales Angewiesensein auf andere, seine lange währende Bedürftigkeit nach Zuwendung, Förderung, Ermutigung. Wenn sich aus dieser Unvollkommenheit, in der WIR den Menschen denken, überhaupt eine soziale Verpflichtung konstruieren läßt, dann die, anderen zu geben, was man selbst empfing oder zu empfangen doch berechtigt war: Geleitschutz auf dem Weg in die Gesellschaft. Ein Gemeinwesen, dessen Einrichtungen auf diesem Grundsatz, auf REZIPROKER SEINSSCHULD fußten, ermächtigte die Menschen, ihre Endlichkeit mit Würde zu zitieren. Lebend, arbeitend, sprechend stießen Menschen nach wie vor auf Grenzen des von ihnen Herstellbaren, zu Verantwortenden. In ihrer fundamentalen Abhängigkeit von ihresgleichen bestätigt, anerkannt, genössen sie alle Rechte des Bürgers, zuzüglich des Privilegs, sich diese Rechte nicht »verdienen« zu müssen.

10. Auf den Nationalstaat projiziert, sind all diese Hoffnungen hinfällig. Die Weltgesellschaft ist hergestellt, aber das Politische verzeichnet einen Rückstand von mehreren Schlachten. Die Schaffung eines globalen Raums sozialer Freiheit ist eine Aufgabe, deren Lösung vor uns liegt. Bloße INTERNATIONALISIERUNG politischen Handelns vermag die Lücke nicht zu schließen; sie setzt die geträumte Souveränität der einzelnen Nationen voraus und beschränkt sich auf die effektivere Koordinierung des »zwischen« ihnen sich

abspielenden Weltverkehrs. Die ökonomisch weitgehend schon vollzogene Aushöhlung der nationalstaatlichen Souveränität kann erfolgversprechend nur durch einen bewußten politischen Souveränitätsverzicht beantwortet werden, durch die TRANSNATIONALISIERUNG des Politischen.[362] Das bedeutet und verlangt: Trennung von Nation und Staatlichkeit; Ablösung der staatspolitischen von der kulturellen Identität; die Nation wird, was sie ursprünglich war: zu einer rein kulturellen Kategorie.[363] Allein indem die Staaten einer bestimmten Region, zum Beispiel innerhalb Europas, den Prozeß wiederholen, der sie einst hervorrief, und die Souveränitätsrechte (samt ihres Machtkerns, des Gewalt- und Steuermonopols) einer höheren Instanz übertragen, können sie den Spieß umdrehen und die Wirtschaft zur Anerkennung der zurückgewonnenen politischen Handlungsfähigkeit zwingen. Verglichen mit dem Ausgangsprozeß, der Übertragung politischer Hoheitsrechte von der Bürgerschaft auf den einzelnen Staat, erscheint das zunächst als eine Überaufgabe, die kaum zu bewältigen ist.

Alle jeweils in Betracht kommenden Bevölkerungen und Regierungen müssen sich von den langfristigen Vorteilen des offenkundigen Nachteils überzeugen, daß die eigene Nation nicht mehr die letzte Appellationsinstanz in politischen Angelegenheiten darstellt, daß »Fremde« und deren Repräsentanten über diese Angelegenheiten mitbestimmen. Den Lernprozeß abkürzen könnten, wie so oft, die Krise, der Krach, soziale Erschütterungen, die gerade deshalb über die Welt hereinbrechen, weil sie sich politisch gegen die neuen Herausforderungen NICHT versichert hat. Dann wird plötzlich jeder wissen, was er heute zumindest ahnen sollte: daß nur eine geeinte Menschheit überlebens- und fortschrittsfähig ist. Rechnen wir also mit dem, was zu befürchten ist, mit dem Schlimmsten.

# Staatsbürger. Kunde. Produzent

## § 40 Produktivität

1. »Kein Fabrikant würde bei gesundem Verstande behaupten, daß das billigste Rohmaterial gleichzeitig die besten Waren liefert. Warum dann das viele Gerede über die ›Verbilligung der Arbeitskraft‹, über den Vorteil, den ein Sinken der Löhne bringen würde – wäre das nicht gleichbedeutend mit einem Herabdrücken der Kaufkraft und einem Sinken des inneren Marktes? Welchen Nutzen hat die Industrie, wenn sie so ungeschickt geleitet wird, daß sie nicht allen Beteiligten eine menschenwürdige Existenz zu schaffen vermag? Keine Frage ist so wichtig wie die Lohnfrage – die Mehrzahl der Bevölkerung lebt von Löhnen. Ihr Lebens- und Lohnstandard ist maßgebend für den Wohlstand des Landes.«[364]
»Was wir meiner Meinung nach finden müssen, ist eine andere Methode, um die Segnungen des Reichtums zu verteilen, der von immer weniger Menschen erwirtschaftet wird, deren Zahl in Zukunft wirklich sehr klein sein könnte.«[365]

2. Der Fordismus revolutionierte zu Beginn des zwanzigsten Jahrhunderts nicht allein die Arbeitsweise, das Produktionsregime; er verstand sich als Auflösung des Widerspruchs von Wirtschaft und Gesellschaft, von Arm und Reich. Wer gut arbeitete, sollte auch gut leben, materiell gesehen; er mußte es sogar, der Akkumulation des Kapitals zuliebe. Produktion UND Absatz verzahnten sich in der Mitte, in der Arbeit. Die Qualität der Arbeit entschied über die Güte der Produkte, die Quantität über deren Umfang. Die Lösung des Problems, beides zu steigern, lag in hohen Löhnen. Nur gut bezahlte Mitarbeiter gingen sorgsam zu Werke, ertrugen die Eintönigkeit und das hohe Tempo der Fertigungsprozesse mit Geduld, in stiller Vorfreude auf den Genuß ihrer nun reichlicher bemessenen Entschädigung. Die Lohnfrage schafft neun Zehntel der psychischen Pro-

bleme aus der Welt, und die Konstruktionstechnik löst die übrigen, das war die Überzeugung.[366] Die Aussichten erschienen um so glänzender, als sie sich auch auf den Absatz erstreckten. Auskömmliche Löhne steigerten die Produktivität und die Aufnahmefähigkeit des nationalen Marktes. »Autos kaufen keine Autos«, belehrte Henry Ford eine über seine Lohnpolitik gleichermaßen verblüffte und verärgerte Unternehmerschaft. Daß der Arbeiter die hochwertigen Waren begehrte, die er herstellte, genügte nicht; um die engen Kapazitätsschranken von Produktion und Nachfrage zu durchbrechen, mußte er sie auch erwerben können. Der Übergang zu serieller Massenproduktion, zum Massenverbrauch, ruhte auf den Schultern des Arbeiter-Konsumenten, der seinerseits in Massen, in Kolonnen ging.

3. Die »Masse«: Kaum ein Phänomen aus der Epoche der Hochindustrialisierung hat Künstler, Philosophen, Wissenschaftler in gleicher Weise beeindruckt, fasziniert, erschreckt. Straßen, Fabrikhallen, Büros, Arenen und Paläste der Zerstreuung – alles schien von der Masse okkupiert, durchdrungen, in ihren Rhythmus einbezogen, von ihr in Marsch gesetzt. Das Individuum hatte Gott aus seinem Innersten vertrieben, in den Tod gestürzt; verführt, verzückt von einem Götzen, beging es nunmehr kollektiven Selbstmord. Die Soziologisierung des Weltbildes, Hinterlassenschaft der vorangegangenen Ära (§ 21.6), ähnelte einer Totenfeier des Subjekts bei gleichzeitiger Feier oder Verdammnis des großen Anonymus. – Wie fremd ist uns diese Deutung des sozialen Geschehens, die sich bis weit in die Jahre nach dem Zweiten Weltkrieg hinein behauptete, doch schon geworden! Selbst dort, wo Massenbewegungen seither Geschichte schrieben, wie in Mittelosteuropa 1989, wirkten sie wie Relikte eines längst vergangenen Zeitalters, die sich ein letztes Mal gegen ihr Verschwinden aufbäumten. Und obwohl wir gut beraten sind, Individualisierung nicht mit Einzigartigkeit zu verwechseln, zuzugestehen, daß der Konformismus mit dem Individualismus gleichen

Schritt hielt, so ist doch beides nicht dasselbe. Das von der Masse vereinnahmte Individuum WEISS, erlebt sich körperlich und ideell als Masseteilchen. Das von sozialem Konformismus erfüllte Individuum DÜNKT sich besonders, stilisiert sich noch in seinen stereotypen Lebensäußerungen als apartes Wesen; als von anderen stärker abgegrenztes fällt ihm das auch leichter. Ich mag mich, in der Masse, allein MIT allen fühlen, oder, auf mich zurückgeworfen, allein WIE alle. Ein isolierendes Gefühl, so wie so; es festzuhalten, auszuleben kostet im ersten Fall erkennbar größere Anstrengungen. Die Normierung der einzelnen, die sich gestern der Menge bediente, um ihre Zwecke zu erreichen, liiert sich heute vorzugsweise mit der vom Ganzen losgelösten Existenz, das heißt: mit einem Hirngespinst. »Sei so wie alle!« hieß es einmal, »Sei Du!« so heißt die allerneueste Diät für das exzentrische Subjekt.

4. Andere Methoden der Normierung, andere Bilder und Metaphern des sozialen Raums. Platzmangel, Bewegungsnot, enorme Reibungswärme, Kollisionsgefahr – auf dem Punkt der höchsten Kraftentfaltung der Industriemoderne lud sich die Einbildungskraft mit solchen grellen Phantasien auf. Wir Heutigen konstruieren den sozialen Raum abstrakter, so wie der Physiker das Universum oder der Neurobiologe das menschliche Gehirn. In unserer Vorstellung ähnelt er nicht länger einer Ansammlung von Röhren, Gefäßen und Containern, die eine je begrenzte Zahl von Menschen in sich fassen und formieren. Er wird zur Funktion menschlicher Aktivitäten, dehnt und verdichtet sich im selben Takt wie diese. Als Netz aus Netzen, realen, virtuellen, in das die einzelnen sich, Knotenpunkten gleich, einschalten können oder müssen, vergesellschaftet er die Individuen gemäß jenen Flexibilitätsanforderungen, die der moderne Kapitalismus proklamiert.

Zu den einprägsamsten visuellen Metaphern unserer Zeit zählt zweifellos das Bild des produktiven und zugleich menschenleeren Raums. Es zwang sich der öffentlichen Wahrnehmung zu Beginn der 1970er Jahre auf, als die industrielle Fertigung in einigen Sektoren einen Automatisierungsgrad erreichte, der, in die nahe Zukunft verlängert, die *unmanned factory* und damit das »Ende der Arbeit« anzukündigen schien. Überstürzt wie alle der momentanen Euphorie geschuldeten Visionen, schoß auch diese über Zeit und Raum hinaus. Weder eroberte die vollautomatisierte Fabrik die Welt des Arbeiters noch ihr Pendant, das *unmanned office*, die Welt des Angestellten. Abgesehen von technisch-technologischen Grenzen standen der restlosen Herauslösung des Menschen aus Herstellungs- und Koordinationsprozessen soziale wie funktionale Bedenken entgegen. Der moderne gesellschaftliche Lebensprozeß umfaßt Leistungen, die sinnvollerweise nur von Menschen für Menschen erbracht werden können. Lehrer, Ärzte, Krankenschwestern, Altenpfleger durch Computerterminals oder künstliche Intelligenzen zu ersetzen ist ein abwegiger Gedanke, eine schwarze Utopie. Dienstleistungen, Vermittlungstätigkeiten mit überwiegendem Sachbezug bieten der Rationalisierung breitere Angriffsflächen.

Ob wir langfristig etwas gewinnen, wenn wir unseren Bank- und Postverkehr, unsere Reisebuchungen und, demnächst, den Großteil unserer Einkäufe ohne »störende« Dazwischenkunft anderer abwickeln, steht dahin. Als erwiesen darf gelten, daß die Minimierung, namentlich der Ausschluß menschlicher »Rückkopplungsschleifen« aus technischen Systemen Wartezeiten, Fehlerquoten und Folgekosten nach oben schnellen läßt. Flugzeuge und Fluglinien, Züge und Fahrpläne, industrielle Herstellungsprozesse und Verwaltungsabläufe funktionieren am zuverlässigsten, wenn sich der technische Zirkel im kritischen Moment öffnet und Menschen konsultiert.

5. Allerdings: Menschen in schwindender Zahl. Ungestüm wie die Prognose war, griff sie doch nicht nur daneben. Produktion bleibt an Arbeit fixiert, auch in der dritten technologischen Revolution, die herkömmlichen Maßverhältnisse gerieten jedoch gehörig in Bewegung. In wachsendem Umfang

mit vergegenständlichter Intelligenz und daher stets größerer Kraftpotenz begabt, erzeugt dasselbe Quantum lebendiger Arbeit bei gleicher Auslastung der Kapazitäten eine kontinuierlich anschwellende Warenmasse. Sinkt mit der Nachfrage die Auslastung, sinkt auch das Arbeitsvolumen, oftmals sogar stärker, weil Absatzstockungen, sofern sie sich über einen längeren Zeitraum hinweg bemerkbar machen, der Rationalisierung spitze Sporen geben. Stagniert der Umsatz, müssen die Gewinne primär aus anderen Quellen sprudeln. Floriert die Konjunktur, gebietet unternehmerische Klugheit, Neueinstellungen so lange hinauszuzögern, bis das vorhandene Arbeitskräftereservoir an die Grenze des Erträglichen gelangt. Die Aussicht auf Wachstum muß schon außerordentlich und in längere, voraussehbare Fristen eingebettet sein, um das Risiko einer Aufstockung des Personalbestands zu laufen. – Die kapitalistische Konkurrenzökonomie interpretiert die Logik des technischen Fortschritts als unbarmherzige Aufforderung zur Flucht nach vorn, in guten wie, speziell, in schlechten Zeiten. Weniger können, müssen in derselben Arbeitsspanne ebensoviel leisten wie noch vor kurzem mehrere, dieselbe Zahl an Köpfen muß dasselbe temporäre Intervall einträglicher verwerten als im vorangegangenen Zyklus. Kapital und Arbeit bilden noch immer ein Paar, aber der werktätige Teil dieser Beziehung ist in der jüngeren Vergangenheit zugleich abhängiger und schmächtiger geworden. Die industrielle Produktion steht im Begriff, denselben Prozeß einer säkularen Schrumpfung des Beschäftigungs- und Arbeitsvolumens zu durchlaufen, den der primäre Sektor, die Landwirtschaft, schon absolvierte. Um der Vollbeschäftigung Gelegenheit zur Erholung zu verschaffen, müßten die Fundamente der Dienstleistungsökonomie schon sehr belastbar sein. Sind sie es?

6. Überblickt man den Zeitraum vom Abflauen des Nachkriegsbooms, den frühen 1960er Jahren, bis zum Absprung in den Globalismus in den frühen 1990er Jahren, ergibt sich für die fortgeschrittensten Ökonomien dieses Bild[367]: Der

prozentuale Anteil der in der Land- und Forstwirtschaft Beschäftigten an der gesamten Erwerbsbevölkerung sank von durchschnittlich mehr als 20 Prozent im Jahr 1960 auf rund 5 Prozent im Jahr 1991, wobei der statistische Durchschnitt zunehmend Aussagekraft im konkreten erwarb. Zersplitterten die Extreme ursprünglich den Mittelwert (USA: 8,5 Prozent, Japan 30,2 Prozent), so kreisten sie später auf engerer Flugbahn um denselben (USA: 2,9 Prozent, Österreich 7,4 Prozent).

Die Entwicklung des industriellen Sektors verlief abgeschwächt und in sich uneinheitlicher. Band die industrielle Produktion 1960 noch durchschnittlich 35 Prozent der Gesamtbeschäftigten, waren es 1991 knapp 30 Prozent. Auch hier verringerte sich die Streuung, eine mächtige Volkswirtschaft brach jedoch den allgemeinen Trend. In Japan, dem Werkmeister der mikroelektronischen Revolution, erhöhte sich der relative Anteil der industriell Beschäftigten von 28,5 auf 34,4 Prozent.

Umgekehrt proportional, ansonsten gleichlaufend zur Agrarwirtschaft der Trend im Dienstleistungsgewerbe; Wachstum auf der ganzen Linie und in jedem Land, von zunächst 43 Prozent im Mittel auf etwa 65 Prozent. Zwar hielt sich der Ausschlag der Extreme auf hohem Niveau, gab es noch 1991 Staaten wie Österreich, in denen der tertiäre Sektor gerade einmal die Fünfzigprozenthürde genommen hatte, dem durchgreifenden Bedeutungsgewinn der Dienstleistungswirtschaft tat das keinen Harm. Die postindustrielle Gesellschaft hatte formell Gestalt gewonnen.

»Formell«, der Zusatz ist wichtig. Daß die Beschäftigten in wirtschaftlich hochentwickelten Gesellschaften heutzutage mehrheitlich Dienstleistungsberufen nachgehen, duldet keinen Zweifel. Wahr ist aber auch, daß ein beträchtlicher Teil dieser Dienste PRODUKTIV konsumiert wird; dem Herstellungssektor direkter oder vermittelter einverleibt, könnten die entsprechenden Professionen oftmals ebensogut unter »erweiterter Produktion« firmieren. Die Berufsstatistik, weit davon entfernt, ein getreues Abbild der realen Verhältnisse zu liefern, verschleiert in ungezählten Fällen die effektive Einbindung von »Dienst« in »Arbeit« und leistet dadurch ungewollt der Verwechslung von Dienstleistungs- und Konsumgesellschaft Vorschub. Wenig wegweisend auch die Gleichsetzung von Dienstleistungs- und Wissensgesellschaft. Viele Dienstleistungen zeichnen sich gerade nicht durch wissensintensive, sondern durch simple Operationsprofile aus.[368] Würde der produzierenden Sphäre wieder zugerechnet, was sachlich zu ihr gehört, der ohnedies mähliche Fall der relativen Beschäftigungsquote im Industriesektor käme womöglich zum Erliegen.

7. Zieht man das Bruttosozialprodukt als Vergleichsmaßstab heran, ergeben sich für den Herstellungssektor der Volkswirtschaften noch weit günstigere Befunde. Im großen und ganzen behauptete er seinen Anteil am sachlichen Reichtum der Nationen,[369] und dies trotz rückläufiger Beschäftigungsraten. Dabei vertragen sich selbst Anteilsverluste eines beliebigen Bereichs an der Gesamtbeschäftigung mit einem Zuwachs an Erwerbstätigen in derselben Sphäre, vorausgesetzt, die erwerbstätige Bevölkerung wächst ebenfalls, und zwar noch schneller. Die Entwicklung des industriellen Sektors folgte in den zurückliegenden Jahrzehnten exakt diesem Muster: relativer Rückgang bei absoluter Zunahme der Beschäftigung. Krise der Lohnarbeitsgesellschaft? – Die entscheidende Frage lautet, ob die nominellen Beschäftigungsgewinne mit einem Anwachsen des Arbeitsvolumens im gleichen oder geringeren Umfang einhergehen oder ob das Arbeitsvolumen trotz höherer Beschäftigungszahlen stagniert bzw. abnimmt. Die neu hinzukommenden Erwerbspersonen könnten sich in ganze Stellen teilen, Teilzeitarbeit verrichten, diskontinuierlich oder saisonal beschäftigt sein – mehr Arbeitskräfte, gleichbleibender oder sinkender Arbeitsumfang infolge höherer Produktivität.[370]

Nehmen wir den deutschen Fall und setzen das volkswirtschaftliche Arbeitsvolumen des Jahres 1960 gleich 100

Prozent, dann zieht das Jahr 1991, nach Hauptsparten gegliedert, diese Bilanz[371]:

| | |
|---|---|
| Landwirtschaft | 22 Prozent |
| Industrie | 70 Prozent |
| Dienstleistung | 104 Prozent |
| Staatssektor | 158 Prozent |

Die Reduktion des Arbeitsaufkommens in der Landwirtschaft auf gut ein Fünftel des Ausgangswerts deckt sich der Tendenz nach mit dem Abschwung der Beschäftigtenquote, die von 14 auf 3,4 Prozent, auf rund ein Viertel, also relativ verlangsamt fiel. Anders gesagt: Die in der Landwirtschaft investierte Arbeitszeit schrumpfte noch schneller als der Anteil der dort Beschäftigten, gemessen an der Gesamtzahl der Erwerbspersonen. Im selben Zeitraum schwollen die Überschüsse der Agrarproduktion auf ein Vielfaches der früheren an. Mit noch größerer Geschwindigkeit als sie zahlenmäßig an Gewicht verlor, sparte die aktive Landbevölkerung Arbeitszeit ein und produzierte dennoch in den Himmel ragende Berge an Lebensmitteln.

Nicht anders bei der Industrie. Der Rückgang des Arbeitsvolumens um ein knappes Drittel übertrifft den der Beschäftigungsquote deutlich. Sie fiel von 47 auf 39,3 Prozent, das heißt um weniger als ein Zehntel. Während dieser vier Jahrzehnte wuchs die Bevölkerung stets weniger aus eigenen und stets mehr aus zugewanderten Beständen, wuchs gleichfalls die Zahl der Erwerbstätigen in der Industrie, nur langsamer als im tertiären Sektor, so daß sie relativ zurückging. Was auch hier noch schneller abnahm, bei parallelem Triumphzug auf dem Weltmarkt, war die dazu erforderliche Arbeitsmenge. Bezieht man in die Betrachtung ein, daß die Menschen zu Beginn der 1990er Jahre in der Regel später ins Erwerbsleben eintraten, früher aus ihm ausschieden als vier Jahrzehnte zuvor, nimmt sich der Produktivitätsfortschritt noch beeindruckender aus.

8. Bescheiden dagegen, kläglich die Fortschritte des Dienstleistungssektors. Zwar: Die relative Beschäftigung stieg von 39,1 auf 57,4 Prozent und damit auf zunächst imponierende Weise um mehr als 40 Prozent. Doch nur ein kleiner Bruchteil dieses Wertes schlug im kommerziellen Teilbezirk zu Buche und machte dort mehr Arbeit flüssig. Die postindustrielle Gesellschaft bewies ihre »Arbeitswirksamkeit« in Deutschland bislang vornehmlich dadurch, daß sie in den Staatsdienst trat, Steuergelder konsumierte statt Werte produzierte; die deutsche Variante der »Konsumgesellschaft«. Die Klage darüber will nicht aufhören, und was an ihr berechtigt ist, wird noch zu prüfen sein. Um bereits im Vorfeld dieser Diskussion den Eindruck zu zerstreuen, Deutschland habe sich säumig von einer Entwicklung abgekoppelt, die das alte Versprechen der Lohnarbeitsgesellschaft, Vollbeschäftigung, auf neuer Grundlage bekräftigt, mögen noch ein paar Zahlen sprechen.[372] Sämtliche wirtschaftlich fortgeschrittenen Nationen verzeichnen im bisherigen Vergleichszeitraum einen zum Teil kräftigen Anstieg sowohl der potentiellen als auch der effektiven Arbeitsbevölkerung, der Erwerbspersonen und der Erwerbstätigen. Ungebrochen auch ein zweiter Trend: die Zahl der Erwerbspersonen stieg stärker als die der Erwerbstätigen, ergo: Das Kontingent der Arbeitslosen dehnte sich schneller aus als der Umfang der bezahlten Lohnarbeit; in nochmals anderer Formulierung: Selbst im Zustand anhaltender Expansion reicht der Schatten, den die Arbeitsgesellschaft wirft, weiter als das Licht, das sie verströmt.[373]

Betrug die Arbeitslosenrate in den Metropolen des industriellen Fortschritts 1960 durchschnittlich 3 Prozent, so oszillierte sie Anfang der 1990er Jahre um einen Mittelwert von 8 Prozent. Bezogen auf alle OECD-Staaten[374] kletterte die Zahl der Arbeitslosen allein von 1970 bis 1989 von zehn auf fünfundzwanzig Millionen. Dabei lief die langfristige Arbeitslosigkeit der fluktuierenden, die kommt und wieder geht, unerbittlich den Rang ab.

In einer Epoche revolutionären wirtschaftlichen Umbruchs konnte das auch gar nicht anders sein. Daß der Herstellungssektor seinen Anteil am nationalen Bruttoprodukt bei sinkender relativer Beschäftigungsquote und rasantem Aufschwung der Dienstleistungsökonomie während der zurückliegenden Jahrzehnte in etwa behaupten konnte, wurde schon erwähnt. Das gelang, weil die Effizienz der Arbeit einen wahren Quantensprung vollzog, besonders in Deutschland und Japan. In etwas mehr als einem Jahrzehnt, von 1978 bis 1990, verdoppelte sich die Wertschöpfung pro Beschäftigten, halbierte sich – umgekehrt – die zur Produktion einer gegebenen Werteinheit erforderliche Kopfzahl. Nur dadurch blieb die industrielle Produktion ein volkswirtschaftliches Schwergewicht, hielt sich das auf sie entfallende Bruttosozialprodukt kontinuierlich auf hohem Niveau. Daß dieselbe nominelle Kapitalsumme, in Maschinen und technologische Arrangements investiert, zum jeweils späteren Zeitpunkt weniger lebendige Arbeit bindet als zu jedem früheren, ist nur ein anderer Ausdruck desselben Sachverhalts.

9. Noch immer verschließt sich der Alltagsverstand, verschließt sich insbesondere die ökonomische Orthodoxie dem zwingenden Zusammenhang von Produktivitätsfortschritt und freigesetzter Arbeit, unternimmt sie alles, um ihn als »kontingent« erscheinen zu lassen. Die versammelte Gelehrsamkeit eines Landes mit hoher, sich als Arbeitslosigkeit äußernder Freisetzungsrate preist Regierten wie Regierenden Verhältnisse aus solchen Staaten an, die sich der Lösung dieses Notstands rühmen. Im einzelnen ist dabei viel zu lernen. Aber man täusche sich nicht: der Zusammenhang besteht, und zwar auch dann, wenn er verschleiert, versteckt, verschoben wird. Ihn zu verschleiern bildet das Übungsfeld der amtlichen Arbeitslosenstatistik. Als »richtig«, »wissenschaftlich« gilt dabei immer jene, die die ungeschminkte Auskunft am geschicktesten frisiert.[375]

Die unfreiwillige Befreiung von der Arbeit wird versteckt, wenn ganze soziale oder ethnische Untergruppen der Erwerbsbevölkerung im Gefängnis verschwinden, wie in den USA, auch dann, wenn früh erschöpfte Arbeitnehmer in ihren besten Arbeitsjahren zu Hunderttausenden den steuerfinanzierten Ruhestand wählen, wie in den Niederlanden; fraglos die humanere Lösung. Human und dabei produktiv – für die einzelnen wie für die Unternehmen – ist jene Sozialtechnologie, der sich die Skandinavier zu bedienen wissen. Hier verteilt man die frei werdende Zeit in Form von *sabbaticals*, Familien- und Bildungsurlauben, gleichmäßig auf alle und hält des weiteren auch die tatsächlich Arbeitslosen zu sinnvoller Weiterbildung an. (§ 34) Dieser Methode, im Verein mit dem Feldzug gegen die soziale Vererbung, verdanken die skandinavischen Länder ihren Vorsprung im Kampf gegen die Langzeitarbeitslosigkeit.[376]

### § 41 Postfordismus: Grenzen eines Konzepts

1. Nun leben wir nicht mehr in den frühen 1990er Jahren, sondern im ersten Jahrzehnt des einundzwanzigsten Jahrhunderts, und selten nahm die Geschichte so viel Tempo auf wie in dieser kurzen Frist. Erst »kam« der Osten, der sich vom Kommunismus löste, dann kam die *New Economy*, und irgendwo dazwischen verabschiedete sich die (deutsche, englische, französische ...) Sozialdemokratie von ihrem, dem sozialdemokratischen Projekt. Die Adepten des zügellosen Akkumulationstriebs jubilierten. Neue Absatzmärkte bis zum globalen Horizont, der längst auch China einschloß, neue Felder für Investitionen und Spekulationen, Begründung einer europäischen Aktien»kultur« nach US-amerikanischem Vorbild, durchgreifende Deregulierung, gleichgültig, wer wo regierte.

Mit den Wirtschafts- und Finanzkrisen in Rußland, Lateinamerika, Japan, dem Kollaps des »neuen Marktes« sowie der wiederkehrenden Aktienskepsis breiter Bevölkerungsschichten zog Realismus ein: Unter besonnenen Ökonomen[377]; die

Marktschreier des Profits kümmerte das wenig. Der Spielraum für gewinnträchtige Transaktionen hatte sich enorm erweitert, und er wies, was noch erfreulicher war, soziale und rechtliche Gefälle auf, die den Spieltrieb des Kapitals maßlos entzückten. Statt ungesättigte Vermögen zu mäßiger Rendite einzufrieren oder zu verjuxen, trieb man sie nun entweder über die schier endlosen Weiden globaler Finanz- und Währungsmärkte oder investierte sie zu genauso märchenhaften Rückflußraten. Aus der verbalen Drohung, die heimischen Siedlungsgebiete aufzugeben, erwuchs eine ernstzunehmende Option, die Regierungen und Gewerkschaften in die Defensive zwang. Soziopolitische Landschaften wurden zu Standorten einplaniert und eiferten mit käuflicher Miene um die Gunst potentieller Investoren wie die Hure um den Freier.

Der versuchte sich gar nicht erst als Gentlemen. Dem Credo des klassischen Unternehmers, durch rücksichtsloses Selbstinteresse letztlich den Reichtum der Nationen zu befördern, gestern noch vernehmbar, galt das Gelächter von heute. Mit solch verknöcherten Begriffen war die Welt nicht aufzumischen. Das neue Spiel drehte sich weder um den Reichtum einzelner Nationen noch um den der Menschheit und schon gar nicht um das Wohlergehen der Menschen an diesem oder jenen Ort. Gespielt wurde nunmehr um den maximal erreichbaren Grad an ENTKOPPLUNG von Kapitalbewegung und Raumbindung, und in diesem Spiel gewann der Schnellste, Flüchtigste, Aufbruchbereiteste. Navigation war alles. Man mußte jenen Knotenpunkt im Raum zuerst erreichen, der die Nettoerträge in die Höhe jagte und wiederum der Erste sein, der ging, wenn andere Koordinaten noch verlockender erschienen.

2. »Wer bewohnt den transnationalen Raum?« fragt ein deutscher Soziologe und denkt an Wissens- und Kapitaleliten, Globetrotter, Migranten, an Wanderer aus Not.[378] Tatsächlich wohnen wir heute alle in diesem Raum, jene eingerechnet, die noch nie einen Flughafen oder Bahnhof

betreten haben. Erstmals in der Weltgeschichte leben sämtliche Erdbewohner in ein und demselben zeit-räumlichen Kontinuum, und zwar auch als Konkurrenten. Ein x-beliebiger Angestellter einer deutschen Firma konkurriert heute effektiv mit ungezählten anderen auf der Welt um seine Stelle. Weil er das weiß, willigt er bereitwillig in Kompromisse ein, die mehr und mehr brutalen Ultimaten gleichen. Gewerkschaftliche Forderungen, die normierte Arbeitszeit bei vollem Lohnausgleich herabzusetzen, wirken angesichts des einen globalen Arbeitsmarktes wie die verstaubte Inszenierung eines abgespielten Klassikers aus dem alten Europa. Längst stehen neue Stücke auf dem Spielplan: »Arbeite kürzere Zeit und verdiene entsprechend weniger!« oder, aufgrund seiner Obszönität besonders beliebt, »Arbeite länger, angestrengter und denke dabei nicht ans Geld!« Was der Produktivitätsfortschritt in Gang setzte, vollendet das jüngste Zeitdiktat: die Krise der Lohnarbeitsgesellschaft und der »guten« Arbeit.

Grundsätzlich stehen zwei Methoden zur Verfügung, um den Umfang der Produktion auszuweiten. Die erste steigert die Leistungsfähigkeit des Personals auf INTENSIVE Weise, durch den Einsatz von Wissenschaft und Technik, wogegen die zweite, EXTENSIVE Expansionsmethode einen produktiven Apparat von gegebener Ausstattung und Beschäftigungsquote entweder aufstockt oder während längerer Zeit in Funktion hält. Bei gut gefüllten Absatzbüchern verbinden sich beide Methoden, gibt die höhere Produktivität den Anstoß zur Erweiterung des Maschinenparks, zu längeren Laufzeiten oder zu beidem. Unter den früheren Kräfteverhältnissen führte diese Konstellation zwingend zur Stabilisierung der Arbeitsverhältnisse oder, im Fall überdurchschnittlich belebter Konjunktur, zu Neueinstellungen. Mehrarbeit war teuer, und fiel sie regelmäßig an, erwies sich die Schaffung zusätzlicher Arbeitsplätze als kostensparendes Verfahren. – Erhält der Unternehmer Mehrarbeit umsonst, welcher Teufel sollte ihn reiten, sich auf der Straße umzusehen? Sobald sich das Kapital der extensiven Reproduktion mit derselben Ausschließlichkeit bemächtigt wie zuvor der intensiven, tritt die Vollbeschäftigung in ihr letztes Stadium, über dem in großen Lettern UMSONST geschrieben steht.

3. Und um ein weiteres Wort über das »alte Europa« zu verlieren, über die schöne Jungfrau auf dem Stier – die duldet jetzt die Plusmacher unter sich, und wer weiß, wo die sie noch verhökern werden. Einstweilen gelang es den Eliten, Europa in ein Auktionshaus zu verwandeln, das seine kostbarsten Schätze mit einer Miene feilbietet, als wäre es verderbliche Ware. Wer noch reichlich davon hat, muß sich beeilen, sonst bleibt er darauf sitzen, und niemand nimmt bei so einem Logis. Die Vulgärökonomie, ins Feilschen vernarrt seit je, feuert den Ausverkauf an, wie eine Marketenderin: Irland 31 Prozent Beschäftigungsgewinn, die Niederlande 15, Finnland 13, Kanada 10 und 9 Prozent die USA, und das allein von 1995 bis 1999, das muß doch auch in Deutschland gehen![379] Und wie? Nun, auf vertraute Weise: Zügiges *Benchmarking* (danke auch für diesen Wortimport[380]) und dann hinweg mit den sozialen Regulativen, den zu hohen Löhnen, den Einkommens- und Unternehmenssteuern, möglichst auf ein noch tieferes Niveau![381] *Jede Arbeit ist besser als keine!* Arme Iren, bald werden wir euch einen Teil der Arbeitsplätze abjagen, die ihr so listig bei euch angesiedelt habt. Arme Deutsche, bald dürft ihr arbeiten wie die Iren, glücklich darüber, daß euch nicht das Schicksal der Rumänen trifft. Armes Europa, das sich von lauter Rasenden zerstücken und verhetzen läßt.

Die halbgebildete Kanaille freut sich des Gezerres; wenn es das eigene Land zerreißt, was tut's? »Zum Glück halten sich weder die Spanier noch die Portugiesen und schon gar nicht die Polen und Tschechen an das deutsche Dogma. Sie leisten sich kein so ausgeklügeltes soziales Netz, weshalb sie auch niedrigere Arbeitskosten und, wenn sie und wir so weitermachen, bald auch mehr Jobs anzubieten haben.«[382] Entweder Verallgemeinerung der deutschen, französischen, skandinavischen Standards oder gänzlicher Verzicht auf politische Regulierung: als wäre der Raum des Denk- und Praktizierbaren mit dieser dürftigen Antithese auch nur ansatzweise ausgefüllt.

Im Bereich der Europäischen Union eine einheitliche Währung einzuführen, Kriterien zu vereinbaren, die deren Stabilität gewährleisten, ohne Wachstum und Beschäftigung zu fesseln, dazu reichte der Sachverstand von Regierenden und Experten. Und wenn er nicht weit genug trug, Auseinandersetzungen über Abweichungen von den einmal festgesetzten Toleranzen nach sich zog, so steckte er doch einen Rahmen ab, in dem nationale Interessenkonflikte sich bewegen konnten. – Was, außer Pflichtvergessenheit, könnte die Verantwortlichen daran hindern, einen vergleichbaren Pakt zur sozialen Stabilität des Kontinents zu schließen? Er würde dem Bedürfnis der jüngeren Mitglieder, wirtschaftlich aufzuholen, Folge leisten, sie im selben Zuge zur Gewährung sozialer Garantien verpflichten, in dem sie diesem Ziel näherkommen, und sie ansonsten von der strikten Beobachtung der Regeln suspendieren.

Um in der Welt Respekt zu finden, sagen geopolitische Strategen, müsse sich Europa in Zukunft selbst verteidigen, seine Streitmacht konzentrieren. Wäre es nicht vorausschauender, man bestimmte zunächst, was Europa geschichtlich zu verteidigen HAT? Der politische Westen des Kontinents, als Erbe des Kalten Krieges mit der dazu erforderlichen Definitionsmacht ausgestattet, könnte immerhin auf den epochalen Versuch verweisen, dem Kapitalismus menschliche Züge zu verleihen. Kein schlechter Ausgangspunkt für eine kulturelle Offensive im globalen Raum. Statt dessen schämt man sich der Hinterlassenschaft, faßt sie nur mehr mit der Feuerzange an.

4. Dahinter steckt ein feiger Realismus. Die kontinentaleuropäische Variante des modernen Kapitalismus sah sich spätestens seit der Mitte der 1980er Jahre einem Angriff ausgesetzt, den sie bislang nicht zu parieren wußte. Seinerzeit

schworen *Reagonomics* und *Thatcherismus* die USA und Großbritannien auf einen neuen Akkumulationstyp ein. Er ahmte Züge des Finanzkapitalismus aus den ersten beiden Jahrzehnten des zwanzigsten Jahrhunderts nach, reproduzierte die Vorherrschaft des großen Geldkapitals über das im eigentlichen Sinne »produktive« Anlagekapital, griff aber weiter. Das im unmittelbaren Produktionsprozeß investierte Geld wurde derselben sprunghaften und kurzfristigen Rentabilitätslogik untertan wie das zu reinen Finanzoperationen bestimmte. Die eingetretene Metamorphose unterläuft die gängige Terminologie, die den Postfordismus zum Erben der bisherigen Geschichte des Kapitalismus erklärt. Die Zeit, in der wir leben, verlangt nach einem anderen Namen, nach kritischer Durchleuchtung der handelsüblichen Begriffe.

Als Arbeitsweise, Produktionsregime, Wirtschafts- und Sozialmodell, so präsentierte sich bis dato der Fordismus. Sein Nachfolger schloß an jede dieser Komponenten an, modifizierte sie und verknüpfte sie zu einer neuen Matrix. Die bis ins kleinste vorangetriebene Aufspaltung der Arbeitsprozesse wich der Synthese, die Einzelarbeit der Gruppenarbeit, die am Körper ansetzende Disziplinierung der geistig-motorischen Selbststeuerung, die stereotype Serie der sich variablen, die Masse und die Massenkonsumtion dem individualisierten Konformismus, die soziale und organisatorische Einbettung der einzelnen ihrer Freigabe für multiple Zwecke, kommerzielle wie selbstbestimmte. In aller Hinsicht das Gegenteil seines Vorläufers, posiert der Postfordismus als kompakte, in sich schlüssige Antwort auf die Probleme, die das fordistische Konzept überforderten, als Fortsetzung des Kapitalismus mit zeitgemäßeren Methoden.

Die Pose verdeckt das Wesen der Entwicklung. Das angelsächsische Modell des Gegenwartskapitalismus entsprang der Chuzpe, den »wahren« Reichtum der Nationen zum eigenen Vorteil umzudefinieren. Dessen Gütesiegel bestand hinfort nicht mehr in Arbeit und industrieller Produktion, sondern in der Jungfräulichkeit des sich aus sich selbst zeugenden und exponentiell vermehrenden Geldes. Felder, die man nicht fruchtbringend zu bestellen verstand (die USA und Großbritannien belegten Mitte der 1980er Jahre hintere Plätze im Klub der produktivsten Industrienationen[383]), lohnten die Mühe nun einfach nicht; »effektiver« Kapitalismus fand anderswo statt: auf den Börsen- und Finanzmärkten. Daß der Finanzdienstleistungssektor in den Vereinigten Staaten in der zweiten Hälfte der 1990er Jahre doppelt so schnell wuchs wie die Industrieproduktion, der Handelsüberschuß bei technischen Produkten drastisch absank, bei Industrieerzeugnissen im ganzen defizitär ausfiel,[384] signalisierte keine bedrohliche Fehlentwicklung, sondern bewies, daß man auf dem richtigen Wege war.

5. In Wahrheit befand man sich auf dem Weg zu einer konsumierenden Weltoberschicht, hinein in eine Rentiergesellschaft mit höchst fragwürdigen Aussichten, jenen ähnlich, die sich Spanien und Portugal nach der Verschleuderung ihrer Gold- und Silbervorräte eröffneten. Die Gefahr, sich mit der neuen Strategie zu isolieren, war um so greifbarer, als es noch immer mächtige Gegenspieler, Deutschland, Frankreich, Japan, gab, die sich nach wie vor der industriellen Produktion als Hauptquelle des sachlichen Reichtums verschrieben.[385] Sie aufs Glatteis des ABSTRAKTEN Kapitalismus zu ziehen, dazu zu verführen, flottierende Geldvermögen vorzugsweise in Aktien anstatt in industrielle Unternehmen umzuwandeln war der nächste Schachzug. Und obwohl er nicht gänzlich gelang, schlug er doch eine Bresche in die Abwehrformation der Konkurrenten. Vom Aufwärtstaumel der *New Economy* benebelt, von Renditen angelockt, die mit seriöser Produktion nicht zu erzielen waren, leiteten potentielle Anleger ihre Ersparnisse in die Kanäle des weltweit führenden Aktienmarktes, des *New York Stock Exchange*. Auf den eigenen Vorteil bedacht, erretteten sie die Vereinigten Staaten ein ums andere Mal vor dem offenen Ausbruch einer Finanzkrise.[386]

Der spekulative Kapitalismus kreiert uniforme Maßstäbe für wirtschaftlichen Erfolg, für Wachstum und Produktivität, wobei er alles in derselben Einheit mißt, in Geld und Geldgewinn. Er blufft mit hohen Wachstumsraten und Produktivitätsgewinnen und verdeckt, daß die höchsten Gewinne in jenen Sektoren mit vergleichsweise geringer technisch-technologischer Ausstattung erwirtschaftet werden. Je unproduktiver eine Geldanlage an sich ist, desto produktiver erscheint sie dank manipulierter Erfolgskriterien. Gewinner in dem aufgeblasenen Wertschöpfungsszenario ist, wer am besten rät, nicht wer in langen Fristen plant und handelt. Die Spekulation gewinnt die Oberhand über die Unternehmungslust, und die Kapitalentwicklung wird zum Nebenprodukt der Tätigkeit des Spielsaals.[387]

Je regelmäßiger das Kapital in dieser Form verauslagt wird, desto hektischer, nervöser strebt es nach Profit, desto wilder blühen die anrüchigsten Formen der Wertschöpfung, Insidergeschäfte, Bilanzfälschung, Roßtäuscherei im großen Stil.[388] Sickert die spekulative Mentalität in die produktive Sphäre ein, und das ist seit längerem der Fall, verfällt diese in dieselbe Unart. An der Börse notiert zu sein verschafft dem Ruf eines Unternehmens heute vielfach mehr Respekt als eine auf die Zukunft ausgerichtete Geschäftspolitik. Großaktionäre regieren in das Management hinein und drängen es zu Entscheidungen (überstürzten Fusionen, Entlassungen), die perspektivisch verderblich, im nächsten Quartalsbericht hingegen positiv zu Buche schlagen.

Der Haß, der dem Keynesianismus, vormals Inbegriff volkswirtschaftlicher Weisheit, heute entgegenschlägt, ist ein indirekter Gradmesser der blinden Wut, mit der die ökonomisch Mächtigen ihren Sachverstand und ihre Entscheidungsbefugnisse auf dem Altar hastig zusammengeklaubter Liquiditätsprämien geopfert haben. Was sie in Erregung versetzt, ist nicht Keynes' Regulierungstheorie; es ist sein Bild des Unternehmers als eines der Gesellschaft verantwortlichen Funktionärs der Reichtumsproduktion und eines Staates, der ihn geschickt an seine Pflicht erinnert.[389]

Mögen die flinken Unternehmer den sozial aktiven Staat auch noch sosehr verlachen; dank seiner Existenz und seines Wirkens handelten sie für eine ganze ökonomische Epoche zumindest im wohlverstandenen Eigeninteresse, das heißt mit langfristiger Orientierung, mit größerer Umsicht und Bedachtsamkeit, als jeder einzelne je hätte mobilisieren können. Wenn sich ihr vom Gesamtwillen wieder abgenabelter Egoismus hinlänglich in der Welt ausgelebt haben wird, auch zu ihrem Nachteil, mag ihnen dämmern, was sie an ihm hatten.

6. Postfordismus als Arbeitsweise, Organisationsmethode, Konsumtionstyp beschreibt eine Realität, aber eine untergeordnete: die vorherrschende Produktionsweise einer Wirtschaftsordnung, die ihren eigentlichen Reichtum gerade nicht mehr in Kategorien der Produktion ausdrückt.[390] Dennoch existieren Berührungspunkte, Schnittflächen. Der Postfordismus als flexibilisiertes Arrangement der Reichtumserzeugung erschütterte die bürgerliche Form der Lohnarbeit (§ 22.1) von innen: durch die Aufspaltung, Individualisierung der Arbeitsverhältnisse, vorteilhaft für eine Minderheit, problematisch für die Mehrheit; durch die gesteigerte Verwundbarkeit der Arbeits- und Lebensweisen allgemein.

Der Börsenkapitalismus greift den bürgerlichen Erwerb von außen an, indem er zur globalen Treibjagd auf ihren Garanten bläst, auf den »sozialen Staat«. Rückspulende Entwicklung: vom Status zurück zum Kontrakt, Kündigung des Sozialeigentums, das in die Stelle eingeschrieben war, Bruch mit der Regel, derzufolge die gegenwärtige Arbeit Vorsorge trifft für die Wechselfälle des Lebens und für das Leben nach der Arbeit. In seiner konsequentesten Ausprägung, der angelsächsischen, bedroht er jede Form der Lohnarbeit, die bürgerliche wie die gemeine: weniger Beschäftigte, steigende Gewinne. Löste sich früher die Lohnarbeit aus der erdrückenden Umklammerung des Kapitals, um eigene Würde zu gewinnen, so entledigt sich nun das Kapital der Lohnarbeit, die schon zufrieden wäre, wieder umarmt zu werden; philosophisch gesprochen: Der Herr entläßt, zum Ansporn seiner Dienstbereitschaft, den dienstbereiten Knecht.

Sichfügen in Arbeit, die kein Leben trägt, aufs neue Dienen lernen, wie ein anspruchsloser Knecht; die Not der einen ist das Frohlocken der anderen. Die Schulen der neuen Dienstbarkeit öffnen *around the clock*: in der Dienstleistungsökonomie. Hier ruht, so wollen es die Priester der Arbeitsreligion, die Zukunft des Erwerbs. Und gerade hier sei Deutschland ein Entwicklungsland. Statt diesen Sektor als Vorbild zur Neudefinition der Arbeit, zur Durchsetzung unverbindlicher Verbindlichkeiten auszurufen, behandele ihn die Politik noch immer als Seitenzweig der bürgerlichen Lohnarbeit. Statt in dieser am wenigsten von Traditionen belasteten Sphäre das neue Proletariat heranzuziehen, die anspruchslosen Taschenträger des Mittelstands, begnüge sie sich mit halbherzigen Deregulierungen, die Hunderttausende von Arbeitsplätzen kosten.

Das deutsche Beispiel, unvoreingenommen ausgewertet, führt einen anderen Beweis. Gesellschaften, die am Institut der »guten« Arbeit festhalten, in jedem Beschäftigungssegment, erteilen die einzig redliche Antwort auf die Frage nach den Perspektiven lohnender Erwerbsarbeit für jedermann – eine abschlägige – und halten die eigentliche Zukunftsfrage dadurch offen: Wie können die Folgen auskömmlicher Löhne und gehobener sozialer Standards, höchste Produktivität und starker Rationalisierungsdruck, trotz sinkenden Arbeitsvolumens und schwindender Binnennachfrage (denn wer nicht arbeitet, soll auch nicht essen) in allgemeine Wohlfahrt münden? Eine hypothetische Frage, haben sich doch auch die Regierenden in Deutschland zur Umkehr, zur Unterwerfung unter die Geschäftsbedingungen des angelsächsischen Kapitalismus entschlossen, halb mitgerissen von dem Strudel und halb vergrämt. Geben wir ihnen etwas in Ruhe zu bedenken.

7. Die ostdeutsche Erfahrung seit dem 1989er Umbruch, beispielsweise. Der wirtschaftliche Strukturwandel, der in den Stammländern des Kapitalismus Jahrzehnte in Anspruch nahm, vollzog sich hier zeitlich ernorm gedrängt. Die relative Erwerbsquote der Landwirtschaft sank von rund 10 Prozent 1989 auf ganze 3,6 Prozent anno 2000 (alte Bundesländer: 2,5 Prozent), der Anteil des produktiven Gewerbes an der Gesamtbeschäftigung fiel von 45 auf 31,2 Prozent (33,5 Prozent), der des Dienstleistungsbereichs stieg parallel von 45 auf 65,2 Prozent (64 Prozent).[391]

Der flüchtige Anschein spricht für Normalisierung, für die Umstellung einer Arbeitsgesellschaft traditionellen Typs auf postindustrielle Verhältnisse. Tatsächlich handelt es sich um eine Attrappe. Die Zahlenkulisse suggeriert Kontinuität und verschleiert den Strukturbruch, der in diesem Zeitraum stattfand. Der ostdeutschen Gesellschaft kamen in weiten Teilen Wirtschaft und Arbeit abhanden. Schrumpfte die Bevölkerung allein im ersten Jahrzehnt nach der Wiedervereinigung um etwa 6 Prozent, so die Zahl der Erwerbspersonen um 15 Prozent und die der Erwerbstätigen (unter Einbeziehung der Pendler) um phänomenale 30 Prozent.[392] In der seither vergangenen Zeitspanne setzten sich die Schrumpfungsprozesse weiter fort, und so will die Frage nicht verstummen, warum Massen- und Dauerarbeitslosigkeit, die sich nach 1990 schnell auf hohem Pegel konsolidierten, seither nicht wenigstens um ein Geringes zurückgingen.

Dabei gab und gibt es eine ganze Reihe begünstigender Faktoren für eine – theoretische – Erholung. Der äußerst negative Wanderungs- und Geburtensaldo wies an sich in die Richtung einer merklichen Entspannung der Lehrstellen- und Arbeitsmärkte, um so nachdrücklicher, wenn man die Struktur der Abwanderung in Betracht zog. Die für Erwerbsarbeit in Frage kommende Personengruppe schwand stärker als die Gesamtbevölkerung, »ging« der Arbeit nach, in den Westen, die Jüngeren und geistig Beweglicheren voran. Unwillig, ihr Leben als minder bezahlte Dienstklasse zu fristen, überließen sie die entsprechenden Angebote den Daheimgebliebenen. Die stürzten sich auf den Rest und blieben dennoch überzählig; das Kontingent der ortsansässigen Erwerbstätigen vermeldete die stärksten Abgänge, relativ wie absolut gesehen. Die Reihen lichteten sich, und das ist der erste Denkzettel der ostdeutschen Erfahrung, trotz der immensen Transferzahlungen von West nach Ost und ganz unbeeindruckt von der in der Regel außer-, das heißt untertariflichen Entlohnung im Osten Deutschlands. Weder die staatlichen Subventionen noch die Politik der billigen Arbeit lösten das Beschäftigungsproblem auch nur im Ansatz. Die Gründe dieses Versagens sind prinzipieller Natur und wurden im historischen Zusammenhang bereits erörtert (§ 16.2); gleiches gilt für das Spekulieren auf demographisches Gesundschrumpfen (§ 14.2).

8. Die ausbleibende Regeneration der ostdeutschen Arbeitsgesellschaft kennt weitere Ursachen; soweit sie in die Vergangenheit zurückweisen, sehr offenkundige. Die Wirtschaft der DDR verhöhnte so ziemlich alle Grundsätze einer rationellen Ökonomie; von kleinen Inseln und wenigen Segmenten abgesehen, vertrug sie keinen ungeschützten Wettbewerb mit marktförmig verfaßten Volkswirtschaften, und da man ihr Schutz nicht gewährte, ging sie zu großen Teilen unter. Politische Entscheidungen, noch während des Einigungsprozesses getroffen, allen voran die übergangslose Aufwertung der ostdeutschen Währung um vierhundert Prozent, beschleunigten die Abwärtsspirale, wickelten die exportorientierten Branchen auf monetärem Wege ab.

Unternehmen und Geschäfte, die beide Wogen überstanden hatten, endgültig wegzuspülen, bedurfte es jetzt nur noch einer logistischen Meisterleistung der westdeutschen Wirtschaft. Sie lastete ihre Kapazitäten aus und versorgte die ihr zugewachsene Kundschaft zuverlässig bis ins entlegenste Dorf und von einem Tag zum anderen aus ihrem Warenlager. Neue industrielle Gründungen auf ostdeutschem Gebiet, rar gesät und fast niemals in ostdeutscher Hand, ließen die Vorstellung, die vormalige Industrialisierungs- und Beschäftigungsdichte könnte auch nur ungefähr zurückgewonnen werden, endgültig platzen. Gleichsam auf den Trümmern des alten Maschinenzeitalters errichtet, technisch wie organisatorisch auf dem letzten Stand jeweils verfügbarer Kenntnisse, verschafften sie nur einem Bruchteil jener Menschen Arbeit, die dort zuvor ihr Auskommen gefunden hatte.

Das ist der zweite Denkzettel der ostdeutschen Erfahrung, und der betrifft Gegenwart und Zukunft des Kapitalismus. Investitionssummen, Rekonstruktionsvorhaben, die in den 1950er, 1960er Jahren ausgereicht hätten, eine erschöpfte Arbeitsgesellschaft zu verjüngen, setzen heute allenfalls Kristallisationskerne wirtschaftlichen Lebens in die Landschaft, um die herum sich Sonderzonen mit eng begrenztem Radius formieren können. Als Flickenteppich aus lauter kleinen *clustern*, durch den das Nichts hindurchscheint, in der Fläche politisch aufgegeben, dem großen Investor ein arges Wagnis, dem Spekulanten ein Zubrot, das der eilig verschlingt –, so blamiert der Osten Deutschlands die Vollbeschäftigungsphantasten jedweder Geistesrichtung. Das ökonomisch gescheiterte Experiment verführt nun seinerseits die Phantasie zum Spekulieren, zum Übermut aus Überdruß am Einheitsdenken.

## § 42 Ein Gedankenexperiment

1. Gesetzt, der Mensch hätte sich restlos von unmittelbarer Arbeit emanzipiert, Produktion und Wertschöpfung gingen ohne ihn vonstatten; was dann? Dann hätte sich der Traum des Einzelunternehmers – geringstmögliche Lohnkosten, größtmöglicher Absatz[393] – als Alptraum der Unternehmerklasse verwirklicht. Die in Lohn ausgelegte Kapitalsumme betrüge Null, die durch Erwerbsarbeit erworbenen Ansprüche auf Anteile an der erzeugten Warenmasse beliefen sich ebenfalls auf Null. Die naheliegende Ausflucht, Produk-

tion und Absatz seien räumlich und zeitlich entflochten, produziert würde hier und jetzt, verkauft an anderem Ort und später, verfängt nicht, denn was für einen Standort gilt, das gilt, in dem Gedankenspiel, für alle. Um eilfertigen Einwänden für einen Wimpernschlag den Boden zu entziehen, sei, noch weiter übertreibend, angenommen, es existiere ein soziales Paralleluniversum, das seine überschüssigen Kapazitäten in unser System einspeist, die Erdenbürger mit allem Notwendigen und Annehmlichen versorgt. Dann lösten sich sämtliche Dissonanzen auf. Der materielle Lebensgrund läge außerhalb des gesellschaftlichen Lebensprozesses, ökonomische Kategorien ragten nicht länger in die soziale Erfahrung hinein; alle hätten von allem genug, auch ohne eigene Mühe, und niemand konstruierte anderen einen Vorwurf aus der unverdienten materiellen Wohlfahrt.

Allfällig fortbestehenden Fragen, die Paradiestauglichkeit des Menschen betreffend, dürfen wir uns getrost entziehen. *Big Spender* lebt allein in Träumen vom Schlaraffenland. Die Realitäten wieder aufzurufen, genügt es vollauf, das Faszinosum der *unmanned factory* gedanklich auszureizen. Vorausgesetzt also, der produktive Apparat käme ohne Handlanger aus, selbst ohne nennenswertes Überwachungspersonal. Dann müßte er noch immer mit Rohstoffen beliefert, mit Energie versorgt, gewartet, in Teilen oder ganzen Modulen periodisch erneuert werden. Das Endprodukt müßte die Verbraucher erreichen, die ihrerseits nicht nur essen und sich kleiden, sondern auch wohnen und sich fortbewegen wollen; all das schließt Arbeit ein. Mag vielen der Tag gleichwohl lang und daher die Praxis zur Gewohnheit werden, sich wechselseitig Dienste zu erweisen, Genüsse zu verschaffen, die sie vordem kauften; der Inanspruchnahme von kommerziellen Dienstleistungen und Spezialisten durchgehend zu entraten scheint ausgeschlossen. Bleibt folglich ein weiter einzuschränkender, aber niemals aufzuhebender Aufwand an elementaren Überlebenstätigkeiten, kollektiven Kraftanstrengungen, an Arbeit. Gegen den heutigen nähme er sich geringfügig aus, und eine künftige Menschheit, die darin fortführe, die individuelle Arbeitszeit als ehernes Maß des persönlichen Zugriffs auf den gemeinschaftlich erzeugten Reichtum festzusetzen, beginge die ärgste Donquichotterie seit Anbeginn der Welt. Statt den produktiven Apparat von den Fesseln des Tauschwerts zu befreien, schnürte sie ihn ängstlich darin ein.

2. »Es ist nicht mehr der Arbeiter, der modifizierten Naturgegenstand als Mittelglied zwischen das Objekt und sich einschiebt; sondern den Naturprozeß, den er in einen industriellen umwandelt, schiebt er zwischen sich und die unorganische Natur, deren er sich bemeistert ... In dieser Umwandlung ist es weder die unmittelbare Arbeit, die der Mensch selbst verrichtet, noch die Zeit, die er arbeitet, sondern die Aneignung seiner eignen allgemeinen Produktivkraft, sein Verständnis der Natur und die Beherrschung derselben durch sein Dasein als Gesellschaftskörper – in einem Wort die Entwicklung des gesellschaftlichen Individuums, die als der große Grundpfeiler der Produktion und des Reichtums erscheint ... Sobald die Arbeit in unmittelbarer Form aufgehört hat, die große Quelle des Reichtums zu sein, hört und muß aufhören die Arbeitszeit das Maß zu sein und daher der Tauschwert [ das Maß ] des Gebrauchswerts. Die SURPLUSARBEIT DER MASSE hat aufgehört Bedingung für die Entwicklung des allgemeinen Reichtums zu sein, ebenso wie die NICHTARBEIT DER WENIGEN für die Entwicklung der allgemeinen Mächte des menschlichen Kopfes. Damit bricht die auf dem Tauschwert ruhnde Produktion zusammen, und der unmittelbare materielle Produktionsprozeß erhält selbst die Form der Notdürftigkeit und Gegensätzlichkeit abgestreift. Die freie Entwicklung der Individualitäten, und daher nicht das Reduzieren der notwendigen Arbeitszeit um Surplusarbeit zu setzen, sondern überhaupt die Reduktion der notwendigen Arbeit der Gesellschaft zu einem Minimum, der dann die künstlerische, wissenschaftliche etc. Ausbildung der Individuen durch die für sie alle freigewordne Zeit und geschaffnen Mittel entspricht.«[394]

3. Die kühne Hypothese, als Kontrastmittel zur Aufhellung unseres eigenen geschichtlichen Standorts eingesetzt, erzwingt die Diagnose: Wir leben in einer Zeit des Übergangs, der kulturellen Doppelherrschaft, in einer KRITISCHEN EPOCHE.[395] Die Maßgaben der Lohnarbeitsgesellschaft behaupten ihre Vorherrschaft über das Denken, Handeln und Dasein der Menschen, obwohl der Produktionsprozeß sie unaufhörlich unterhöhlt, anachronistisch werden läßt; sie behaupten sie desto verzweifelter und hartnäckiger, je deutlicher dieser Anachronismus zu Tage tritt und nach einem neuen kategorialen System verlangt. Die unmittelbare Arbeitszeit, die die einzelnen auf die Schaffung des gegenständlichen Reichtums verwenden, steht in immer groteskerem Mißverhältnis zu dessen tatsächlichem Umfang, sagt wenig über das, was das Individuum GEMEINSCHAFTLICH mit anderen, auf einen hocheffizienten Apparat gestützt, während eines Tages, einer Woche, eines Monats etc. real zu leisten vermag.[396] Dessen ungeachtet bemißt sich seine Teilhabe am Reichtum nach seiner zeitlichen Präsenz, seinem leibhaftigen Eingeschlossensein in der kollektivierten und technisierten Megamaschine. Wer Anwesenheit nicht nachweisen kann, verliert den Anspruch bis auf ein nach unten offenes Minimum, selbst dann, wenn seine Anwesenheit entbehrlich war.

Das Mißverhältnis zwischen zeitlichem Aufwand pro Person und technisch-kooperativem Gesamtertrag bestünde fort, wenn die gesellschaftlich notwendige Arbeitszeit gleichmäßig auf alle Arbeitsfähigen verteilt würde. Da in diesem Fall alle Erwerbspersonen erwerbstätig wären, besäßen auch alle geldwerte Titel auf Teile des Gesamtprodukts. Nur eben inflationierte, weil ein gegebenes, tendenziell sinkendes Arbeitsvolumen nunmehr die insgesamt verfügbare *workforce* engagierte. Dieselbe nominelle Lohnsumme würde an eine größere Kopfzahl ausgereicht, der Gewinn der einen, bisher Abseitsstehenden, wäre der Verlust der anderen, schon »Etablierten«, die zugleich mit sinkenden nominellen Bezügen

Reallohnverluste zu quittieren hätten. Das von sämtlichen Erwerbstätigen konsumtiv abschöpfbare Produkt bewegte sich innerhalb der früheren Formate.

Die theoretisch denkbare Variante, derzufolge die zusätzlich in die Arbeitswelt Eintretenden dieselben Einkommen realisieren wie die »Alten«, darf unter den gegenwärtigen Kräfteverhältnissen ebenso vernachlässigt werden wie die abstrakte Möglichkeit, daß alle in den vollen Genuß wachsender Produktivität gelangen, sei es durch wieder ansteigende Löhne, durch fallende Preise oder durch eine Kombination aus beidem. Das heißt aber auch: Vollbeschäftigung, zu den herabgesetzten Konditionen, verleiht der für den Binnenmarkt bestimmten Produktion so wenig Flügel wie dem Wachstum. Vom herrschenden Verteilungsmechanismus atomisiert – »Ich und meine Arbeitszeit« – können die zu einzelnen zurechtgestutzten vielen auch nicht annähernd konsumieren, was sie mit ihrer Arbeit produzieren. Und weil sie das nicht können, unterschreitet das effektive Produktionsvolumen das technisch-technologisch mögliche notorisch und eklatant wie nie zuvor in der Geschichte des Kapitalismus.

4. Die hier angestellten Betrachtungen bewegen sich schrittweise von der Utopie zur Wirklichkeit, auf einem Problemfeld, in dem es in letzter Konsequenz ums Essen geht. Wie löst sich für das Gesamtkapital der Widerspruch, der aus der Bewegung der vielen Einzelkapitale erwächst: möglichst wenig Arbeitskräfte, möglichst viele Konsumenten? Wie verwertet der Kapitalismus den erzeugten Reichtum, wenn er die lebendige Arbeit rastlos minimiert, dieselbe Arbeit jedoch zugleich zum unverrückbaren Maß der Konsumtion erklärt? Relativ zu dem, was er seinen nationalen Bevölkerungen an materiellen Lebensmöglichkeiten einzuräumen bereit ist, produziert er scheinbar immer viel zu viel, gemessen an seinen technisch-technologischen Potenzen sowie an den von ihm selbst geweckten Bedürfnissen produziert er viel zu wenig, erweist er sich als kleinlich, geizig, zugeknöpft.

In seiner Jugendperiode stand ihm diese Attitüde, indirekte Kosten, menschliche Opfer einmal ausgeklammert. »Produktion als Selbstzweck, nicht um des guten Lebens willen«, hieß die Parole, unter der das neue historische Prinzip die Seinen um sich scharte und in den Kampf gegen die erschlaffte, parasitäre Welt des späten Absolutismus führte. Nachdem sein fanatischer Produktionswille den Kapitalismus Mitte des neunzehnten Jahrhunderts bis unmittelbar vor den Abgrund geführt hatte, besann er sich durchdachterer Methoden. Nun sollte, wer zuverlässig arbeitete, auch leben wie ungefähr ein Mensch. Das zwanzigste Jahrhundert begrüßte das zunächst abgerungene Zugeständnis an die Konsumtion der breiten Massen wie eine lange herbeigesehnte Offenbarung, bestimmt für einige auserwählte Abteilungen des weltweiten Proletariats: Laßt euch vom Konsum verführen! Arbeitet hart, aufopferungsvoll, angetrieben, begeistert von den Früchten, die euch dadurch werden! Es verwässerte die frohe Botschaft, noch ehe es zu Ende ging. Mit zunehmendem Alter vom Konsum besessen, war das Kapital doch weise genug geworden, die alte Regel einzuschränken. Für alle reicht die gute Arbeit nicht!, so hieß es jetzt und: Mindere Arbeit will verrichtet sein wie jede andere auch; nur muß das Leben, das sie gründet, kürzer treten lernen, und wenn die Menschen sich zu schade dafür sind, dann wird ihr Leben eben wieder fraglich.

5. Daß aus dem Leben wieder eine Frage wurde, läßt sich an nichts deutlicher ablesen als an der jüngsten Karriere des Wortes »Kapitalismus«. Noch vor zwei, drei Dekaden konnte man den Eindruck gewinnen, es sei aus dem Sprachgebrauch der reichen Industriegesellschaften verschwunden. Die Eliten hüteten sich, den alten Kampfbegriff wieder zu Ehren zu bringen, und selbst im Mund ausgewiesener Systemkritiker zerfiel das Wort zu Asche. Eine Gesellschaft, die auf kapitalistischer Warenproduktion beruhte, war eben nicht dasselbe wie eine kapitalistische Gesellschaft, und genau diesen Unterschied galt es hervorzuheben. So sprach man, je nach Gusto,

von postindustrieller Gesellschaft, Risikogesellschaft, Erlebnisgesellschaft, Multioptionsgesellschaft, erster oder zweiter Moderne oder, falls doch einmal vom Kapitalismus, dann unter Hinzufügung relativierender Attribute: entwickelter, fortgeschrittener, moderner Kapitalismus.

Heute ist der »Kapitalismus« wieder in Mode: so wie das, was er bezeichnet. Die Eliten bedienen sich des Wortes ohne weitere Erläuterung, frei von Scham und Vorsicht, und geben dadurch zu erkennen, wie sie die Übergangsepoche deuten, in der wir uns befinden: als Passage von einem Kapitalismus, der auf sozialen Krücken ging, zu einem Kapitalismus ohne Notbehelfe.[397] Für die kritischen Gemüter wurde das K-Wort, begrifflich aufgefaßt, was es schon einmal, zu Marx' Zeiten war, ein Werkzeug sachbezogener Analyse. Als sei nach einer langen Zeit der Ungewißheit endlich ein klares Wort gesprochen, spannte man die einstige Reizformel wieder ins theoretische Geschirr nüchterner Gegenwartsbeschreibung ein.

Nur muß es dabei schon überaus genau zugehen, wie stets, wenn es um Worte geht. Wer sie besetzt, regiert den Diskurs, wer den beherrscht, bestimmt in der sozialen Welt. »Kapitalismus«, die Verwendung dieses Terminus macht Sinn nur unter ausdrücklichem Bekenntnis zu seiner direkten Konsequenz: der Behandlung und Vergütung des menschlichen Arbeitsvermögens als einer ganz gewöhnlichen Ware, deren (Tausch-)Wert mit ihren durchschnittlichen Wiederherstellungskosten zusammenfällt. »Kapitalismus« bedeutet Verewigung der Armut als Grundbedingung zur Schaffung steil anwachsenden Reichtums. Arbeiter im Kapitalismus zu sein bedeutet ein Unglück, das wußte Ricardo, der es für unabänderlich hielt, so gut wie Marx, der auf den revolutionären Zündstoff dieses kollektiven Schicksals reflektierte.

Leben wir, diesen Zusammenhang im Blick, wieder im Kapitalismus? Die Antwort, noch, heißt nein und erfolgt prompter als auf die nächste Frage: Bewegen wir uns in die Richtung eines gesellschaftlichen Lebensprozesses, der vom Kapitalinteresse neuerlich überwältigt wird? Man muß sich gegen die Realitäten schon ziemlich verhärten, um die zahlreichen Analogien übersehen zu können, die zwischen unserer historischen Konstellation und jener bestehen, die sich in der Frühzeit des industriellen Kapitalismus herausbildete: Führung des ökonomischen Sektors im Vergesellschaftungsprozeß bei zeitgleichem Zurückfallen politischer und rechtlicher Koordinationen; Politik der staatlichen Entstaatlichung; Entkollektivierung der Arbeitsverhältnisse; Erosion der bürgerlichen Form der Lohnarbeit; Abkopplung der Lohnentwicklung vom Produktivitätsfortschritt für die Mehrheit der Beschäftigten; erzwungene Gratisarbeit; neue Armut. Angesichts dieser Parallelen überrascht es kaum, daß die große Streitfrage aus der Epoche des klassischen Kapitalismus in die zeitgenössische Debatte zurückkehrte: Wie verwertet das Kapital sein Mehrprodukt, seinen Gewinn, wie findet das Produkt zum Konsumenten?

## § 43 Konsumtion als Bürgerpflicht

1. Der neuzeitliche Kapitalismus hatte sich zum industriellen kaum gemausert, da bewies man seine Unmöglichkeit zu dauern. Er bannte das Leben der Arbeiterschaft in die Grenzen des physischen Minimums, bestritt der nichtarbeitenden Oberschicht ihren geachteten Platz in der Gesellschaft und zwang seinen eigenen Funktionären, den Unternehmern, strengste Askese auf. Gleichzeitig überrannte er alle geschichtlich eingezeichneten Markierungen der Reichtumsproduktion, machte er sich anheischig, die Welt- als Marktgesellschaft herzustellen. Auf die dringlichste Frage, von ihm selber aufgeworfen, verweigerte er indes die Antwort, ja, er schien sie nicht einmal zu kennen: Wer konnte, wer sollte den potentiell unermeßlichen Reichtum konsumieren? Und wenn er die Antwort schuldig blieb, was stand ihm anderes bevor als das Schicksal aller Möchtegerne; er würde sich, bald schon, an seiner Maßlosigkeit verschlucken. Wollte

er seiner unmittelbar bevorstehenden Nemesis entgehen, mußte er all jenen Stimmen Gehör schenken, die von der Unentbehrlichkeit unproduktiver Klassen zu berichten wußten. Mochten Luxus und Verschwendung in der neuen Zeit als Laster umgehen; sie schöpften den überschüssigen Reichtum ab, mehr noch, sie ließen ihn, seiner konsumtiven Bestimmung gewiß, erst richtig sprudeln. Wer sich, nur zum Vergnügen, ein Dutzend prächtiger Kutschen hielt, förderte den Wohlstand seiner Nation in gleicher, wenn nicht fruchtbringenderer Weise als jener, der schlichtes Leinen produzierte. Anders als der mechanische Webstuhl, der seine Operateure zu schlecht bezahlten Arbeitstieren degradierte, warf das gehobene Handwerk veritable Revenuen ab – für die geschickten Hände und besonders für den Unternehmer. Die gaben wieder anderen Arbeit, und so zeugte sich der Reichtum fort. Selbst das Verbrechen, die Domäne unproduktiver Armer, war nicht zu verachten. Es regte zum Bau von Gefängnissen an, beschäftigte Aufseher und zuvor noch Maurer, Zimmerleute, Architekten.

Bernard Mandeville, gebürtiger Niederländer, Brite aus Passion, war nicht der erste, der die bürgerliche Klasse mit derlei Vorschlägen schockierte.[398] Da er das Metier brillant beherrschte, in dem er sich versuchte, die satirische Provokation, erinnern wir uns seiner nur genauer. Fortlaufende Beachtung erwarb er sich zudem durch sein Gesellschaftsbild. Was macht den Menschen zu einem geselligen Wesen, war seine Ausgangsfrage. Und die Antwort erteilten nicht Altruismus und Selbstgenügsamkeit, sondern Egoismus, Neid und Gier. Das klang übel, war dem Geist der Aufklärung aber keineswegs fremd. Kants »ungesellige Geselligkeit« resümierte dieselbe dialektische Grundstruktur der bürgerlichen Gesellschaft wie Smith' »unsichtbare Hand« oder Marx' Theorem vom tendenziellen Fall der Profitrate.[399]

2. Nicht alles ist stimmig bei Mandeville, manches undurchdacht, manches wieder sehr weitsichtig formuliert. Klug, vorausschauend war seine Kritik am bürgerlichen Spar-

zwang (»Denn je mehr Geld von einigen aufgehäuft wird, um so spärlicher muß es unter den übrigen werden.«[400]), und es war kein Zufall, daß einer der einflußreichsten Ökonomen des zwanzigsten Jahrhunderts, John Maynard Keynes, gerade daran anschloß. Weitblickend auch seine Vision des Staates, der dazu bestimmt sei, Dinge anzupacken, die die einzelnen sich nicht zutrauen, dem Gewerbefleiß von sich aus aufzuwecken, wenn die privaten Investitionen stocken[401]; wieder ein Anschlußstein für Keynes' antizyklische Wirtschaftspolitik.

Überholt, teilweise direkt albern dagegen Mandevilles stupende Fixierung auf die Binnennachfrage um jeden Preis: Handwerker können Besseres leisten als Gefängnisse bauen; nicht jedes Laster verwandelt sich in einen öffentlichen Vorteil (kuriose Projekte vorzuschlagen scheute sich indes auch Keynes nicht[402]). Beschränkt auch, obzwar für die damalige Zeit verständlich, sein britischer Blick auf die Welt, die geistige Gefangenschaft in der nationalen Konkurrenzperspektive; ebenso der Zynismus, der auf die Armen niederfährt: »Armut, die es zwar klug ist zu mildern, töricht aber, ganz zu beseitigen.«[403]

Der schon fast pflichtgemäß gegen Mandeville erhobene Vorwurf, er verherrliche den Parasitismus, den Luxuskult, greift jedoch ins Leere. Ihm ging es um etwas anderes. Das Geld, das jemand gemacht hatte, sollte nicht gehortet, sondern ohne Verzug in die Zirkulation zurückgeleitet werden, auf daß sich jederzeit Geschäftsgeist rege. Er rechtfertigte die Konsumtion weder um ihrer selbst noch um der reichen Konsumenten willen, sondern als Motor und Garanten der Produktion. Was dem an sich knauserigen Kapital Absatzkrisen in Permanenz ersparte, immer umfänglichere Märkte erschloß, war der Hang der Reichen zum Verzehr. Wer üppig konsumierte, erfüllte, wissentlich oder nicht, eine nationale Mission; Konsumtion als staatsbürgerliche Tugend.

3. Ein Mandeville unserer Zeit, oder: Arbeit paradox. Intervention von Rainer Wendt, Vorsitzender des Wirtschafts-

ausschusses im Deutschen Bundestag: »Der Wirtschafts-experte schlägt vor, dass jeder, der einen anderen beschäftigt, die Kosten dafür von der Steuer absetzen kann, was bisher nur Unternehmen gestattet wird. Firmen ziehen die Löhne ihrer Beschäftigten vom Umsatz ab. Nur das, was übrig bleibt, muss versteuert werden ... Der Drogeriebesitzer kann als Unternehmer Angestellte von der Steuer absetzen. Beschäftigt er als Familienvorstand eine Haushaltshilfe oder einen Gärtner, darf er nur einen kleinen Teil der Lohn-kosten absetzen – im Rahmen des so genannten Dienst-mädchenprivilegs. Warum der Unterschied? Warum gibt es überhaupt zwei Arten von Arbeitgebern, einen mit Steuer-privileg und einen ohne? Und: Ist angesichts dieser Benach-teiligung der Weg in die Dienstleistungsgesellschaft über-haupt zu schaffen, wenn viele Jobs nicht mehr in der klassi-schen Industrie entstehen?«[404] – Fragen über Fragen und eine wahrhaft grandiose Widerlegung von Adam Smith, der jenen Reichtum prophezeite, die ihr Geld produktiv als Ka-pital verauslagten, Armut hingegen denen, die es privat als Revenue verpraßten. Nunmehr würden alle reich. Der Kon-sument von Dienstleistungen, weil er seine Auslagen, als Unternehmer neuen Typs, der konsumierend Arbeitsplätze schafft, steuerlich veranschlagen kann, und der Dienstlei-stende selbst wird »reich«, weil er den Dienst jetzt über-haupt erst leisten darf. Aber warum so zurückhaltend? Warum die famose Idee nicht auch der Konsumtion von WAREN applizieren? – Ich gehe zum Bäcker, kaufe dort ein. Ginge ich nicht dorthin oder kaufte weniger, wer weiß, viel-leicht ging der Laden pleite. Ich habe also, als ich meine Brötchen erwarb, den Bäcker und seine Angestellten zu meinem Teil »mitproduziert«, das verdient steuerliche Ent-lastung. Und so bei jedem Warenkauf.

Die Produktion produziert den Konsumenten und seinen Gegenstand, so dachten wir bisher. Die Produktion erfüllt sich in der Konsumtion, verwirklicht sich in ihr, das war uns auch geläufig. Daß die Konsumtion Produktion IST, daß sie

344

Arbeit produziert, und zwar unmittelbar, im Akt des Verbrauchs, weshalb sie ihr fiskalisch gleichgestellt gehört, darf demgegenüber als grundstürzende Erleuchtung gelten. So schlägt man bare Münze aus einer Tautologie. Ich konsumiere, »also« anerkenne ich die Mühe des Produzenten als gerade meines Geldes würdig, »also« bestätige ich ihn in dieser Eigenschaft, was ich, »also«, als meine Produktion verstehe, die mir entgolten werden muß. – Dumm nur: Eine Gesellschaft solcher »Produzenten« ginge alsbald des Staates verlustig, der gesamten öffentlichen Sphäre, sofern an Steuermittel angebunden. Da wir alle unentwegt »produzierten«, selbst wenn wir uns von einem Bekannten für Geld und spaßeshalber durch die Stadt chauffieren ließen, und »also« Steuern sparen noch im Schlaf, müßten wir schließlich, um diese kommode Lebensweise aufrechtzuerhalten, Geld zum Ausgeben (Pardon! zur Schaffung von Arbeitsplätzen!) von Staats wegen erhalten. Konsumprämien für alle und für die Großkonsumenten ein Extragehalt, bestritten aus allgemeinen Mitteln. Da loben wir uns doch die kalte Feder Mandevilles! Der mühte sich, seinen wohlhabenden Zeitgenossen, bürgerlichen wie adeligen, ein Gewissen aus ihrem Reichtum zu konstruieren, predigte ihnen vom Verzehr als einem patriotischen Projekt. Ihnen den Genuß (denn darin kulminierte ihre Pflicht) nachträglich zu versilbern, sah er keinen Anlaß.

4. Die Konsumtion steht im Brennpunkt der Realisierungsproblematik, auf weit radikalere Weise als der Volksvertreter es sich träumen läßt. Man sollte meinen, die linke, an Marx anknüpfende Kapitalismusanalyse besäße bessere Voraussetzungen, das Problem bei der Wurzel zu packen. Aber dem ist nicht so. Marx lehnte es explizit ab, die individuelle Konsumtion ins Zentrum der erweiterten Reproduktion des Kapitals zu rücken. Wer so verfuhr, verherrlichte entweder direkt das Bedienten- und Lakaientum, rechtfertigte die saturierte Bourgeoisie, die ihren Frieden mit der alten Ordnung schloß, oder war schlicht naiv.[405] In jedem Fall

war er als »Vulgärökonom« verdächtig, und dies Verdikt zeitigte Folgen, die nicht allein den orthodoxen Marxismus betrafen. »Vulgär« bis zur Geschmacklosigkeit das Ansinnen, die entmachtete Aristokratie sozial wieder in Stellung zu bringen, diesmal als konsumierende Klasse, die dem Kapital das Mehrprodukt verzehren hilft;[406] »vulgär« der gegen Smith ins Feld geführte Einwand, daß, die Verallgemeinerung proletarischer Lohnverhältnisse vorausgesetzt, »den Produzenten die Konsumenten fehlen würden und die nicht konsumierten Überschüsse nicht reproduziert werden könnten«;[407] »vulgär« der bloße Gedanke, das Kapital sei in seinem Expansionsdrang auf die Konsumtion der Proletariermassen angewiesen.[408]

Das Surplus, dozierte Marx, wird durchaus vom Proletarier verzehrt, allerdings auf produktive Weise, durch die fortgesetzte Verwandlung und Vermehrung des vorgeschossenen Kapitals. Überhaupt sei es ein Irrtum anzunehmen, das Mehrprodukt existiere überwiegend in der Form von Konsumtionsfonds. Der Kapitalismus auf industrieller Grundlage, in rastloser Ausweitung begriffen, produziere primär um der Produktion willen, das heißt Produktionsmittel, Werkzeuge, Maschinen, dazu gefertigt, ihrerseits Instrumente für den Produktionsprozeß hervorzubringen. Die könnten, ihrer stofflichen Verfassung gemäß, nicht anders angeeignet werden als wieder produktiv, durch Arbeit. Schließt dieser produktive Stoffwechsel im nächsten Zyklus weniger lebendige Arbeit ein, werden deren Träger, die Arbeitskräfte, überflüssig, daher auch als Konsumenten abgeschafft. Zusammen mit dem Verbrauch bislang für sie bestimmter Lebensmittel sinkt deren Produktion, Punktum.[409] Die in der Wertschöpfung Verbleibenden fahren fort, das Kapital zu produzieren, und weil das so ist, weil A für B produziert, muß B für A konsumieren. Generell gilt: Maschinerie verdrängt Arbeit, vermindert die Anzahl der Arbeitenden, vermehrt die Produktmasse, deren konsumtiver Überschuß entweder außer Landes ausgetauscht oder intern von der

Rentierklasse und ihren Bediensteten bzw. von der Revenue der Unternehmer absorbiert wird.[410] Wo ist das Problem?

5. Marx argumentierte im Kontext des welthistorischen Aufstiegs kapitalistischer Produktion; illusionslos, was die Befreiung in der Arbeit, durch Arbeit anbetraf. Unser Denkstandort ist das längst durchgesetzte und inzwischen zu globaler Herrschaft gelangte Kapitalverhältnis. Daraus ergeben sich, trotz der erwähnten Analogien, recht verschiedene Perspektiven. Die weiten Alleen, auf denen das Kapital die Welt missionierte, waren mit zahllosen Krisen, Kämpfen, Unglücksfällen und Katastrophen gepflastert. Sie gaben Anlaß zu Metamorphosen und Kompromissen, die das ursprüngliche Antlitz dieser Formation, gleich einem von Meistern verschiedener Schulen übermalten Gemälde, Zug um Zug verdeckten. Zu seinem wie zum Vorteil derer, die es jeweils später kennenlernten. Ohne sich in einer Mischung aus Zwang und Klugheit nach innen zu zivilisieren, wäre aus dem Manchesterkapitalismus nie Hochkapitalismus und aus diesem niemals die Grundlage gefestigter sozialer Demokratien erwachsen. Den fortgeschrittenen Kapitalismus als mit der sozialen und bürgerlichen Anerkennung der Arbeiter und Angestellten vereinbar anzusehen erschien alles andere als »vulgär«. Die Produktion des sachlichen Reichtums der Gesellschaften hatte sich in definitive Abhängigkeit vom ökonomisch guten Leben und somit vom Verbrauch breitester Bevölkerungsschichten begeben. Zwar geht es nun nach vorn zurück, aber ein einfaches Zurück zu den Anfängen ist ausgeschlossen. Das Kapital versucht, sich vom Sozialstaat abzuseilen. Aber ebenso hoch wie das bereits erstiegene Plateau ist die Chance, gemeinsam mit der ganzen Seilschaft abzustürzen.

Die Neoklassik weist, mutmaßlich, Auswege aus dem sozialen Clinch in dünner Luft. Sie führen sämtlich aus dem engen Käfig der fortgeschrittenen Industrienationen: Die Welt ist weit wie nie, und das Surplus wird immer Absatz finden. Nur ähneln sich die Raumteile der einen Welt auch immer mehr. Noch tauschen die reifsten Ökonomien Kapital und Waren vornehmlich untereinander aus, das heißt zu Bedingungen, die denen im jeweiligen Herkunftsland weitgehend gleichen. Der wechselseitige Transfer führt, sofern, nicht zur Lösung des Realisierungsproblems; er erneuert es vielmehr. Es sind die vom Kapital noch unerschlossenen oder kaum berührten Wirtschaftsräume, die die Hoffnung tragen müssen. Wie lange können sie ihr Nahrung geben? Und hat sich der kapitalistische Globalismus aus einer allbeherrschenden Bewegung endgültig in einen (dynamischen) Zustand mit ausgeglichen Gefällen transformiert, was dann? Was, vordringlicher, bis dahin? Soll wieder gelten, was Marx gelten lassen mußte: Keine Lohnarbeit, folglich auch keine Konsumtion? Oder, falls Erwerb, dann zum gehörigen Tarif der Ware Arbeitskraft (zu deren heutigen Reproduktionsbedingungen, versteht sich)? Kann eine Politik der sozial verbrannten Erde unter zivilisatorisch entwickelten Verhältnissen, an deren Zustandekommen Generationen wirkten, auch nur phasenweise die Zustimmung der Mehrheit finden? Geben, anderenfalls, Polizei und Wachschutz, mit denen sich deutsche Arbeitsämter vorsorglich gegen den Zorn ihrer entrechteten »Kunden« versichern, den rechten Ausblick auf das Nahende?

6. Ließe sich das Kapital in seinem Drang, die Menschheit mit seinen Mitteln zu vereinigen, zu jener Klugheit herbei, die ihm in vergangenen Zeiten stets zustatten kam, wir blickten gelöster in die Zukunft. Es entwickelte, allerdings, den reflektierten Klassenstandpunkt nicht aus sich heraus, mußte ihn von außen borgen, von wahren Wirtschaftsweisen, wie Keynes einer war. Der verfocht, im Unterschied zur Klassik, die eine »Theorie der einzelnen Firma« geliefert hatte, unbeirrt die Bedürfnisse weniger der Unternehmerklasse als vielmehr des unternehmerischen Prinzips. In einer Periode heftigster wirtschaftlicher Krisen zu eigenständigem Denken erwacht, beorderte er das Nachfrageproblem auf den ersten Platz der theoretischen Agenda. Die Devise des Einzelkapi-

tals – Kürzung der Geldlöhne senkt die Erzeugungskosten, schafft lukrativere Marktpositionen, Anreize zur erweiterten Produktion, letzthin zu mehr Beschäftigung –, fertigte er mit denselben dürren Worten ab wie weiland Marx: »Werden die Unternehmer ... tatsächlich ihre Gewinne vermehren können, wenn sie allgemein nach dieser Erwartung handeln?«[411]

Der einzelunternehmerischen Borniertheit Verstand zu injizieren hielt er, anders als der deutsche Revolutionär, den wirtschaftlich aktiven Staat für fähig. Ihm fiel die Rolle zu, durch eine flexible Zinspolitik, gegebenenfalls durch eigene Beschäftigungsinitiativen mit dem Hang zum Verbrauch die effektive Nachfrage zu stärken und unbeschäftigte Kapitalien zu produktiven Investitionen zu verleiten. Das Ziel war Vollbeschäftigung zu voller Arbeitszeit, und »theoretisch« war es um so leichter zu erreichen, als revolutionäre Produktivitätsschübe aus dem Denkmodell einstweilen ausgeklammert blieben. Selbst die schwache Alternative zur »vollen« Vollbeschäftigung – Sicherung der Beschäftigung durch Verminderung des beschäftigungssuchenden Arbeitsangebots, etwa durch Arbeitszeitverkürzung – verwies er in die fernere Zukunft.[412]

In dieser Zukunft leben wir, und das ist der Grund, weshalb wir die enge Anbindung wirtschaftspolitischer Vernunft an die Imperative der Lohnarbeitsgesellschaft nicht mehr mitvollziehen können, bei Keynes so wenig wie bei seinen klügsten Schülern, Paul Krugman oder Daniel Cohen. Die zeichnen sich gegenüber der Mehrheit ihrer deutschen Kollegen immerhin durch entwickeltes Problembewußtsein und einen wachen Sinn für das Soziale aus.[413]

7. In einem Punkt fallen alle drei (in den zitierten Arbeiten) hinter Ricardos Analyse des Verhältnisses von technischem Fortschritt und Beschäftigung zurück. In dem *Über Maschinerie* betitelten Kapitel, das er der dritten Auflage seiner *Principles* hinzufügte, übte er öffentlich Selbstkritik an seiner früheren Ansicht, der umfassende Einsatz stets verbesserter Technik käme allen sozialen Klassen zugute. Für

die Grundeigentümer und die Kapitalisten hält er diese Behauptung aufrecht. Deren Renten bzw. Revenuen setzten sich in mehr Waren um, da diese durch erhöhten Maschineneinsatz billiger würden. Nicht so für die Masse der Arbeiter, deren Interessen die Ersetzung der menschlichen Arbeit durch Maschinen »oft sehr schadet«. Die unter der lohnarbeitenden Bevölkerung verbreitete Ablehnung des kapitalistischen Maschinenzeitalters befinde sich soweit im Einklang mit den »richtigen Prinzipien der Politischen Ökonomie«.[414] Maschinisierung der Produktion, in großem Maßstab durchgeführt, erzeuge einen Überschuß an Bevölkerung, den der Marktmechanismus nicht zu berichtigen vermag. Die Freigesetzten fragen nichts mehr nach; der notwendige Effekt dieser »Konsumzurückhaltung«: Einschränkung der für sie, ihren Konsum, bestimmten Produktion. Das schmälert die Einkünfte der betreffenden Kapitalisten, so daß weitere Arbeiter ihre Anstellung verlieren. Die von Absatzeinbußen betroffenen Unternehmer werden sich auf die Erzeugung anderer Produkte werfen, höherwertige Waren herstellen statt einfacher, Annehmlichkeiten für die Begüterten, und können dabei auf die Überflüssigen zurückgreifen, die sich nach Arbeit drängen, zu geringer Kost. Nur: Früher oder später faßt die Maschinerie auch in diesen Zweigen festen Fuß; und das langfristige Resultat wird kein Ausgleich verlorengegangener Beschäftigung, schon gar keine Zunahme, sondern, per Saldo, Verlust von Arbeitschancen sein.[415]

Ricardo touchiert das Realisierungsproblem, verfolgt es jedoch nicht konsequent genug. Und auch das Vollbeschäftigungsdilemma schwächt er zusehends ab. Um seinen Grundgedanken zu erläutern, habe er unterstellt, daß Verbesserungen der Maschinerie sprunghaft und in großem Umfang eintreten; praktisch geschehe dies jedoch allmählich, Sektor für Sektor, ohne abrupte Brüche.[416] Weil er seine Selbstkritik am falschen Objekt demonstriert (am evolutionären Fortgang der Industriegesellschaft statt an deren revolutionärem

Umschwung), schützt er sich selbst und seine Leser vor äußerst unbequemen Folgerungen. Diese Inkonsequenz ist jedoch allemal aufschlußreicher, »ehrlicher« als der doktrinäre Diskurs vieler Zeitgenossen, die sich auf ihn berufen. Dazu sogleich, nach einem ausblickenden Fazit.

8. Der Fall ist, so weit, klar. Die kapitalistische Akkumulation mit der ihr zumutbaren Einsicht zu begaben verlangt heute weit mehr als geld-, zins- und wachstumspolitische Regulierungen im Dienst der Vollbeschäftigung. Wollen wir uns mit der Beschwörung eines abgeschlossenen historischen Kapitels nicht begnügen, müssen wir einen Schritt weiter gehen. Das bedingungslose Grundeinkommen IST dieser Schritt. Ob es in naher oder weit entfernter Zukunft in der sozialen Welt Platz greift, ist, obschon unmöglich vorherzusagen, für die jetzt Lebenden alles andere als beliebig. Gewiß, fernab aller Wünsche und Spekulationen, ist nur eines: Das Kapital selbst wird seiner bedürfen, sollte es sein globales Projekt jemals vollenden; eher früher, auf dem Weg dorthin. Je schneller und konsequenter es die ganze Welt nach jenem Vorbild einrichtet, das es aus den Metropolen mit sich trägt, desto unwiderstehlicher wird sich sein ungebrochener Fortschrittswille bis in ihren letzten Winkel auswirken, desto weniger Rückzugsräume, Nischen, Sonderzonen werden überleben. Hase und Igel in einem, wird es von seinem Nivellierungseifer eingeholt; und wo eben noch Kundschaft lockte, auf seine Segnungen begierig, zu jeder Arbeit aufgelegt, begegnet es beim nächsten Treffen seinem Alter ego, Freigesetzten, Überflüssigen, ökonomisch Abgeschriebenen. Dann stirbt, inmitten überbordenden Reichtums, der Akkumulationstrieb entweder den Nachfragetod, oder das Kapital erholt sich von dem Schock und stattet die Bataillone der Überflüssigen und Minderlöhner mit Anteilsscheinen auf den Reichtum aus. Das wäre ein Konsumgeld, seines Namens würdig (§ 15.3), weil es auf der Anerkennung des Verbrauchs als eines MENSCHEN-RECHTS beruhte.[417]

351

Geholfen wäre auch den prospektiven Unternehmern, um den Preis, eingestanden, daß sie nun die Dummen sind, Werk- und Zahlmeister der Armen; und der Kommunismus kehrt durch die Hintertür, die zu verriegeln man vergaß, zurück. Verstaatlichung der Produktionsmittel auf revolutionäre Weise – ein rohes Mißverständnis; es lebe die Vergesellschaftung der Lebensmittel im Einvernehmen aller! Schüchterne Umarmung des Kapitals mit dem Leibhaftigen.

## § 44 Dr. Sinns »eingerechnete« Arbeitsersparnis (nach Art eines Satyrspiels)

1. Der Nationalökonom und Präsident des Münchener ifo Instituts für Wirtschaftsforschung gibt in seinem jüngsten Buch ein bezeichnendes Beispiel für einen Postkeynesianismus, der in die krudesten Dogmen der von Keynes kritisierten Klassik zurückfällt. Wie diese leugnet Sinn die »unfreiwillige Arbeitslosigkeit«, kennt er nur die selbstverschuldete. Sein Argument ist von erschütternder Naivität. Menschen finden keine Arbeit oder verlieren sie, weil sie sich weigern, zu Löhnen zu arbeiten, die ihnen Beschäftigung geben würden. Je höher das je nationale Niveau der effektiven Stundenlöhne, desto größer das Ausmaß der Selbstausschließung potentieller Arbeitskräfte vom Arbeitsmarkt. Insofern feierten Gewerkschaften und Sozialstaat selbstvergessen Pyrrhussiege. Der prominente Volkswirt weiß um die auf der Hand liegende Erwiderung: Hohe Lohnkosten bedeuten so lange kein gravierendes Problem für Wachstum und Beschäftigung, solange sie durch geringe Lohnstückkosten aufgefangen werden. Ein Land mit hoher Produktivität wie Deutschland kann sich höhere Löhne leisten, ohne sich Nachteile in seiner Wettbewerbsfähigkeit einzuhandeln.

Bei der Abwehr dieser Entgegnung beweist Sinn seine ganze professorale Pfiffigkeit. Eine Volkswirtschaft, kanzelt er seine Kritiker ab, besteht nicht aus einem einzelnen Un-

ternehmen, sondern aus vielen, die unter sehr unterschiedlichen Bedingungen produzieren; einige besitzen umfäng-
lichen Kapitalstock, andere schmaleren, manche produzieren
kapitalintensiv, manche arbeitsintensiv. Die mit geringerer
Ausstattung an Sachkapital, mit vorwiegend extensiver Wertschöpfung, leiden unter hohen Löhnen, geraten schnell an
den Rand ihrer Konkurrenzfähigkeit. Steigen die bereits hohen durchschnittlichen Tariflöhne nur um ein Geringes an,
stürzen sie in den Abgrund und müssen schließen. Der Kon-
kurrenzkreis verengt sich, weil nur die robustesten Firmen
überleben, und da die Statistik nur von den Siegern berichtet,
macht die ausgewiesene Arbeitsproduktivität einen kräftigen
Sprung nach oben. Was sich wie eine endlose Erfolgsge-
schichte liest, sei in Wahrheit Ausdruck eines ernsten gesamtwirtschaftlichen Problems. Zu hohe Löhne stimulieren
mehr Kapitaleinsatz als nötig, dezimieren die Arbeitsbevölkerung über das unvermeidliche Maß kapitalistischer Rationalisierung hinaus. Immer vielköpfigere Kontingente des Ar-
beitskräftepotentials werden in die Reserve versetzt, durch
Arbeitszeitverkürzung oder Arbeitslosigkeit; die Gesellschaft schöpft ihre kostbarsten Ressourcen, Humankapital
und produktiven Apparat, immer unvollkommener aus.

Die Wettbewerbsproblematik, folgert Sinn, läßt sich eben
nicht an den betriebswirtschaftlichen Lohnstückkosten erkennen oder doch nur, wenn man die Gesamtrechnung be-
richtigt, die durch Entlassungen und kürzere Laufzeiten
verursachten Verluste wieder in sie einbezieht. »Produktivität ist Wertschöpfung geteilt durch Arbeitszeit. Bei der
Arbeitszeit, also im Nenner des Bruches, müssen die Ar-
beitszeiten der nun Arbeitslosen und die entfallenen Stunden aus Arbeitszeitverkürzungen mitgezählt werden, die
zur gesamtwirtschaftlichen Wertschöpfung keinen Beitrag
mehr leisten.«[418] Abgesehen von der Frage, wie weit man
dabei zurückgehen soll, ohne die gesamte Industrialisie-
rungsgeschichte noch einmal aufzurollen, ist offenkundig,
was geschieht, wenn man den Nenner derart aufschwemmt:

Die »reale« Produktivität, der durch sie definierte Verteilungsspielraum sind bei wieder »eingerechneter« Arbeits-
ersparnis erheblich geringer als »bei den üblichen Messme-
thoden«.[419]

2. Die üblichen Verdächtigen applaudieren dieser Beweis-
führung schon auf dem Buchrücken: Vorstandsvorsitzende
großer Unternehmen, Unternehmensberater, Brüder im
Geiste wie Hans-Olaf Henkel. Sie alle beeilen sich, einer
ebenso simplen wie abgeschmackten Doktrin zum Ruf einer
objektiven wissenschaftlichen Lehrmeinung zu verhelfen.
Das geistige Fixum derselben ist ärmlich genug: Es sind die
Löhne, von denen alles andere abhängt, Wachstum, Beschäftigung, Wettbewerbschancen. Dem kapitalistischen Wirt-
schaftssystem in distanzloser Rechtfertigung ergeben, rühmen sie dessen revolutionären Charakter, solange es ihren
propagandistischen Bedürfnissen entspricht, und verleugnen
ihn, sobald er ihre Absichten durchkreuzt. Kapitalismus bedeutet rastlose Umwälzung von Technik, Technologie und
Arbeitsorganisation, bedeutet Wettbewerb mit Zähnen, permanenten Kampf ums Überleben, um die rationellste Arbeitsweise, um Produktion zu minimalen Kosten, Ersetzung
lebendiger durch vergegenständlichte Arbeit, durch Maschinen und wissenschaftlich disziplinierte Naturprozesse, bedeutet fortgesetzte Reduktion notwendiger, das heißt be-
zahlter menschlicher Arbeit zugunsten des Gewinns. Gerade
weil Volkswirtschaften aus zahllosen Unternehmen bestehen, die miteinander konkurrieren, ist die entgoltene Arbeit
für jeden einzelnen Wettbewerber immer »zu teuer«, daher
Objekt von Rationalisierung und Ersparnis, ist Freisetzung
lebendiger Arbeit Ausgangspunkt wie Ziel der ganzen Unternehmung. Das gilt in gesteigertem Maße für die globale
Ökonomie, diesen riesigen Verschiebebahnhof von Kapital
und Arbeit; hier sind die Löhne, wie immer sie sich konkret
gestalten mögen, stets »hoch genug«, um das Kapital zu noch
ertragreicheren Standorten abfließen zu lassen oder zu frei-
setzender Rationalisierung anzustacheln. Lohn und Lohn-

höhe zum Apriori, zur unabhängigen Variablen von Theorien über die langfristige Entwicklung von Wachstum und Beschäftigung zu machen, ist ein Verfahren, das besser zur Zunftordnung als zum modernen Kapitalismus paßt.

Das Vorsintflutliche der Argumentation reiht sich wieder nahtlos in den Zeitgeist ein, wenn man ihr Thema kennt. Zweck der Kapitalakkumulation ist nicht, Arbeit als solche freizusetzen, gespart wird jene Arbeitszeit, die der Arbeiter benötigt, um das sachliche Äquivalent seines Lohns zu produzieren, mit der Intention, diese frei gewordene Zeit als Mehrarbeitszeit für das Unternehmen einzuspannen (§ 42.2). Genügt weniger Zeit, um dasselbe Betriebsergebnis oder sogar ein höheres zu erwirtschaften, setzt das betreffende Unternehmen nicht automatisch (schon gar nicht freiwillig) die Arbeitszeit herab. Das Bestreben geht dahin, die produktiver gewordene *workforce* so lange wie früher in Bewegung zu setzen, länger, wenn irgend möglich, um den Produktivitätsgewinn bis an den Horizont des überhaupt Absetzbaren, Verwertbaren auszureizen, um, mit Sinns eigenen Worten, »den steigenden Kapitalstock von der gegebenen Arbeitsbevölkerung bedienen zu lassen«, im selben Zeitmaß und zu unterproduktiven Löhnen.

Dagegen richtet sich der Kampf der Belegschaften, ihrer Organisationen. Sie streiten für die Aneignung von Teilen des Produktivitätsgewinns entweder direkt, als Zeitersparnis, oder, mittelbar, als Erhöhung der Reallöhne. Je erfolgreicher sie die Auseinandersetzung bestehen, desto mehr freigesetzte Zeit gehört dem »Leben«. Gesamtgesellschaftlich und geschichtlich betrachtet, ist die Senkung des notwendigen Arbeitsvolumens Zweck der Übung. Die der bloßen Existenzgewinnung schon abgetrotzten Zeiträume nachträglich wieder in sie »hineinzurechnen«, zeigt, wo der Autor geistig steht. *Disposable time*, Zeit zur freien Verfügung der einzelnen, ist für ihn kein Wert an sich, nicht Reichtum in seiner erhabensten Gestalt, sondern Verschwendung, die schleunigst aufgehoben werden muß durch Rückverwandlung der potentiellen Mußezeit in Arbeitszeit; Einschluß der Freiheit ins »Reich der Notwendigkeit« – bis zum Ende aller Tage.

3. Vorrang und Prämisse, zurechtgerückt: die dem Kapitalismus immanente Produktivität und der Kampf um ihre soziale Aneignung. Dieser Kampf reproduziert sich als Überlebenskampf der in ihn eingebundenen Unternehmen. Die abstrakte Alternative: Verkürzung der Arbeitszeit für alle oder Arbeitslosigkeit für einige scheitert an den Realitäten der kapitalistischen Marktwirtschaft. Nicht alle Unternehmen können auf die Aneignung von Produktivitätsgewinnen durch die organisierten Erwerbstätigen erfolgreich, das heißt durch nochmalige Steigerung der Effizienz reagieren. Sie geraten in einen kritischen Zustand, der indes mehr Auswege bietet als das Sinnsche Dilemma (entweder stagnierende, fallende Löhne oder Entlassungen) zugesteht. Sinkende Nettogewinne können durch erhöhten Absatz ausgeglichen werden, durch Umsatzsteigerung; rechtzeitige Kreditaufnahme zu günstigen Zinsen oder zeitlich gestreckter Schuldendienst mögen die Lage entspannen, zumindest vorübergehend. Tritt langfristig keine Entspannung ein, kommt es zur Polarisierung: wachsende Kapitalintensivierung, progressive Produktivitätsentwicklung auf der einen Seite, Einschränkung oder gänzliches Aufhören der Produktion mit der Folge von Kurzarbeit oder Insolvenz auf der anderen. Das ist der Springpunkt von Sinns Rechenkunststück.

Setze einen Zeitpunkt A, in dem die Lohnsumme ebenso 100 Prozent betrage wie die Anzahl der Unternehmen und deren durchschnittliche Produktivität. Nun steige die Produktivität zum Zeitpunkt B auf 110 Prozent, wovon die Beschäftigten sich die Hälfte in Form steigender Löhne aneignen, die dadurch auf 105 Prozent stiegen. Das wiederum überfordere 5 Prozent der Unternehmen, deren Anzahl in der Konsequenz auf 95 Prozent falle. Dann wird die um zehn Punkte gestiegene Produktivität nur mehr von 95 Prozent der Unternehmen repräsentiert, und um diese Differenz reduziert sie sich nun. – Wären die Löhne schwächer oder gar nicht gestiegen, könnten mehr, vielleicht sogar sämtliche Firmen den produktiver gewordenen Apparat bedienen, wäre der gesamtwirtschaftliche Ertrag größer, die Arbeitslosigkeit nur marginal. Lektion: Laßt den Unternehmen, was den Unternehmen gebührt, organisiert euch nicht gegen die Logik des Marktes, denn ihr selbst seid die ersten und hauptsächlichen Leidtragenden!

4. Geschickt drapiert sich der Lobbyist als Anwalt der Gesamtinteressen. Nur »übersieht« er geflissentlich das Wesentliche. Zunächst: Für die jeweils überlebenden Unternehmen stellt sich die obige Alternative, Reduktion der Arbeitszeit für alle Mitarbeiter oder partielle Kündigung, sehr wohl, mit greifbar differenten Folgen. Würde sie im Entscheidungsfall doch immer Sinns Gedankenblitz ereilen, so daß sie sogleich wieder »hineinrechnen«, was sie an Arbeit freizusetzen sich entschlossen haben, fühlt man sich versucht, zu sagen. Aber Vorsicht: Die Falle der billigen Arbeit schnappt gleich zu! Ferner: Die im Konkurrenzkampf Obsiegenden sind für den globalen Wettbewerb gestählt; je mehr solche Unternehmen ein Land aufweist, desto größer ist sein interner Verteilungsspielraum (sofern die Unternehmen sich national einfangen lassen, steuer- wie sozialpolitisch), desto umfänglicher ist die Finanzmasse zur Abfindung der aus dem Wertschöpfungsprozeß Herausgefallenen. Was das eine wie das andere ermöglicht, ist realer Produktivitätsvorsprung, und mit »eingerechneter« Ersparnis ist hier gar nichts zu bestellen.

Hätten die deutschen Arbeitnehmer auf Teilhabe am Produktivitätsgewinn vornehm verzichtet oder nur ängstlich daran partizipiert, wären, rein rechnerisch, mehr Beschäftigte im Spiel geblieben, was aber wieder nur auf die Fadaise hinausläuft, daß in diesem Fall der Selektions- und Rationalisierungsdruck schwächer ausgefallen, jener internationale Vorsprung also gar nicht erst errungen worden wäre. – Wie besonnen argumentiert dagegen Ricardo. Der wußte, daß verbesserte Maschinerie die Produktionskosten der Waren senkt, was auf auswärtigen Märkten zu Extraprofiten führt, aber auch, was dazu nötig ist: »Maschinerie und Arbeit sind in ständiger Konkurrenz, und die erstere kann häufig so lange nicht verwendet werden, solange die Arbeit nicht steigt.«[420] KANN, darauf liegt für Ricardo der Akzent. Steigende Arbeitskosten machen den Fortschritt erst möglich, weil nötig. Setzen, Dr. Sinn! – Die »eingerechnete« Ersparnis rechnet aus der Konkurrenz all das heraus, was sie zum Stachel der einzelnen Unternehmen macht, zur Herausforderung: schlagkräftige Arbeiterschaft, kollektive Verhandlung, Eingehen sozialer und kultureller Standards, und zwar zivilisationstragender, in den Lohn. Wo bleiben da die Sanktionen des Marktes, wo der Wettstreit als Scharfrichter? Sinn beschönigt die Natur des Systems, das er vergöttert; Schumpeter hätte sie ihm erklären können: »In capitalist reality … it is not (price) competition which counts but the competition from the new commodity, the new technology, the new source of supply, the new type of organization.«[421]

5. Dieser Gedanke ist um so unabweisbarer, je mehr er sich auf Gesellschaften richtet, die ihren Reichtum und ihre Stellung in der Welt auf wissensbasierte Produktionsprozesse gründen. Hier entscheidet die Produktivität alles, liegt der komparative Vorteil ganz auf dem »Humankapital«, dessen Schöpferkraft wiederum in keinem Verhältnis zur individuellen Arbeitszeit steht. Hätte sich Sinn, statt Gemeinplätze aufzusuchen, eingehend damit befaßt, wäre ihm eine Arbeit aufgestoßen, die sich höchst sonderbar verhält, die GEISTIGE Arbeit, methodisches Entdecken und Erfinden. Sofern kooperativ und geschäftsmäßig organisiert, fügt sie sich widerspruchslos in die Produktion des Reichtums ein. Gleichzeitig widerspricht sie dieser Rolle, löst sie Arbeit aus der Produktion heraus, setzt ihre Schöpfungen an deren Stelle. Wo der Fertigungsprozeß unter ihre Vorherrschaft gerät, muß er in all seinen Stadien gehobensten Ansprüchen an Präzision und Qualifikation genügen,

Ansprüchen, die zu befriedigen es einer generationenumspannenden Bildungsgeschichte von Hand und Kopf bedarf.[422] – So voraussetzungsvoll und kostspielig wie die Produktion des menschlichen Vermögens, verwissenschaftlichte Produktionsprozesse industriell zu beherrschen, so kostbar ist dies Vermögen selbst. Hier und nirgendwo anders liegt Deutschlands Zukunft, und wer dem Land eine gedeihliche Entwicklung wünscht, muß ihm gleichzeitig eine anspruchsvolle Arbeitsbevölkerung wünschen, eine »Hochlohnpopulation«. Darüber spricht Sinn nicht, darüber schweigt er sich verbissen aus; er will nicht wissen, was er um seiner Seelenruhe nicht wissen darf.

6. Die Beschäftigung mit Sinn, Henkel und Konsorten ist theoretisch unersprießlich, mehr Teil der Verdrängungsgeschichte als der Problemgeschichte. Immerzu gibt es noch mehr vom selben: »Es sind wirklich die Lohnkosten, die heute über die Wettbewerbsfähigkeit eines Landes entscheiden.«[423] Die Weisheit der Ökonomisten kennt nur dieses eine Thema und variiert es bis zur restlosen Erschöpfung. Variante 1: Mehr Arbeit zu derselben realen Lohnkost flüssig machen. Voraussetzungen: Hohes Angebot an Arbeitskräften, deregulierter Arbeitsmarkt, eingeschüchterte Belegschaften, schwache Gewerkschaften. Dann kann, wie in den USA, der Coup gelingen, das Arbeitsangebot bei stagnierenden Kompensationen um mehr als ein Drittel auszudehnen.[424] Variante 2: Senkung der Lohnnebenkosten, idealerweise durch Abschaffung der Arbeitgeberbeiträge zu den Sozialkassen. Was dazu sinnvoll vorzutragen war, kam früheren Orts zur Sprache (§ 34). Aber das ist nicht der Sinn, der Sinn vorschwebt. Ginge es nach ihm, zögen die Einnahmeverluste der Kassen eine sofortige Leistungsverringerung bei gleichzeitiger Teilprivatisierung der Sozialsysteme nach sich. Da blüht die doktrinäre Phantasie.[425] Variante 3 geht mit der Mode: »Verlängerung der jährlichen Arbeitszeit ohne Lohnausgleich.«[426] – Es handelt sich um Episoden ein und desselben farblosen Traums: eingefrorene Arbeitskosten, expan-

dierende Arbeitszeit, totale Mobilmachung der arbeitsfähigen Bevölkerung. Keynes' Frage (und die von Ford): Wie realisiert sich das Produkt am Markt, wenn die Erwerbstätigen nur gerade so abgefunden werden, sieht Sinn auf dem Wachposten der Klassik, in abgestandener Abwehrpose: »Warum es auf die Nachfrage nicht ankommt«.[427] Die nähere Ausführung kann man sich mittlerweile denken; zur Abrundung des geistigen Kreises ohne inneren Umfang mag sie passieren: »Nein, mehr gesamtwirtschaftliche Nachfrage und mehr Kaufkraft ist es wirklich nicht, was Deutschland braucht. Unser Land braucht niedrigere Produktionskosten, damit wieder mehr wettbewerbsfähige Produkte angeboten werden. Wettbewerbsfähige Produkte suchen sich die Nachfrage selbst.«[428] Mit solch abgenutzten Platitüden erwirbt man heute öffentliche Anerkennung! Wie wär's, zur Abwechslung, mit Schach statt immer nur mit Halma!

7. Der Mißverstand, das Arbeitsvermögen sei eine Ware wie jede andere, daher so lange im Preis herabzusetzen, bis sie Käufer findet, führte den Kapitalismus und die von ihm beherrschten Gesellschaften schon einmal an den Rand der Selbstzerstörung, vor einhundertfünfzig Jahren und in einem Teil der Welt. Im Grunde ist bereits die ungenierte Rede vom »Arbeitsmarkt« ein Ausweis geistiger Brutalität und ökonomischer Dummheit. Die Fähigkeit, Arbeit zu leisten, gehört zum Menschen als eines seiner vielen Attribute, und steht für sich genommen so wenig zum Verkauf wie seine Zeugungskraft oder seine Glaubensfähigkeit. Sie als Ware zu behandeln und dem Gesetz von Angebot und Nachfrage zu unterwerfen, kommt einer Vergewaltigung des Menschseins gleich.[429] Wer, vom Warenfetisch bezaubert, glaubt, die Nachfrage nach Arbeit dadurch beliebig ausweiten zu können, daß man sie verramscht, »vergißt«, daß die Arbeitskraft die einzige »Ware« ist, die andere Waren kauft. Er untergräbt genau jene Nachfrage, die er zu fördern vorgibt, und verfehlt das Ziel der Vollbeschäftigung desto sicherer, je blindwütiger er auf dieses Mittel setzt. Weniger

Lohn – abflauender Konsum – stockender Absatz – gedrosselte Produktion – Entlassungen bzw. Kurzarbeit – weitere Einschränkung der zahlungsfähigen Nachfrage usw. usf. Diese verhängnisvolle Abwärtsspirale ein zweites Mal kreisen zu lassen, diesmal im globalen Maßstab, tragen die »Wechsler« des Casinokapitalismus keinerlei Bedenken. Man wird sie aus dem großen Spielsaal jagen müssen.

Was »unser Land braucht«, was alle Länder dieser Erde nötig haben, ist die politische Vereidigung der Wirtschaft auf die Bedürfnisse des Lebens. Nun befindet sich die Regierung fast überall auf der Welt in den Händen der Eigentümer, ausschließlicher als in der nahen Vergangenheit. Vom aktuellen Staat ist daher nichts zu hoffen, mögen sich seine Funktionäre selbst neue, supranationale Organe schaffen. Die Befugnis und die Macht zur Umkehr liegt bei den vielen einzelnen, bei ihrem Willen, sich miteinander zu verbünden. Der Umsturz der vom Staat sanktionierten Wirtschaftsgesellschaft beginnt im Kopf, mit der Wiederentdeckung der eigenen Urteilskraft als Keimzelle des Politischen. Menschen, die sich auf ihr Denkvermögen zurückbesinnen und dabei ihre Erfahrung sprechen lassen, können sich noch immer irren. Aber es sind dann wenigstens ihre eigenen Irrtümer, deren Konsequenzen sie ertragen müssen. Alles spricht, zum Glück, für eine Zeit der »Irrungen und Wirrungen«.


§ 45 Produzieren: Jenseits von Kapital und Arbeit


1. »Angenommen, Frankreich behielte alle genialen Menschen, die es in Wissenschaft, Kunst und Handwerk und Gewerbe besitzt, verlöre aber unglücklicherweise an einem Tag Seine Königliche Hoheit, den Bruder des Königs, die durchlauchtigen Herzöge von Angouléme, von Berry, von Orléans und von Bourbon, die durchlauchtigen Herzöginnen von Angouléme, von Berry, von Orléans und von Bourbon und Ihre Hoheit, die Gräfin von Condé.

Zugleich verlöre es alle hohen Würdenträger, Staatsmini-
ster (mit und ohne Geschäftsbereich), Staatsräte und Leiter
des Eingabewesens, alle Marschälle, alle Kardinäle, Erz-
bischöfe, Generalvikare und Domherren, alle Präfekten
und Unterpräfekten, alle Ministerialbeamten, alle Richter
und darüber hinaus noch die zehntausend reichsten unter
den Grundeigentümern, die wie Adelige leben.

Dieses Unglück würde die Franzosen gewiß betrüben,
denn sie sind gutherzig und könnten dem plötzlichen Hin-
scheiden so vieler ihrer Landsleute nicht teilnahmslos zuse-
hen. Jedoch bereitete ihnen der Verlust von dreißigtausend
Personen, die als die bedeutendsten des Staates gelten, lediglich gefühlsmäßig Kummer, für den Staat wäre er kein
politisches Unglück.«[430]

2. Zur Zeit ihrer Veröffentlichung, kurz vor der Pariser
Julirevolution von 1830, zirkulierten diese Gedanken von
Saint-Simon in allen fortschrittlichen Kreisen. Ob Liberale,
Sozialisten oder Kommunisten – man unterschied in rebellischer Attitüde zwischen nützlichen und nutzlosen Funktionen und grenzte dementsprechend Menschen, die dem
Gemeinwesen unentbehrliche Dienste leisteten, von
bloßen Kostgängern, von »Parasiten« des Gesellschaftskör-
pers ab. In polemischem Gegensatz zur höfischen Gesellschaft, zu jeglicher Gesellschaft seit dem Eintritt der
Menschheit ins Zeitalter sozialer Hierarchien, erkannte
man niemand anderem als dem »Volk«, den »arbeitenden
Ständen«, die Krone der Schöpfung zu. Mit derselben Vehe-
menz, mit der sich der »gute Ruf« von der »Geburt« und
dem »Geblüt« schied, heftete er sich hinfort an »Arbeit«
und »Gewerbefleiß«, an den BERUF, den eine(r) mit Ausdauer und Geschicklichkeit versah.

Geistesgeschichtlich betrachtet war diese aufrührerische
Klassifikation ein Kind der Nationalökonomie, der Leitwis-
senschaft des modernen Bürgertums. Die hatte sich seit längerem aufs kritische Befragen jedweder Art der menschlichen Lebensführung verlegt und die Schicksalsfrage der

neuen Epoche aufgeworfen: Welche Beschäftigungen erzeugen den Reichtum der Nationen und mehren ihn, welche zehren ihn nur auf oder verschwenden ihn sogar?

Die Antwort der zeitgenössischen Philosophen: die Arbeit ist Fundament und Quelle dieses Reichtums (§ 17: 1), befriedigte die Ökonomen nicht. Hatten doch auch Klerus und Adel von der Arbeit gelebt, der Arbeit anderer, und deren Früchte verpraßt. Ihre »Arbeit« bestand im wesentlichen in der Konsumtion, und eine solch schändliche Verhöhnung des bürgerlichen Arbeitsethos war nicht länger hinzunehmen. Die Organisation der Arbeit im ganzen spottete jeglicher Vernunft. Hohe Geistlichkeit und Aristokratie hatten all jene Arbeiten gefördert, die der Zerstreuung und dem Luxus dienten, und den auf die Befriedigung der elementaren Lebensbedürfnisse gerichteten Eifer gehemmt. Auf Arbeit überhaupt, als solche, konnte sich der Reichtum der Nationen nicht verlassen; die kritische Frage lautete: Welche Arbeiten sind wahrhaft produktiv, welche, Samt hin, Seide her, im Kern unproduktiv?

3. Die erste Auskunft erteilten François Quesnay und seine Schule, die Physiokraten: Produktiv, weil fruchtbar auf eine mit Händen zu greifende Weise, dabei aufs glücklichste von der Natur unterstützt, sei allein die auf die Bebauung und Kultivierung des Bodens gerichtete Mühe. Das Leben, der einzelnen ebenso wie der Gesellschaft, die sie miteinander bilden, hinge davon ab.[431]

Falsch! befanden Adam Smith und die von ihm sich herleitende ökonomische Klassik. Wesen und Umfang der produktiven Arbeit seien keinesfalls deckungsgleich mit diesem oder jenem Wirtschaftszweig; der produktive Charakter einer Arbeitsleistung bemesse sich nicht nach ihrer Erdverbundenheit, ihrem Feld- oder Stallgeruch. Ob Arbeit den Wert des Gegenstands, den sie formt, erhöhe oder ob sie keine solche Wirkung zeitige – das gäbe den Ausschlag. Jede Arbeit, die des Tischlers wie die des Landmanns, sei eines solchen Wertzuwachses fähig, vorausgesetzt, es handele sich um Lohnarbeit im Dienst des Kapitals. Zwar erhielte der Lohnarbeiter seinen Lohn vom Unternehmer vorgeschossen, Material und Werkzeuge gestellt; träte er mit und neben seinesgleichen in Aktion, entgälte er seinem Dienstherrn diese Kosten und füge, damit nicht genug, dem von ihm verarbeiteten Material noch einen Profit hinzu. Das sei das Erkennungsmal der produktiven Arbeit. Je mehr Arbeiter der produktiven Sorte eine Nation zähle, desto größeren Reichtum häufe sie an, desto glücklicher dürfe sie sich schätzen.[432]

Damit war auch der unproduktiven Arbeit ihr Urteil gesprochen. Sie galt als Arbeit minderer Art, als makelhaft, weil sie lediglich die Kosten deckte, die nötig waren, sie in Gang zu setzen, und den Mehrwert schuldig blieb. – In einer Gesellschaft kleiner Warenproduzenten (Bauern, Handwerker, Ladenbesitzer etc.) ist das die Norm. Hier arbeiten Menschen auf eigene Rechnung und in eigener Regie, und wenn es gut geht, können sie vom Ertrag ihrer Arbeiten ihr Dasein fristen. Das »Leben« ist das Maß der Dinge, nicht der schrankenlos wachsende Reichtum oder der Profit. Dessen Wahlspruch lautete: Verwandlung unproduktiver Arbeiter in produktive, und das war gleichbedeutend mit der Verwandlung selbständiger Produzenten, die isoliert voneinander oder in kleinen Einheiten arbeiteten, in abhängig Beschäftigte, die, nach Hunderten und Tausenden zählend, unter dem Kommando des Kapitals ihr Tageswerk verrichteten. Wer diese Metamorphose vorantrieb und organisierte, firmierte seinerseits als produktiver Arbeiter. Mit dem Kapitalisten betrat erstmals in der Weltgeschichte ein Repräsentant ökonomischer Macht die Bühne, der sich über und durch Arbeit definierte, genauer: als ein Lohnarbeiter schaffendes Wesen. Sein breites Brustbild, heroisch inszeniert, verdunkelte seinen hintergründigen Wesenszug, auch wieder abzuschaffen, was er schuf, verbarg ihn wie ein Familiengeheimnis, dessen man sich schämen muß.

4. Produktive Arbeit oder unproduktive – alles nur eine Frage der Anstellung? Im Grunde schon, sofern man alle

Konsequenzen mitbedenkt, die der Übergang zum Lohnarbeitsverhältnis in sich birgt. Die Veränderung der rechtlichen und vertraglichen Beziehungen bildet nur einen Aspekt des Umwälzungsprozesses, und zwar einen sekundären. Das Aufkommen der Lohnarbeit führt schnell zu Unterschieden in der Sache selbst, die zu erledigen ist, im Beschäftigungsprofil, in der gesamten Arbeitsweise – in der Regel. Und die regiert den großen Wurf.

Der selbständig wirtschaftende Bauer, Tischler, Schneider, Schuster arbeitet allein oder mit wenigen (von ihm persönlich abhängigen) Gehilfen für den Eigenbedarf oder für eine kleine Käuferschar. Die Kniffe und Verfahren, die dabei zum Einsatz gelangen, gehen von einer Generation auf die nächste über, und oft genug vererbt sich auch der Kundenkreis; für Arbeitsteilung und Neuerungen gibt es nur geringen Anreiz; Zünfte und Gilden wachen im Bund mit lokalen, munizipalen oder staatlichen Autoritäten über die Wahrung der Tradition. Die elementare Überlebenseinheit, die Familie, zusammenzuhalten und vor Not zu bewahren, kostet Umsicht und Schweiß, und wenn bescheidener Wohlstand dem Trachten und Sinnen einen größeren Radius eröffnen, dämpft der Neid der Nachbarn »übertriebene« Ambitionen.

Hier greift der Kapitalismus an. Die kleine Werkstatt weicht der Manufaktur und später der Fabrik. Zu Arbeiterbataillonen zusammengefaßt, unterliegen die einst separaten Produzenten nunmehr systematischer Teilung und Kombination ihrer Arbeit, die genau dadurch aufhört, »ihre« zu sein. Zur jetzt detailliert und methodisch betriebenen Arbeitsorganisation gesellt sich der Druck der Konkurrenz. Penibler Kostenvergleich und Preiskampf spornen Neuerungen an, revolutionieren die Arbeitsweise, den produktiven Apparat. Der Kundenkreis gewinnt an Umfang, lokale Märkte verbinden sich zu nationalen. Serien- und Massenproduktion drängen die Einzelfertigung in den Hintergrund, die Lohnstückkosten fallen. Tüftler und Bastler treten als Pioniere der Verwissenschaftlichung des Produktionsprozesses auf den Plan und ersetzen Menschen durch Maschinen, die den Ausstoß potenzieren.

Das alles ist bekannt genug, für unser Thema, die produktive Arbeit, gleichwohl noch nicht genügend ausgelotet.

Das neue Anstellungsverhältnis, die Lohnarbeit, geht einher mit fundamentalen Umbrüchen des Arbeits- und Produktionsgeschehens. Sie befähigen die einzelnen Lohnarbeiter zu Leistungen, die sie im alten Arrangement selbst bei größter Anspannung aller Kräfte nie erreicht hätten. Der zunächst sprunghafte, dann immer aufs neue sich ereignende Anstieg der Arbeitsproduktivität birgt das Geheimnis ihrer Profitabilität, für Adam Smith das Kennzeichen schlechthin der produktiven Arbeit. Produktive Arbeit ist, um es pointiert zu sagen, PRODUKTIVER als unproduktive Arbeit, sachlich fruchtbringender, leistungsfähiger, effizienter als diese. Komplementär dazu gilt: In allen Fällen, in denen der kapitalistische Arbeitsvertrag keine Revolutionierung der Arbeitsweise anstößt, keinen Leistungs- und Effizienzsprung, in denen die Veränderung nur auf den Namen des Chefs hört, kann von produktiver Arbeit im genauen Sinne dieser Formel keine Rede sein; das ist der Merksatz des Bisherigen, der weitere Beachtung fordert.

5. Die klassische Nationalökonomie hätschelt den Unternehmer als sozialen Typus nicht, sie predigt ihm hartherzig Wasser statt Wein. Der Anspruch des Kapitalisten, Eigentümer und zugleich produktiver Arbeiter aus eigenem Recht zu sein, muß sich ernste Ermahnungen gefallen lassen und durch Askese überzeugen. Durch innerweltliche Askese, unverzückt Profanem zugewandt; gelitten ist der Bourgeois einzig als »Arbeitgeber«, der seine Pflichten kennt: »Durch die Beschäftigung einer Vielzahl von Manufakturarbeitern wird ein Mann reich; durch den Unterhalt einer Vielzahl von Bediensteten wird er arm.«[433]

Dieser Appell beleuchtet die produktive Arbeit von ihrer spröden Seite. In ihrem Umkreis wird alles unter Nützlichkeitsaspekten gesehen und bewertet; was hier diktiert, ist der

Notwendigkeitsgeschmack. Für die Masse der Proletarier versteht sich das ohne umständliche Worte; sie haben große Not, ihr pures Leben durch Arbeit zu begründen. Produktiver Arbeiter zu sein bedeutete über viele Arbeitergenerationen hinweg ein unentrinnbares Verhängnis, ein manifestes Pech.

Doch auch der Bourgeois, als Idealtyp aufgefaßt, ist kein Genießer. Sein Daseinsrecht und seine Privilegien fließen unmittelbar aus seiner historischen Mission, der Akkumulation von Kapital, der rastlosen Schöpfung materiellen Reichtums. Produktion um der Produktion halber heißt *sein* Gesetz; die individuelle Konsumtion steht hintenan. Sparsamkeit, schnörkelloser Lebensstil, methodische Lebensführung im Dienst des Unternehmens, der Geschäfte, präzise Rechnungsführung über Tag und Stunde, über Vollbrachtes und Versäumtes – das wird ihm zugemutet, abverlangt. Die Franklinisierung des Selbst (§ 12: 9), weit davon entfernt, eine Schrulle einzelner zu sein, verwirklichte die Imperative dieser strengen Standesethik im bürgerlichen Alltag. Alltägliche Praxis geworden führten diese Grundsätze einen unerbittlichen Kreuzzug gegen alles Glänzende, Luxurierende, gegen alles, was sich selbst genügte, frei und zwecklos in der Landschaft stand, weder nach Auftrag noch Interesse noch nach Verwendungszwecken fragte. Der Tugendkanon der produktiven Arbeit kujonierte auch das Bürgertum mit herben Zumutungen und einem barschen Ton.

Die Folgen dieser kulturellen Prägung betreffen noch uns Heutige; die Verschmelzung von »Produktivität« und »Arbeit« gehört zu den auffälligsten. Wir fühlen uns »produktiv«, sofern und solange wir »arbeiten«, und »richtige Arbeit verlangt für uns nach einem Ausweis, dem ihrer »Produktivität«. Sie muß mehr einbringen, als sie an Mitteln einsetzt, sonst gilt sie als mißlungen, als unnütz, als unfreiwilliger Müßiggang; die verbreitete Neigung, »Muße« mit »müßig« gleichzusetzen, mit »vergeblich«, referiert denselben Sachverhalt mit anderen Worten. Die Dinge einfach geschehen und uns selbst treiben zu lassen, gilt vielfach als Diebstahl an der Zeit, als Ausdruck eines zutiefst unproduktiven Selbstverhältnisses. Wir hätten besser daran getan, die Zeit mit ordentlicher Arbeit auszufüllen.

Diese kulturelle Disposition verursachte eine enorme Verarmung unserer Vorstellung von der Eigenart und Vielfalt menschlicher Produktivität, vom Produzieren als höchstem Ausweis schöpferischer Existenz. Mit unserem Groll auf Müßiggänger und Faulpelze geben wir indirekt zu verstehen, daß wir die Fähigkeit, das Leben als solches zu genießen, weithin verloren haben, daß wir für die Begegnung mit dem Zufall und dem »Sein« innerlich nicht mehr gerüstet sind.

6. Die genießenden Stände der Gesellschaft bildeten seit je die bevorzugte Zielscheibe der moralischen Empörung, und die Lohnarbeitsgesellschaft steigert den Affekt zum Furor. Dabei bewegt sie sich von Anbeginn in einem Widerspruch. Sie vergöttert die ihr einzig angemessene Form des Genießens, die Konsumtion, und ihren Träger, den Konsumenten, und schwatzt ihm immer neue Objekte der Begierde auf. Dessen ungeachtet beargwöhnt sie den Verzehr als eine Verschwendung von Ressourcen, die bei strikterer Genußkontrolle der Produktion zugeflossen wären. Im Frühstadium des modernen Kapitalismus entzündete sich an diesem Prioritätenkonflikt eine leidenschaftliche, bis auf den Tag aufschlußreiche Debatte.

Sie war, wie mehrfach angedeutet, seit längerem im Gange, als Saint-Simon das Wort ergriff. Seine Attacke gegen die dekadente Aristokratie und gegen Bürgerliche, die wie Adelige in ihrem Reichtum schwelgten, richtete sich ungebremst auch gegen Offiziere, Richter, gegen alle Staatsbeamten. Sie fielen ohne Unterschied unter dieselbe Kategorie überflüssiger, weil unproduktiver Menschen. Adam Smith schalt Unternehmer, die ihr Geld für Dienstboten ausgaben, statt es als Kapital zu investieren. Beide erregten sich maßlos über Autoren, die Lakaien, Spekulanten und Rentiers zur unumgänglichen Voraussetzung für eine gedeihliche Entwicklung der Kapitalwirtschaft erklärten. Irgend jemand müßte den angehäuften Reichtum doch schließlich konsumieren oder, als Angestellter reicher Leute, davon profitieren. Würden alle sozialen Gruppen immerzu ans Sparen denken, blieben die Waren unverkäuflich und die Produktion verlöre ihr Motiv und ihren Ansporn. Kaufen und Verbrauchen als produktive Akte besonderer Art, das kennen wir bereits (§ 43), und diese Ansicht überzeugte nicht. Die puritanische Konsum-schelte von Adam Smith bildet nur das Gegenstück dazu, Teil des Dilemmas, und bietet keine Lösung.

Was rechtfertigt im Ernst die Kritik an einem Kapitalisten, der Köche und Schneider in seinem Haus beschäftigt? Doch wohl nicht, daß er sich überhaupt kleidet und ißt. Allenfalls, daß er auf diese Weise mehr Geld verauslagt als für diese Zwecke an sich nötig wäre. Er könnte in ein Restaurant ge-hen und in ein Konfektionsgeschäft, wo diese Dienste, weil rationell organisiert, wohlfeiler angeboten werden. Deshalb sind weder Dienstboten im allgemeinen noch Köche und Schneider im besonderen unproduktive Arbeiter. Als Ange-stellte eines Unternehmers verwandeln sie sich, Smith' eige-ner Definition zufolge, umgehend in produktiv Beschäftigte, die ihrem Unternehmer einen Profit erwirtschaften.

Aber übersieht diese Definition nicht etwas ganz Wesent-liches, den Tatbestand, daß sich die Produktivität des ehe-maligen Schneiders in der Tuchfabrik weit müheloser stei-gern läßt als die des zuvor selbständigen Koches in einem bürgerlichen Restaurantbetrieb? Der Schneider, nunmehr in einer Tuchfabrik untergekommen, hört auf, seinen Beruf als ganzen auszuüben und beschränkt sich tunlichst auf wenige Handgriffe, die er extrem perfektioniert. Der Koch indes bleibt Koch, im ungeschmälerten Besitz all seiner Fähigkei-ten, und gerade darauf kommt es seinem neuen Arbeitgeber an. Der eine bestätigt den Satz, demzufolge produktive Ar-beit, nach ihrem Ablauf und ihren Resultaten beurteilt, »pro-duktiver«, effizienter abläuft als unproduktive, der andere bleibt die Antwort bis auf weiteres schuldig. Es gibt, so scheint es, Arbeiten, die durch das Lohnarbeitsverhältnis im Innersten ergriffen und umgestaltet werden, und es gibt andere, für die das nicht gilt oder doch nicht im selben Maße, die sich gleichgültiger dazu verhalten, widerständiger. Zu behaupten, wie Smith das tat und nach ihm auch Karl Marx, die Unterscheidung zwischen produktiver und unproduktiver Arbeit hätte mit dem Arbeiten als konkretem Vorgang nichts zu tun,[434] heißt zu guter Letzt in eine Falle laufen, in die Falle der Allmacht des Kapitals.

7. Das fängt ganz harmlos an, mit konstruierten Fallbeispielen, solchen:

»Die Köchin im Hotel produziert für den, der ihre Arbeit als Kapitalist gekauft hat, den Hotelbesitzer, eine Ware; der Konsument der Hammelkoteletts hat ihre Arbeit zu zahlen, und sie ersetzt dem Hotelbesitzer (vom Profit abgesehen) den Fonds, woraus er fortfährt, die Köchin zu zahlen. Dagegen kaufe ich die Arbeit einer Köchin, damit sie mir das Fleisch etc. kocht, nicht um sie zu verwerten als Arbeit überhaupt, sondern sie zu genießen, zu gebrauchen als diese bestimmte konkrete Arbeit, so ist ihre Arbeit unproduktiv; obgleich diese Arbeit sich fixiert in einem materiellen Produkt und ebensogut verkäufliche Ware sein könnte (in ihrem Resultat), wie sie es in der Tat für den Hotelbesitzer ist. Die Köchin ersetzt mir (dem Privaten) nicht den Fonds, aus dem ich sie zahle, weil ich ihre Arbeit nicht als wertbildendes Element kaufe, sondern bloß ihres Gebrauchswerts halber.«[435]

Ohne das die geringste erkennbare Veränderung im Arbeitsvorgang eintritt, avanciert die Köchin im Hotel zur produktiven Arbeitskraft; verköstigt mich dieselbe Frau daheim, zählt sie zum unproduktiven Dienstpersonal, so einfach geht das. – Ist es das nicht auch, bei genauerer Betrachtung? Die vom Hotelbesitzer angestellte Köchin unterliegt gründlicher Aufsicht, sie findet helfende Hände, die ihr das Werk erleichtern. Sie speist einen erheblich umfänglicheren Personenkreis, als wenn sie nur ihrer persönlichen Herrschaft das Essen bereitete. Die Zutaten zu den Menüs können in größeren

Einheiten geordnet und mit Rabatt erworben werden. Die durchdachtere Organisation ihrer Verrichtungen sowie die größere Schar der Essensverzehrer begaben die Köchin mit einem Vermögen, das sie selbst erstaunt: ihre Arbeit setzt »Fett« an für den Unternehmer. Das Wunder ihrer Verwandlung in eine produktive Arbeitskraft hat stattgefunden, mögen ihre Kochkünste auch so ziemlich dieselben geblieben sein.

Trifft, was für die Köchin zu konstatieren war, auch für gehobene Dienste zu, für solche mit noch größerer innerer Reserve gegen das kapitalistische Dienstverhältnis? Wie steht es mit dem Arzt und mit dem Lehrer? Heilen und unterrichten sie wirkungsvoller und also profitabel, wenn der eine seine kleine Praxis schließt und in eine kommerzielle Klinik überwechselt, der andere sein Dasein als Hauslehrer gegen ein Lehramt in einer Privatschule tauscht? – Vergleichbare Effekte wie im Fall der Köchin lassen sich vermuten, beim Klinikarzt mit höherer Wahrscheinlichkeit als beim Privatschullehrer. – Was aber, wenn beide zuvor in ÖFFENTLICHEN Einrichtungen arbeiteten und die Vorzüge der Kooperation, der gemeinsamen Ressourcennutzung schon erfuhren und verinnerlichten? Dann ereignete sich der Qualitäts- und Leistungssprung, der sie zu produktiven Arbeitern stempelt, ja bereits! Dank ihres Wechsels in die Privatwirtschaft verhelfen sie ihren respektiven Lohnherren zu Profiten, was diese erfreut, nur ist »Profit« in diesem Fall nur ein anderer Name für das Mehr an Leistung, das sie als kommunale Arbeitskräfte der Allgemeinheit zur Verfügung stellen. Plötzlich erscheinen die Schöpferkräfte des Kapitals, soeben noch real, ganz ungreifbar und rätselhaft, irgendwie anmaßend.

8. Die Anmaßung, die im Kapitalverhältnis steckt, tritt um so unverkennbarer zutage, je mehr wir uns Praktiken zuwenden, die mit der Person verschmelzen, die sie ausübt, die den ganzen Menschen engagieren. Bietet die »Hure« (beliebtes theoretisches Exempel im »prüden« neunzehnten Jahrhundert!) ihre Dienste allein deshalb »produktiver« feil, weil sie

für einen Bordellbesitzer anschafft? Zweifellos, sagt der Nationalökonom und sagt auch Marx, sein Kritiker, und setzt das Freudenhaus in dieser Beziehung ohne Bedenken Opern- und Schauspielhäusern gleich.[436] Und der Schauspieler, der darin auftritt, der Musikant, der Dichter, der Naturforscher, der Philosoph – haben sie, um der vollen Entfaltung ihrer Kräfte willen, nur auf das Kapital gewartet? Rüstet sie das Kapitalverhältnis mit speziellen Fähigkeiten und Talenten zum Produzieren aus?

Das steht hier nicht in Frage, entgegnet Smith, und Marx, zu intellektuellen Pirouetten aufgelegt, stimmt zu: »Ein Schauspieler z. B., selbst ein Clown ist … ein produktiver Arbeiter, wenn er im Dienst eines Kapitalisten arbeitet, dem er mehr Arbeit zurückgibt, als er in Form des Salairs von ihm erhält …«[437] »Ein Schriftsteller ist ein produktiver Arbeiter, nicht insofern er Ideen produziert, sondern insofern er den Buchhändler bereichert, der den Verlag seiner Schriften betreibt, oder sofern er der Lohnarbeiter eines Kapitalisten ist.«[438]

Da ist man, bei allem Verständnis für das geschichtlich Berechtigte wie Bedingte dieser Ansicht, doch einigermaßen fassungslos. Denke, dichte, liebe für einen Unternehmer – und du bist »produktiv«! Tu das für dich selber – und du verläßt das Reich der produktiv Schaffenden, gehst ein ins Heer der unproduktiven Dienstleute!

Wohlgemerkt, es geht hier nicht um »Artenschutz«, um falsche Scham. Solange es sich allein um die Möglichkeit handelt, aus allem und jedem Profit zu schlagen, mögen der Schauspieler und der Schriftsteller ruhig neben der Hure stehen und alle gemeinsam auf einer Stufe mit der Köchin und dem Schneider. Nur ist das nicht der springende Punkt. Ein Verleger, der einen Autor unter Vertrag nimmt, für dessen Schriften wirbt und ihren Absatz in einem arbeitsteiligen Unternehmen organisiert, mag dadurch reich werden, durchaus zum Nutzen des Schriftstellers, der seine Auflage gesteigert sieht. Für den zugrundeliegenden Denk- und Schreibprozeß ist dies erfreuliche Finale ganz bedeutungslos – sofern die geistige Autonomie des Ideenproduzenten unangetastet bleibt. Oft genug belagert das Profitinteresse das Selbstbestimmungsrecht des Produzenten, schielt der Verleger nach dem Markt, nach Trends und Moden, und drängt seine Autoren, dem Publikum Gefälligkeiten zu erweisen. Oder er publiziert von vornherein nur Texte, die dem kulturellen *common sense* gehorchen. Seine sozialen Verwandten, der private Schauspieldirektor und Galerist, die ihr vorgeschossenes Kapital verwerten wollen, hüten sich ebenso geflissentlich, der werten Kundschaft Werke vorzusetzen, die weder den Geschmack noch das Gerede kitzeln. So geht es fort durch das gesamte kulturelle Feld. Das Kapital ist der Propagandist des immer Neuen und des Allerneuesten und zugleich der Widerpart des wirklich Originellen, Ungewohnten, Unerhörten. Riskant zu produzieren, das heißt mit ungewissem Ausgang, unter Wahrung der persönlichen Integrität, das verlangt immer den inneren Abstand zum und manchmal auch den äußeren Bruch mit dem Kapitalverhältnis und seinen kommerziellen Strategien.

So arrogant es wäre, der Köchin eigenen Geschmack abzusprechen, ihren Kummer über den kruden Gaumen ihrer Gäste und ihren Prinzipal, der sie darauf verpflichtet, als nebensächlich abzutun, so zuverlässig richtig ist die Beobachtung, daß dieser ästhetisch-moralische Dauerkonflikt zwischen Kapital und »Arbeit« im Gebiete des Geistigen an Häufigkeit und Dramatik gewinnt. Hier treten die wechselseitigen Ansprüche und Qualitätsmaßstäbe häufig auf eine Weise auseinander, die keinen dauerhaften Kompromiß und erst recht keine Versöhnung gestattet. Profitablität und Produktivität bilden ein Paar, das zuweilen gute Geschäftsbeziehungen pflegt, sich aber nicht umarmen kann oder doch nur so, daß der eine Teil den anderen dabei erdrückt. Überhaupt sind die Worte »produktiv«, »Produktivität«, jedes für sich, doppelt zu nehmen und zu lesen. Der »produktive Arbeiter« meint und beabsichtigt nicht dasselbe wie der »produktive

Mensch«, und die Produktivität, die sich im Profit verkörpert, im Verkaufserfolg der kulturellen GÜTER, impliziert deren GÜTE nicht.

Seiner Produktivität am gewissesten weiß sich der Forscher, Dichter, Denker, sobald er sich keinen Deut um das schert, was man von ihm als »produktivem Arbeiter« erwartet. Als autonomer Produzent ruft er Potenzen auf, die sich das Kapital zunutze machen, derer es sich aber niemals ganz bemeistern kann; hier erfährt es seine Grenzen. Das, was am Produzieren »Arbeit« ist, untersteht dem Kapital; der Rest ist ihm, ist jeder Art sozialer Herrschaft und Kontrolle, weitgehend unzugänglich, unverfüglich. Das heißt im Umkehrschluß: Als Produzierender emanzipiert sich der Mensch von den Regimenten des Nutzens und der Macht, und zugleich überschreitet er die Grenze, die ihm als Arbeitender gesetzt ist. Der autonome Produzent wirkt jenseits von Kapital und Arbeit, mitten im Kapitalismus, und was herauskommt, ist ein WERK, SEIN Werk.

Dazu gleich Näheres, zuvor bleibt zu betrachten, wie der Begriff der produktiven Arbeit, zu letzter Konsequenz geführt, sich selber aufhebt und Platz schafft für das »Eigentliche« menschlichen Strebens und Vermögens.

9. Kann jemand produktiver Arbeiter sein, ohne direkt mitzutun, selbst Hand anzulegen im Fertigungsprozeß? Natürlich, wie wir bereits wissen, und diese mittelbare Arbeitsweise hängt wiederum und diesmal eindeutig am Kapitalverhältnis: Zusammenfassung vieler, vormals voneinander isolierter Individuen zu einer »arbeitenden Körperschaft«. Funktionen, die bislang in einer Person vereint waren, treten auseinander, verselbständigen sich zu »Hauptnahrungszweigen« darauf spezialisierter Personen. Die einen entwerfen das Produkt, andere stellen es her, wieder andere wachen über seine Zuverlässigkeit oder regeln den Verkauf. Aber auch das Gegenteil geschieht: einst voneinander getrennte Funktionen fließen in einem beständig sich ausweitenden Fertigungsprozeß zusammen. Jedes größere Unternehmen von

einiger Bedeutung gründet eine Forschungsabteilung, die mit dem anderen Arbeitssektoren planmäßig kooperiert. Im Ergebnis formiert sich ein »Gesamtarbeiter«[439], und je mehr Glieder er umfaßt, desto schwieriger gestaltet sich die äußere Abgrenzung. Wenn, um an anderem Ort Gesagtes aufzugreifen, der Forscher zur Herstellung komplizierter und hochwertiger Waren unverzichtbar beiträgt, warum dann nicht ebenso der Universitätsprofessor, bei dem er sein Wissen erwarb? Und gingen beide nicht zuvor zur Schule? Tritt auf diesem Umweg etwa auch der gute alte Schulmeister dem Gesamtarbeiter bei, als produktiver Arbeiter, unabhängig davon, wo er seinen Pflichten jeweils nachgeht? Verleibt sich dieser ökonomische Leviathan womöglich sämtliche Funktionen und Personen ein, die den unmittelbaren Produktionsprozeß gesellschaftlich vorbereiten und vermitteln, die dafür sorgen, daß er geordnet und ohne größere Störungen von innen wie von außen vonstatten geht? Wiederkehr also des Richters, des Verwaltungsbeamten, des Offiziers als produktive Arbeiter, zuzüglich der Eltern, die ihre Kinder großziehen und unabsehbar vieler anderer? Hieße das aber nicht, den Arbeitsbegriff zu überdehnen, die mühsam gezogenen inneren Trennlinien der Arbeitswelt verwischen, weil jetzt alles Arbeit wäre, irgendwie? Denn welchen Mehrwert produzieren Richter, Staatsanwälte, Mütter und Väter, welche Unternehmer sättigen *sie* auf ökonomisch zurechenbare Weise? Fragen, die schon bei der Erörterung des erweiterten Arbeitsbegriffs aufkamen (§ 17: 3) und eine vorläufige Antwort erfuhren. Sie bannte die Arbeit, gleichgültig, welcher Sorte, in die Sphäre der Notwendigkeit und verwies auf das Handeln und das Tätigsein als Grundformen menschlicher Freiheit. Dazu tritt nun ein neues Element, hier erstmals in seiner Wesensart gemeint: das PRODUZIEREN.

Produzieren, seinem Alleinstellungsmerkmal gemäß bestimmt, bedeutet das Ende der Zwecke, des Kalküls, der Algorithmen, und es beendet auch die Herrschaft des Subjekts. Produzierend stößt man auf eine Seinsschicht, die weder nur dem Subjekt noch dem Objekt, weder dem Geist noch der Materie ausschließlich zuzuordnen ist, die, als Wirklichkeit der dritten Art, beide miteinander verschwistert. Ob man sie erreicht, steht in niemandes Willen. Anstrengung bis zur Selbstaufgabe, äußerste Konzentration und innere Versammlung bilden Ingredienzien des »Ereignisses«, vermögen es aber nicht herbeizuzwingen. Es geschieht oder es geschieht nicht. Das untrügliche Zeichen, DASS es geschieht, ist ein »ozeanisches Gefühl«, begleitet von der freiwilligen Unterwerfung des Schöpfers unter sein Geschöpf, das, von ihm begeistert und beseelt, nunmehr ein Eigenleben führt.

Der Dichter zeugt von dem Mysterium am reinsten.

10. »Ich sitze stumm, ich habe das gelesen und das gehört und habe es schon wieder vergessen, und jetzt springt plötzlich etwas hervor, und ich bin, ohne zu wissen warum, gepackt oder sinnlos ergriffen, nein, fasziniert von einem Bild. Das ist keine Vision, keine Halluzination, sondern vieles zusammen, ein Seelenzustand von einer besonderen Helligkeit, gar nichts Dumpfes, sondern eine ungewöhnliche geistige Klarheit, in der alles wie enträtselt ist und man das Gefühl hat wie Siegfried, als er am Drachenblut leckte: man versteht alle Sprachen und überhaupt alles ...

Diese bildgesegnete Aufhellung erlebt der Autor als den der ersten Konzeption. Das heißt: das, was vorgegangen ist im Inkubationsstadium, ist nunmehr so weit, daß es über einen gewissen Schwellenwert hinaus ist und ihm in Sicht kommen konnte ... Um es gleich klar zu sagen: *in diesem Augenblick sitzt der Autor nicht mehr allein in seiner Stube* und denkt und brütet. Er geht zwar auch nicht wie der alte Vagant und Fabulierer unter das Volk und singt, was sie ihm zutragen, und richtet sich nach ihren Wünschen. Aber der Autor trägt von diesem Augenblick an das Volk in sich ... *Das Ich wird Publikum, wird Zuhörer, und zwar mitarbeitender Zuhörer ...*

Es geschieht übrigens, damit ich das Bild des Produktionsprozesses noch etwas vervollständige, hier meist noch etwas ganz Merkwürdiges. Das bewußt denkende Ich bleibt nicht immer stehen auf der Stufe des Publikums, Zuschauers und Mitarbeiters, es wird in eigentümlicher Weise in den Arbeitsvorgang einbezogen; das entstehende Werk wirkt an manchen Punkten, die zur Entfesselung auffordern, faszinierend auf das Ich ein, verzaubert das Ich ... Das Ich, der Mitarbeiter, verliert seine führende Haltung gegenüber dem Werk, es legt Masken an, es erleidet sein Werk, es tanzt um sein Werk herum. Das Ich ist in die Spielsituation des entstehenden Werkes einbezogen und hat wenigstens zum Teil die Kontrolle verloren ...

Es gibt verschiedene Autorentypen; nicht alle verstehen, was ich meine. Dichten heißt nicht nur, wie Ibsen meinte, Gerichtstag über sich halten, es heißt auch nicht nur, wie Moralisten und Politiker unter den Autoren meinen, Gerichtstag über sich und die anderen halten, es heißt noch viel mehr, zum Beispiel sich loslassen, spielen, zum Beispiel den Mut haben, inneren Verzauberungen zu erliegen und sich ihnen, formal und inhaltlich, zum Opfer machen.«[440]

11. Arbeiten, Handeln, Tätigsein und Produzieren: Wie hängen diese großen Vier menschlicher Praxis innerlich zusammen, und wie pflanzen sie ihr eigenes Reich? Aufschluß darüber erteilt, Vorbedachtes (§ 18) einbezogen, eine Rückschau, die eins ans andere reiht. In jeder Praxis spiegelt sich das Ganze, aber eben nur zum Teil; darin besteht die Dialektik des Zusammenhangs.

Als Aufgabe, deren Erfüllung jenseits unseres Beliebens steht, die uns etwas abverlangt, Sachverhaftung, Dienstbereitschaft, Triebkontrolle, bildet Arbeit den harten Resonanzboden auch der drei anderen Praxisformen. Andere Menschen handelnd in unsere Pläne zu verwickeln, ihren Plänen aufgeschlossen zu begegnen, das erfordert, je nach Perspektive, Überzeugungskraft, Ausdauer, Zurückhaltung, und strapaziert den guten Willen aller, dabeizubleiben, oftmals sehr. Das ist die »Arbeit«, die Menschen leisten müssen, um gemeinsam etwas zu erreichen, zu bewirken. – Die tätige Person mutet sich das alles selber zu. Ohne Begierden, die auf sofortige Befriedigung drängen, zu bezähmen und den Fokus nach innen zu richten, auf das, was »kommt«, ein Thema, ein Motiv, eine Idee, entsteht kein schöpferisches Selbstverhältnis, und danach strebt das Tätigsein; auch dafür liefert »Arbeit« eine sinnvolle Beschreibung. – Das produzierende Subjekt ist diesbezüglich vom tätigen nicht essentiell geschieden, der Unterschied greift erst in einer späteren Phase gliedernd ein.

Derselbe Durchgang, nun vom Handeln her ins Werk gesetzt, zeigt Arbeit als einen kooperativen Vorgang, um so markanter, je näher wir der Arbeitswelt von Heute treten, die die Betonung auf die Gruppe, das Team, das produzierende Ensemble legt. Zwar verflüchtigt sich die Freiheit des Entschlusses, das Band von Mensch zu Mensch zu knüpfen, und kehrt als Auftrag wieder; im Rahmen dieser Fremdbestimmung fragt heutige Lohnarbeit nach Handlungsfähigkeiten und fordert sie gezielt heraus. Die einst stummen und stereotypen Gebärden des »Herstellens« werden Teil einer Choreographie, die Handreichungen, Worte und Blicke sozial koordiniert, eine Entwicklung, die in der Welt des neuen Angestellten kulminiert, wo »Arbeit« unmittelbar »Austausch« und »Kommunkation« bedeutet (§ 11) – Beim Tätigsein sowie beim Produzieren schrumpft das Handeln, sieht man auf den Hauptvorgang, zur Randbedingung ein. Andere können, müssen aber nicht zugegen sein, und in den eigentlich schöpferischen Episoden stören sie zumeist. Der Austausch konzentriert sich auf das Vorher und Nachher, auf Hypothesenbildung und Problemstellung, Auswertung und Kritik und dominiert diese Abschnitte des Schaffensprozesses.

Mit der Rückeroberung von Handlungskompetenzen stieß die Arbeit im letzten Drittel des zwanzigsten Jahrhunderts bis dicht an die Grenze echter Tätigkeiten vor und durchbrach sie in einer ganzen Reihe von Professionen. Es greift zu kurz, im »schöpferischen« Arbeiter und Angestellten nur Projektionen einer raffinierten Motivationsstrategie der Unternehmen erblicken zu wollen. Der volle Genuß eigener Kraft- und Spielimpulse, den allein selbstbestimmtes Tätigsein gewährt, bleibt beiden allerdings versagt; einen Vorgeschmack darauf erhalten sie jedoch, mitunter. – Das produzierende Subjekt setzt das tätige voraus, schließt es gleichsam in sich ein, so daß alle Aussagen, die den tätigen Menschen betreffen, ohne Einschränkung für den produzierenden gelten. – Aber nicht umgekehrt. Der Produzierende übertrifft, überragt den Tätigen unendlich, unermeßlich, auch wenn beide in ihrer Grundverfassung und in ihren Intentionen wie Zwillinge erscheinen. Das produzierende Subjekt weiß von sich in seiner Besonderheit gerade in jenen Augenblicken, in denen es nichts mehr weiß und, vom »Blitz der Eingebung« getroffen, ergriffen und ehrfurchtsvoll zu Boden sinkt, Sinne und Blick auf »Höheres« gerichtet. Dahin zu gelangen, ohne ein Genie zu sein, erfordert schonungslosen Umgang mit den eigenen Kraftreserven, ist über weite Strecken verdammtester Ernst, und in dieser Bewandtnis »arbeitet« niemand härter, besessener und entsagungsreicher als der Mensch im Akt des Produzierens. Sein Lohn ist dementsprechend, »himmlisch« wie im eigentlichen unverdient, denn was ihm zufiel, hätte bei ähnlicher nimmermüder Anspannung dem oder der Nächstbesten gleichermaßen gebührt. Der Übergang vom tätigen zum produzierenden Menschen vollzieht sich auf die ungerechteste Art, die denkbar ist, als geistige »Gnadenwahl«, wozu, als unverlangte Antwort, nur Dankbarkeit und Demut passen. – Ein Arbeitsbegriff, der kein Gespür für diese Nuancen und Stufungen entwickelt, der alles, auch das Subtilste, unter »Arbeit« subsumiert, ist ungeschlacht und roh, »barbarisch«.

12. Ferne Welten, nahe Welten. Das Glück des Produzierens zu KENNEN, aus eigenem Erleben, ist ein Privileg, es in abgewandelter und abgeschwächter Form zu AHNEN, ist Gemeingut. Der Tätige, weil kurz davor, das Ganze zu ergreifen, ahnt schmerzbeladen, kummervoll, der Handelnde und

Arbeitende, in größerer Entfernung angesiedelt, fassen, was ihnen davon zufällt, gelassener auf, zufriedener. Die mit Alltagsanforderungen verträgliche Normalform des freien Produzierens heißt GELINGEN. Niemand unter uns, der ins Gelingen nicht verliebt wäre. Nur ist das nicht genug, um eine Sache glücklich zu vollbringen, sie GUT ZU MACHEN in des Wortes doppelter Bedeutung; hier muß sich alles ineinanderfügen, alles zusammenstimmen, alles »passen«. Der Ingenieur, der den erfolgreichen Funktionstest seiner Konstruktion erlebt, die Kassiererin im Supermarkt, die einen ganzen Arbeitstag in freundliche Gesichter blickt, nur gute Worte hört, wissen davon, auf ihre Weise, ohne Hoffnung auf Unsterblichkeit, wie Mozart oder Einstein zu berichten.

Alle Verhältnisse anzuprangern, umzustürzen, die diesem Gelingen in den Arm fallen, die seine inneren Hemmnisse sinnlos vervielfachen, lohnt und adelt jede Mühe.

# Anmerkungen

*Die Köchin*

1  Richard Sennett: The Fall of Public Man [1974]; dt. Ausgabe: Verfall und Ende des öffentlichen Lebens. Die Tyrannei der Intimität. Frankfurt a. M. 1983. Er hat diese Klage später relativiert, gerade in bezug auf die moderne Arbeitswelt.

2  »In früheren Gesellschaftsordnungen war das, was wir heute die Identität einer Person nennen würden, durch ihre soziale Stellung weitgehend festgelegt ... Durch die Entstehung einer demokratischen Gesellschaftsordnung allein wird das allerdings nicht abgeschafft, denn die Menschen können sich immer noch mit Hilfe ihrer gesellschaftlichen Rolle definieren. Was dagegen tatsächlich zu einer entscheidenden Schwächung dieses Verfahrens der sozial abgeleiteten Identitätsbestimmung führt, ist eben das Ideal der Authentizität.« Charles Taylor: Das Unbehagen an der Moderne. Frankfurt a. M. 1995, S. 56 f.

3  Henry Ford: Mein Leben und Werk. Leipzig 1923, S. 140.

4  Paul Krugman: Schmalspurökonomie. Die 27 populärsten Irrtümer über Wirtschaft. Frankfurt a. M., New York 1998, S. 17.

5  Hannah Arendt: Vita activa oder Vom tätigen Leben [1958]. München, Zürich 1994, S. 116.

6  John Maynard Keynes: Economic Possibilities for Our Grandchildren [1930]. Zitiert nach: Daniel Bell: Die nachindustrielle Gesellschaft [1973]. Frankfurt a. M., New York 1996, S. 349.

7  »The problem is that work is a radically different experience for different people.« John Kenneth Galbraith: The Economics of Innocent Fraud. Truth for Our Time. London 2004, S. 29.

8  Platon: Politeia. In: Platon: Sämtliche Werke, Bd. 2. Reinbek bei Hamburg 1994, S. 262 f.

9  Aristoteles: Politik. Leipzig 1880, S. 78 f.

10  Aristoteles: Politik, S. 128.

11  Aristoteles: Politik, S. 78.

12  David S. Landes: Wohlstand und Armut der Nationen. Warum die einen reich und die anderen arm sind. Berlin 2002, S. 522.

13  Thomas H. Marshall: Class, Citizenship and Social Development. New York 1964, S. 84.

14 Thomas Morus: Utopia [1516]. Leipzig 1976, S. 58.

15 Morus: Utopia, S. 61.

16 Morus: Utopia, S. 63.

17 Thomas Campanella: Der Sonnenstaat [1623]. Berlin 1955, S. 60.

18 Gracchus Babeuf an Charles Germain [1795]. In: Joachim Höppner, Waltraud Seidel-Höppner: Von Babeuf bis Blanqui. Französischer Sozialismus und Kommunismus vor Marx. Bd. 2, Leipzig 1975, S. 61, 63.

19 Étienne Cabet: Kommunistisches Glaubensbekenntnis [1841]. Zitiert nach: Höppner, Seidel-Höppner: Von Babeuf bis Blanqui, S. 402.

20 »Keine Gesellschaft ohne Arbeit! Folglich kann kein Müßiggänger ohne Arbeit leben. Wozu aber brauchen die Arbeiter Müßiggänger?« Louis-Auguste Blanqui: Wer die Suppe kocht, soll sie auch essen dürfen [1834]. Zitiert nach: Höppner, Seidel-Höppner: Von Babeuf bis Blanqui, S. 519. Für Owen wird die körperliche Arbeit durch systematische Anwendung von Maschinerie »in eine gesunde, erfreuliche und wünschenswerte Beschäftigung verwandelt«, durch denselben Vorgang jedoch »lediglich zu einer gesunden Übung«, die möglichst wenig Zeit in Anspruch nehmen soll. Vgl. Robert Owen: Das soziale System [1820/21]. Leipzig 1988, S. 27, 51.

21 Karl Marx: Das Kapital. Kritik der politischen Ökonomie. 3. Bd., Buch III: Der Gesamtprozeß der kapitalistischen Produktion [1894]. Berlin 1973, S. 828.

22 Vgl. durchgehend deren Texte in Höppner, Seidel-Höppner: Von Babeuf bis Blanqui.

23 »That the most generous pay should be for those most enjoying their work has been fully accepted.« Galbraith: The Economics, S. 31. Hier einige der wenigen Ausnahmen von dieser Gewohnheit: »Wenn die Gerechtigkeit verlangt, dass Belastungen ausgeglichen werden sollen, dann ist es weitaus plausibler und dringender, für den täglichen Stumpfsinn der mechanischen Tätigkeiten und für Arbeitsformen, die das Familienleben und die Gesundheit schädigen, eine Kompensation zu zahlen als für solche nur vorgeschobenen Belastungen wie Ausbildung und Verantwortung. Gemessen an diesem Ausgleichsprinzip ist die bestehende Verteilungspraxis doch geradezu absurd: Die an sich schon attraktiveren Arbeiten werden auch noch gut bezahlt und

die mit den elenden Jobs werden wie zum Hohn mit einem Almosen abgespeist.« Walter Pfannkuche: Wer verdient schon, was er verdient? Fünf Gespräche über Markt und Moral. Stuttgart 2003, S. 17 f.

24 Georg Simmel: Philosophie des Geldes [1900]. Frankfurt a. M. 1989, S. 583 f.

25 Vorausgesetzt, der Markt funktioniert. Davon kann in der Wirklichkeit keine Rede sein. Seit den 1990er Jahren verloren speziell die Managergehälter jegliche Fühlung sei es zur »Leistung« oder zur »Qualifikation« und deren relativer Knappheit. Seither spotten sie dem Marktmechanismus wie zum Beweis dafür, daß alles eine Frage der Macht ist, die Außerkraftsetzung jener Regeln eingerechnet, die dem Kapitalismus nach außen heilig sind.

26 Charles Fourier: Die neue industrielle und sozietäre Welt [1829]. Zitiert nach: Höppner, Seidel-Höppner: Von Babeuf bis Blanqui, S. 192.

27 Victor Considerant: Kurzer Abriß von Fouriers Phalanxsystem [1841]. Siehe Höppner, Seidel-Höppner: Von Babeuf bis Blanqui, S. 240.

28 Friedrich Schlegel: Lucinde. Ein Roman [1799]. Frankfurt a. M. 1985, S. 47 f., Hervorhebung i. O.

29 Max Weber: Die protestantische Ethik und der Geist des Kapitalismus [1904–1905]. In: Weber: Gesammelte Aufsätze zur Religionssoziologie. Tübingen 1947, S. 203 f.

30 »Unsere Organisation ist so bis ins einzelne durchgeführt und die verschiedenen Abteilungen greifen so ineinander ein, daß es völlig ausgeschlossen ist, den Leuten auch nur vorübergehend ihren Willen zu lassen … Das Nettoresultat ist eine Verminderung der Ansprüche an die Denktätigkeit des Arbeitenden und eine Reduzierung seiner Bewegungen auf das Mindestmaß. Nach Möglichkeit hat er ein und dieselbe Sache mit nur ein und derselben Bewegung zu verrichten.« Ford: Mein Leben und Werk, S. 129, 93.

31 Günther Anders: Die Antiquiertheit des Menschen. Bd. 2: Über die Zerstörung des Lebens im Zeitalter der dritten industriellen Revolution. München 1980, S. 92, Hervorhebungen i. O.

32 Anders: Die Antiquiertheit, Bd. 2, S. 102.

33 Anders: Die Antiquiertheit, Bd. 2, S. 98 f., Hervorhebung i. O.

34 Arendt: Vita activa, S. 81.

35 Arendt: Vita activa, S. 96, siehe auch S. 109 f.

36 Arendt: Vita activa, S. 107.

37 Arendt: Vita activa, S. 120.

38 Arendt: Vita activa, S. 11 f.

39 Heiner Hastedt: Der Wert des Einzelnen. Eine Verteidigung des Individualismus. Frankfurt a. M. 1998, S. 135.

40 Hastedt: Der Wert des Einzelnen, S. 136 f.

41 William J. Wilson: When Work Disappears. New York 1996, S. 73.

42 Vgl. hierzu die längst klassische Studie von Marie Jahoda, Paul F. Lazarsfeld, Hans Zeisel: Die Arbeitslosen von Marienthal [1933]. Frankfurt a. M. 1975.

43 Ich entnehme das Beispiel einer früheren Veröffentlichung. Siehe: Wolfgang Engler: Die Ostdeutschen als Avantgarde. Berlin 2002, S. 116 f.

44 Beide Zitate folgen Karl Polany: The Great Transformation. Politische und ökonomische Ursprünge von Gesellschaften und Wirtschaftssystemen [1944]. Frankfurt a. M. 1978, S. 242.

45 Auf der Suche nach unklaren Ressourcen. In: Mehr Zuckerbrot, weniger Peitsche. Aufrufe, Manifeste und Faulheitspapiere der Glücklichen Arbeitslosen. Hrsg. von Guillaume Paoli, Berlin 2002, S. 35 f.

46 »Dazu muss sich der Mensch immer fragen, ob er die gleiche Tätigkeit auch machen würde, wenn er dafür kein Geld zu erwarten hätte! Würde er die gleiche Tätigkeit, am gleichen Ort (Arbeitsort), im gleichen zeitlichen Umfang (Arbeitszeit) wie bisher durchführen? Würde er genauso früh (oder genauso spät) dafür aufstehen. Würde das Verhalten und Auftreten gegenüber Arbeitskollegen und sogenannten Vorgesetzten unverändert bleiben? ... Kann er diese Fragen mit Ja beantworten, dann kann man von einem erfüllten Leben sprechen. Der Mensch hat Spaß an dem, was er macht ... Bei NEIN ist der Mensch mit seiner Tätigkeit unzufrieden. Der Arbeitslohn ist Schmerzensgeld. Er hat kein wirklich erfülltes Leben und seine Talente wären anderswo vielleicht besser aufgehoben.« Vgl. Vor der Arbeit = Nach der Arbeit. Freizeitliche Denkarbeit, o. O., o. J., S. 4. Es ist nicht meine Absicht, die »glücklichen Arbeitslosen« für derlei Kindereien intellektuell in Haft zu nehmen. Kein Aufbruch ohne Übertreibungen, kein Nonkonformismus ohne nonkonformistische Sektierer.

47 Auf der Suche nach unklaren Ressourcen. In: Paoli (Hg.): Mehr Zuckerbrot, S. 37.

48  Jahoda u. a.: Die Arbeitslosen, S. 55–63.

49  Ich beziehe mich im folgenden auf die Studie von Tanja Busse: Geht ab hier in Dorf. Schrumpfen lernen im ehemaligen sozialistischen Musterdorf. In: Tanja Busse, Tobias Dürr (Hg.): Das neue Deutschland. Die Zukunft als Chance. Berlin 2003, S. 94 bis 108.

50  Vgl. Simone Hain, Stephan Stroux: Die Salons der Sozialisten. Kulturhäuser in der DDR. Berlin 1996, S. 38, 167.

51  Arendt: Vita activa, S. 113.

52  Zu dieser Vorgeschichte vgl. Landes: Wohlstand und Armut, Kap. 22 u. 23.

53  Landes: Wohlstand und Armut, S. 478.

54  Zur Geburt des Postfordismus siehe erneut Landes: Wohlstand und Armut, Kap. 27.

55  Halten die Unternehmen dennoch am Konzept der Firma als einer »Wohnstatt« der Belegschaft fest, liegen die entsprechenden Angebote von der Küche bis hin zu Fitneßeinrichtungen zumeist in der Hand formell selbständiger Subunternehmer.

56  Die gründlichste Arbeit zu diesem Thema verfaßten Luc Botanski und Ève Chiapello: Der neue Geist des Kapitalismus. Konstanz 2003.

57  Hierzu: Joachim Hirsch, Roland Roth: Das neue Gesicht des Kapitalismus. Vom Fordismus zum Post-Fordismus. Hamburg 1986, S. 106–115.

58  Zum folgenden vgl. Michel Pialoux: Der alte Arbeiter und die neue Fabrik. In: Pierre Bourdieu u. a.: Das Elend der Welt. Zeugnisse und Diagnosen alltäglichen Leidens an der Gesellschaft. Konstanz 1997, S. 321–340.

59  So Richard Sennett: Der flexible Mensch. Die Kultur des neuen Kapitalismus. Berlin 1998, S. 71. Deshalb verwandelt sich die Arbeit noch lange nicht in einen »Spaßfaktor« oder gar in ein »ästhetisches« Erlebnis, wie Zygmunt Bauman mit beinahe schon gewohnter Übertreibung formuliert. Vgl. Bauman: Flüchtige Moderne. Frankfurt a. M. 2003, S. 164 f.

60  Michel Foucault: Macht und Körper [1975]. In: Foucault: Schriften in vier Bänden. Bd. 2: 1970–1975, Frankfurt a. M. 2002, S. 932 bis 941.

61  Michael Hardt, Antonio Negri: Empire. Die neue Weltordnung, Teil 3: Passagen der Produktion. Frankfurt a. M., New York 2002.

62  Hardt, Negri: Empire, Teil 3, S. 413.

63  André Gorz: Zur Strategie der Arbeiterbewegung im Neokapi-
    talismus. Frankfurt a. M. 1971, S. 104.
64  André Gorz: Abschied vom Proletariat. Jenseits des Sozialis-
    mus. Frankfurt a. M. 1980.
65  Gorz: Abschied, S. 43.
66  André Gorz: Wege ins Paradies. Thesen zur Krise, Automation
    und Zukunft der Arbeit. Berlin 1983, S. 46.
67  Gorz: Wege, S. 84, Hervorhebung i. O.
68  André Gorz: Kritik der ökonomischen Vernunft. Sinnfragen am
    Ende der Arbeitsgesellschaft. Hamburg 1989, S. 115.
69  Gorz: Kritik, S. 134, Hervorhebung i. O.
70  Gorz: Kritik, S. 142.
71  Gorz: Kritik, S. 249.
72  Siehe hierzu insbesondere Zygmunt Bauman: The Individuali-
    zed Society. Cambridge 2001.
73  Sämtliche Zitate dieses Paragraphen beziehen sich auf Emma-
    nuel Lévinas: Zwischen uns. Versuche über das Denken an den
    Anderen. München, Wien 1995. Einige dieser Zitate sind aggre-
    giert, die meisten so in den eigenen Gedankengang eingeflochten-
    ten, daß ich den Leser nicht mit unnötigen Seitenverweisen auf-
    halten möchte.
74  George H. Mead: Geist, Identität und Gesellschaft aus der Sicht
    des Sozialbehaviorismus [1934]. Frankfurt a. M. 1973, S. 217.
75  Vgl. hierzu Lew S. Wygotski: Denken und Sprechen [1934].
    Berlin 1964; Alexander Lurija: Die historische Bedingheit indi-
    vidueller Erkenntnisprozesse [1931/32]. Berlin 1987; Lurija:
    Sprache und Bewußtsein. Berlin 1982.
76  André Gorz: Arbeit zwischen Misere und Utopie. Frankfurt
    a. M. 2000, S. 64.
77  Gorz: Arbeit, S. 91.
78  Gorz: Arbeit, S. 91.
79  Gorz: Kritik, S. 291.
80  Hierzu Sennett: Der flexible Mensch, Kap. 4.
81  Um begrifflich genau zu sein, müßte man von diesem Punkt der
    Entwicklung an durchgehend von Erwerbsarbeitsgesellschaft
    sprechen. Die Mehrheit der Autoren hält am eingebürgerten
    Ausdruck »Lohnarbeitsgesellschaft« fest; dem schließe ich mich
    aus Bequemlichkeit an und verwende die Ausdrücke synonym.
    Das heißt: Sofern nicht explizit von Lohnarbeitern die Rede ist,
    meint »Lohnarbeitsgesellschaft« Arbeiter und Angestellte.

82 »Im Mittelpunkt der neuen Beziehung steht die Begegnung oder Kommunikation und die Reaktion des Ich auf den anderen und umgekehrt – vom Ärger des Reisenden am Flugkartenschalter bis zur wohlwollenden oder aufgebrachten Antwort des Lehrers auf die Frage des Schülers. Und dieser Umstand, d. h. die Tatsache, daß die Individuen neuerdings miteinander reden statt auf eine Maschine zu reagieren, ist grundlegend für die Arbeit in der nachindustriellen Gesellschaft.« Daniel Bell: Die nachindustrielle Gesellschaft [1973]. Frankfurt a. M. 1985, S. 168.

83 Mark Siemons: Jenseits des Aktenkoffers. Vom Wesen des neuen Angestellten. München, Wien 1997, S. 58.

84 Siemons: Jenseits des Aktenkoffers, S. 154.

85 Karl Marx: Grundrisse der Kritik der politischen Ökonomie (Rohentwurf) [1857–1858]. 2. Aufl., Berlin 1974, S. 75, Hervorhebung i. O.

86 Mathias Stuhr: Popökonomie. Eine Reformation zwischen Lifestyle und Gegenkultur. In: Alexander Meschnig, Mathias Stuhr (Hg.): Arbeit als Lebensstil. Frankfurt a. M. 2003, S. 163.

87 Vgl. zum Folgenden insgesamt Meschnig, Stuhr (Hg.): Arbeit als Lebensstil.

88 Bill Lessard, Steve Baldwin: Computersklaven. Reportagen aus der Ausbeuterfirma Internet. Stuttgart, München 2000.

89 Peter Grottian, Wolf-Dieter Narr, Roland Roth: Sich selbst eine Arbeit geben. Frankfurter Rundschau Online, 28. 11. 2003.

90 Grottian, Narr, Roth: Sich selbst eine Arbeit geben. Frankfurter Rundschau Online, 28. 11. 2003.

91 Vision für eine gerechte Gesellschaft. Solidarität – Chance für die Zukunft. Hrsg. vom Bund der Katholischen Jugend, o. O. 2003, S. 21.

92 Zitiert nach: Michael Jäger, Andrea Koschwitz, Gerburg Treusch-Dieter (Hg.): Das Recht auf Faulheit – die Zukunft der Nichtarbeit: Beiträge eines Themenwochenendes der Volksbühne am Rosa-Luxemburg-Platz 18.–20. Mai 2001. Berlin 2001, S. 173.

93 Johano Strasser: Wenn der Arbeitsgesellschaft die Arbeit ausgeht. Zürich 1999, S. 15.

94 Strasser: Wenn der Arbeitsgesellschaft, S. 103.

95 Strasser: Wenn der Arbeitsgesellschaft, S. 105 f.

96 Ulrich Beck: Was ist Globalisierung? Irrtümer des Globalismus – Antworten auf Globalisierung. Frankfurt a. M. 1997, S. 108, 235, Hervorhebung i. O.

97 Jeremy Rifkin: Das Ende der Arbeit und ihre Zukunft. Frankfurt a. M. 1997, S. 197.

98 Bundesjustizministerin Brigitte Zypries laut Berliner Zeitung vom 23. 6. 2003.

99 Benjamin Franklin: Autobiographie [1770]. Berlin 1956, S. 150 f.

100 Geneviève Hesse: Die Arbeit nach der Arbeit. Für eine emotionale Erweiterung des Arbeitsbegriffs. In: Meschnig, Stuhr (Hg.): Arbeit als Lebensstil, S. 103, Hervorhebung i. O.

101 Jeremy Rifkin: Access. Das Verschwinden des Eigentums. Frankfurt a. M., New York 2000.

### Der Grund der Existenz

102 Ralf Dahrendorf: Wenn der Arbeitsgesellschaft die Arbeit ausgeht. In: Krise der Arbeitsgesellschaft? Verhandlungen des 21. Deutschen Soziologentages in Bamberg 1982. Frankfurt a. M. 1982, S. 25.

103 Dahrendorf: Wenn der Arbeitsgesellschaft, S. 26.

104 Dahrendorf: Wenn der Arbeitsgesellschaft, S. 34.

105 Claus Offe: Arbeit als soziologische Schlüsselkategorie? In: Krise der Arbeitsgesellschaft, S. 55 f.

106 »Je prekärer und unwahrscheinlicher … es wird, daß jede erwachsene Person eine sichere, befriedigende und angemessen bezahlte Arbeit findet und behält, desto aggressiver wird – im Verhältnis zwischen den Generationen, den Geschlechtern und ethnischen Gruppen – der Wettbewerb um dieses ›Gut aller Güter‹, desto heftiger wird die subjektive Identifikation mit seinem Wert.« Claus Offe: Vollbeschäftigung? In: tageszeitung, 6. 10. 1994, S. 10.

107 Claus Offe: Prämien für Aussteiger. In: Die Zeit, 11. 3. 1994, S. 28.

108 Karl Otto Hondrich: Wieviel Gutes hat die Krise und wieviel Krise ist gut? In: Krise der Arbeitsgesellschaft, S. 289.

109 Walter Müller: Wege und Grenzen der Tertiarisierung. Wandel der Berufsstruktur in der Bundesrepublik Deutschland. In: Krise der Arbeitsgesellschaft?, S. 142–160.

110 Müller: Wege und Grenzen, S. 156.

111 Frieder Naschhold: Sozialstaat und politische Formationen bei ökonomischer Stagnation. In: Krise der Arbeitsgesellschaft?, S. 491–517.

112 Thomas Schmid: Industrie ohne Glück – Argumente für eine blockübergreifende Abrüstung der Arbeit. In: Thomas Schmid (Hg.): Befreiung von falscher Arbeit. Thesen zum garantierten Mindesteinkommen. Berlin 1984, S. 14.

113 Michael Opielka: Das garantierte Einkommen – ein sozialstaatliches Paradoxon? In Schmid (Hg.): Befreiung, S. 112.

114 Vgl. zu dieser unmittelbaren Vorgeschichte: Bell: Die nachindustrielle Gesellschaft, S. 342–352; Rifkin: Das Ende der Arbeit, S. 191–198; Klaus-Uwe Gerhardt, Arnd Weber: Garantiertes Mindesteinkommen. Für einen libertären Umgang mit der Krise. In: Schmid (Hg.): Befreiung, S. 37–42.

115 Robert Theobald: The Guaranteed Income. New York 1967, S. 19.

116 Herman Kahn, Anthony Wiener: The Next Thirty-Three-Years. A Framework for Speculation. New York 1967.

117 A Statement by Economists on Income Guarantees and Supplements (1968). Zitiert nach: Gerhardt, Weber: Garantiertes Mindesteinkommen. In: Schmid (Hg.): Befreiung, S. 39 f.

118 Hierzu Opielka: Das garantierte Einkommen, S. 110.

119 »Die Entkopplung von Arbeit und Einkommen … würde überhaupt erst die Voraussetzung für marktgerechtes Handeln, nämlich Wahlmöglichkeit, herstellen – und zugleich den Zwang zur Produktion reduzieren.« Ulrich Hausmann: Was ist ökonomisches Handeln? Argumente für die Einführung der Marktwirtschaft. In: Schmid (Hg.): Befreiung, S. 94.

120 Walter Hanesch: Einkommenssicherung in der Krise. In: Schmid (Hg.): Befreiung, S. 121–142.

121 Auswanderung des Kapitals bedeutet nicht in jedem Fall den Verlust inländischer Arbeitsplätze. Häufig sind es Vorprodukte, die im Ausland produziert werden, billiger als daheim, was die Absatzchancen des Endprodukts auf dem Weltmarkt erhöht und jenen Beschäftigung gibt, denen die Endfertigung obliegt. »Job-Export schafft Arbeitsplätze«, urteilt eine Studie des Bundesfinanzministeriums (laut Spiegel, 34/2004, S. 63). Das ist eine Übertreibung. Daß der Arbeitsplatzexport einheimische Stellen unter den Bedingungen der Globalisierung sichern hilft, kommt der Wahrheit näher. – Überhaupt hat der Warenexport seinen Charakter grundlegend gewandelt. Was heute auf internationalen Märkten angeboten und verkauft wird, sind »polyglotte« Waren, an deren Erzeugung Menschen vieler Länder

Anteil haben. Stempelte früher erst der Austausch die Waren zu kommerziellen »Weltbürgern«, so erwerben sie diese Eigenschaft heute zumeist schon in der Produktion.

122 Polany: The Great Transformation, S. 114, Hervorhebung i. O.

123 »Sichert man … der armen Klasse, um sie zufriedenzustellen, ihr Auskommen, so wird sie der Vorschuß eines reichlichen Existenzminimums an Unterhalt, Kleidung usw. zum Faulenzen verleiten. Den Beweis dafür sieht man in England, wo die 200 Millionen jährlicher Unterstützung für die Armen nur die Zahl der Bettler vermehren.« Charles Fourier: Die neue sozialistische Welt der Arbeit oder Entdeckung des Verfahrens einer nach Leidenschaftsserien eingeteilten, anziehenden, naturgemäßen Produktionsweise [1829]. In: Höppner, Seidel-Höppner: Von Babeuf bis Blanqui, S. 182 f., Hervorhebung i. O.

124 Karl Marx: Das Kapital. Kritik der politischen Ökonomie: 1. Bd. [1864], Berlin 1977, S. 768.

125 Polany: The Great Transformation, S. 120.

126 Robert Castel: Die Metamorphosen der sozialen Frage. Eine Chronik der Lohnarbeit. Konstanz 2000, S. 120.

127 Zitiert nach: Castel: Die Metamorphosen, S. 219.

128 Rainer Hank: Das Ende der Gleichheit oder Warum der Kapitalismus mehr Wettbewerb braucht. Frankfurt a. M. 2000, S. 194.

129 Hans-Olaf Henkel: Die Ethik des Erfolgs. Spielregeln für die globalisierte Gesellschaft. München 2002, S. 248.

130 John Locke: Bürgerliche Gesellschaft und Staatsgewalt. Sozialphilosophische Schriften. Hrsg. von Hermann Klenner, Leipzig 1980, S. 115–131.

131 Jean-Jacques Rousseau: Economie ou Oeconomie [1751]. Zitiert nach: Artikel aus Diderots Enzyklopädie. Leipzig 1972, S. 357 f.

132 »Was hält uns davon ab, anzunehmen, daß nicht die Bürgerarbeit die Bedingung für den Bezug eines Bürgereinkommens sei, sondern im Grunde gerade umgekehrt, Bürgergeld die Bedingung für das freiwillige, eigenständige Engagement in selbstgewählten Aktivitäten? Sollten wir nicht die übliche Auffassung von (Erwerbs-)Arbeit umdrehen und sagen: (Bürger-)Arbeit ist nicht das Mittel zum Geldverdienen, sondern (Bürger-)Geld das Mittel zur (Bürger-)Arbeit, welche sich als Selbstzweck gilt?« Gorz: Arbeit, S. 124.

133 Hier kommt hauptsächlich die Mehrwertsteuer in Betracht. Sie wird auf alle Waren erhoben, auch auf die importieren, und zieht

daher (anders als bei Abgaben und direkten Steuern) keine Wettbewerbsnachteile für die je einheimische Volkswirtschaft nach sich. In diesem Punkt ist Lester Thurow zuzustimmen. Vgl. Thurow: Kapitalismus und Sozialsysteme reformieren. In: Kommune, 3/2004, S. 32–35.

134 Amartya Sen: Ökonomie für den Menschen. Wege zu Gerechtigkeit und Solidarität in der Marktwirtschaft. München 2002, S. 217.

135 Armut als Bedrohung. Der soziale Zusammenhalt zerbricht. Ein Memorandum. Hrsg. von Loccumer Initiative kritischer Wissenschaftlerinnen und Wissenschaftler, Hannover 2002 (Kritische Interventionen 7).

136 Pfannkuche: Wer verdient schon, was er verdient? S. 84.

137 Ich greife hier eine frühere Skizze dieser Problematik auf. Vgl. Wolfgang Engler: Der nächste Schritt – ein neues Projekt für Deutschland. In: Busse, Dürr (Hg.): Das neue Deutschland, besonders S. 42 f.

138 Die folgenden Verweise nach: Aristoteles: Nikomachische Ethik. Buch VI, Berlin 1960, S. 122–140.

139 Arendt: Vita activa, S. 228.

140 Folgerichtig verlegte Hegel die Glanzperiode des handelnden Menschen in die Heroenzeit. Das heroische Subjekt habe sich im Handeln noch als solches ausgesprochen, seinen Charakter und seine Willkür offenbart und die ungeteilte Verantwortung für das übernommen, was irgend an Folgen aus seinem Tun entsprang. Die moderne Welt führe zur Spaltung zwischen Subjekt und Tat. Da viele in das Handeln verwickelt seien, könne der einzelne immer auf die anderen zeigen, sich hinter dem Resultat des gemeinschaftlichen Zusammenwirkens moralisch verschanzen; als Rädchen im sozialen Getriebe war er stets nur »mit dabei«. Vgl. Georg Friedrich Wilhelm Hegel: Ästhetik. Bd. 1, Berlin, Weimar 1965, S. 180–192.

141 Für Weber ist es die Moderne, die die weitgehende Gleichsetzung von »Handeln« und »Kalkulieren« erzwingt, Handeln idealtypisch als »zweckrationales Handeln« erscheinen läßt. In einer hochgradig versachlichten Welt setze nur der seine beschränkten Absichten durch, der sich über Affekte, Leidenschaften, religiöse und moralische Wertvorstellungen erhebe und als *Animal rationale* in Aktion trete. Am je eigenen Erfolg orientiert, rechne das Individuum das erwartbare Verhalten anderer kühl in die eigenen

Pläne ein. Modern ist Berechnung, Vertrag, Kompromiß, sind rational motivierter Interessenausgleich und bewußte Vergesellschaftung. Der moderne Mensch »operiert«, wenn er handelt, mit klarer Zielfolgenabschätzung und ökonomischem Mitteleinsatz. Handeln im ganz unheroischen, gleichwohl emphatischen Sinn des Wortes, als praktische Gemeinschaft ohne festen Plan und starres Regelwerk, widerspricht für den großen Soziologen einer Welt, die von der bürokratischen Rationalisierung beherrscht wird. Hierzu: Max Weber: Wirtschaft und Gesellschaft. Grundriß der verstehenden Soziologie [1921–22]. Hrsg. von Johannes Winckelmann, Studienausgabe. 1. Halbbd, Köln, Berlin 1956, S. 3–17, 29.

142  Karl Mannheims ironische Kritik an Webers allzu engem Begriffskorsett trifft unverändert zu: »Es ist *kein Handeln* …, wenn ein Bureaukrat ein Aktenbündel nach vorgegebenen Vorschriften erledigt. Es liegt auch kein Handeln vor, wenn ein Richter einen Fall unter einen Paragraphen subsumiert, wenn ein Fabrikarbeiter eine Schraube nach vorgeschriebenen Handgriffen herstellt … *Handeln* beginnt erst dort, wo der noch nicht rationalisierte Spielraum anfängt, wo nicht regulierte Situationen zur Entscheidung zwingen.« Karl Mannheim: Ideologie und Utopie [1929], Frankfurt a. M. 1985, S. 100, Hervorhebungen i. O.

143  Maristella Svampa: Die Piqueteros. Soziale Bewegungen und neue politische Erfahrungen in Argentinien. In: Gegner, Monatsunabhängige Zeitschrift gegen Politik, Heft 15, Juli 2004, S. 38–46.

144  Eine solche Einrede bedeutet die folgende Betrachtung: »Trennt man … zwischen Arbeit und Interaktion, so erhält man zwei verschiedene Pauschalkategorien. Das Gleiche geschieht, wenn man sich einen herrschaftsfreien Kommunikationszusammenhang vorstellt. Man unterscheidet dann zwar gegensätzliche Prozesse, keiner von beiden aber würde in der Praxis funktionieren. Dem herrschaftsfreien Kommunikationszusammenhang fehlen Stachel und zunächst eine Wurzel der Kommunikation; der fremdbestimmten Arbeit fehlt die ihr angehörige eigensinnige Unterseite. … Es ist praktischer, auf einem einheitlichen Arbeitsbegriff zu beharren und die Unterscheidungen dort anzusetzen, wo es um die Situationen (Momente) geht, in denen sich menschliche Stoff- und Werkzeugarsenale jeweils verschieden verbinden.« »Praktischer« vielleicht, emanzipatorischer

ganz sicher nicht. Oskar Negt, Alexander Kluge: Geschichte und Eigensinn. Frankfurt a. M. 1981, S. 997, Hervorhebung i. O.

## Die neue soziale Frage

145 Das gesicherte Grundeinkommen ist die »conditio sine qua non der Wiedergeburt einer wahrhaft reifen Staatsbürgerschaft und Republik, wie es sie nur im Verbund von Menschen mit Selbstvertrauen geben kann, von Menschen ohne Existenzangst – von Menschen, die sich sicher fühlen«. Zygmunt Bauman: Die Krise der Politik. Fluch und Chance einer neuen Öffentlichkeit. Hamburg 2000, S. 260.

146 Castel: Die Metamorphosen, S. 64–97. Zur langen französischen Denktradition, in der Castel steht, siehe Peter R. Gleichmann: Metamorphosen der sozialen Frage. Eine historische Soziologie. In: Soziologische Revue, 26. Jg. (2003), S. 16–26.

147 Morus: Utopia, S. 25.

148 Arlette Farge, Michel Foucault: Familiäre Konflikte. Die »Lettres de cachet«. Aus den Archiven der Bastille im 18. Jahrhundert. Frankfurt a. M. 1989.

149 Ich greife im Verlauf der folgenden Überlegungen erneut auf eine frühere Studie zurück. Vgl. Wolfgang Engler: Überflüssige Menschen oder Kurzer Lehrgang der sozialen Frage (1.–4. Teil). In: Sklaven, Heft 28–31, 1996.

150 Vgl. zu dieser ersten »Sozialstaatsdebatte« im Detail: Michel Foucault: Wahnsinn und Gesellschaft. Eine Geschichte des Wahns im Zeitalter der Vernunft [1961]. Frankfurt a. M. 1969, S. 421–434.

151 Zitiert nach: Foucault: Wahnsinn und Gesellschaft, S. 431.

152 Vgl. zu den Familiengerichten: Geschichte des privaten Lebens, Bd. 3. Hrsg. von Philippe Ariès und Georges Duby, Frankfurt a. M. 1991, S. 603 f.

153 Artikel 23 der Französischen Revolutionsverfassung vom Juni 1793 dekretierte unmißverständlich: »Die öffentliche Unterstützung der Bedürftigen ist eine heilige Schuld. Die Gesellschaft übernimmt den Unterhalt der in Not geratenen Bürger, sei es, indem sie ihnen Arbeit gibt oder denjenigen, welche arbeitsunfähig sind, die Mittel für ihr Dasein sichert.« Zitiert nach: Walter Markov: Revolution im Zeugenstand. Frankreich 1789–1799, Bd. 2. Leipzig 1982, S. 437.

154 Zitiert nach: Diderots Enzyklopädie, S. 945.

155 Castel: Metamorphosen der sozialen Frage, S. 165.

156 Castel: Metamorphosen der sozialen Frage, S. 178–185.

157 »Die Ausbeutung des Menschen, das Ergebnis der Klassengruppierungen, auf die wir hinwiesen, sollte daher zumindest schließen lassen, diese Klassen müßten fließend sein und die zu ihnen gehörigen Familien und einzelnen Personen ständig wechseln. In Wirklichkeit aber findet ein solcher Wechsel nicht statt. Die Vorteile und Nachteile einer jeden sozialen Lage *vererben sich*; und die Ökonomen haben ihr Teil getan, daß die *Erbschaft des Elends* anerkannte Tatsache ist, da sie die Existenz einer Klasse von *Proletariern* in der Gesellschaft festgestellt haben.« Zitiert nach: Die saint-simonistische Lehre [1830]. In: Höppner, Seidel-Höppner: Von Babeuf bis Blanqui, S. 157f., Hervorhebung i. O.

158 »Das Lumpenproletariat, diese passive Verfaulung der untersten Schichten der alten Gesellschaft, wird durch eine proletarische Revolution stellenweise in die Bewegung hineingeschleudert, seiner ganzen Lebensweise nach wird es bereitwilliger sein, sich zu reaktionären Umtrieben erkaufen zu lassen.« Karl Marx, Friedrich Engels: Manifest der Kommunistischen Partei [1848]. In: Marx, Engels: Werke (MEW), Bd. 4. Berlin 1972, S. 472.

159 Michel Foucault: Überwachen und Strafen. Die Geburt des Gefängnisses. Frankfurt a. M. 1976, S. 133–143.

160 Zitiert nach: François Ewald: Der Vorsorgestaat. Frankfurt a. M. 1993, S. 73.

161 Nach Denis Diderot: Rameaus Neffe. In: Diderot: Ästhetische Schriften, Bd. 2. Berlin und Weimar 1967, S. 443.

162 Georg Büchner: Woyzeck [1837]. In: Büchner: Werke und Briefe, Leipzig 1968, S. 160f.

163 Siehe Castel: Metamorphosen der sozialen Frage, S. 204.

164 Siehe Castel: Metamorphosen der sozialen Frage, S. 204–235.

165 Zitiert nach: Ewald: Der Vorsorgestaat, S. 464.

166 Abram de Swaan: Der sorgende Staat. Wohlfahrt, Gesundheit und Bildung in Europa und den USA der Neuzeit. Frankfurt a. M. 1993.

167 Swaan: Der sorgende Staat, S. 260f.

168 Siehe Ewald: Der Vorsorgestaat, S. 242–275.

169 Karl Kautsky: Das Recht auf Arbeit. In: Die Neue Zeit. Revue des geistigen und öffentlichen Lebens. 2. Jg. (1884), Heft 7, S. 303.

170 Castel: Metamorphosen der sozialen Frage, S. 236–249.

171 Claude-Henri de Saint-Simon: Der Organisator [1819–1820].
   Zitiert nach: Höppner, Seidel-Höppner: Von Babeuf bis Blanqui,
   S. 16–140.
172 Siehe hierzu: Polany: The Great Transformation, S. 182–208.
173 So Oskar Lafontaine: Das Herz schlägt links. München 1999,
   S. 293.
174 Emile Durkheim: Über soziale Arbeitsteilung [1893]. Frankfurt
   a. M. 1977, S. 267.
175 Durkheim: Über soziale Arbeitsteilung, S. 274.
176 Siehe Ewald: Der Vorsorgestaat, S. 203–206, 470–475.
177 Marcel Mauss: Die Gabe. Form und Funktion des Austauschs in
   archaischen Gesellschaften [1950]. Frankfurt a. M. 1968, S. 21 f.
178 Siehe Castel: Metamorphosen der sozialen Frage, S. 236–282.
179 Castel aus Bequemlichkeit folgend, spreche auch ich von Lohnarbeitsgesellschaft, der Tatsache eingedenk, daß »Erwerbsarbeitsgesellschaft« der passendere, weil Lohn- und Gehaltsver-
   hältnisse zusammenfassende Ausdruck ist.
180 Pierre-Joseph Proudhon: Was ist Eigentum? Zitiert nach:
   Höppner, Seidel-Höppner: Von Babeuf bis Blanqui, S. 321.
181 Charles Fourier war wohl der erste, der in der proportionalen
   Verteilung des Reichtums den Schlüssel zur Zivilisierung des
   Kapitalismus erkannte. Vgl. Die neue industrielle und sozietäre
   Welt [1829]. In: Fourier: Ökonomisch-philosophische Schriften. Berlin 1980, S. 63 f.
182 Marx, Engels: Manifest, S. 488.
183 Siehe Castel: Metamorphosen, S. 285–306.
184 Castel: Metamorphosen, S. 335.
185 »Doch just in dem Moment, als die der Arbeit anhaftenden Attribute zur Kennzeichnung des für die Plazierung und Klassifi-
   zierung eines Individuums in der Gesellschaft verantwortlichen
   Status endgültig die Oberhand gegenüber anderen Identitäts-
   stützen wie der Familienzugehörigkeit oder der Zugehörigkeit
   zu einer lokalen Gemeinschaft gewonnen haben, wird diese
   zentrale Rolle der Arbeit brutal in Frage gestellt.« Castel: Metamorphosen, S. 336.
186 Die folgenden Passagen sind frei übersetzt nach: The Downsizing of America. The New York Times Special Report. New
   York 1996, S. 252 f.
187 The Downsizing, S. 272.
188 The Downsizing, S. 249.

189 The Downsizing, S. 246 f.

190 »However, in the United States not only do welfare progams that benefit the poor lack institutional safeguards, but … the basic belief system concerning the nature und causes of poverty and welfare frames economic and social outcomes mainly in individual terms … Americans remain strongly disposed to the idea that individuals are largely responsible for their economic situation.« Wilson: When Work Disappears, S. 158, 160.

191 Donald L. Barlett, James B. Steele: America: Who Stole the Dream? Kansas City 1996, S. 125.

192 Siehe Castel: Metamorphosen, S. 391 f., 412.

193 Castel: Metamorphosen, S. 376.

194 Castel: Metamorphosen, S. 374.

195 Castel: Metamorphosen, S. 393.

196 Castel: Metamorphosen, S. 398. Obwohl er es an anderer Stelle besser weiß. Siehe S. 240 f.

197 Castel: Metamorphosen, S. 394.

198 Castel: Metamorphosen, S. 394.

199 »Wie wollen wir das gesellschaftliche Zusammenleben vernünftig organisieren, wenn der Arbeitsmarkt immer weniger die soziale Integration, den Einbezug aller in den volkswirtschaftlichen Produktions- und Konsumtionsprozeß, zu leisten vermag? … Wenn wir am europäischen Ideal einer wohlgeordneten Gesellschaft freier und gleicher Bürger festhalten wollen, sollten wir die wirtschaftlichen und sozialen Bürgerrechte zeitgemäß weiterentwickeln. So würde etwa ein Recht auf Erwerbsarbeit für alle Bürgerinnen und Bürger eine Wirtschaftspolitik möglich machen, welche die mit dem – durchaus erwünschten – Produktivitätsfortschritt logischerweise knapper werdende Erwerbsarbeit … besser verteilt. … Soweit das nicht geht oder nicht ausreicht, wäre ein Wirtschaftsbürgerrecht auf ein erwerbsunabhängiges Grundeinkommen … zu diskutieren«, so der an der Universität St. Gallen lehrende Wirtschaftsethiker Peter Ulrich gegenüber tagesschau.de, 28. 8. 2004.

200 Zur »organischen Solidarität« vgl. Durkheim: Über soziale Arbeitsteilung, 3. Kap.; zum Begriff der Interdependenz siehe Norbert Elias: Über den Prozeß der Zivilisation. Soziogenetische und psychogenetische Untersuchungen. 2. Bd.: Wandlungen der Gesellschaft. Entwurf zu einer Theorie der Zivilisation [1939]. Frankfurt a. M. 1969, besonders S. 444–465.

201 Unter »Entbettung« verstehen Soziologen »das ›Herausheben‹ sozialer Beziehungen aus ortsgebundenen Interaktionszusammenhängen und ihre unbegrenzte Raum-Zeit-Spannen übergreifende Umstrukturierung«. Vgl. Anthony Giddens: Konsequenzen der Moderne. Frankfurt a. M. 1995, S. 33.

202 Hierzu Elias: Über den Prozeß. Bd. 2, 2. Teil: Zur Soziogenese des Staates; Alexis de Tocqueville: Der alte Staat und die Revolution, 2. Buch [1856]. München 1978, 2.–6. Kap.

203 »The problem is that economic globalization has outpaced political globalization.« Joseph E. Stiglitz: The Roaring Nineties. Why We're Paying the Price for the Greediest Decade in History. London 2004, S. 313.


*Die gestohlene Reform*


204 Edmund Burke: Betrachtungen über die Französische Revolution [1790]. Berlin 1976, S. 120.

205 Burke: Betrachtungen, S. 134.

206 Burke: Betrachtungen, S. 304.

207 Justus Möser: Der jetzige Hang zu allgemeinen Gesetzen und Verordnungen ist der gemeinen Freiheit gefährlich [1774]. Zitiert nach: Möser: Anwalt des Vaterlands. Ausgewählte Werke. Leipzig und Weimar 1978, S. 160.

208 Karl Mannheim: Konservatismus. Ein Beitrag zur Soziologie des Wissens [1925]. Hrsg. von David Kettler, Volker Meja, Nico Stehr. Frankfurt a. M. 1984, S. 112.

209 Etymologisches Wörterbuch der deutschen Sprache, Leipzig 1975.

210 »Unter dem alten Staat gab es, wie in unseren Tagen, in Frankreich weder Stadt noch Flecken, noch Dorf, nicht den kleinsten Weiler, weder Hospital noch Fabrik, Kloster oder Schulanstalt, die in ihren besonderen Angelegenheiten einen unabhängigen Willen haben oder nach Belieben ihr eigenes Vermögen verwalten durften. Damals wie heute wurden also alle Franzosen von der Verwaltung unter Vormundschaft gehalten, und war auch das beleidigende Wort noch nicht zutage getreten, so hatte man doch wenigstens schon die Sache.« Tocqueville: Der alte Staat, S. 65.

211 Thomas Nipperdey: Deutsche Geschichte 1800–1866. Bürgerwelt und starker Staat. München 1983, S. 31.

212 Zitiert nach: »den wahren Geist der Zeit zu fassen«. Karl August Fürst von Hardenberg über Reformen und Reform. Ausgewählt und mit einem Nachsatz versehen von Ingo Hermann, Stiftung Schloß Neuhardenberg. O. O. 2003, S. 6 f.

213 Hardenberg, S. 12.

214 Hardenberg, S. 12.

215 Hardenberg, S. 14.

216 Hierzu insbesondere (wie generell zum preußischen Reformzyklus dieser Jahre): Nipperdey: Deutsche Geschichte 1800 bis 1866, S. 33–81. Wichtig in diesem Zusammenhang auch Fichtes »Reden an die deutsche Nation« von 1807/08.

217 Hardenberg, S. 26.

218 Adam Müller: Die Elemente der Staatskunst. Öffentliche Vorlesungen im Winter von 1808 auf 1809 in Dresden gehalten. Zitiert nach: Müller: Vom Geiste der Gemeinschaft. Leipzig 1931, S. 36.

219 Müller: Die Elemente, S. 62.

220 Heinrich von Kleist: Prinz Friedrich von Homburg [1811]. Zitiert nach: Kleist: Werke und Briefe. Bd. 2, Berlin, Weimar 1978, S. 428 f.

221 Kleist und Brecht. Dessen »Maßnahme« liest sich wie eine »disziplinierte« Verarmung des »Prinzen von Homburg«. Der »junge Genosse« wird schuldig aus überfließender Menschenliebe. Er bricht die Regeln der Konspiration, gefährdet das revolutionäre Unternehmen und wird dafür am Ende von seinen Mitstreitern hingerichtet. Die Schuld des Prinzen resultiert aus übertriebenem Eigensinn. Nur erficht seine Verwegenheit den eigenen Fahnen den Sieg, sein persönliches Versagen schlägt objektiv zum Guten aus – erst dieser Widerspruch konstituiert ein echtes moralisches Dilemma, eine tragische Konstellation. – Wohlgemerkt: Hier ist vom »späten« Kleist die Rede, die Jahre, in denen er sich von nationalistischen, chauvinistischen Gefühlen bestimmen und auch hinreißen ließ, bleiben außer Betracht.

222 »… das revolutionäre Element der französischen Ereignisse verlebendigt die Intentionen des Adels, der den Aufbau ›von unten‹ will …, wogegen das mechanizistische, zentralistische, rationalistische Element der Revolution beim Beamtentum Eingang findet und gegen die Wollungen des Adels ausgespielt wird. Der Ausdruck ›Revolution von oben‹ stammt von Hardenberg. Der bureaukratische-absolutistische Staat, getragen

vom Beamtentum, setzt Reformen durch, die im Interesse des kapitalistisch werdenden Staates notwendig sind; er setzt sie durch nur zum Teil im Interesse des niederen Volkes, zugleich aber auch bis zu einem gewissen Grade gegen den Adel und dessen Positionen.« Mannheim: Konservatismus, S. 140 f. Die soziologische Zuordnung: Revolution = Adel, Reformismus = Beamtentum geht so nicht auf; das höhere Beamtentum stammt entweder selbst aus dem Adel oder strebt nach dem Adelsprädikat. Läßt man das beiseite, kennzeichnet Mannheim die beiden konservativen Spielarten in Preußen ganz vortrefflich.

223 »Was das Gesetz löst, bindet die Sitte«, heißt es in Wilhelm von Humboldts »Ideen zu einem Versuch, die Grenzen der Wirksamkeit des Staates zu bestimmen« von 1792 (Leipzig o. J.). Die im ganzen defensive Auffassung vom Staat, der Sicherheit und Ordnung garantieren, sich aber jeder Sorge für den positiven Wohlstand der Bürger enthalten soll, lehnt Kleist ab.

224 Siehe hierzu Norbert Elias: Von humanistischen zu nationalistischen Mittelklasse-Eliten. In: Elias: Studien über die Deutschen. Machtkämpfe und Habitusentwicklung im 19. und 20. Jahrhundert. Frankfurt a. M. 1989, S. 174–200.

225 Man denke nur an die umfängliche Literatur der Emigranten und Rückkehrer oder an den heftigen Streit über Rückgabe oder Entschädigung der enteigneten Besitztümer der Aristokratie.

226 Michael Oakeshott: Zuversicht und Skepsis. Zwei Prinzipien neuzeitlicher Politik. Berlin 2000, S. 177.

227 Oakeshott: Zuversicht und Skepsis, S. 75.

228 Oakeshott: Zuversicht und Skepsis, S. 156.

229 Albert O. Hirschman: The Rhetoric of Reaction. Cambridge/ Mass. 1991; dt. Ausgabe: Denken gegen die Zukunft. Die Rhetorik der Reaktion. München 1992.

230 Siehe zum folgenden Nico Stehr: Wissenspolitik. Die Überwachung des Wissens. Frankfurt a. M. 2003, S. 214–221.

231 Es war ein deutscher Liberaler, der sie formulierte, Wilhelm von Humboldt. Siehe Humboldt: Ideen, S. 44.

232 John Stuart Mill: On Liberty [1859]; hier zitiert nach: Mill: Über die Freiheit. Stuttgart 1974, S. 93. Zu Tocqueville siehe Über die Demokratie in Amerika, 2. Teil [1835]. Zürich 1987, 4. Teil, 6. Kap. Mills Problemstellung war im wesentlichen kein Vorwand, »um einer in die Minderheit geratenen öffentlichen Meinung gegenüber den herrschenden Meinungen den Einfluß

zu sichern, den sie per se nicht mehr zu entfalten vermag«, wie Habermas meinte (Strukturwandel der Öffentlichkeit. Neuwied, Berlin 1962, S. 167). Es handelt sich um ein reales Problem, bis heute.

233 Helmut Schelsky: Die skeptische Generation. Eine Soziologie der deutschen Jugend. Düsseldorf, Köln 1957, S. 90.

234 »Ich bin ein Verweigerungsverweigerer«, Gespräch mit Odo Marquard. In: Ästhetik & Kommunikation, 34. Jg. (2003), Heft 122/123, S. 80.

235 Marquard bezeichnet sich selbst als Angehörigen der »skeptischen Generation«, und seine Geisteshaltung charakterisiert er so: »Meine Herkunft ist die aus der Antike kommende (vor allem aristotelische) Tradition der liberalen Bürgerlichkeit, das Christentum (mit einem leicht protestantischen Schlenker), die konziliante Form der Aufklärung, die skeptische Tradition der Moralistik. Und wir erkennen das, was wir brauchen, nicht durch bequeme Aprioris, sondern – was ein durchaus mühsamer Weg ist – durch Lebenserfahrung.« Marquard: »Ich bin ein Verweigerungsverweigerer«, S. 79; siehe auch: Marquard: Abschied vom Prinzipiellen. Stuttgart 1981 sowie Zukunft braucht Herkunft. Philosophische Essays. Stuttgart 2003.

236 John Gray: False Dawn. The Delusions of Global Capitalism [1998]; dt. Ausgabe: Die falsche Verheißung. Der globale Kapitalismus und seine Folgen. Berlin 1999, besonders S. 35–78.

237 Gray: Die falsche Verheißung, S. 41.

238 Siehe hierzu die glänzende, von der späteren Geschichtsschreibung weitgehend bestätigte Darstellung, die Marx im 24. Kapitel des ersten Bandes seines »Kapital« gab.

239 Sen: Ökonomie, S. 65–67.

240 Siehe zum »Panoptismus« als universeller Organisationsidee nochmals Foucault: Überwachen und Strafen, S. 251–292.

241 Zum politischen Pragmatismus speziell des US-amerikanischen Konservatismus seit der Reagan-Ära siehe Gret Haller: Die Grenzen der Solidarität. Europa und die USA im Umgang mit Staat, Nation und Religion. Berlin 2002, 2. Kap.

242 Zum folgenden nochmals: Nipperdey: Deutsche Geschichte 1800–1866, 3. Kap.

243 Nipperdey: Deutsche Geschichte 1866–1918. Bd. 2: Machtstaat vor der Demokratie. München 1995, S. 11

244 Nipperdey: Deutsche Geschichte 1866–1918, Bd. 2, S. 158–161.

245 Thomas Nipperdey: Deutsche Geschichte 1866–1918. Bd.1: Arbeitswelt und Bürgergeist. München 1994, Kap. 8.

246 Nipperdey: Deutsche Geschichte 1866–1918, Bd. 1, S. 337 ff. verweist auf Bismarcks Revolutionsangst sowie auf sein »cäsaristisches Ziel«, die Arbeiterschaft staatlich zu domestizieren.

247 Die »Befriedungspolitik« der Nationalsozialisten bleibt hier ausgeklammert.

248 Die lebhafte Rezeption der Schriften von André Gorz und Zygmunt Bauman gehört auch in diesen Zusammenhang. Unter den eigentlichen Begründern des Kommunitarismus befinden sich auch Theoretiker, die die Gemeinschaft nicht für sakrosankt erklären, sondern deren Grenzen mitbedenken, für die die »Individuen nicht bloß vor dem Staat, sondern auch vor den Gemeinschaften, denen sie angehören«, geschützt werden müssen. Siehe Amitai Etzioni: Die Verantwortungsgesellschaft. Individualismus und Moral in der heutigen Demokratie. Frankfurt a. M. 1997, S. 287.

249 Als besonders einflußreich erwies sich dabei Jürgen Habermas' Theorie des kommunikativen Handelns von 1981.

250 Zu diesem schönen Bonmot siehe Jacques Derrida: Schurken. Zwei Essays über die Vernunft. Frankfurt a. M. 2003, S. 212.

251 So Warnfried Dettling in seinem sonst differenzierten Essay »Die Phantasie an die Macht«. In: Die Zeit vom 29. 10. 1993, S. 28.

252 Ludovica Scarpa: Vom Geben und Nehmen in den Hinterhöfen der Mietskasernen. In: Berliner Zeitung vom 23./24. 8. 1997.

253 Ludovica Scarpa: Das Recht auf Ungleichheit. In: Berliner Zeitung vom 6./7. 3. 1999.

254 Robert D. Putnam (Hg.): Gesellschaft und Gemeinsinn. Sozialkapital im internationalen Vergleich. Gütersloh 2001.

255 Putnam (Hg.): Gesellschaft und Gemeinsinn, S. 337 f.

256 Putnam (Hg.): Gesellschaft und Gemeinsinn, S. 635.

257 Putnam (Hg.): Gesellschaft und Gemeinsinn, S. 124.

258 Putnam (Hg.): Gesellschaft und Gemeinsinn, S. 233.

259 Putnam (Hg.): Gesellschaft und Gemeinsinn, S. 340.

260 Thomas Meyer: Die humane Revolution. Plädoyer für eine zivile Lebenskultur. Berlin 2001, S. 122.

261 »Haben alle in einem Volke fast den gleichen Rang, so kann, da alle Menschen ungefähr gleich denken und fühlen, jeder sofort die Empfindungen aller anderen erschließen; er wirft einen raschen Blick auf sich selbst; das genügt ihm. Es gibt demnach

kein Elend, das er nicht mühelos verstünde und dessen Umfang ihm nicht ein geheimer Instinkt erschlösse. Ob es sich um Freunde oder Feinde handelt: die Einbildungskraft versetzt ihn alsbald an deren Stelle. In sein Mitleid mischt sich persönliches Erleben, und es läßt ihn selbst leiden, während man den Leib seines Mitmenschen zerreißt.« Tocqueville: Über die Demokratie in Amerika, 2. Teil, S. 248.

262 Fourier: Die neue industrielle und sozietäre Welt, S. 175.

263 Putnam (Hg.): Gesellschaft und Gemeinsinn, S. 242, Hervorhebung von mir.

264 So die Diagnose für die französische Gesellschaft bis in die 1960er Jahre. Siehe Putnam (Hg.): Gesellschaft und Gemeinsinn, S. 411.

265 Das Problem der US-amerikanischen Zivilgesellschaft. Siehe Putnam (Hg.): Gesellschaft und Gemeinsinn, S. 644–647.

266 Dies auch die Diagnose bei Gret Haller: Die Grenzen der Solidarität, S. 193, 200.

267 Duden. Bd. 5: Fremdwörterbuch.

268 Duden. Bd. 1: Rechtschreibung der deutschen Sprache, 21. Aufl., 1996.

269 Beispielhaft hierfür: Sennett: Der flexible Mensch, 1. Kap.: »Drift«.

270 Ralf Kinder, Thomas Wieck: Zum Schreien komisch, zum Heulen schön. Die Macht des Filmgenres. Bergisch-Gladbach 2001, Teil 1: »Tränen und Trost – Das Melodrama«.

271 *Bread & Roses*, so heißt ein jüngerer Film dieses Regisseurs.

272 Jan Ross: Die neuen Staatsfeinde. Was für eine Republik wollen Schröder, Henkel, Westerwelle und Co.? Berlin 1998, S. 33.

273 Das bislang letzte Aufgebot authentisch sozialdemokratischer Reformen stellte die sozialliberale Koalition unter Willy Brandt. »Mehr Demokratie wagen!«, das schloß die Ausweitung betrieblicher Mitbestimmung, der Rechte der arbeitenden Mehrheit ebenso ein wie die Öffnung der Gymnasien und Hochschulen für breitere Bevölkerungsschichten (mit durchaus bescheidenem Erfolg, was die Kinder von Arbeitern und kleinen Angestellten anbetraf). Derselben Legislatur entsprang freilich auch der »Radikalenerlaß«, der Schnüffelstaat, der noch den Schalterbeamten bei der Post unter die Lupe nahm.

274 Anthony Giddens: Die Frage der sozialen Ungleichheit. Frankfurt a. M. 2001, S. 41, Hervorhebung von mir.

275 Ich beziehe mich hier auf das Schröder-Blair-Papier aus dem Jahr 1999.

276 Zum folgenden Landes: Wohlstand und Armut, Kap. 10–12.

277 Vgl. Hans-Werner Sinn: Ist Deutschland noch zu retten? München 2004, vor allem Kap. 1 u. 2.

278 Hier stimme ich ausnahmsweise mit Hans-Olaf Henkel überein (abzüglich seines Plädoyers für die Privatisierung der Bildung). Vgl. dessen Ethik des Erfolgs, 5. Kap.

279 »Mag sein, daß es praktisch nicht anders geht. Aber man muß dann wenigstens so viel Bewußtsein der historischen Situation haben, um zu sehen, daß der Parlamentarismus dadurch seine geistige Basis aufgibt und das ganze System von Rede-, Versammlungs- und Preßfreiheit, öffentlichen Sitzungen, parlamentarischen Immunitäten und Privilegien seine ratio verliert.« Carl Schmitt: Die geistesgeschichtliche Lage des heutigen Parlamentarismus [1923]. Berlin 1996, S. 62, Hervorhebung i. O. Es ist, schreibt er an anderer Stelle (S. 10 f.), »als hätte jemand die Heizkörper einer modernen Zentralheizung mit roten Flammen angemalt, um die Illusion eines lodernden Feuers hervorzurufen«.

280 So übersetzt Dietrich Ebener die Worte der Athene; zitiert nach: Aischylos: Orestie. Leipzig 1971, S. 121. Sie blicken auf den hegemonialen Konflikt zwischen Athen und Sparta und seine kriegerische Lösung, die beide Kriegsparteien ruinieren sollte. Solange der Areopag regierte, zügelte das Einvernehmen der aristokratischen Oberschichten beider Stadtstaaten die militärische Zuspitzung der Krise. Das attische Bürgertum suchte den Waffengang und entschied sich auch deshalb für die Demokratie. Siehe zu dieser Parallelaktion sowie allgemein zum Politikverständnis dieser Epoche Christian Meier: Die Entstehung des Politischen bei den Griechen. Frankfurt a. M. 1983.

281 Es geht um diesen Systemcharakter. Um sich eigenes Denken zu ersparen, klauben Befürworter wie Kritiker des Neoliberalismus mit Vorliebe einzelne Elemente aus verschiedenen nationalen Kontexten zusammen und präsentieren sie sodann als ihr »Konzept«. Der Liberale borgt von Dänemark den Verzicht auf Kündigungsschutz, die Unternehmenssteuern und vermischt sie mit angelsächsischen Annehmlichkeiten. Sein Opponent, nicht faul, erwärmt sich für die »sozialen Errungenschaften« und sammelt, was er global irgend davon findet. Hier wie dort

ideologische Wunschkonzerte, Potpourris, keine in sich gegründeten Entwürfe.

282  Die Zusammenlegung von Sozialhilfe und Arbeitslosenhilfe zum Arbeitslosengeld II erhitzt derzeit (Sommer 2004) die Leidenschaften, führt zu Massenprotesten auf Deutschlands Straßen, die Losungen aus dem 1989er Herbst aufgreifen. Für Menschen, die lange Jahre im Erwerbsleben standen, gut verdienten und nun aus ihm herausfallen, bedeutet »Zusammenlegung« einen einzigen Euphemismus. Sie können sich nur schwer mit dem Gedanken anfreunden, binnen Jahresfrist jenen finanziell gleichgestellt zu werden, die nie gearbeitet haben, und erfahren die neue Mindestsicherung als soziale Degradierung. Genau diese Gleichstellung bedeutet aber im Prinzip einen Fortschritt gegenüber der bisherigen Regelung, ihre Weiterentwicklung in Richtung eines Bürgergeldes. Daß die Regierenden diesen Fortschritt öffentlich beschweigen, beweist, daß es ihnen darum nicht zu tun war. Stellungslose Menschen in Lebensumstände zu versetzen, die ihnen gar keine andere Wahl bieten, als sich noch unter die unwürdigsten Formen der Lohnarbeit zu beugen: das ist die reaktionäre Pointe des reformierten Minimums. Es hebt die bisherigen Privilegien des Arbeiters auf, um alle, aber auch wirklich alle Menschen zu Arbeitern zu machen.

*Politische Chirurgie oder Gleichheit
als Geschwür der Gerechtigkeit*

283  Friedrich Nietzsche: Götzen-Dämmerung [1888]. Zitiert nach: Nietzsche: Kritische Studienausgabe. München 1988, Bd. 6, S. 150, Hervorhebung i. O. Als Nachtrag zum vorherigen Kapitel siehe dort, S. 144: »*Den Conservativen in's Ohr gesagt* – Was man früher nicht wusste, was man heute weiss, wissen könnte –, eine *Rückbildung*, eine Umkehr in irgend welchem Sinn und Grade ist gar nicht möglich ... Es hilft nichts: man muss vorwärts, will sagen: Schritt für *Schritt weiter in der décadence* (– dies *meine* Definition des modernen ›Fortschritts‹). Man kann diese Entwicklung hemmen und, durch Hemmung, die Entartung selber stauen, aufsammeln, vehementer und *plötzlicher* machen: mehr kann man nicht. –« Hervorhebung i. O.

284  Duden, Bd. 5: Fremdwörterbuch.

285 Duden. Bd. 1: Rechtschreibung der deutschen Sprache.

286 »Natürlich kann auch der Wettbewerb, wie alles, was sich der menschlichen Freiheit verdankt, missbraucht und ausgehebelt werden. Etwa, um einen Vergleich aus dem Sport zu bemühen [!], indem man bei einem Wettrennen einem Teil der Läufer Rucksäcke umhängt und ihnen die Chance verwehrt, an der Spitze zu laufen.« Henkel: Die Ethik des Erfolgs, S. 212. Die soziale Dummheit scheut keine Trivialität.

287 Die »Neos« aller politischen Lager erfaßt eine kindliche Freude, wenn sie gegen Schimären kämpfen können, die ihrer eigenen Phantasie entstammen. »Während aber die Vereinigten Staaten immer schon auf Chancengleichheit Wert legen, wollte man in Europa zusätzlich oder ausschließlich Ergebnisgleichheit erreichen. Oder anders gesprochen: Gerade weil Menschen mit unterschiedlichen Fähigkeiten an den Start gehen [bemüht der Autor hier etwa einen Vergleich aus dem Sport – wie originell!], hat eine ›distributive Gerechtigkeit‹ dafür zu sorgen, daß diese Unterschiede im Ergebnis ausgeglichen werden. Das ist die bis heute geltende moralische Begründung des Wohlfahrtsstaates.« Hank: Das Ende der Gleichheit, S. 153 f.

288 »Gleich können die Startbedingungen der einzelnen Menschen in der Gesellschaft sein, nicht jedoch die Endpunkte, wo sie ankommen.« Matthias Machnig: Die Chancen und das Machbare. In: Berliner Republik, Heft 5 (2003), S. 36.

289 »Für die Bewahrung der Hintergrundgerechtigkeit reicht es nicht aus, wenn alle Vernünftigen darin übereinstimmen, es werde fair gehandelt, und alle hielten sich peinlich genau an die Regeln … Die Tendenz geht eher dahin, daß die Hintergrundgerechtigkeit selbst dann untergraben wird, wenn die Individuen fair handeln … Wir können sagen, die unsichtbare Hand weise hier in die falsche Richtung und begünstige oligopolistische Akkumulationen, die zur Stabilisierung ungerechtfertigter Ungleichheiten und Beschränkungen fairer Chancen führen.« John Rawls: Politischer Liberalismus. Frankfurt a. M. 1998, S. 378.

290 Machnig: Die Chancen und das Machbare, S. 37. Vgl. auch Warnfried Dettling: Die Debatte hat begonnen. In: Berliner Republik, Heft 5 (2003), S. 30: »Sinn und Zweck einer sozialen Politik liegen nicht länger in der Verteilung, sondern in der Mehrung und in der Verbesserung von Arbeit und Bildung, von Chance und Teilhabe.« – Dettling: Der deutsche Weg. In: Literaturen, Heft 12

(2003), S. 18: »Die Entwicklung geht von einem umverteilenden zu einem aktivierenden Staat, der mehr in Menschen und Strukturen und weniger in den sozialen Konsum investiert.«

291  Ulrich Beck (Macht und Gegenmacht im globalen Zeitalter. Neue weltpolitische Ökonomie. Frankfurt a. M. 2002, S. 205) liefert zahlreiche Beispiele dafür, »wie im Namen staatlicher Industriepolitik ausgegebene Steuermilliarden die Herauslösung von Unternehmen in ganzen Branchen aus dem nationalen Wirtschaftsverband unterstützen«.

292  Ich entnehme es dem »Europa-Magazin« der ARD vom 18. 10. 2003.

293  Bernard Mandeville: The Fable of the Bees Or Private Vices, Public Benefits [1723]; dt. Ausgabe: Die Bienenfabel. Berlin 1957.

294  Ursula Dunckers: Call Center des Westens. Das urbane Indien – unterwegs zur ökonomischen Weltmacht? In: Freitag vom 16. 1. 2004, Beilage Weltsozialforum 2004, S. 3.

295  Wolfgang Müller: Ihr seid einfach zu teuer. Eine neue Welle der Globalisierung. In: Freitag vom 16. 1. 2004, Beilage Weltsozialforum 2004, S. 2.

296  Beck: Macht und Gegenmacht, S. 97, Hervorhebung i. O.

297  Hans-Werner Sinn in einem Interview mit dem Tagesspiegel vom 25. 1. 2004, S. 24.

298  »Ob die Arbeitskräfte nun fünf Prozent mehr oder weniger verdienen, ist nicht das Kriterium. Die Leute werden einfach überflüssig.« So der »Wirtschaftsweise« Jürgen Kromphard in der Berliner Zeitung vom 27. 7. 2003.

299  Jan-Egbert Sturm, Konjunkturchef des Münchener ifo-Instituts laut Berliner Zeitung vom 17. 6. 2003, S. 6.

300  Berliner Zeitung vom 15. 8. 2003, S. 2.

301  Berliner Zeitung vom 9./10. 8. 2003, S. 27.

302  »Kaufkraft deutscher Haushalte gesunken. Reales Nettoeinkommen niedriger als 1991«. Dies der Titel im Wirtschaftsteil der Berliner Zeitung vom 8. 8. 2003, S. 24.

303  Ross: Die neuen Staatsfeinde, S. 118 f.

304  Hank: Das Ende der Gleichheit, S. 172. Unentbehrlich in diesem Konzert der Platitüden natürlich Hans-Olaf Henkel: »Nur die Ungleichheit schafft den Anreiz, über sich hinauszuwachsen.« Die Ethik des Erfolgs, S. 13.

305  Bernd Ulrich: Deutsch, aber glücklich. Eine neue Politik in Zeiten der Knappheit. Berlin 1997, S. 134 f.

306 Peter Glotz: Die beschleunigte Gesellschaft. Kulturkämpfe im
digitalen Kapitalismus. München 1999, S. 153f. Jüngst hat sich
der Autor als Träumer versucht und einen »Entwurf für ein
Schweizer Geschichtsbuch Auflage 2080« verfaßt. »Vielerorts«,
steht da zu lesen, »hat der Produktivitätsschub doch zu dem geführt, was der bedeutende Theoretiker André Gorz bedingungsloses Grundeinkommen genannt hatte und was andere
bescheidener als ›Bürgergeld‹ bezeichnen. Das heißt: Die Massenarbeitslosigkeit, die noch in den ersten Jahrzehnten unseres
Jahrhunderts viele europäische Gesellschaften plagte, ist verschwunden. Wer nicht arbeitet, lebt vom Bürgergeld. Elendszo-
nen gibt es – jedenfalls in europäischen Großstädten – nicht
mehr. Es gibt Familien, in denen schon in der dritten Generation nicht mehr das getan wird, was man früher als ›Arbeiten‹
bezeichnete. Zu einer Versöhnung der Klassen hat das nicht geführt. Aber die Zweidrittelgesellschaft ist zu einer Dreidrittel-
gesellschaft geworden.« Oben der »produktivistische Block«,
der sich als Weltoberschicht konstituiert, darunter das weite
Feld der »Gemeinwirtschaft«, schließlich die Verweigerer und
Verächter der Arbeitsgesellschaft, die man durchzufüttern sich
entschlossen hat. Sage mir, was du träumst … Siehe Peter Glotz:
Rückblick auf das 21. Jahrhundert. In: Renaissance der Utopie.
Zukunftsfiguren des 21. Jahrhunderts. Hrsg. von Rudolf Maresch und Florian Rötzer, Frankfurt a. M. 2004, S. 21–33.

307 Die gilt in besonderem Maße für die Vereinigten Staaten seit der
Reagen-Ära: »Already, data showed that the American dream of
rags to tiches … was largely a myth. Economic mobility was ex-
tremely limited.« Namentlich die 1990er Jahre, das Jahrzehnt
der entfesselten Gier, zersetzten die sozialen Verbindlichkeiten:
»In America in the nineties, there were no bounds; everything
becam acceptable … You were worth what you could get.« Stiglitz: The Roaring Nineties, S. 302, 309.

308 Paul Krugman kommt zu dem Schluß: »In einer Gesellschaft mit
flacher Einkommens- und Statusverteilung fühlt sich niemand
ausgeschlossen. In einer Gesellschaft mit starrer Hierarchie andererseits erwarten die Menschen nicht einmal, je über ihren
Stand hinauszukommen; folglich ist der fehlende soziale Aufstieg für sie auch kein psychisches Problem (Adlige gehören
nicht zur Referenzgruppe eines Bauern).« Krugman: Schmalspur-Ökonomie, S. 232. Dagegen gehört der *Tycoon* sehr wohl

zur Referenzgruppe des normalen Bürgers. Nur weiß er sich derselben zu entziehen.

309 Harry Frankfurt: Gleichheit und Achtung. In: Gleichheit oder Gerechtigkeit. Texte der neuen Egalitarismusforschung. Hrsg. von Angelika Krebs, Frankfurt a. M. 2000, S. 41.

310 Derek Parfit: Gleichheit und Vorrangigkeit. In: Krebs (Hg.): Gleichheit oder Gerechtigkeit, S. 88.

311 Avishai Margalit: Menschenwürdige Gleichheit. In: Krebs (Hg.): Gleichheit oder Gerechtigkeit, S. 107.

312 Avishai Margalit: Politik der Würde. Über Achtung und Verachtung. Berlin 1997, S. 20. Der Autor bezieht sich in diesem Buch immer wieder auf den Konflikt zwischen Israelis und Palästinensern, und vor diesem Hintergrund wirkt sein Plädoyer für die Achtung der Menschenwürde, gegen Demütigung und Kränkung sehr verständlich. Mit der Anerkennung dieser Prinzipien wäre viel erreicht. Eine allgemeine Theorie der Gerechtigkeit kann sich darauf gleichwohl nicht beschränken.

313 Richard Sennett: Respekt im Zeitalter der Ungleichheit. Berlin 2002, S. 36.

314 Ich meine natürlich dessen »Abhandlung über den Ursprung und die Grundlagen der Ungleichheit unter den Menschen« aus dem Jahr 1754. Darin die flammenden Sätze: »Der erste, der ein Stück Land umzäunte und sich erkühnte zu sagen, dies gehört mir, und einfältige Leute antraf, die es ihm glaubten, war der eigentliche Begründer der Gesellschaft. Welche Verbrechen, wie viele Kriege, Morde und Greuel, wieviel Elend hätten dem menschlichen Geschlecht erspart bleiben können, wenn einer die Pfähle ausgerissen, den Graben zugeschüttet und seinen Mitmenschen zugerufen hätte: ›Glaubt diesem Betrüger nicht! Ihr seid verloren, wenn ihr vergeßt, daß die Früchte euch allen, der Boden aber niemandem gehört!‹«. Zitiert nach: Jean-Jacques Rousseau: Frühe Schriften. Leipzig 1965, S. 160 f.

315 Sennett: Respekt, S. 126.

316 Sennett: Respekt, 4. Kap.

317 »Wenn man anerkennt, dass man nicht alles am anderen verstehen kann, erhält die Beziehung ein Moment der Achtung und Gleichheit.« Sennett: Respekt, S. 214. »Kosmopolitismus bedeutet … im Kern die Anerkennung der Andersheit des Anderen.« Beck: Macht und Gegenmacht, S. 412.

318 Sennett: Respekt, S. 317 f.

319 Hierzu im einzelnen: Michel Foucault: Sexualität und Wahrheit.
3. Bd.: Die Sorge um sich. Frankfurt a. M. 1986, S. 215–240.

320 »... wir haben wirklich aus den feinern, unendlichern Beziehungen des Lebens zum Teil eine arrogante Moral, zum Teil eine
eitle Etikette oder auch eine schale Geschmacksregel gemacht
und glauben uns mit unsern eisernen Begriffen aufgeklärter als
die Alten, die jene zarten Verhältnisse als religiöse, das heißt als
solche Verhältnisse betrachteten, die man nicht sowohl an und
für sich, als aus dem Geiste betrachten müsse, der in der Sphäre
herrscht, in der jene Verhältnisse stattfinden.« Friedrich Hölderlin: [Über Religion, 1799]. In: Hölderlin: Sämtliche Werke
und Briefe, Bd. 2. Berlin, Weimar 1970, S. 384 f., Hervorhebung
i. O.

321 Es war vor allem Norbert Elias, der diesem Begriff scharfe Konturen verlieh.

322 Bell: Die nachindustrielle Gesellschaft, S. 242.

323 Siehe Judith N. Shklar: Über Ungerechtigkeit. Berlin 1992, S. 83.

324 Siehe Shklar: Über Ungerechtigkeit, S. 174.

325 Nietzsche: Götzen-Dämmerung, S. 142 f.

326 Anthony Giddens: Jenseits von Links und Rechts. Die Zukunft
radikaler Demokratie. Frankfurt a. M. 1997, S. 257–259.

327 Falls man das vorige für eine böswillige Unterstellung hält, hier
das Original: »Der Leistungsvertrag mit den Armen würde
nicht den direkten Transfer von Vermögen nach sich ziehen,
sondern einen Transfer von Beschäftigungschancen bedeuten,
der aus einer Änderung der Einstellung zur Arbeit auf seiten der
Bessergestellten resultierte. Von einem Beitrag der Armen zur
Änderung des Lebensstils zu reden, klingt womöglich sonderbar, denn was soll man sich unter einem solchen Beitrag vorstellen? Er würde sich auf genau die gleichen Merkmale stützen, die
von den für die arme Dritte Welt erdachten Modellen einer alternativen Entwicklung hervorgehoben wurden. Selbstvertrauen, Integrität und soziale Verantwortung einschließlich der
Sorge um die lokale Umwelt wären die ›Abgabe‹, welche die
übrige Gesellschaft verlangen würde und zu fördern bestrebt
wäre.« Giddens: Jenseits von Links und Rechts, S. 263. Man be-
achte, mit welch ungerührter Selbstverständlichkeit der Autor
von einheimischen Armen spricht und sie den ausgepowerten
Massen der Dritten Welt gleichstellt. Die Welt besteht aus Armen und Reichen, daran etwas ändern zu wollen, liefe auf einen

Eingriff in die geheiligte Eigentums- und Verteilungsordnung voraus; so etwas tut man nicht, das denkt man nicht einmal.

328 Elisabeth S. Anderson: Warum eigentlich Gleichheit? In: Krebs (Hg.): Gleichheit oder Gerechtigkeit, S. 155, 167.

329 Für einen überzeugten Marktwirtschaftler wie Paul Krugman an sich verbotene Gedanken. Daß er sie dennoch äußert, beweist seine intellektuelle Souveränität: »Das Amerika der fünfziger Jahre war eine Mittelschichtgesellschaft, wie es sie in den neunziger Jahren längst nicht mehr gibt. Oder anders formuliert: Die damalige Gesellschaft wies eine viel flachere Einkommensverteilung auf als unsere heutige, weshalb weit mehr Homogenität und ein viel stärkeres Gefühl eines gemeinsamen nationalen Lebensstils vorhanden war. Die Menschen in jenem egalitären Amerika schienen zufrieden mit ihrem Leben, ungeachtet der Tatsache, dass sie nach modernen Maßstäben arm waren … Zwingt das nicht geradezu zu dem Schluss, dass eine relativ gleichmäßige Einkommensverteilung zu einer glücklicheren Gesellschaft führt, selbst wenn damit keinerlei Steigerung des materiellen Lebensstandards einhergeht? Anders ausgedrückt: Die Tatsache, dass sich die Menschen in den fünfziger Jahren *nicht* arm fühlten, stellt ein Argument für einen Egalitarismus dar, der selbst die Ansätze eingefleischter Linker an Radikalität noch übertrifft.« Vgl. Krugman: Schmalspur-Ökonomie, S. 232, Hervorhebung i. O.

330 Siehe Sen: Ökonomie, S. 289.

331 Siehe Sen: Ökonomie, S. 13 f., 351.

332 Zu dieser beliebten »Robinsonade« der Gerechtigkeitstheorie siehe jüngst Stefan Gosepath: Gleiche Gerechtigkeit. Grundlagen eines liberalen Egalitarismus. Frankfurt a. M. 2004, S. 366. Sie paßt zu einer Methode, die die Grundprinzipien der Gerechtigkeit »ganz abstrakt und ideal« ermitteln will, ausgehend von der »hypothetischen Situation einer ursprünglichen Verteilung« und in gänzlicher Abstraktion von den realen Verhältnissen: »Daß die ökonomischen Ressourcen in der wirklichen Welt immer schon unter den Personen ungleich verteilt sind, ist ein Faktum, von dem abzusehen ist.« (S. 350). Um so mehr überrascht die stehgreifartige Auflistung der Kriterien für gerechtfertigte Unterschiede: Bedürfnis, Verdienst, Verantwortung und Effizienz (S. 351).

333 Dazu im Detail: Pierre Bourdieu: Le sens pratique. Paris 1980; dt. Ausgabe: Sozialer Sinn. Kritik der theoretischen Vernunft. Frankfurt a. M. 1987.

334 Im selben Sinn auch Gosepath: Gleiche Gerechtigkeit, S. 390 bis 394.

335 Die Rede ist hier vom Markt als dem sozialen Zuchtmeister der Instinkte, als empirischer Tatsache, nicht vom »idealen Markt« philosophischer Gerechtigkeitskonzeptionen. Die Verteilung von Einkommen und Anerkennung nach Knappheitskriterien hat an sich nichts mit den Fähigkeiten und Qualifikationen der Individuen zu tun, liegt jenseits dessen, was sie verantworten können, und ist insofern »unmoralisch«. Nur orientieren sich »wirkliche« Menschen an genau dieser Unmoral, die sie vorfinden und zu der sie ein Verhältnis finden müssen. Sie nennen »clever« oder »gewitzt« denjenigen, der das Marktgeschehen »lesen«, Veränderungen antizipieren kann, und billigen ihm für solche Geistesgegenwart eine Prämie zu – ganz unbekümmert um die Moral der Philosophen.

336 »Es ist nicht einzusehen, was die Verteilung von Einkommen und Besitz entsprechend der natürlichen Begabung der Verteilung entsprechend historischen und gesellschaftlichen Begebenheiten voraushaben, und warum man sich damit abfinden sollte. … Wieweit die natürliche Begabung entfaltet werden und zum ersehnten Erfolg führen kann, hängt von allen möglichen gesellschaftlichen Bedingungen und klassenspezifischen Verhaltensweisen ab. Allein schon die Bereitschaft, sich Mühe zu geben und seine Kräfte anzuspannen (nach landläufiger Auffassung die Voraussetzung für den Aufstieg), setzt bestimmte familiäre und soziale Umstände voraus.« John Rawls: Eine Theorie der Gerechtigkeit. Frankfurt a. M. 1975, S. 74. Zur Produktion »natürlicher« Unterschiede ferner Pierre Bourdieu: La distinction. Critique sociale du jugement. Paris 1979; dt. Ausgabe: Die feinen Unterschiede. Kritik der gesellschaftlichen Urteilskraft. Frankfurt a. M. 1984.

337 Die reine Theorie beschäftigt sich weniger mit dieser gestuften Verantwortung (und ihren Gratifikationen) als vielmehr mit der Verantwortlichkeit und läßt nur solche sozialen Unterschiede gelten, für deren Zustandekommen die Menschen selbst verantwortlich sind, im Guten wie im Schlechten. Der eine ist faul, der andere fleißig, dieser sparsam, jener verschwenderisch etc. Eine Person, die sich in einer Position mit hoher sozialer Verantwortung befindet, hat berechtigte Ansprüche auf überdurchschnittliche Einkünfte demgemäß nur, wenn sie diese Position einzig

dem ihr zurechenbaren Engagement verdankt und sie mit ganzer Energie und zum allgemeinen Nutzen ausfüllt. Die »praktische Logik« nimmt es da weniger genau. Sofern es sich nicht um bekannte Menschen aus dem beruflichen Nahraum handelt, unterstellt sie bis zum Beweis des Gegenteils, daß die Betreffenden ihrer verantwortungsvollen Funktion gewachsen sind, und gönnt ihnen ihre Privilegien. – Andererseits legitimiert das philosophische Prinzip der Verantwortbarkeit Unterschiede, die mit den Forderungen des gesellschaftlichen Zusammenlebens kollidieren: »Sozio-ökonomische Ungleichheiten sind gerechtfertigt, wenn sie allein aus den selbst zu verantwortenden Entscheidungen der Individuen erwachsen. Dann darf keiner dem anderen die Früchte seiner Entscheidungen nehmen, keiner hat die Pflicht, diese zu teilen, auch wenn das sozioökonomische Unterschiede zu reduzieren helfen würde.« Gosepath: Gleiche Gerechtigkeit, S. 380. Für die soziale Kohäsionskraft, d.h. für die Gesellschaft als solche, ist entscheidend, daß die Menschen sich in ihren Anschauungen und Absichten nahe bleiben, daß sie sich als ihresgleichen wahrnehmen und behandeln. Dieses höchste aller sozialen Gebote kann unter Umständen zur Korrektur jener Verteilungen zwingen, die aus der ungetrübten Entscheidungsfreiheit aller einzelnen hervorgehen.

338 Es ist bemerkenswert, daß philosophische Theorien der Gerechtigkeit nach unparteiischen Kriterien der Güterverteilung suchen, die Unparteilichkeit selbst als empirischen Grund gerechtfertigter Ungleichheit dagegen kaum würdigen.

339 Michael Walzer: Sphären der Gerechtigkeit. Ein Plädoyer für Pluralität und Gleichheit. Frankfurt a. M., New York 1992, S. 49.

340 Walzer ist konsequent genug, die Vergesellschaftung der Eigentümerfunktion als Ultima ratio ins Auge zu fassen: »Ist ein gewisser Punkt in der Unternehmensentwicklung erreicht, muß der Betrieb der unternehmerischen Kontrolle entzogen und im Einklang mit der herrschenden (demokratischen) Vorstellung davon, wie Macht zu verteilen sei, sozusagen politisch organisiert oder reorganisiert werden.« Walzer: Sphären, S. 428 f. »Sozusagen« – hier macht sich die innere Hemmung gegen die eigene verbale Kühnheit geltend. Der Gedanke selbst hat berühmte Ahnen, Saint-Simon und seine Anhänger, hier eine Probe: »Es gilt, Verhältnisse zu schaffen, in denen nicht mehr die Familie, sondern der Staat die angehäuften Reichtümer erbt, soweit sie das bilden,

was die Ökonomen den Produktionsfonds nennen. Durch ein Rangordnungssystem ... überträgt die Gesellschaft das Eigentum, das heißt die Arbeitsmittel, nicht vom Vater auf den Sohn, sondern vom Fähigen auf den Fähigen. Aus den Händen, die die Arbeitsmittel am besten zu gebrauchen wußten, läßt sie sie unmittelbar in Hände übergehen, die sie fürderhin am besten zu gebrauchen wissen.« Vgl. Die saint-simonistische Lehre. In: Höppner, Seidel-Höppner: Von Babeuf bis Blanqui, S. 159.

341 Siehe Jugend 2002. Zwischen pragmatischem Idealismus und robustem Materialismus. Hrsg. von Deutsche Shell, Frankfurt a. M. 2002, S. 55 f. Daß für den »sozialen Index« (Unterschicht, Mittelschicht, Oberschicht) nur das väterliche Bildungszertifikat (als das durchschnittlich höhere) herangezogen wird (S. 54), spricht an sich schon für die Virulenz des Problems sozialer Vererbung.

342 Jugend 2002, S. 63–71.

343 Jugend 2002, S. 72.

344 Jugend 2002, S. 62 ff. Siehe hierzu auch die Titelgeschichte des Spiegel, 21/2004: Schlaue Mädchen, dumme Jungen. Sieger und Verlierer in der Schule. – Die höhere Bildungsbeflissenheit weiblicher Schulpflichtiger, ihr Drang, geistig weiterzukommen, dabei auch weitere Wege in Kauf zu nehmen, bildet den hauptsächlichen Grund für die »Vermännlichung« Ostdeutschlands auf zugleich bescheidenem intellektuellen Niveau.

345 Bourdieu u. a.: Das Elend der Welt, S. 529 f.

346 Michael Hartmann: Der Mythos von den Leistungseliten. Spitzenkarrieren und soziale Herkunft in Wirtschaft, Politik, Justiz und Wissenschaft. Frankfurt a. M. 2002.

347 Siehe zum Nivellierungstheorem frühzeitig Hans Freyer: Theorie des gegenwärtigen Zeitalters. Stuttgart 1955. Strenggenommen handelt es sich bei diesem seinerzeit vielbeachteten Buch weniger um eine soziologische Analyse als vielmehr um ein mit erheblichem kategorialen Aufwand komponiertes Klagelied. Wortreich beklagt, betränt wird das Verschwinden herausragender einzelner durch die Einpassung, Einfunktionierung des modernen Individuums in die Systeme, Institutionen und Organisationen der maschinellen Großproduktion. Aus Meritokratie wird Mediokratie, bis in die Spitzen der Gesellschaft; historischer Exodus der Selbsthelfer, der Tatmenschen; Triumph von Normierung und Vergleichmäßigung; Abtötung des Individualismus, sofern er

mehr ist als der auf allen lastende Zwang, das eigene Ich ohne aus-
reichendes Rüstzeug durch die soziale Welt zu navigieren. Eine
Zeit wie die unsere, die sich individualisierter dünkt als alle Zeiten
vor ihr, verträgt ein wenig Abkühlung aus dem Freyerschen Geist
des Aristokratismus ganz gut: »Daß der ›Individualismus‹ zu-
nimmt, ... heißt nur, daß die Menschen stärker auf sich selbst
zurückgeworfen werden und daß sie in immer mehr Situationen
einander nackt als Individuen entgegentreten, nicht aber daß sie
individueller, also voneinander verschiedener würden. Das Gegenteil ist der Fall. Überraschende, aus dem Rahmen fallende Re-
aktionen, die geradewegs aus dem Mittelpunkt der Person kommen und in denen sich der Handelnde voll kundgibt, wie er ist,
werden seltener. Nicht nur die Kauze, die Sonderlinge, die originellen Narren, sondern auch die ›Individualitäten‹ im guten und
im bösen Sinn, die Heiligen auf eigene Faust und die Monstra der
Sünde werden rar, werden Randerscheinungen der Gesellschaft;
um so stärker schlagen sie freilich ein, wenn sie in der normalisie-
renden Welt mit Erfolg durchbrechen.« (S. 48f.) Im eigentlich soziologischen Sinn, d.h. in bezug auf die soziale Schichtung und
deren Dynamik, konnte Mitte der 1950er Jahre von nivellierter
Gesellschaft so wenig die Rede sein wie heute. Davon abgesehen,
wieder im Blick auf die Phänomene: Wenn das Mittelmaß die Eliten erfaßt – worauf können sie ihren Anspruch auf die Monopoli-
sierung gesellschaftlicher Chancen dann überhaupt noch stützen?

348  Das ist die Liste, die John Rawls präsentiert. Vgl. Rawls: Politischer Liberalismus, S. 275.

349  Rawls: Politischer Liberalismus, S. 330.

350  Rawls: Politischer Liberalismus, S. 395.

351  Rawls: Politischer Liberalismus, S. 69f. Rawls wiederholt hier
nur sein Grundprinzip aus der *Theory of Justice*.

352  Rawls: Politischer Liberalismus, S. 377.

353  So sehen es auch die meisten Interpreten und Anhänger derselben, z. B. dieser: »Alternative Formen der Existenzsicherung
sind für die Zwischenzeiten erzwungenen oder selbstgewählten
Wechsels des Arbeitsplatzes unverzichtbar, doch alle Reformprojekte, die nur darauf setzen und die Erwerbsarbeit auf immer
preisgeben, greifen zu kurz. Ein allgemeines Bürgergeld erfüllt
die Bedingungen von Gerechtigkeit als gleicher Würde nur dann,
wenn es die unsicheren Übergänge in der prekären Arbeitswelt
... erleichtert und mit der Würde des einzelnen in Einklang hält,

kann aber keine prinzipielle Alternative sein.« Meyer: Die humane Revolution, S. 77

354 »Die Herausforderung besteht darin, die Wurzeln der sozialen Ungleichheit anzugreifen – und das erfordert vor allem eine auf die am stärksten gefährdeten Haushalte ausgerichtete Strategie mit dem Ziel, den gleichen Erwerb an Humankapital zu ermöglichen.« Gosta Esping-Andersen: Herkunft und Lebenschancen. Warum wir eine Politik gegen soziale Vererbung brauchen. In: Berliner Republik, Heft 6 (2003), S. 46, Hervorhebung i. O. Siehe ausführlicher Gosta Esping-Andersen: Why We Need a New Welfare System. Oxford 2002.

355 Esping-Andersen: Herkunft und Lebenschancen, S. 53.

356 Die meisten theoretischen Entwürfe zur Chancengleichheit bleiben bei der Fairneß stehen, unschlüssig, ob soziale Gerechtigkeit auch nur in dieser eingeschränkten Form realisierbar ist. »Ob faire Chancengleichheit … erreichbar ist, solange Familien die Chance auf kompetitive Vor- und Nachteile durch Erziehung, Motivation und Verbindungen substantiell beeinflussen, ist zweifelhaft, weil öffentliche Bildungseinrichtungen diese Unterschiede nie vollständig auszugleichen vermögen.« Der Diskurs bricht ab, wo er einsetzen müßte. Siehe Gosepath: Gleiche Gerechtigkeit, S. 370.

357 Esping-Andersen: Herkunft und Lebenschancen, S. 53 f.

358 Esping-Andersen: Herkunft und Lebenschancen, S. 53 f.

359 Giddens: Die Frage der sozialen Ungleichheit, S. 52.

360 Bertolt Brecht: Schweyk im Zweiten Weltkrieg. In: Brecht: Stücke, Bd. 10. Berlin 1961, S. 122.

361 Michel Foucault: Les mots et les choses. Paris 1966; dt. Ausgabe: Die Ordnung der Dinge. Eine Archäologie der Humanwissenschaften. Frankfurt a. M. 1971.

362 Beck: Macht und Gegenmacht, S. 138–159.

363 Haller: Die Grenzen der Solidarität, S. 156.


*Staatsbürger. Kunde. Produzent*

364 Ford: Mein Leben und Werk, S. 135.

365 Eric Hobsbawm: Das Gesicht des 21. Jahrhunderts. München, Wien 2000, S. 111.

366 Ford: Mein Leben und Werk, S. 133.

367 Die folgenden Trends und Daten nach Nico Stehr: Arbeit, Eigentum und Wissen. Zur Theorie von Wissensgesellschaften. Frankfurt a. M. 1994, Kap. 4: Die Strukturen postindustrieller Gesellschaften. Die Referenzstaaten sind Kanada, Japan, Australien, Österreich, Frankreich, Deutschland, Großbritannien sowie die USA.

368 Zu beiden Fehlschlüssen siehe Stehr: Arbeit, Eigentum und Wissen, S. 150–152.

369 Es sind dieselben wie in Anm. 367 genannt, S. 304.

370 Verkürzt gesprochen. Die Arbeitszeit sinkt niemals aufgrund höherer Produktivität allein. Es sind immer soziale Auseinandersetzungen um die Aneignung des Produktivitätsgewinns, die dazu führen.

371 Stehr: Arbeit, Eigentum und Wissen, S. 309.

372 Zusammengefaßt nach Stehr: Arbeit, Eigentum und Wissen, S. 530–538.

373 Diese Feststellung bedarf weiterer Erläuterung. Wenn wir von wirtschaftlich fortgeschrittenen Nationen sprechen, dann sprechen wir in aller Regel von Einwanderungsgesellschaften. Im Vergleich zur alteingesessenen Bevölkerung zeichnen sich die Einwanderungspopulationen oftmals durch demographische und qualifikatorische Besonderheiten aus, besonders dann, wenn sie von der Not vertrieben und von der Hoffnung auf ein besseres Leben angezogen werden. Ihre durchschnittliche Geburtenrate übertrifft, ihr durchschnittlicher Bildungsgrad unterschreitet den Standard der Ankunftsgesellschaft. Es sind ihrer viele, und viele finden keine oder keine dauerhafte Beschäftigung. Daß die Zahl der Erwerbspersonen in den Reichtumsmetropolen dieser Erde schneller anschwillt als die der Erwerbstätigen, erklärt sich in hohem Maße aus dem zahlenmäßigen Überangebot der Einwanderer im Verhältnis zum Stellenpool sowie aus der Diskrepanz zwischen Anforderungsprofil und mitgebrachten Fähigkeiten. Die Beschränktheit des Stellenpools selbst findet dadurch keine Erklärung. Es gab eine Zeit, da absorbierten die Arbeitsmärkte der entwickelten Volkswirtschaften beinahe jedes Zuwanderungskontingent, gleich welcher Qualifikationsstruktur, zeigten sie einen wahren Heißhunger nach »Gastarbeitern«. Das ist heute nicht mehr so, und an dieser Stelle greift das Argument sprunghaft gestiegener Produktivität. – Was die Asylproblematik anbelangt, so erfuhr die Gewährungspraxis in der Ver-

gangenheit fast überall eine merkliche Verschärfung. Nur wenige Antragsteller erhalten Asyl, und jene, die man vorübergehend duldet, teilen mit den illegalen Einwanderern das Schicksal, nicht arbeiten zu dürfen. Suchen sie dennoch Arbeit, müssen sie die unwürdigsten Bedingungen akzeptieren. Die Arbeitsstatistik weiß von all dem nichts.

374 Organization for Economic Cooperation and Development.

375 Berliner Zeitung vom 11. 8. 2003: »Die Bundesregierung will die Arbeitslosenstatistik ändern, was zu einer geringeren Arbeitslosenquote führen würde. Die Statistik werde künftig an den Maßstäben der Internationalen Arbeitsorganisation (ILO) ausgerichtet, sagte Bundesarbeitsminister Wolfgang Clement (SPD) ... Danach beträgt die Arbeitslosenquote in Deutschland 9,4 statt 10,4 Prozent ... Clement führte aus, dass in Deutschland Arbeitslose bis zu 15 Stunden pro Woche arbeiten dürften und trotzdem als arbeitslos gelten würden. Aus der ILO-Statistik falle aber schon derjenige heraus, der eine Stunde pro Woche arbeite.« Arbeite eine Stunde und du bist – ein Arbeiter; bescheidener, großspuriger zugleich gab sich die Arbeitsgesellschaft nie.

376 Einer Studie der Bertelsmann Stiftung zufolge beläuft sich der Anteil der Langzeitarbeitslosen an allen Erwerbslosen in Finnland auf 21,3, in Dänemark auf 19,9 und in Schweden auf 16,1. Prozent. Zum Vergleich: Deutschland: 50,0 Prozent! Diese Angabe nach Berliner Zeitung vom 15. 7. 2004, S. 6.

377 Eine zusammenfassende Analyse und Kritik des Börsenkapitalismus findet sich in Paul Krugman: Die große Rezession. Was zu tun ist, damit die Weltwirtschaft nicht kippt. Frankfurt a. M., New York 1999.

378 Ulrich Beck: Der kosmopolitische Blick Oder: Krieg ist Frieden. Frankfurt a. M. 2004, S. 118.

379 Siehe hierzu statt zahlloser anderer Stellungnahmen die lange Tirade von Gabor Steingart: Die Wohlstands-Illusion. In: Der Spiegel, 11/2004, S. 52–80.

380 »bench-mark ... something that is used as a standard by which other things can be judged or measured: *a benchmark for future pay negotiations* ...« Longman Dictionary of Contemporary English. Völlige Neuentwicklung 1995, München 1995.

381 Ein kurzes Wort zur Steuersenkungspolitik, diesem Grundpfeiler neoliberaler Wirtschaftsphilosophie. Sie fördert, heißt es immer wieder, den Hang zum Verbrauch, also Wachstum und Be-

schäftigung. Aber das ist eine Lüge. Es sind vor allem die Spitzenverdiener, die von der Steuerersparnis profitieren.»Und da
reiche Menschen dazu neigen, zusätzliches Einkommen eher zu
sparen als auszugeben, steigt der Konsum nicht und damit auch
nicht das Wachstum.« Joseph E. Stiglitz im Gespräch mit der
Berliner Zeitung (6./7. 3. 2004, S. 5). Die Reichen haben sich
den Staat noch immer zu dem Zweck unterworfen, ihren Reichtum ohne schmerzliche Abschläge genießen zu können.

382 Ahnt man, wer da plappert? Henkel: Die Ethik des Erfolgs, S. 229.

383 Zu den Vergleichszahlen von 1950 bis 1987 siehe Landes: Wohlstand und Armut, S. 465.

384 Emmanuel Todd: Weltmacht USA. Ein Nachruf. München 2003,
S. 89–92.

385 »Jene Gesellschaften, die kurzfristige Markterfolge in den Vor-
dergrund rücken, wie Großbritannien und die USA, sind dem
Konkurrenzdruck solcher Gesellschaften ausgeliefert, die sich
auf eine langfristige Verbesserung ihrer industriellen Konkur-
renzposition konzentriert haben und die gesellschaftliche Kooperation unterstützen, wie Deutschland und Japan.« Paul
Hirst, Grahame Thompson: Globalisierung? Internationale
Wirtschaftsbeziehungen, Nationalökonomien und die Formierung von Handelsblöcken. In: Politik der Globalisierung. Hrsg.
von Ulrich Beck, Frankfurt a. M. 1998, S. 106.

386 Todd: Weltmacht USA, S. 115–130.

387 John Maynard Keynes: Allgemeine Theorie der Beschäftigung,
des Zinses und des Geldes [1935]. Berlin 2002, S. 132–134.

388 Joseph E. Stiglitz spricht in diesem Zusammenhang von »market
fundamentalism«, vom »myth of finance« und fügt hinzu: »If the
selling of U.S. capitalism and democracy was one of the primary
objectives of American foreign policy, our conduct was self-de-
feating.« Stiglitz: The Roaring Nineties, S. 275, 284 u. 279.

389 »Wir könnten somit in der Wirklichkeit … auf eine Vermehrung
der Menge des Kapitals zielen, bis es aufhört knapp zu sein, so
daß der funktionslose Investor nicht länger einen Bonus erhalten
wird; und auf einen Plan unmittelbarer Besteuerung, der es ermöglicht, die Intelligenz und die Entschlossenheit und die voll-
ziehende Geschicklichkeit des Finanzmannes, des Unternehmers
… in den Dienst des Gemeinwesens zu einer angemessenen Entschädigung einzuspannen.« Keynes: Allgemeine Theorie, S. 317f.
Einen robusten Staat, der den Spekulationstrieb wirksam bändigt,

der frei flottierendes Geldkapital anzieht und dabei konsequent in die produktive Sphäre lenkt, finden wir derzeit nur in China. Um dort ökonomisch Fuß zu fassen, müssen ausländische Investoren ihr Kapital in vom Staat gegründeten Unternehmen anlegen, zum Beispiel in einem Automobiltrust, wobei sie oft genug gegeneinander um die Gunst der chinesischen Hausherren werben. Um künftiger Marktchancen und lockender Staatsaufträge willen, fügt sich der globale Kapitalismus ebenso bereitwillig wie unterwürfig in eine Ordnung, die er in seinen Stammländern längst ausgehebelt hat. Vgl. zu dieser »Konkubinenwirtschaft«: Frank Sieren: Der China Code. Wie das boomende Reich der Mitte Deutschland verändert. Berlin 2005.

390 Aus demselben Grund erfaßt auch der Begriff der »postindustriellen Gesellschaft« den Charakter des Gegenwartskapitalismus nicht adäquat. Konsultiert man die Erwerbsstatistik, dann hat die Postindustrialisierung seit den frühen neunziger Jahren weiteres Terrain erobert. Im Rahmen der Europäischen Union sank der Anteil der Landwirtschaft an der Gesamtbeschäftigung von 1992 bis 2003 noch eimal von 5,6 auf 4,0 Prozent, der der Industrie von 29,1 auf 24,6 Prozent. Dagegen konnte der Dienstleistungssektor seinen Vorsprung ausbauen, von 65,3 auf 71,4 Prozent (Angaben nach: Eurostat, August 2004). Nur werden eben auch Dienstleistungen »produziert«, und auch deren Produktionsweise huldigt dem spekulativen Kapitalismus, dem Wahn des schnellen Profits, der lockeren Geschäftssitten und der sicheren Arbeitsverhältnisse.

391 Siehe Sozialreport. Daten und Fakten zur sozialen Lage in den neuen Bundesländern. Hrsg. von Gunnar Winkler, Berlin 2001, S. 162.

392 Siehe zu den absoluten Zahlen Sozialreport, S. 160 f.

393 »Übrigens … verlangt jeder Kapitalist zwar, daß seine Arbeiter sparen sollen, aber nur *seine*, weil sie ihm als Arbeiter gegenüberstehn; beileibe nicht die übrige *Welt der Arbeiter*, denn sie stehn ihm als Konsumenten gegenüber. In spite aller ›frommen‹ Redensarten, sucht er daher alle Mittel auf, um sie zum Konsum anzuspornen, neue Reize seinen Waren zu geben, neue Bedürfnisse ihnen anzuschwatzen etc.« Marx: Grundrisse, S. 198.

394 Marx: Grundrisse, S. 592 f., Hervorhebung i. O.

395 »Die kritischen Epochen beginnen, wenn sich die Glaubenslehre, die eine organische Epoche begründete, erschöpft hat. Sie

zeigen völlig entgegengesetzte Eigenschaften. In ihrem Verlauf setzt sich die Menschheit kein Ziel; die Gesellschaft gibt ihrem Wirken keine klare Richtung mehr; Erziehung und Gesetzgebung sind sich über ihre Aufgabe im Zweifel und befinden sich ständig im Widerspruch mit den Sitten, Gewohnheiten und Bedürfnissen der Gesellschaft. Die öffentliche Gewalt ist nicht mehr Ausdruck der tatsächlich bestehenden gesellschaftlichen Rangordnung, sie entbehrt jeder Autorität, und selbst die kraftlosesten Anstrengungen, die sie unternimmt, werden ihr streitig gemacht.« So formulierte Lazare-Hippolyte Carnot, ein Anhänger Saint-Simons im Jahr 1830. Zitiert nach: Höppner, Seidel-Höppner: Von Babeuf bis Blanqui, S. 150.

396 Das Betriebsergebnis auf die einzelnen herunterzurechnen (Wertschöpfung je Mitarbeiter pro Zeiteinheit) bedeutet daher in den meisten Fällen Vorspieglung falscher Tatsachen. In die »persönliche Leistung« gehen ein a) die Kooperation als solche, b) die Art ihrer Organisation, c) der technische Ausstattungsgrad. Man ermittelt eine transindividuelle Größe. Die statistische Individualisierung paßt nur für ganz spezielle, schwindende Arbeitssituationen. (§ 38.4)

397 »›Soziale Marktwirtschaft‹ statt ›Kapitalismus‹, das war ja mehr als ein semantischer Trick, das war das Erfolgsgeheimnis des Modells Deutschlands«, schreibt Warnfried Dettling in nostalgischer Stimmung. Dettling: Die Phantasie, S. 28. In den Vereinigten Staaten, wo der Kapitalismus seit je unverblümter in Erscheinung trat, scheinen sich die Eliten seiner öffentlich am meisten zu genieren: »The word ›capitalism‹ is still heard but not often from acute and articulate defenders of the system.« Galbraith: The Economics, S. 15.

398 Mandeville: Die Bienenfabel.

399 Einer statt vieler, Immanuel Kant: »Dank sei also der Natur für die Unvertragsamkeit, für die mißgünstig wetteifernde Eitelkeit, für die nicht zu befriedigende Begierde zum Haben, oder auch zum Herrschen! Ohne sie würden alle vortreffliche Naturanlagen in der Menschheit ewig unentwickelt schlummern. Der Mensch will Eintracht; aber die Natur weiß es besser, was für seine Gattung gut ist; sie will Zwietracht.« Kant: Idee zu einer allgemeinen Geschichte in weltbürgerlicher Absicht [1784], Vierter Satz.

400 Mandeville: Die Bienenfabel, S. 93.

401 Mandeville: Die Bienenfabel, S. 286.

402 »Wenn das Schatzamt alte Flaschen mit Banknoten füllen und sie in geeignete Tiefen in verlassenen Kohlenbergwerken vergraben würde, sie dann bis zur Oberfläche mit städtischem Kehricht füllen würde und es dem privaten Unternehmungsgeist nach den erprobten Grundsätzen des *laissez-faire* überlassen würde, die Noten wieder auszugraben (wobei das Recht, also zu tun, natürlich durch Offerten für die Pacht des Grundstücks, in dem die Noten liegen, zu erwerben wäre), brauchte es keine Arbeitslosigkeit mehr zu geben, und mit Hilfe der Rückwirkungen würde das Realeinkommen des Gemeinwesens wie auch sein Kapitalreichtum wahrscheinlich viel größer als jetzt werden. Es wäre zwar vernünftiger, Häuser und dergleichen zu bauen, aber wenn dem politische und praktische Schwierigkeiten im Wege stehen, wäre das obige besser als gar nichts.« John Maynard Keynes: Allgemeine Theorie, S. 110, Hervorhebung i. O.

403 Warum? Weil »der sicherste Reichtum in einer großen Menge schwer arbeitender Armer (besteht)«. Mandeville: Der Bienenstaat, S. 256.

404 Zitiert nach: Der Spiegel, 36/2003, S. 82.

405 »Sobald die Bourgeoisie dagegen das Terrain erobert hat, teils selbst des Staates sich bemächtigt, teils ein Kompromiß mit seinen alten Inhabern gemacht, ditto die ideologischen Stände als Fleisch von ihrem Fleisch erkannt und sie überall in ihre Funktionäre, sich gemäß, umgewandelt hat ...., sobald sie gebildet genug ist, nicht ganz in der Produktion aufzugehn, sondern auch ›gebildet‹ konsumieren zu wollen; sobald mehr und mehr die geistigen Arbeiten selbst in ihrem *Dienst* sich vollziehn ...., wendet sich das Blatt, und sie sucht ›ökonomisch‹, von ihrem eigenen Standpunkt aus zu rechtfertigen, was sie früher kritisch bekämpfte.« Karl Marx: Theorien über produktive und unproduktive Arbeit. In: Marx, Engels: Werke. Bd. 26,1: Theorien über den Mehrwert [1862–1863]. Berlin 1974, S. 274. Hervorhebung i. O.

406 Marx: Theorien über den Mehrwert, S. 271.

407 Vorgetragen von dem französischen Politiker und Ökonomen Charles Ganilh (1809), zitiert nach: Marx: Theorien über den Mehrwert, S. 180.

408 Marx: Theorien über den Mehrwert, S. 254 f.

409 Marx: Theorien über den Mehrwert, S. 196 f.

410 Marx: Theorien über den Mehrwert, S. 199.

411 Keynes: Allgemeine Theorie, S. 220.

412 »Es kommt der Punkt, an dem jeder Einzelne die Vorteile ver-
mehrter Muße gegen vermehrtes Einkommen abwägt. Gegenwärtig sind aber meines Erachtens starke Anzeichen dafür da, daß
die große Mehrheit der Einzelnen ein vermehrtes Einkommen
einer vermehrten Muße vorziehen würde; und ich sehe keinen
genügenden Grund, warum jene, die ein größeres Einkommen
vorziehen würden, gezwungen werden sollten, sich einer größeren Muße zu erfreuen.« Keynes: Allgemeine Theorie, S. 276.

413 Siehe Paul Krugman: Keynes kehrt zurück. In: Krugman: Die
große Rezession, S. 200–217; Daniel Cohen: Unsere modernen
Zeiten. Wie der Mensch die Zukunft überholt. Frankfurt a. M.
2001. Wie bei dem US-Amerikaner, so geht auch bei dem Franzosen beides Hand in Hand, die soziale Perspektive und die Fixierung auf die Arbeitsgesellschaft. Zwei Zitate aus dem letzt-
genannten Buch mögen das verdeutlichen: »Der Kampf gegen
die Arbeitslosigkeit kann sich nie nur auf eine makroökonomi-
sche Politik beschränken, sondern muss auch den Kampf gegen
die Ungleichheit in allen Bereichen der modernen Welt ein-
schließen: Ausbildung, Gesundheit, gesellschaftliches Ansehen.
Hier liegen heute die wahren Probleme für den Staat.« (S. 121) –
»Statt unserer Gesellschaft zu helfen, eine Lösung für die
neuen, drängenden Probleme zu finden, verstärken diejenigen,
die vom ›Ende der Arbeit‹ sprechen, ganz im Gegenteil das Un-
wohlsein, indem sie ein Ende ankündigen, das nicht kommen
wird … Die Frage der Arbeit selbst reduzieren sie dabei auf ein
Mehr oder Weniger an verausgabter Energie, wo sie doch weit
mehr ist: die Schicksalsfrage der Menschheit.« (S. 42).

414 David Ricardo: On the Principles of Political Economy and Ta-
xation [zuerst 1817]; hier zitiert nach: Ricardo: Über die
Grundsätze der Politischen Ökonomie und der Besteuerung.
Übersetzt (nach der 3. Auflage von 1821) und hrsg. von Gerhard Bondi, Berlin 1979, S. 359, 364.

415 Ricardo: On the Principles, S. 364–366.

416 Ricardo: On the Principles, S. 367.

417 Hier ist der Ort, auf Gorz zurückzukommen. »Die Distribu-
tion der Zahlungsmittel wird keine Entlohnung mehr sein, sondern … ein ›soziales Grundeinkommen‹… Dieses entspricht
nicht mehr dem ›Wert‹ der Arbeit (das heißt den zur Reproduktion der Arbeitskraft notwendigen Produkten), sondern den

Bedürfnissen, Wünschen und Bestrebungen, zu deren Befriedigung die Gesellschaft sich die Mittel beschafft... Das ist in der Tat die Richtung der aktuellen Entwicklung. Sie macht das ›Wertgesetz‹ hinfällig und erfordert de facto eine andere Ökonomie, in der die Preise nicht mehr die Kosten der in den Produkten und den Arbeitsmitteln enthaltenen ... unmittelbaren Arbeit spiegeln und in der das Preissystem auch nicht mehr den Tauschwert der Produkte wiedergibt. Die Preise müssen notwendig politische Preise sein und das Preissystem Spiegel des gesellschaftlich gewählten Konsum-, Zivilisations- und Lebenskonzepts.« Gorz: Arbeit, S. 131.

418 Sinn: Ist Deutschland noch zu retten?, S. 99.

419 Sinn: Ist Deutschland noch zu retten?, S. 99.

420 Ricardo: Über die Grundsätze, S. 367.

421 Joseph A. Schumpeter: Kapitalismus, Sozialismus und Demokratie [1942]. München 1952, S. 84, zitiert nach: Stehr: Wissenspolitik, S. 229.

422 Einer der ersten, der diese Doppelnatur der geistigen Arbeit erfaßte, war der Ökonom Heinrich Friedrich von Storch. »Die Produktion der inneren Güter«, schrieb er zu Beginn des neunzehnten Jahrhunderts und meinte damit die Produkte geistiger Arbeit, »weit entfernt, den nationalen Reichtum durch die Konsumtion materieller Produkte zu verringern, deren sie bedarf, ist vielmehr ein mächtiges Mittel, sie zu vermehren, wie umgekehrt die Produktion der Reichtümer ein ebenso mächtiges Mittel ist, die Zivilisation zu vermehren. Es ist das Gleichgewicht der beiden Arten der Produktion, was die nationale Wohlfahrt vorwärts bringt.« Zitiert nach: Marx: Theorien über den Mehrwert, S. 258. Marx selbst ließ sich bei aller Kritik an Storch von diesem zu dem Gedanken inspirieren, daß es im Kapitalismus zwei Arten produktiver Arbeit gibt. Die eine tauscht sich gegen Kapital und bleibt in den unmittelbaren Produktionsprozeß eingeschlossen; die einfache Arbeit. Die geistige, speziell wissenschaftliche Arbeit, verwandelt den Produktionsprozeß in eine Funktion systematischer Forschung und reduziert, mal sukzessive, mal sprunghaft, den Umfang und die Bedeutung einfacher Arbeiten. Siehe Marx: Theorien über den Mehrwert, S. 255–259. Zu meinen, Marx hätte produktive Arbeit, Produktivität mit einfacher Lohnarbeit gleichgesetzt, ist ein unhaltbares Mißverständnis, das gleichwohl keine Ruhe geben will. Siehe

Arendt: Vita activa, S. 92; Negt, Kluge: Geschichte und Eigensinn, S. 874 f., wo es heißt, Marx' diesbezügliche Begriffe »unterscheiden nicht, was emanzipatorische Produktion ist, was die Gesellschaft insgesamt aufrechterhält, sondern benennen die entfremdeten Beziehungen der Produzenten. Es sind Begriffe der Verkehrung.« Marginal auch die Kritik, die Anthony Giddens an Marx' Konzept der produktiven Arbeit übt, siehe: Die Klassenstruktur fortgeschrittener Gesellschaften. Frankfurt a. M. 1988, S. 114–117. Das Konzept hat seine Tücken, ist reich an inneren Widersprüchen, selbst Ungereimtheiten, aber seine Pointe ist ganz unmißverständlich: Wahrhaft »produktiv« ist, was die kapitalistische Tauschwertökonomie zersetzt, von innen oder von außen; die geistige Arbeit gehört dazu, gleichgültig, ob privat oder öffentlich organisiert.

423 Sinn: Ist Deutschland noch zu retten?, S. 104.

424 Siehe Sinn: Ist Deutschland noch zu retten?, S. 105.

425 Siehe Sinn: Ist Deutschland noch zu retten?, S. 108.

426 Sinn: Ist Deutschland noch zu retten?, S. 108.

427 Sinn: Ist Deutschland noch zu retten?, S. 100 f.

428 Sinn: Ist Deutschland noch zu retten?, S. 103.

429 »Die Arbeit von anderen Aktivitäten des Lebens zu trennen und sie dem Gesetz des Marktes zu unterwerfen bedeutet, alle organisatorischen Formen des Seins auszulöschen und sie durch eine andere Organisationsform zu ersetzen, eine atomistische und individualistische Form.« Polany: The Great Transformation, S. 224. Wo im bisherigen Text von der Arbeitskraft als Ware oder vom Arbeitsmarkt gehandelt wird, denke sich der Leser die an sich notwendigen Anführungszeichen hinzu.

430 Claude-Henri Saint-Simon: Der Organisator [1819–1820]. In: Höppner, Seidel-Höppner: Von Babeuf bis Blanqui, S. 120 f.

431 »Es sind diese primären, in einem fort erneuerten Reichtümer, die alle anderen Stände im Königreich erhalten, allen anderen Berufen zu tun geben, den Handel zum Blühen bringen, sich auf die Bevölkerung günstig auswirken, den Gewerbefleiß beleben, den Wohlstand der Nationen erhalten.« François Quesnay: Stichwort Getreide (Ökonomische Schriften für die Enzyklopädie) [1757]. In: Quesnay: Ökonomische Schriften in zwei Bänden. Bd. 1: 1756–1759. Berlin 1971, S. 98

432 »Es gibt eine Art von Arbeit, die den Wert des Gegenstands, auf den sie verwendet wird, erhöht; es gibt eine andere, die keine

solche Wirkung besitzt. Die erstere kann, da sie einen Wert produziert, als produktive, die letztere als unproduktive Arbeit bezeichnet werden. So fügt die Arbeit eines Manufakturarbeiters in der Regel dem Wert des von ihm verarbeiteten Materials noch den Wert seines eigenen Unterhalts und den Profit seines Herrn hinzu.« Adam Smith: Eine Untersuchung über das Wesen und die Ursachen des Reichtums der Nationen. Buch II, Kapitel III, Berlin 1984, S. 73 (Übersetzung nach der 4. Aufl. von 1786).

433 Smith: Eine Untersuchung über das Wesen und die Ursachen des Reichtums der Nationen, S. 73.

434 »Die stoffliche Bestimmtheit der Arbeit und daher ihres Produkts hat an und für sich nichts mit dieser Unterscheidung zwischen produktiver und unproduktiver Arbeit zu tun.« Marx: Theorien über den Mehrwert, S. 129.

435 Marx: Theorien über den Mehrwert, S. 135 f.

436 »Ein entrepreneur von Schauspielhäusern, Konzerten, Bordellen usw. kauft die temporäre Verfügung über das Arbeitsvermögen der Schauspieler, Musikanten, Huren etc. ... Der Verkauf derselben an das Publikum erstattet ihm Salair und Profit.« Marx: Theorien über den Mehrwert, S. 136.

437 Marx: Theorien über den Mehrwert, S. 127.

438 Marx: Theorien über den Mehrwert, S. 128.

439 »Mit dem kooperativen Charakter des Arbeitsprozesses selbst erweitert sich daher notwendig der Begriff der produktiven Arbeit und ihres Trägers, des produktiven Arbeiters. Um produktiv zu arbeiten, ist es nun nicht mehr nötig, selbst Hand anzulegen; es genügt, Organ des Gesamtarbeiters zu sein, irgendeine seiner Unterfunktionen zu vollziehen. Die ... ursprüngliche Bestimmung des produktiven Arbeit, aus der Natur der materiellen Produktion selbst abgeleitet, bleibt immer wahr für den Gesamtarbeiter, als Gesamtheit betrachtet. Aber sie gilt nicht mehr für jedes seiner Glieder, einzeln genommen.« Marx: Das Kapital. Kritik der politischen Ökonomie. 1. Bd., S. 531 f.

440 Alfred Döblin: Der Bau des epischen Werkes. In: Döblin: Die Vertreibung der Gespenster. Berlin 1968, S. 478–480. Hervorhebung von mir.

# Verwendete Literatur

Aischylos: Orestie. Übersetzung von Dietrich Ebener, Leipzig 1971.

Anders, Günther: Die Antiquiertheit des Menschen. Bd. 2: Über die Zerstörung des Lebens im Zeitalter der dritten industriellen Revolution, München 1980.

Anderson, Elisabeth S.: Warum eigentlich Gleichheit? In: Gleichheit oder Gerechtigkeit. Texte der neuen Egalitarismusforschung. Hrsg. von Angelika Krebs, Frankfurt a. M. 2000.

Arendt, Hannah: Vita activa oder Vom tätigen Leben. München, Zürich 1994.

Ariès, Philippe; Duby, Georges (Hg.): Geschichte des privaten Lebens. Bd. 3, Frankfurt a. M. 1991.

Aristoteles: Nikomachische Ethik. Berlin 1960.

Aristoteles: Politik. Leipzig 1880.

Armut als Bedrohung. Der soziale Zusammenhalt zerbricht. Ein Memorandum. Hrsg. von der Loccumer Initiative kritischer Wissenschaftlerinnen und Wissenschaftler, Hannover 2002 (Kritische Interventionen 7).


Barlett, Donald L.; Steele, James B.: America. Who Stole the Dream. Kansas City 1996.

Bauman, Zygmunt: Die Krise der Politik. Fluch und Chance einer neuen Öffentlichkeit. Hamburg 2000.

Bauman, Zygmunt: Flüchtige Moderne. Frankfurt a. M. 2003.

Bauman, Zygmunt: The Individualized Society. Cambridge 2001.

Beck, Ulrich: Der kosmopolitische Blick Oder: Krieg ist Frieden. Frankfurt a. M. 2004.

Beck, Ulrich: Macht und Gegenmacht im globalen Zeitalter. Neue weltpolitische Ökonomie. Frankfurt a. M. 2002.

Beck, Ulrich: Was ist Globalisierung? Irrtümer des Globalismus – Antworten auf Globalisierung. Frankfurt a. M. 1997.

Bell, Daniel: Die nachindustrielle Gesellschaft. Frankfurt a. M., New York 1996.

Botanski, Luc; Chiapello, Éve: Der neue Geist des Kapitalismus. Konstanz 2003.

Bourdieu, Pierre et al. (Hg.): Das Elend der Welt. Zeugnisse und Diagnosen alltäglichen Leidens an der Gesellschaft. Konstanz 1997.

Bourdieu, Pierre: Die feinen Unterschiede. Kritik der gesellschaftlichen Urteilskraft. Frankfurt a. M. 1984.

Bourdieu, Pierre: Sozialer Sinn. Kritik der theoretischen Vernunft. Frankfurt a. M. 1987.

Brecht, Bertolt: Schweyk im Zweiten Weltkrieg. In: Brecht: Stücke, Bd. 10. Berlin 1961.

Büchner, Georg: Woyzeck. In: Büchner: Werke und Briefe. Leipzig 1968.

Burke, Edmund: Betrachtungen über die Französische Revolution. Berlin 1976.

Busse, Tanja: Geht ab hier im Dorf. Schrumpfen lernen im ehemaligen sozialistischen Musterdorf. In: Tanja Busse, Tobias Dürr (Hg.): Das *neue* Deutschland. Die Zukunft als Chance. Berlin 2003, S. 94 bis 109.


Campanella, Thomas: Der Sonnenstaat. Berlin 1955.

Castel, Robert: Die Metamorphosen der sozialen Frage. Eine Chronik der Lohnarbeit. Konstanz 2000.

Cohen, Daniel: Unsere modernen Zeiten. Wie der Mensch die Zukunft überholt. Frankfurt a. M. 2001.


Dahrendorf, Ralf: Wenn der Arbeitsgesellschaft die Arbeit ausgeht. In: Krise der Arbeitsgesellschaft? Verhandlungen des 21. Deutschen Soziologentages in Bamberg 1982. Frankfurt a. M. 1982.

Derrida, Jacques: Schurken. Zwei Essays über die Vernunft. Frankfurt a. M. 2003.

Dettling, Warnfried: Der deutsche Weg. In: Literaturen, Heft 12 (2003), S. 14–21.

Dettling, Warnfried: Die Debatte hat begonnen. In: Berliner Republik, Heft 5 (2003), S. 27–31.

Dettling, Warnfried: Die Phantasie an die Macht. In: Die Zeit, Nr. 44, 29. 10. 1993.

Diderot, Denis: Rameaus Neffe. In: Diderot: Ästhetische Schriften. Bd. 2, Berlin, Weimar 1967.

Durkheim, Emile: Über soziale Arbeitsteilung. Frankfurt a. M. 1977.


Elias, Norbert: Über den Prozeß der Zivilisation. Soziogenetische und psychogenetische Untersuchungen. Bd 2: Wandlungen der

Gesellschaft. Entwurf zu einer Theorie der Zivilisation. Frankfurt a. M. 1969.

Elias, Norbert: Von humanistischen zu nationalistischen Mittelklasse-Eliten. In: Elias, Studien über die Deutschen. Machtkämpfe und Habitusentwicklung im 19. und 20. Jahrhundert. Frankfurt a. M. 1989.

Engler, Wolfgang: Der nächste Schritt – ein neues Projekt für Deutschland. In: Das *neue* Deutschland. Die Zukunft als Chance. Hrsg. von Tanja Busse, Tobias Dürr, Berlin 2003, S. 26–48.

Engler, Wolfgang: Die Ostdeutschen als Avantgarde. Berlin 2002.

Engler, Wolfgang: Überflüssige Menschen oder Kurzer Lehrgang der sozialen Frage. In: Sklaven, Heft 28–31 (1996), S. 3f., 10f., 12–14, 7f.

Esping-Andersen, Gosta: Herkunft und Lebenschancen. Warum wir eine Politik gegen soziale Vererbung brauchen. In: Berliner Republik, Heft 6 (2003), S. 42–57.

Esping-Andersein, Gosta: Why We Need a Welfare State. Oxford 2002.

Etzioni, Amitai: Die Verantwortungsgesellschaft. Individualismus und Moral in der heutigen Demokratie. Frankfurt a. M. 1997.

Ewald, François: Der Vorsorgestaat. Frankfurt a. M. 1993.


Farge, Arlette; Foucault, Michel: Familiäre Konflikte. Die »Lettres de cachet«. Aus den Archiven der Bastille im 18. Jahrhundert. Frankfurt a. M. 1989.

Ford, Henry: Mein Leben und Werk. Leipzig 1923.

Foucault, Michel: Die Ordnung der Dinge. Eine Archäologie der Humanwissenschaften. Frankfurt a. M. 1971.

Foucault, Michel: Macht und Körper [1975]. In: Foucault: Schriften in vier Bänden. Bd. 2: 1970–1975. Frankfurt a. M. 2002, S. 932–941.

Foucault, Michel: Sexualität und Wahrheit. Bd. 3: Die Sorge um sich. Frankfurt a. M. 1986.

Foucault, Michel: Überwachen und Strafen. Die Geburt des Gefängnisses. Frankfurt a. M. 1976.

Foucault, Michel: Wahnsinn und Gesellschaft. Eine Geschichte des Wahns im Zeitalter der Vernunft. Frankfurt a. M. 1969.

Fourier, Charles: Die neue industrielle und sozietäre Welt. In: Fourier, Ökonomisch-philosophische Schriften. Berlin 1980.

Frankfurt, Harry: Gleichheit und Achtung. In: Gleichheit oder Gerechtigkeit. Texte der neuen Egalitarismusforschung. Hrsg. von Angelika Krebs, Frankfurt a. M. 2000.

Franklin, Benjamin: Autobiographie. Berlin 1956.

Freyer, Hans: Theorie des gegenwärtigen Zeitalters. Stuttgart 1955.

Galbraith, John Kenneth: The Economics of Innocent Fraud. Truth for Our Time. London 2004.

Gerhardt, Klaus-Uwe; Weber, Arnd: Grantiertes Mindesteinkommen. Für einen libertären Umgang mit der Krise. In: Befreiung von falscher Arbeit. Thesen zum garantierten Mindesteinkommen. Hrsg. von Thomas Schmid, Berlin 1984.

Giddens, Anthony: Die Frage der sozialen Ungleichheit. Frankfurt a. M. 2001.

Giddens, Anthony: Die Klassenstruktur fortgeschrittener Gesellschaften. Frankfurt a. M. 1988.

Giddens, Anthony: Jenseits von Links und Rechts. Die Zukunft radikaler Demokratie. Frankfurt a. M. 1997.

Giddens, Anthony: Konsequenzen der Moderne. Frankfurt a. M. 1995.

Gleichmann, Peter R.: Metamorphosen der sozialen Frage. Eine historische Soziologie: In: Soziologische Revue, Jg. 26 (2003), S. 16–25.

Glotz, Peter: Die beschleunigte Gesellschaft. Kulturkämpfe im digitalen Kapitalismus. München 1999.

Glotz, Peter: Rückblick auf das 21. Jahrhundert. In: Renaissance der Utopie. Zukunftsfiguren des 21. Jahrhunderts. Hrsg. von Rudolf Maresch und Florian Rötzer, Frankfurt a. M. 2004.

Gorz, André: Abschied vom Proletariat. Jenseits des Sozialismus. Frankfurt a. M. 1980.

Gorz, André: Arbeit zwischen Misere und Utopie. Frankfurt a. M. 2000.

Gorz, André: Kritik der ökonomischen Vernunft. Sinnfragen am Ende der Arbeitsgesellschaft. Hamburg 1989.

Gorz, André: Wege ins Paradies. Thesen zur Krise, Automation und Zukunft der Arbeit. Berlin 1983.

Gorz, André: Zur Strategie der Arbeiterbewegung im Neokapitalismus. Frankfurt a. M. 1971.

Gosepath, Stefan: Gleiche Gerechtigkeit. Grundlagen eines liberalen Egalitarismus. Frankfurt a. M. 2004.

Gray, John: Die falsche Verheißung. Der globale Kapitalismus und seine Folgen. Berlin 1999.

Habermas, Jürgen: Strukturwandel der Öffentlichkeit. Neuwied, Berlin 1962.

Hain, Simone; Stroux, Stephan: Die Salons der Sozialisten. Kulturhäuser in der DDR. Berlin 1996.

Haller, Gret: Die Grenzen der Solidarität. Europa und die USA im Umgang mit Staat, Nation und Religion. Berlin 2002.

Hanesch, Walter: Einkommenssicherung in der Krise. In: Befreiung von falscher Arbeit. Thesen zum garantierten Mindesteinkommen. Hrsg. von Thomas Schmid, Berlin 1984.

Hank, Rainer: Das Ende der Gleichheit oder Warum der Kapitalismus mehr Wettbewerb braucht. Frankfurt a. M. 2000.

Hardenberg, Karl August von: »den wahren Geist der Zeit zu fassen«. Über Reformen und Reform. Ausgewählt und mit einem Nachsatz versehen von Ingo Hermann, Stiftung Schloß Neuhardenberg (o. O.) 2003.

Hardt, Michael; Negri, Antonio: Empire. Die neue Weltordnung. Frankfurt a. M., New York 2002.

Hartmann, Michael: Der Mythos von den Leistungseliten. Spitzenkarrieren und soziale Herkunft in Wirtschaft, Politik, Justiz und Wissenschaft. Frankfurt a. M. 2002.

Hastedt, Heiner: Der Wert des Einzelnen. Eine Verteidigung des Individualismus. Frankfurt a. M. 1998.

Hausmann, Ulrich: Was ist ökonomisches Handeln? Argumente für die Einführung der Marktwirtschaft. In: Befreiung von falscher Arbeit. Thesen zum garantierten Mindesteinkommen. Hrsg. von Thomas Schmid, Berlin 1984.

Hegel, Georg Friedrich Wilhelm: Ästhetik, Bd. 1. Berlin, Weimar 1965.

Henkel, Hans-Olaf: Die Ethik des Erfolgs. Spielregeln für die globalisierte Gesellschaft. München 2002.

Hesse, Geneviève: Die Arbeit nach der Arbeit. Für eine emotionale Erweiterung des Arbeitsbegriffs. In: Arbeit als Lebensstil. Hrsg. von Alexander Meschnig, Mathias Stuhr, Frankfurt a. M. 2003.

Hirsch, Joachim; Roth, Roland: Das neue Gesicht des Kapitalismus. Vom Fordismus zum Post-Fordismus. Hamburg 1986.

Hirschman, Albert O.: The Rhetoric of Reaction. Cambridge/Mass. 1991; dt. Ausgabe: Denken gegen die Zukunft. Die Rhetorik der Reaktion. München 1992.

Hirst, Paul; Thompson, Grahame: Globalisierung? Internationale Wirtschaftsbeziehungen, Nationalökonomien und die Formierung von Handelsblöcken. In: Politik der Globalisierung. Hrsg. von Ulrich Beck, Frankfurt a. M. 1998.

Hobsbawm, Eric: Das Gesicht des 21. Jahrhunderts. München, Wien 2000.

Hölderlin, Friedrich: [Über Religion]. In: Hölderlin, Sämtliche Werke und Briefe. Bd. 2, Berlin, Weimar 1970.

Hondrich, Karl Otto: Wieviel Gutes hat die Krise und wieviel Krise ist gut? In: Krise der Arbeitsgesellschaft? Verhandlungen des 21. Deutschen Soziologentages in Bamberg 1982. Frankfurt a. M. 1982.

Höppner, Joachim; Seidel-Höppner, Waltraud: Von Babeuf bis Blanqui. Französischer Sozialismus und Kommunismus vor Marx. 2 Bde, Leipzig 1975.

Humboldt, Wilhelm von: Ideen zu einem Versuch, die Grenzen der Wirksamkeit des Staates zu bestimmen [1792]. Leipzig o.J.

Jäger, Michael; Koschwitz, Andrea; Treusch-Dieter, Gerburg (Hg.): Das Recht auf Faulheit – die Zukunft der Nichtarbeit. Beiträge eines Themenwochenendes der Volksbühne am Rosa-Luxemburg-Platz vom 18. bis 20. Mai 2001. Berlin 2001.

Jahoda, Marie; Lazarsfeld, Paul F.; Zeisel, Hans: Die Arbeitslosen von Marienthal. Frankfurt a. M. 1975.

Jugend 2002. Zwischen pragmatischem Idealismus und robustem Materialismus. Hrsg. von Deutsche Shell, Frankfurt a. M. 2002.

Kahn, Herman; Wiener, Anthony: The Next Thirty-Three-Years: A Framework for Speculation. New York 1967.

Kautsky, Karl: Das Recht auf Arbeit. In: Die Neue Zeit. Revue des geistigen und öffentlichen Leben. 2. Jg., (1884) Heft 7.

Keynes, John Maynard: Allgemeine Theorie der Beschäftigung, des Zinses und des Geldes. Berlin 2002.

Kinder, Ralf; Wieck, Thomas: Zum Schreien komisch, zum Heulen schön. Die Macht des Filmgenres. Bergisch-Gladbach 2001.

Kleist, Heinrich von: Prinz Friedrich von Homburg. In: Kleist: Werke und Briefe. Bd. 2, Berlin, Weimar 1978.

Krebs, Angelika (Hg.): Gleichheit oder Gerechtigkeit. Texte der neuen Egalitarismusforschung. Frankfurt a. M. 2000.

Krise der Arbeitsgesellschaft? Verhandlungen des 21. Deutschen Soziologentages im Bamberg 1982. Frankfurt a. M. 1982.

Krüger, Hans-Peter: Kritik der kommunikativen Vernunft. Kommunikationsorientierte Wissenschaftsforschung im Streit mit Sohn-Rethel, Toulmin und Habermas. Berlin 1990.

Krugman, Paul: Die große Rezession. Was zu tun ist, damit die Weltwirtschaft nicht kippt. Frankfurt a. M., New York 1999.

Krugman, Paul: Schmalspurökonomie. Die 27 populärsten Irrtümer über Wirtschaft. Frankfurt a. M., New York 1998.

Lafontaine, Oskar: Das Herz schlägt links. München 1999.

Landes, David S.: Wohlstand und Armut der Nationen. Warum die einen reich und die anderen arm sind. Berlin 2002.

Lessard, Bill; Baldwin, Steve: Computersklaven. Reportagen aus der Ausbeuterfirma Internet. Stuttgart, München 2000.

Lévinas, Emmanuel: Zwischen uns. Versuche über das Denken an den Anderen. München, Wien 1995.

Locke, John: Bürgerliche Gesellschaft und Staatsgewalt. Sozialphilosophische Schriften. Hrsg. von Hermann Klenner, Leipzig 1980.

Lurija, Alexander: Die historische Bedingheit individueller Erkenntnisprozesse. In: Lurija, Sprache und Bewußtsein. Berlin 1982.

Machnig, Matthias: Die Chancen und das Machbare. In: Berliner Republik, Heft 5 (2003), S. 32–41.

Mandeville, Bernard: Die Bienenfabel. Berlin 1957.

Mannheim, Karl: Ideologie und Utopie. Frankfurt a. M. 1985.

Mannheim, Karl: Konservatismus. Ein Beitrag zur Soziologie des Wissens. Hrsg. von David Kettler, Volker Meja, Nico Stehr, Frankfurt a. M. 1984.

Margalit, Avishai: Politik der Würde. Über Achtung und Verachtung. Berlin 1997.

Marquard, Odo: Abschied vom Prinzipiellen. Stuttgart 1981.

Marquard, Odo: »Ich bin ein Verweigerungsverweigerer«, Gespräch mit Odo Marquard. In: Ästhetik & Kommunikation, 34. Jg. (2003), Heft 122/123, S. 77–81.

Marquard, Odo: Zukunft braucht Herkunft. Philosophische Essays. Stuttgart 2003.

Marshall, Thomas H.: Class, Citizenship and Social Development. New York 1964.

Marx, Karl: Das Kapital. Kritik der politischen Ökonomie. Berlin 1977.

Marx, Karl: Grundrisse der Kritik der politischen Ökonomie. Berlin 1974.

Marx, Karl: Theorien über den Mehrwert. In: Marx, Engels: Werke (MEW). Bd. 26, Berlin 1974.

Marx, Karl; Engels, Friedrich: Manifest der Kommunistischen Partei. In: Marx, Engels: Werke (MEW). Bd. 4, Berlin 1972.

Mauss, Marcel: Die Gabe. Form und Funktion des Austauschs in archaischen Gesellschaften. Frankfurt a. M. 1968.

Mead, George H.: Geist, Identität und Gesellschaft aus der Sicht des Sozialbehaviorismus. Frankfurt a. M. 1973.

Meier, Christian: Die Entstehung des Politischen bei den Griechen. Frankfurt a. M. 1983.

Meyer, Thomas: Die humane Revolution. Plädoyer für eine zivile Lebenskultur. Berlin 2001.

Mill, John Stuart: Über die Freiheit. Stuttgart 1974.

Möser, Justus: Der jetzige Hang zu allgemeinen Gesetzen und Verordnungen ist der gemeinen Freiheit gefährlich. In: Möser: Anwalt des Vaterlands. Ausgewählte Werke. Leipzig, Weimar 1978.

Müller, Adam: Die Elemente der Staatskunst. Öffentliche Vorlesungen im Winter von 1808 auf 1809 in Dresden gehalten. In: Müller: Vom Geiste der Gemeinschaft. Leipzig 1931.

Müller, Walter: Wege und Grenzen der Tertiarisierung: Wandel der Berufsstruktur in der Bundesrepublik Deutschland. In: Krise der Arbeitsgesellschaft? Verhandlungen des 21. Deutschen Soziologentages in Bamberg 1982. Frankfurt a. M. 1982.


Naschhold, Frieder: Sozialstaat und politische Formationen bei ökonomischer Stagnation. In: Krise der Arbeitsgesellschaft? Verhandlungen des 21. Deutschen Soziologentages im Bamberg 1982. Frankfurt a.M. 1982.

Negt, Oskar; Kluge, Alexander: Geschichte und Eigensinn. Frankfurt a. M. 1981.

Nietzsche, Friedrich: Götzen-Dämmerung. In: Nietzsche: Kritische Studienausgabe. Hrsg. von Giorgio Colli und Mazzino Montanari. Bd. 6, München 1988.

Nipperdey, Thomas: Deutsche Geschichte 1800–1866. München 1983.

Nipperdey, Thomas: Deutsche Geschichte 1866–1918. Bd. 1 u. 2, München 1990, 1992.


Oakeshott, Michael: Zuversicht und Skepsis. Zwei Prinzipien neuzeitlicher Politik. Berlin 2000.

Offe, Claus: Arbeit als soziologische Schlüsselkategorie? In: Krise der Arbeitsgesellschaft? Verhandlungen des 21. Deutschen Soziologentages in Bamberg 1982. Frankfurt a. M. 1982.

Opielka, Michael: Das garantierte Einkommen – ein sozialstaatliches Paradoxon? In: Befreiung von falscher Arbeit. Thesen zum garantierten Mindesteinkommen. Hrsg. von Thomas Schmid, Berlin 1984.

Owen, Robert: Das soziale System. Leipzig 1988.

Paoli, Guillaume (Hg.): Mehr Zuckerbrot, weniger Peitsche. Aufrufe, Manifeste und Faulheitspapiere der Glücklichen Arbeitslosen. Berlin 2002.

Parfit, Derek: Gleichheit und Vorrangigkeit. In: Gleichheit oder Gerechtigkeit. Texte der neuen Egalitarismusforschung. Hrsg. von Angelika Krebs, Frankfurt a. M. 2000.

Pfannkuche, Walter: Wer verdient schon, was er verdient? Fünf Gespräche über Markt und Moral. Stuttgart 2003.

Pialoux, Michel: Der alte Arbeiter und die neue Fabrik. In: Das Elend der Welt. Zeugnisse und Diagnosen alltäglichen Leidens an der Gesellschaft. Hrsg. von Pierre Bourdieu u. a., Konstanz 1997.

Platon: Politeia. In: Platon: Sämtliche Werke, Bd. 2. Reinbek bei Hamburg 1994.

Polany, Karl: The Great Transformation. Politische und ökonomische Ursprünge von Gesellschaften und Wirtschaftssystemen. Frankfurt a. M. 1978.

Putnam, Robert D. (Hg.): Gesellschaft und Gemeinsinn. Sozialkapital im internationalen Vergleich. Gütersloh 2001.

Rawls, John: Eine Theorie der Gerechtigkeit. Frankfurt a. M. 1975.

Rawls, John: Politischer Liberalismus. Frankfurt a. M. 1998.

Ricardo, David: Über die Grundsätze der Politischen Ökonomie und der Besteuerung. Hrsg. von Gerhard Bondi, Berlin 1979.

Rifkin, Jeremy: Access. Das Verschwinden des Eigentums. Frankfurt a. M., New York 2000.

Rifkin, Jeremy: Das Ende der Arbeit und ihre Zukunft. Frankfurt a. M. 1997.

Ross, Jan: Die neuen Staatsfeinde. Was für eine Republik wollen Schröder, Henkel, Westerwelle und Co.? Berlin 1998.

Rousseau, Jean-Jacques: Abhandlung über den Ursprung und die Grundlagen der Ungleichheit unter den Menschen. In: Rousseau: Frühe Schriften. Hrsg. von Winfried Schröder, Leipzig 1965.

Rousseau, Jean-Jacques: Economie ou Oeconomie. In: Diderots Enzyklopädie. Leipzig 1972.

Saint-Simon, Claude-Henry de: Der Organisator. In: Saint-Simon: Ausgewählte Schriften. Übersetzt und hrsg. von Lola Zahn, Berlin 1977.

Schelsky, Helmut: Die skeptische Generation. Eine Soziologie der deutschen Jugend. Düsseldorf, Köln 1957.

Schlegel, Friedrich: Lucinde. Ein Roman. Fankfurt a. M. 1985.

Schmid, Thomas (Hg.): Befreiung von falscher Arbeit. Thesen zum garantierten Mindesteinkommen. Berlin 1984.

Schmitt, Carl: Die geistesgeschichtliche Lage des heutigen Parlamentarismus. Berlin 1996.

Schumpeter, Joseph A.: Kapitalismus, Sozialismus und Demokratie. München 1952.

Sen, Amartya: Ökonomie für den Menschen. Wege zu Gerechtigkeit und Solidarität in der Marktwirtschaft. München 2002.

Sennett, Richard: Der flexible Mensch. Die Kultur des neuen Kapitalismus. Berlin 1998.

Sennett, Richard: Respekt im Zeitalter der Ungleichheit. Berlin 2002.

Sennett, Richard: Verfall und Ende des öffentlichen Lebens. Die Tyrannei der Intimität. Frankfurt a. M. 1983.

Shklar, Judith N.: Über Ungerechtigkeit. Berlin 1992.

Siemons, Mark: Jenseits des Aktenkoffers. Vom Wesen des neuen Angestellten. München, Wien 1997.

Simmel, Georg: Philosophie des Geldes. Frankfurt a. M. 1989.

Sinn, Hans-Werner: Ist Deutschland noch zu retten? München 2004.

Stehr, Nico: Arbeit, Eigentum und Wissen. Zur Theorie von Wissensgesellschaften. Frankfurt a. M. 1994.

Stehr, Nico: Wissenspolitik. Die Überwachung des Wissens. Frankfurt a. M. 2003.

Stiglitz, Joseph E.: The Roaring Nineties. Why We're Paying the Price for the Greediest Decade in History. London 2003.

Strasser, Johano: Wenn der Arbeitsgesellschaft die Arbeit ausgeht. Zürich 1999.

Stuhr, Mathias: Popökonomie. Eine Reformation zwischen Lifestyle und Gegenkultur. In: Arbeit als Lebensstil. Hrsg. von Alexander Meschnig und Mathias Stuhr, Frankfurt a. M. 2003.

Svampa, Maristella: Die Piqueteros. Soziale Bewegungen und neue politische Erfahrungen in Argentinien. In: Gegner, Monatsunabhängige Zeitschrift gegen Politik, Heft 15, Juli 2004.

Swaan, Abram de: Der sorgende Staat. Wohlfahrt, Gesundheit und Bildung in Europa und den USA der Neuzeit. Frankfurt a. M. 1993.

Taylor, Charles: Das Unbehagen an der Moderne. Frankfurt a. M. 1995.

The Downsizing of America. The New York Times Special Report. New York 1996.

Theobald, Robert: The Guaranteed Income. New York 1967.

Thurow, Lester: Kapitalismus und Sozialsysteme reformieren. In: Kommune, Heft 3 (2004) S. 32–35.

Tocqueville, Alexis de: Der alte Staat und die Revolution. Übersetzt von Theodor Oelckers und Rüdiger Volhard, mit einem Nachwort und Anmerkungen versehen von Jakob P. Mayer, München 1978.

Tocqueville, Alexis de: Über die Demokratie in Amerika. Neu übersetzt aus dem Französischen von Hans Zbinden, 2 Bde, Zürich 1987.

Todd, Emmanuel: Weltmacht USA. Ein Nachruf. München 2003.

Ulrich, Bernd: Deutsch, aber glücklich. Eine neue Politik in Zeiten der Knappheit. Berlin 1997.

Vision für eine gerechte Gesellschaft. Solidarität – Chance für die Zukunft. Hrsg. vom Bund der Katholischen Jugend, 2003.

Walzer, Michael: Sphären der Gerechtigkeit. Ein Plädoyer für Pluralität und Gleichheit. Frankfurt a. M., New York 1992.

Weber, Max: Die protestantische Ethik und der Geist des Kapitalismus. In: Weber: Gesammelte Aufsätze zur Religionssoziologie. Tübingen 1947.

Weber, Max: Wirtschaft und Gesellschaft. Grundriß der verstehenden Soziologie. Hrsg. von Johannes Winckelmann, Köln, Berlin 1956.

Wilson, William J.: When Work Disappears. New York 1996.

Winkler, Gunnar (Hg.): Sozialreport. Daten und Fakten zur sozialen Lage in den neuen Bundesländern. Berlin 2001.

Wygotski, Lew S.: Denken und Sprechen. Berlin 1964.

# »Man muß sich die Kunden des Aufbau-Verlages als glückliche Menschen vorstellen.«

<small>SÜDDEUTSCHE ZEITUNG</small>

Das Kundenmagazin der Aufbau Verlagsgruppe erhalten Sie kostenlos in Ihrer Buchhandlung und als Download unter www.aufbauverlagsgruppe.de. Abonnieren Sie auch online unseren kostenlosen Newsletter.

Gret Haller
**Politik der Götter**
*Europa und der neue*
*Fundamentalismus*
*224 Seiten. Gebunden*
ISBN 3-351-02608-0

# »Geschichtlich fundiert, gedanklich brillant.«

NEUE WESTFÄLISCHE ZEITUNG

Welcher Zusammenhang besteht zwischen dem vom US-Präsidenten gelenkten Kampf gegen den Terrorismus und der Bedeutung von religiöser Identität? Lassen sich Demokratie und Menschenrechte mittels Militärschlägen exportieren? Stellen Christentum und Islam mit ihrem Wahrheitsanspruch die europäische Identität in Frage? Wie läßt sich Streit zwischen den Religionen verhindern? Gret Haller betrachtet die Achtung der Menschenwürde, Rechtsstaatlichkeit und die Stärkung des Völkerrechts als Maßstab für verantwortliches politisches Handeln. Das Buch erörtert, warum es für Europa keine Alternative zur Trennung von Religion und Politik gibt.

**Mehr von Gret Haller im Taschenbuch:**
*Die Grenzen der Solidarität. Sachbuch. AtV 8108*

*Mehr Informationen erhalten Sie unter*
*www.aufbauverlagsgruppe.de oder in Ihrer Buchhandlung*

aufbau
AUFBAU VERLAGSGRUPPE

# Neues Deutschland:
# Kritisches Denken nach '89

**Das ganze Deutschland**
*Reportagen zur Einheit*
»Wahnsinn« war das Wort der
Stunde, als am 9. November 1989
die Mauer fiel! Das schwierige,
auch kuriose Zusammenwachsen
von Ost und West wurde von
Alexander Osang, Cordt Schnibben,
Henryk M. Broder, Andreas Kilb,
Axel Hacke, Kerstin Decker u. a.
unter die Lupe genommen. Bissig,
analytisch, hellsichtig oder kritisch-
ironisch: die Reportagen aus Stern,
Der Spiegel, Die Zeit, Süddeutsche
Zeitung, FAZ, Der Tagesspiegel u. a.
*Herausgegeben von Robert Grünbaum,*
*Rainer Eppelmann und Markus Meyer.*
*Mit einem Vorwort von Horst Köhler*
*390 Seiten. AtV 7050*

**Wolfgang Engler**
**Die Ostdeutschen als**
**Avantgarde**
In dieser facettenreichen Studie
illustriert Engler den Sprung der
Ostdeutschen von der historischen
Etappe an die Front der globali-
sierten Weltgesellschaft. Er lotet die
Konsequenzen der damit einherge-
henden Risiken und Chancen für
Menschen in ganz Deutschland aus.
Seine These: Nicht das Nachahmen
neoliberaler Modelle, sondern das
Erfinden neuer Formen des gesell-
schaftlichen und persönlichen
Lebens eröffnet Perspektiven zur
Überwindung der Krisen.
*207 Seiten. AtV 8113*

**Christa Luft**
**Wendeland**
*Fakten und Legenden*
Die Wirtschaftsexpertin Christa
Luft setzt mit präzisen Argumenten
in der Debatte um Krise und
Reformen der Wirtschaft und der
Sozialsysteme sowie um die EU-
Osterweiterung eigene Akzente.
Ihre Analyse widerlegt Legenden
über die Alternativlosigkeit politi-
scher Entscheidungen in West- wie
Ostdeutschland nach 1989 und die
Doktrin vom zwangsläufigen
Bankrott des Sozialstaates. Sie
macht Mut, eine Erneuerung der
Gesellschaft zu fordern und mit-
zugestalten, die Demokratie und
Gleichheit stärkt.
*275 Seiten. AtV 7049*

**Robert Misik**
**Genial dagegen**
*Kritisches Denken von Marx*
*bis Michael Moore*
Den Che am Revers, Marx im
Regal und »Wir sind Helden« auf
dem Plattenteller – Robert Misik,
einer der streitbarsten linken
Publizisten seiner Generation,
beschreibt, warum dieser Trend
mehr ist als eine Mode.
»Schlagfertig, pointenreich, furios.«
DER STANDARD, WIEN
*194 Seiten. Mit 11 Abb. AtV 7058*

*Mehr unter*
*www.aufbauverlagsgruppe.de*
*oder bei Ihrem Buchhändler.*

aufbau taschenbuch
AUFBAU VERLAGSGRUPPE

# Tanja Dückers:
# »Mitten in den deutschen Zeitgeist.« STERN

Tanja Dückers, geb. 1968 in Berlin, studierte Nordamerikanistik, Germanistik und Kunstgeschichte. Für ihr schriftstellerisches Werk erhielt sie zahlreiche Preise und Stipendien, die sie u. a. nach Los Angeles, Pennsylvania, Gotland (Schweden), Barcelona, Prag und Krakau führten.

## Spielzone

Sie sind rastlos, verspielt, frech, leben nach ihrer Moral und fürchten nichts mehr als Langeweile: junge Leute in Berlin, Szenegänger zwischen Eventhunting, Hipness, Überdruß und insgeheim der Hoffnung auf etwas so Altmodisches wie Liebe. – »Ein Roman voller merkwürdiger Geschichten und durchgeknallter Gestalten.« DER TAGESSPIEGEL
*Roman. 207 Seiten. AtV 1694*

## Café Brazil

Die Geschichten um ganz normale Nervtöter, leichtsinnige Kinder oder verwirrte Großmütter steuern stets auf verblüffende Wendungen zu. »Feinsinnig, bösartig, kühl und lustvoll, bisweilen erotisch, spiegeln Dückers' Erzählungen den Erfahrungshorizont einer Generation, die hinter einer vordergründigen Erlebniswelt ihre Geschichte entdeckt.« HANNOVERSCHE ALLGEMEINE
*Erzählungen. 203 Seiten. AtV 1359*

## Himmelskörper

Je älter Freia wird, desto stärker ahnt sie, daß in ihrer Familie mehr als ein Geheimnis vertuscht und verdrängt wird. Was immer sie auch erfährt, alles scheint an jenem bitterkalten Morgen im Krieg begonnen zu haben, als die Großmutter mit einem der letzten Schiffe aus Westpreußen fliehen wollte. »... daß jetzt die Enkel anfangen zu fragen, das hat mich gefreut.« CHRISTA WOLF
*Roman. 319 Seiten. AtV 2063*

## Stadt, Land, Krieg
*Autoren der Gegenwart erzählen von der deutschen Vergangenheit*

Sie werfen einen Blick zurück – nicht zornig, aber mit unbequemer Wißbegier. In den letzten Jahren beschäftigten sich viele junge Autoren fernab des Klischees von der unpolitischen Generation mit der NS-Zeit, dem Zweiten Weltkrieg und deren spür- und sichtbaren Folgen. Allerdings tun sie das ganz anders als ihre Vorgänger. Mit Verena Carl, Katrin Dorn, Tanja Dückers, Annett Gröschner, Norbert Kron, Tanja Langer, Marko Martin, Leander Scholz, Vladimir Vertlib und Maike Wetzel u. v. a.
*Herausgegeben von Tanja Dückers und Verena Carl. 244 Seiten AtV 2045*

*Mehr unter*
*www.aufbauverlagsgruppe.de*
*oder bei Ihrem Buchhändler*

# aufbau taschenbuch
AUFBAU VERLAGSGRUPPE

# Friedrich Schorlemmer mischt sich ein

### Absturz in die Freiheit
*Was uns die Demokratie abverlangt*
»Aber der aufrechte Gang, das aufrichtige und aufrichtende Wort gehört zu unseren menschlichen Möglichkeiten und zu unserer Menschwerdung.«
Schorlemmer streitet für die Überwindung der »Sprachlosigkeit«, die sich inmitten der deutschen Medien- und Konsumlandschaft ausgebreitet hat. Er appelliert an die Verantwortung jedes einzelnen für die Bewahrung von Demokratie und Freiheit.
*265 Seiten. AtV 7029*

### In der Freiheit bestehen
*Ansprachen*
Freiheit, so Schorlemmer, haben wir so viel, wie wir uns nehmen, Demokratie und Zukunft nur, sofern wir sie mitgestalten. Seine Kritik an Sozialabbau und zügelloser Ausbeutung der Natur ist ein Plädoyer für die Solidarität mit den Schwachen und die Bewahrung der Schöpfung. Er fragt nach äußeren wie inneren Bedingungen des Friedens, verweist auf den Mehrwert von Gerechtigkeit und läßt die Provokationen der Bergpredigt für uns produktiv werden.
*271 Seiten. AtV 7045*

### Die Bibel für Eilige
Die Geschichten von Adam und Eva, Kain und Abel, von den Urvätern des Alten Testaments Noah oder Abraham, die Bücher der Propheten und die Berichte von Jesus und seinen Jüngern erzählen von den Wundern des Lebens und den Schrecken des Todes, von Liebe, Rache und Barmherzigkeit, von Schuld und Gnade – Themen, die auch unser Dasein beherrschen.
»Eine unvergleichliche Einführung in die Bibel ..., eilige, neugierige, kirchenenttäuschte und suchende Leser bekommen alles, was sie brauchen.« PUBLIK-FORUM
*264 Seiten. AtV 1920*

*Mehr unter*
*www.aufbau-verlagsgruppe.de*
*oder bei Ihrem Buchhändler*

## aufbau taschenbuch
AUFBAU VERLAGSGRUPPE

# Literatur der Gegenwart:
# Zwischen Traum und Realität

**BARBARA FRISCHMUTH**
**Die Entschlüsselung**
»Wie ein minuziös recherchierter
Kriminalroman führt das Buch in
die furchtbar schöne Steiermark
mit ihren Originalschauplätzen der
nicht allzu lang vergangenen Nazi-
Geschichte und weiter zurück in
die mythische Vorzeit der Druiden.«
NEUE ZÜRCHER ZEITUNG
»Barbara Frischmuth verdreht dem
Leser mit einem ungewöhnlichen
literarischen Puzzle den Kopf.«
DEUTSCHLANDRADIO
*195 Seiten. AtV 1943*

**HANSJÖRG
SCHERTENLEIB**
**Von Hund zu Hund**
*Geschichten aus dem Koffer des
Apothekers*
»Die Geschichten enthalten ein
Geheimnis, das Schertenleibs lako-
nische Beschreibungsprosa um
neue, fast kafkaeske Nuancen be-
reichert. Manchmal verdichten sich
die Alltagsdetails und spröden Aus-
sagesätze zu einer somnambulen
Magie.« TAGESANZEIGER
*208 Seiten. AtV 1912*

**LENKA REINEROVÁ**
**Das Traumcafé einer Pragerin**
In all ihren Erzählungen beschreibt
Lenka Reinerová, eine der letzten
Zeitzeuginnen der Emigration,
Stationen ihres Lebens – das Prag
der 30er Jahre, das Exil in
Frankreich und Mexiko, den Sta-
linismus in den 50ern und jüngste
Erfahrungen. Trotz aller bitteren,
furchtbaren Geschehnisse sind es
menschen- und lebensfreundliche
Erinnerungen, weise und
wehmütig. 2003 erhielt Lenka
Reinerová mit Jorge Semprún die
Goethe-Medaille des Goethe-
Instituts Inter Nationes.
*Erzählungen. 269 Seiten. AtV 1168*

**KLAUS SCHLESINGER**
**Trug**
Klaus Schlesinger treibt ein perfek-
tes, suggestives Vexierspiel um zwei
Identitäten und zwei Lebensent-
würfe im geteilten Deutschland.
»Schlesingers letzter Roman
schließt auf eine paradoxe Weise
Anfang und Ende eines Lebens-
werks zusammen. Schlesinger ist
ein begnadeter Erzähler gewesen.«
FRANKFURTER RUNDSCHAU
*Roman. 190 Seiten. AtV 1785*

*Mehr unter
www.aufbau-verlagsgruppe.de
oder bei Ihrem Buchhändler*

aufbau taschenbuch
AUFBAU VERLAGSGRUPPE

# Literatur der Gegenwart:
# Von Sehnsucht und Glück

**HANSJÖRG
SCHERTENLEIB**
**Die Namenlosen**
Christa Notter wird gejagt. Die
40jährige Frau versteckt sich in
Irland und schreibt ihrer Tochter.
Sie schreibt gegen die Zeit und
um ihr Leben, denn sie hat die
Sekte verraten, deren Mitglied
sie war. Gekonnt verbindet
Schertenleib das Thriller-Genre
mit seiner einfühlsam beobachten-
den, poetischen Sprache. »Knapper
kann man eine Geschichte nicht
erzählen, spannender auch nicht.«
BERNER ZEITUNG
*Roman. 314 Seiten. AtV 1853*

**DETLEV MEYER**
**Das Sonnenkind**
In seinen letzten Lebensmonaten
hat sich Detlev Meyer an seine
Kindheit erinnert, an die inten-
siven Momente des Glücks und
der Geborgenheit. Der junge Held
seines Romans wächst, wie der
Autor, im Berlin der Wirtschafts-
wunderzeit auf, zwischen Neu-
köllner Schiffahrtskanal und Café
Kranzler, das er mit dem geliebten
Großvater besucht. Als der alte
Charmeur stirbt, verändert sich die
Welt des »Sonnenkindes«.
»Ein fast märchenhaftes Buch vom
Abschiednehmen.«
FRANKFURTER NEUE PRESSE
*Roman. 188 Seiten. AtV 1938*

**RICHARD WAGNER**
**Miss Bukarest**
Ein meisterlicher Roman über die
rumänische Vergangenheit und die
deutsche Gegenwart, erzählt von
drei Protagonisten, die die ver-
schiedensten Motive verfolgen:
politische, poetische und krimina-
listische. Der Tod einer faszinierenden und standhaften Frau ruft
ihren ehemaligen Liebhaber als
Detektiv auf den Plan. Ein unbe-
stechliches Buch, das sprachliche
Brillanz, Gedankenschärfe und
Aufrichtigkeit vereint.
»Spannend, von der ersten bis zur
letzten Seite.« F. A. Z.
*Roman. 190 Seiten. AtV 1951*

**MARTIN MOSEBACH**
**Eine lange Nacht**
Martin Mosebachs Roman erzählt
nicht nur voller Ironie von einer
überraschenden Selbstfindung, sondern zugleich von den Verunsiche-
rungen und Variationen der Liebe.
Ein Roman, »um dessentwillen
man sich eine einsame Insel
wünscht, auf der man es sich mit
ihm gemütlich machen kann«.
LITERATUREN
*Roman. 575 Seiten. AtV 1974*

*Mehr unter
www.aufbau-verlagsgruppe.de
oder bei Ihrem Buchhändler*

aufbau taschenbuch

AUFBAU VERLAGSGRUPPE

Merle Hilbk
**Sibirski Punk**
*Eine Reise in das Herz des wilden Ostens*
*Mit Fotografien von Wolfgang Müller*
*255 Seiten. Gebunden*
*ISBN 3-378-01081-9*

# Eine Reise in den wahren Osten

Wo Bednarz, Ruge und Co. die Melancholie des Baikalsees beschworen, sucht die junge Journalistin Merle Hilbk die Begegnung mit ungewöhnlichen und faszinierenden Menschen. Sehnsuchtsvolle Balladen und russischer Rock 'n' Roll bilden den Soundtrack zu diesem transkontinentalen Trip, der von Hamburg über Nowosibirsk bis hinter den Baikalsee, 20000 Kilometer durch Steppen, Gebirge und Taiga, führt. Merle Hilbk läßt uns an den witzigen, bizarren, mitunter auch sentimentalen Erlebnissen dieser Reise teilhaben.

»Merle Hilbk riskierte Kopf, Kragen und Vorurteile – und erzählt spannend vom wilden Osten.« DER SPIEGEL

*Mehr Informationen erhalten Sie unter*
*www.aufbauverlagsgruppe.de oder in Ihrer Buchhandlung*

kiepenheuer
AUFBAU VERLAGSGRUPPE

François Lelord, Christophe André
**Der ganz normale Wahnsinn**
*Vom Umgang mit schwierigen Menschen*
*Aus dem Französischen von Ralf Pannowitsch*
*366 Seiten. Gebunden*
*ISBN 3-378-01082-7*

# Sind Sie glücklich mit Ihren Mitmenschen?

Der cholerische, immer überdrehte Donald Duck und der absolut akribische Sherlock Holmes haben eines gemeinsam: Sie verhalten sich extrem. Solche Persönlichkeiten begegnen uns auch im Alltag. Die Freundin, die sich nie entscheiden kann, der Kollege mit seinem penetranten Ordnungswahn oder der Firmenchef, der als Workaholic seine Angestellten zu jeder Tages- und Nachtzeit arbeiten lassen will. Wie man sich mit schwierigen Menschen arrangiert und trotzdem die Fassung bewahrt, zeigt dies amüsante und hilfreiche Buch von dem renommierten Autorenduo des Bestsellers »Hectors Reise«.

**Mehr von Lelord/André:**
*Die Kunst der Selbstachtung. ISBN 3-378-01078-9*

*Mehr Informationen erhalten Sie unter*
*www.aufbau-verlag.de oder in Ihrer Buchhandlung*

kiepenheuer
AUFBAU VERLAGSGRUPPE